U0771700

普通高等教育“十一五”国家级规划教材

SHICHANG YINGXIAO

市场营销

（第三版）

主　编　彭代武　叶　敏
副主编　邱红彬　周　庆　靳　洪

中国教育出版传媒集团
高等教育出版社·北京

内容提要

本书为普通高等教育"十一五"国家级规划教材。

本书分为导论、市场营销分析与战略、市场营销策略、市场营销管理四篇，共十三章内容，包括市场营销概述、市场营销观念、市场营销环境、消费者市场购买行为分析、组织市场购买行为分析、市场营销调研与预测、目标市场营销战略、产品策略、价格策略、分销渠道策略、促销策略、市场营销的管理、市场营销新发展。

本书适合作为高等学校经济与管理类专业相关课程教材，也可作为社会人士自学用书。

图书在版编目(CIP)数据

市场营销/彭代武，叶敏主编.—3版.—北京：高等教育出版社，2023.2(2024.7 重印)
ISBN 978-7-04-059709-7

Ⅰ.①市… Ⅱ.①彭… ②叶… Ⅲ.①市场营销学-高等学校-教材 Ⅳ.①F713.50

中国国家版本馆 CIP 数据核字(2023)第 001070 号

策划编辑 熊柏根 **责任编辑** 熊柏根 **封面设计** 张文豪 **责任印制** 高忠富

出版发行	高等教育出版社	**网　　址**	http://www.hep.edu.cn
社　　址	北京市西城区德外大街 4 号		http://www.hep.com.cn
邮政编码	100120	**网上订购**	http://www.hepmall.com.cn
印　　刷	浙江天地海印刷有限公司		http://www.hepmall.com
开　　本	787 mm×1092 mm　1/16		http://www.hepmall.cn
印　　张	20.75	**版　　次**	2009 年 2 月第 1 版
字　　数	519 千字		2023 年 2 月第 3 版
购书热线	010-58581118	**印　　次**	2024 年 7 月第 2 次印刷
咨询电话	400-810-0598	**定　　价**	43.00 元

物 料 号　59709-00

前　言

随着社会主义市场经济体制的建立和完善，创新创业教育的开展，以及经济全球化进程的加快，网络经济、技术营销、人工智能等领域的发展，企业市场竞争的全方位展开和加剧，企业对营销管理人才的需求也在日益增加，有理论、有技能、有创新能力的高素质营销人才，越来越受到用人单位的青睐。同时，为了更好地适应社会经济发展对人才培养的多样化需要，一些普通本科院校也随着我国高等教育大众化的加速，相应地调整学校定位和教育教学目标，由培养研究型人才转向培养社会应用型人才。因此培养大批高素质营销应用型人才成为一项十分紧迫的任务。

本书自2009年2月出版以来，被全国许多普通本科院校选用，得到了广大教师、学生和其他读者青睐与厚爱，支持与帮助，并被教育部列为普通高等教育"十一五"国家级规划教材，对此，我们深深地表示感谢！我们将不断努力，不断探索，进一步完善本书的体系和内容，使其更好地适应本科应用型人才培养的需要。

为了适应不断变化的环境以及企业对营销人才新的需求，本书在第二版的基础上又做了进一步修改和完善，具体如下：

1. 融入了课程思政元素，更新了全书的核心案例，力求使每一个案例更具有前沿性和代表性，并能充分体现课程思政。

2. 补充了一些营销最新知识的同时，删除了一些陈旧的知识以及一些过时的资料，使得新版的内容更清新、精练又具有较强的可读性。

3. 合并原来的分析篇与战略篇，统称为市场营销分析与战略；更新了第十三章市场营销新发展的内容，加入了最新的营销理论：大数据营销的有关内容。

本版教材作者主要来自湖北经济学院的一批多年从事市场营销教学和研究的教授、学者。他们在第二版基础上对各章进行了不同程度的修改。具体分工是：叶敏编写第一章；叶敏、曹礼和编写第二章；黄志璿编写第三章；邱红彬编写第四章、第六章；邱红彬、陈新武编写第五章；靳洪编写第七章；朱苗编写第八章；戢芳编写第九章；周庆编写第十章；吴钰萍编写第十一章；邹远洋、黄金火编写第十二章；邹远洋编写第十三章。全书由彭代武、叶敏任主编，邱红彬、周庆、靳洪任副主编。主编策划教材全过程，负责设计大纲、体例，并对全书进行统编、修订与定稿工作。

本书的编写，参考了大量国内外学者的科研成果和科研资料；得到了社会各界的多方支持，尤其得到了湖北经济学院市场营销系全体同仁的热情帮助和高等教育出版社的大力支持，在此一并表示真挚的感谢。

由于"市场营销"是一门实践性较强的应用学科，研究的问题会随着时代发展而不断地更新，加之编者水平有限，书中难免有错误或不足之处，敬请相关专家和广大读者批评指正。

编　者

2023年1月

目　　录

第一篇　导　　论

第一章　市场营销概述…… 003

第一节　市场营销与企业职能 / 003

第二节　市场营销学的发展 / 011

第三节　市场营销学的性质与研究 / 016

本章小结 / 019

关键概念 / 020

复习思考题 / 020

案例分析 / 020

第二章　市场营销观念…… 023

第一节　市场营销观念概述 / 024

第二节　市场营销观念的演化过程 / 025

本章小结 / 032

关键概念 / 033

复习思考题 / 033

案例分析 / 033

第二篇　市场营销分析与战略

第三章　市场营销环境…… 037

第一节　市场营销环境概述 / 038

第二节　宏观市场营销环境 / 040

第三节　微观市场营销环境 / 050

第四节　市场营销环境分析 / 054

本章小结 / 059

关键概念 / 059

复习思考题 / 059

案例分析 / 060

第四章　消费者市场购买行为分析…… 062

第一节　消费者市场与消费者购买模式 / 063

第二节　影响消费者购买行为因素 / 065

第三节　消费者购买决策过程 / 073
本章小结 / 076
关键概念 / 076
复习思考题 / 077
案例分析 / 077
第五章　组织市场购买行为分析………… 078
第一节　组织市场概述 / 079
第二节　组织市场的购买对象 / 082
第三节　组织市场的顾客 / 084
第四节　组织市场购买行为 / 087
第五节　组织市场中的关系营销 / 094
本章小结 / 096
关键概念 / 097
复习思考题 / 097
案例分析 / 098
第六章　市场营销调研与预测………… 099
第一节　市场营销信息系统 / 100
第二节　市场营销调研 / 104
第三节　市场需求的测量与预测 / 111
本章小结 / 119
关键概念 / 119
复习思考题 / 120
案例分析 / 120
第七章　目标市场营销战略………… 122
第一节　市场细分战略 / 123
第二节　目标市场战略 / 134
第三节　市场定位战略 / 140
本章小结 / 146
关键概念 / 146
复习思考题 / 146
案例分析 / 147

第三篇　市场营销策略

第八章　产品策略………… 151
第一节　产品 / 152
第二节　产品生命周期理论 / 161
第三节　产品组合策略 / 168
第四节　新产品研发策略 / 174

本章小结 / 179
关键概念 / 180
复习思考题 / 180
案例分析 / 181
第九章 价格策略……183
第一节 影响产品定价的主要因素 / 184
第二节 产品定价的基本方法 / 189
第三节 产品定价的策略 / 196
第四节 企业变价策略 / 203
本章小结 / 207
关键概念 / 207
复习思考题 / 208
案例分析 / 208
第十章 分销渠道策略……211
第一节 分销渠道及其结构类型 / 212
第二节 分销渠道的节点 / 227
第三节 分销渠道的设计与管理 / 234
第四节 分销渠道的控制与冲突管理 / 241
本章小结 / 246
关键概念 / 247
复习思考题 / 247
案例分析 / 247
第十一章 促销策略……249
第一节 促销与促销组合 / 250
第二节 广告策略 / 256
第三节 人员推销策略 / 260
第四节 营业推广策略 / 266
第五节 公共关系策略 / 269
本章小结 / 274
关键概念 / 274
复习思考题 / 275
案例分析 / 275

第四篇 市场营销管理

第十二章 市场营销的管理……279
第一节 市场营销计划 / 280
第二节 市场营销组织 / 285
第三节 市场营销实施 / 291

第四节　市场营销控制 / 293
本章小结 / 300
关键概念 / 301
复习思考题 / 301
案例分析 / 301
第十三章　市场营销新发展…………………………………………………………………… 303
第一节　网络营销 / 304
第二节　计量营销 / 310
第三节　大数据营销 / 314
本章小结 / 318
关键概念 / 319
复习思考题 / 319
案例分析 / 319
参考文献………………………………………………………………………………………… 321

第一篇

导论

第一章　市场营销概述

学习目标

1. 了解市场与市场营销的相关概念
2. 了解市场营销的形成与发展
3. 了解市场营销学在中国的传播与发展
4. 掌握市场营销学的研究与方法

引导案例

传音手机成功之道，特色才是制胜法宝

随着智能手机的不断普及和发展，全球手机品牌之间的竞争变得更加的激烈。而传音却能在激烈的市场竞争中脱颖而出。传音品牌从创立之初到2022年仅有7年的发展时间，而其年销量已经超过1.7亿部，在全球的市场占有率达到10.6%。做到这样的成绩，其制胜的法宝就是立足非洲，大力开拓新市场。根据非洲特殊的情况，传音开发出许多特色功能，用来迎合当地人的品位。比如四卡四待、大音量喇叭等功能在其他地方根本没有需求，但在非洲却成了香饽饽。

传音手机的特色是拍照功能。针对黑人肤色，传音特别为他们量身打造了特别的拍照技术，让他们拍出惊艳的照片和视频，成为社交领域的自拍高手。传音撇弃了非洲人不需要的那些高端功能，只保留了适合他们使用的实用功能，所以产品的价格非常实惠，受到了当地人的喜爱。除称霸非洲市场外，传音还顺势扩张，进军了南亚、东南亚、中东和南美等人口基数超过30亿的新兴市场，推出功能机+智能机的产品组合，从而大获成功。

任何一个企业都不能忽视顾客、市场和市场竞争。现在，越来越多的企业开始研究如何以市场需求为导向，指导企业的生产和经营活动，组织系统的市场营销。许多公司先后对经营战略和策略进行了调整，各自创造出一整套独特的营销策略和技术。可以这样说，市场营销在这些企业取得竞争优势的过程中起着关键性的作用。

第一节　市场营销与企业职能

一、市场营销相关概念

市场营销在一般意义上可以理解为与市场有关的各类活动。对企业来说，市场营销是企业的基本职能之一，而且企业的一切营销活动都是在特定的市场环境下发生的，并在方方面面受到市场环境因素的影响和制约。因此，学习和研究企业市场营销活动之前，首先要了解市场营销的主要概念：需要、欲望与需求；交换、交易与市场；产品、价值与满意等，如图1-1所示。

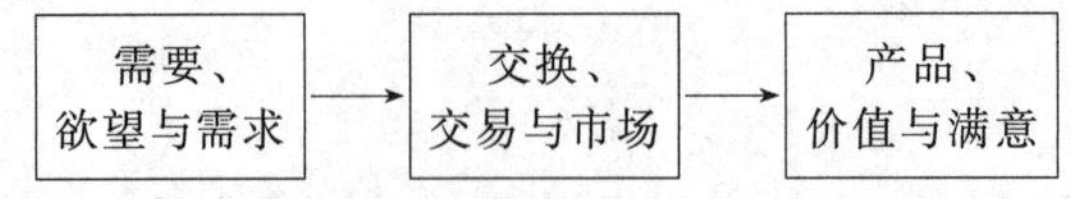

图 1-1　市场营销的相关核心概念

(一) 需要、欲望与需求

1. 需要

需要(needs)是指没有得到某些基本满足的客观感受。如人们因为饥饿会想食品,因为寒冷会想衣物,因为休息会想房屋。它是一种人类与生俱来的、潜伏着的感受,存在于人们自身生理和社会之中。市场营销只可能唤起、激发需要,但不可能创造需要。

2. 欲望

欲望(wants)是指想得到上述基本需要的具体满足物的愿望,是个人受不同社会及文化环境影响表现出来的满足基本需要的特定追求。如为了满足"解渴"的生理需要,人们就可能会有欲望得到水、茶、汽水、果汁或者其他解渴之物。

3. 需求

需求(demands)是指人们对某些特定产品及服务的市场需求,而市场营销学意义上的需求通常是指有现实或潜在支付能力的需求。市场营销不可能创造需求,但可能唤起、激发需求,成为欲望,进而变成企业市场营销的可计算或衡量的需求。

4. 三者转化关系

实际上,这里需要、欲望、需求三个看来十分接近的词汇,其真正的含义是有很大差别的。"需要"强调人们生理上、精神上或社会活动中所产生的一种无明确指向性的满足欲,就如饥饿了想寻找"食物",但并未指向是"面包""米饭"还是"馒头";而当这一指向一旦得到明确,"需要"就变成了"欲望"。而对企业的产品而言,有购买能力的"欲望"才是有意义的,才真正能构成对企业产品的"需求"。有这样的认识对企业十分重要,例如:当我们看到有一个消费者在市场上寻找计算器时,会认为这个人的"需要"是什么呢? 以一般的眼光来看,这个人的"需要"似乎就是计算器。但若以市场营销者的眼光去看,这人的需要并不是"计算器",而是要一个"计算的工具",他是为了满足计算的需要购买计算器的。那么这同前者的看法有什么本质区别呢? 区别在于,如果只认为消费者的"需要"是计算器,企业充其量只能在提供更多更好的计算器上去动脑筋,这样并不能保证企业在市场上占有绝对的竞争优势。而如果认为消费者的"需要"是"计算的工具",那么企业也许就能创造出一种比计算器算得更快、更方便的工具,从而就可能使企业在市场上占据更为有利的竞争地位。所以从本质上认识消费者购买的是对某种"需要"的"满足",而不仅仅是产品。

(二) 交换、交易与市场

1. 交换

交换是市场营销活动的核心。人们实际上可以通过四种方式获得所需要的东西:一是自行生产,获得自己的劳动所得;二是强行索取,不需要付出任何代价;三是向人乞讨,同样无须做出任何让渡;四是进行交换,以一定的利益让渡从对方获得相当价值的产品或满足,市场营销活动仅是围绕第四种方式进行的。交换实现的必要条件有以下几条:

(1) 交换必须在至少两方之间进行。

(2) 双方都拥有可用于交换的东西。

(3) 双方都认为对方的东西对自己是有价值的。

(4) 双方有可能相互沟通并把自己的东西递交给对方。

(5) 双方都有决定进行交换和拒绝交换的自由。

于是,需要的产生才使交换成为有价值的活动,产品的产生才使交换成为可能,而价值的认同才能使交换最终实现。市场营销概念的构成要素最终都是为"交换"服务的,因"交换"而有意义的。所以说"交换"是市场营销概念中的核心要素。如何通过克服市场交换障碍,顺利实现市场交换,进而达到实现企业和社会经济效益之目的,是市场营销学研究的核心内容。交换不仅是一种现象,更是一种过程,只有当交换双方克服了各种交换障碍,达成了交换协议,才能称其为形成了"交易"。

2. 交易

交易是达成意向的交换,交易的最终实现需要双方对意向和承诺的完全履行。所以如果仅就某一次交换活动而言,市场营销就是为了实现交换对象之间的交易,这是营销的直接目的。

3. 市场

市场是社会生产和社会分工的产物。人们对市场的认识随着生产力的发展和社会分工的扩大而不断深化、充实和完善。市场是商品经济的产物,哪里有社会分工和商品生产,哪里就有市场,而且市场的含义随着商品经济的发展而不断发生变化,在不同的历史时期、不同的场合,具有不同的含义。

(1) 市场的本义。市场最初的含义是指商品交易的场所,"市"就是买卖,"场"就是场所,市场即买者和卖者于一定的时间聚集在一起进行商品交易的场所,如集市。因此,市场就是交易的场所,这是市场最古老的定义。当时生产力水平低下,人类的交换是物物交换,这样就要求交换的双方必须在约定的时间和地点进行交换。一定的时间和空间为物物交换创造了条件,但同时限制了物物交换。

(2) 经济学角度对市场的定义。随着商品生产和商品交换的发展,市场的含义也发生变化。这是由于社会分工的发展,每个生产者的生产活动都不仅仅是为了满足自己的需要。生产者一方面为满足自己的需求而生产产品,同时也为他人的需求提供商品,从而出现了实现商品交换的商品流通,这就是市场,而此时的市场不仅是指具体的交易场所,而是指所有卖者和买者实现商品让渡的交换关系的总和。因而,市场又是指一定时间、地点条件下商品交换关系的总和,经济学一般是在这种意义上使用"市场"这一概念的。

(3) 市场营销学角度对市场的定义。市场营销学从卖者的角度来认识和理解市场的含义,它要研究的是如何采取有效的措施来满足消费者需求,其中包括现实需求和潜在需求。可以说,在市场营销学的范畴里,"市场"等同于"需求"。例如,美国市场营销协会的定义委员会于1960年对市场提出了如下定义:"市场是指一种货物或劳务的潜在购买者的集合需求。"菲利普·科特勒把市场定义为"市场是指某种产品的所有实际的和潜在的购买者的集合",后来进一步衍生成"市场是由一切具有特定欲望和需求,并且愿意和能够以交换来满足这些需求或欲望的全部潜在顾客所组成"。同经济学相比,市场营销学对"市场"含义的认识不仅角度不同,构成市场的因素亦有区别。

市场由具有购买意向、具有支付能力的人群组成,消费者人口、购买意向和购买能力是构成市场的不可或缺的三个基本要素,即

市场＝消费者人口＋购买力＋购买欲望

① 消费者人口。消费者人口构成市场的基本要素，消费者人口的多少，决定着市场的规模和容量的大小，而人口的构成及其变化则影响着市场需求的构成和变化。例如，中国是一个拥有超过14亿人口的大国，世界知名的跨国企业纷纷大举进入中国市场，正是因为看中了中国人口众多、消费潜力大的国情。

② 购买力。购买力是指消费者支付货币以购买商品或服务的能力，是构成现实市场的物质基础。购买力的高低是由消费者的收入水平的高低决定的。例如，目前中国汽车市场还不够发达，每年的销售量远远落后于欧美国家。但这并不是因为中国消费者不想买汽车，而是相当部分的消费者不具备购买能力。影响购买力的主要因素是人们的收入，收入越高，购买力越强，反之亦然。

③ 购买欲望。购买欲望是指消费者购买商品或劳务的动机、愿望和要求，它是使消费者的潜在购买力转化为现实购买力的必要条件。人的购买欲望受多方面因素的影响，其中，价格是影响购买欲望的重要因素。一般而言，价格越低，人的购买欲望越强烈；反之，价格越高，人们的购买欲望越低。正是因为大多数的企业都清楚地认识到了这一点，所以它们频频采用降低商品价格、提供折扣、优惠等手段刺激需求，提高人们的购买欲望，最终促进产品销售。市场反应表明，这确实是屡试不爽的好办法。

案例 1-1

如何评价非洲的鞋市场

一家鞋业企业派一名高级财务职员到一个非洲国家去了解企业的鞋能否在那里找到销路。一个星期后，这个职员打电话回来说："这里人不穿鞋，因此，企业的鞋在这里没有市场。"

企业总经理又派最好的销售人员到这个国家，对此进行验证。一星期以后，销售人员打电话回来说："这里的人没有穿鞋，是一个巨大的市场。"

总经理为弄清情况，再次派他的营销副总去解决这个问题。两星期后，营销副总打电话告知："这里的人没有穿鞋子，然而他们有脚疾，穿鞋可能对脚有好处。无论如何，我们必须再设计我们的鞋子，因为他们的脚比较小。我们必须在教育他们懂得穿鞋有益方面花费一笔钱。我们在开始之前必须得到部落首领的支持。这里的人没有什么钱，但是他们有我们从未尝过的最甜的菠萝。我测算了三年内的销售收入以及我们的成本，包括把菠萝卖给欧洲的超级市场连锁集团的费用。我得出的结论是我们的资金回报率可达30％。因此我建议公司开辟这个市场。"

（三）产品、价值与满意

1. 产品

虽然消费者购买的是对某种需要的满足，而不仅仅是产品。但任何需要的满足却又必须依靠适当的产品，好的产品会大幅度提高满足需要的程度，从而能在市场上具有较强的竞争力，实现交换的可能性也更大。

产品是指能够用以满足人们某种需要和欲望的任何“东西”。通常它是人们劳动的结果，是有形的产品或无形的服务，如汽车、住房、面包和音乐会。可以说，产品不仅是指那些看得见摸得着的物质产品，也包括那些同样能使人们的需要得到满足的服务甚至是创意。我们把所有可通过交换以满足他人需要的事物统称为“提供物”。如人们购买小汽车主要是为了得到它所提供的交通运输能力；人们会花几千元购买一台大屏幕彩电来满足休闲娱乐的需要，或者花费同样的代价去进行一次长途旅游，以同样达到休闲娱乐之目的。

消费者的需要和欲望通过产品服务或体验的集合得到满足。市场的有形产品包括服务——供销售活动和利益，是无形的不涉及所有权转移，如餐饮、旅游等。营销人员常常只关注自己提供的产品，以及基于这些产品产生的利益，但是缺乏对顾客体验的认知。因此营销人员更要关注产品，不仅仅是解决顾客问题的工具，而是满足顾客需要的非常关键的因素。顾客可能有相同的需要，但是也有可能想要的产品不一样，因此精明的市场营销者，不仅要看到自己产品和服务的属性，还要通过精心整合产品和服务，为顾客创造体验，如人们去迪士尼乐园不仅仅是为了观光，也是为了体验。所有的场景设计，都是为了让顾客有更好的体验。

2. 价值

人们是否购买产品并不仅仅取决于产品效用的大小，同时也取决于人们获得这效用的代价的大小。人们在获得使其需要得以满足的产品效用的同时，必须支付相应的费用，这是市场交换的基本规律，也是必要的限制条件。市场交换能否顺利实现，往往取决于人们对效用和代价的比较。如果人们认为产品的效用大于其支付的代价，再贵的商品也愿意购买；相反如果人们认为代价大于效用，价格再低的东西可能也不会要，这就是人们在交换活动中的价值观。市场经济的客观规律告诉我们，人们只会去购买有价值的东西，并根据效用和代价的比较来认识价值的实现程度。

3. 满意

人们在以适当的代价获得了适当的效用的情况下，才会得到真正的满足；当感到以较小的代价获得了较大的效用时，则会十分满意。只有在交易中感到满意的顾客才可能成为企业的忠实顾客，所以企业不仅要为顾客提供产品，更必须使顾客感到在交换的过程中价值的实现程度比较高，这样才可能促使市场交易的顺利实现，建立企业的稳定市场。

二、市场营销概念的演化

市场营销是由英文“marketing”一词翻译过来的，产生于美国，原意是市场上的买卖活动。我国在引进这个概念的过程中，对其翻译的方法有几种。而一些翻译恰恰反映了当时人们对市场营销在理解上的偏差与局限。曾经有人将“marketing”翻译为“销售学”，译者可能认为这门学科主要研究的是企业如何将生产出来的产品更好地销售出去。后来又有人将“marketing”翻译为“市场学”，这种译法也会使人产生误解，以为“marketing”只是单纯从客观的角度研究市场的，同企业的经营决策活动关系不大。而“市场营销学”的译法，则比较准确地反映了“marketing”这门学科是企业以市场为导向，以实现潜在交换为目的，去分析市场、进入市场和占领市场这样一种基本的特征，所以是现有的译法中比较能被接受的一种。

此外，在我国的台湾，人们比较普遍地将“marketing”翻译为“行销学”；而在中国香港，人们曾经将其翻译为“市务学”，其语义也同“市场营销学”比较类似。

市场营销的定义具有多样性的特点：一是因学者不同而异，即不同的研究机构和学者采用不同的定义；二是因时代不同而异，即同样的研究机构和学者也会随时代的变化而改变其定义的内容。下面介绍几个比较有代表性的定义。

(1) 1952 年，美国学者梅纳德(Maynard)和贝克曼(Beckman)在其所著的《市场营销》一书中，给市场营销所下的定义是：影响商品交换或所有权转移以及为商品实体分配服务的一切必要的企业活动。

(2) 1960 年，美国市场营销协会定义委员会将市场营销定义为：把产品和劳务从生产者流转到消费者或用户所进行的一切企业活动。这一定义的缺点，是把市场营销仅仅局限在流通领域，从而容易产生市场营销与推销的混淆。

(3) 1983 年，美国人理查德(Richard T.Hise)、彼得·吉利(Peter L.Giller)和约翰·瑞恩斯(John K.Ryans)在《市场营销原理与决策》一书中，把市场营销定义为：确定市场需求，并使提供的商品和服务能满足这些需求。这一定义的优点，是使市场营销研究超出了流通领域，从而把营销与推销区别开来；缺点是定义没有超出企业的界限，人们认识不到市场营销对整个国民经济发展的重要意义。

(4) 1985 年，美国市场营销协会定义委员会重新给市场营销下了定义：市场营销是指通过对货物、劳务和计谋的构想、定价、分销、促销等方面的计划和实施，以实现个人和组织的预期目标的交换过程。同其他定义相比，该定义在内涵上丰富得多，从而更符合社会的实际情况。其发展主要体现在五个方面：把市场营销主体从企业扩展到整个社会；把市场营销客体从产品扩展到思想、服务的领域；强调了市场营销的核心功能是交换；指明市场营销的指导思想是顾客导向；说明市场营销活动是一个过程，而不是某一个阶段。

(5) 从广义角度看，美国市场营销学专家菲利普·科特勒的定义：市场营销是个人和集体通过创造，提供出售，并同别人交换产品和价值，以获得其所需所欲之物的一种社会和管理过程。在狭义的商业环境中，市场营销涉及与顾客建立价值导向的交换关系，于是市场营销定义为：企业为获得利益回报而为顾客创造价值，并与之建立巩固关系的过程。

这个市场营销定义市场营销的过程展示，该过程提出了公司要努力理解顾客，创造顾客价值，并建立稳固的顾客关系。公司因创造卓越的顾客价值而得到回报。正是通过为顾客创造价值，企业从顾客身上得到了以销售额、利润和长期顾客权益为形式的价值回报。

(6) 除了以上这些定义之外，其他学者也对市场营销的定义进行了探讨。彼得·德鲁克认为市场营销不只是一个比销售更广的概念，也并不是一个完全专门化的活动，它与整个企业相关联。所谓市场营销就是从事业活动的最终结果这一观念，即顾客观念出发所看到的事业整体。因此，市场营销的领域和责任范围必须涉及企业的所有部门。日本市场营销协会认为市场营销是指企业及其组织从全球的视野出发，取得同顾客相互理解，通过公正的竞争来创造市场的综合性活动。格隆鲁斯认为：营销是在一种利益之下，通过相互交换和承诺，建立、维持、巩固与消费者及其他参与者的关系，实现各方的目的。纪宝成等认为：市场营销，就是企业在变化的市场环境中，旨在满足消费者需求、实现企业目标的商务活动过程，包括企业产前的市场调研、产品开发、售后服务、购买者意见反馈、产品的目标市场选择、价格、渠道、促销策略的确定等一系列与市场有关的企业经营活动。

小资料

场景营销

场景限定某个功能的场所在固定的空间中所触发的一系列事情;从类型上看大致分为四种类型,分别为:①内容场景,②消费场景,③使用场景,④即时场景。

而场景营销是基于网民的上网行为始终处在输入场景、搜索场景和浏览场景这三大场景之一的一种新营销理念。浏览器和搜索引擎则广泛服务于资料搜集、信息获取和网络娱乐、网购等大部分网民网络行为。这三种是互联网的场景,以充分尊重用户网络体验为先,围绕网民输入信息、搜索信息、获得信息的行为路径和上网场景,构建了以“兴趣引导+海量曝光+入口营销”为线索的网络营销新模式。用户在“感兴趣、需要和寻找”时,企业的营销推广信息才会出现,充分结合了用户的需求和目的,是一种充分满足推广企业“海量+精准”需求的营销方式。

用户在各大资讯平台或短视频流媒体看到搞笑内容或深度讯息称为内容场景,用户在什么地方会选择购买商品是消费场景。比如:想到母婴产品就会联想出去专卖店或电商平台等,而使用场景多半是在什么类型下使用。我们出行选择地铁还是单车,使用地图导航还是边看视频边刷APP购物,此类均属于即时场景。总之,场景中所有的东西最后都会落在5W和1H上,即谁在什么时候,什么地方或去哪里,在什么环境下做什么产生什么样的结果。

按照品牌营销惯例,场景也可以简化些分为三种不同细分:①基于任务和目标的场景,②精细化的场景,③全面描述的场景。

对于任务和目标的场景可以这样理解,比如:晚餐时间白领小王因工作太忙没时间吃饭,想点份外面解决晚餐的问题。对于精细化的场景较为详细的描述是,我们的用户具有什么特点,他处于什么样的时间和地点达成什么目标。比如:90后的设计师因昨晚设计评审没通过不得不加班,但又到晚餐时间,员工餐厅太远又想赶紧做完回家,那是否有即食食品来充饥就显得格外重要;像酸辣粉、mini泡面就成为最佳选择。全面描述的场景则比较宽泛,除用户、背景和目标外,还需要详细地拆分用户达成目标的所有步骤,并对步骤的场景做详细的描述,通常适用于大规模营销。

可以看出不论如何细化,场景的最终目的是链接人,这是一个重要启示。作为营销人员在制订营销计划时,目标群体所处的亚文化,接触的社群和特色的个性心理将成为我们的策略和创意的来源,这样你就不会将目标消费者看成冰冷的模板。搭建场景非常重要,不论虚拟图文还是视频,场景的核心是用户情绪的触发。

从消费者接触产品到最终购买,以往的大概路径是:听说见到,了解喜欢,调研记住,购买转介绍;现阶段路径已经进化成见到就想买。现在的线上APP或线下企业,无疑都在利用场景的搭建触发某种情绪,减少消费者在做决策过程中遇到的阻碍。

比如短视频,在内容推荐机制上会根据用户最初自定义的画面,平台除推介用户想看的内容外还会不断小范围推送其他类型视频,来测试用户;通过真实的行为来不断完善每个用户相对真实的画像。所以每当用户看体育竞技视频时,会偶尔推送一两个搞笑视频就不足为奇;因为对美好事物的向往是人的底层需求,情绪在不知不觉中会战胜理性。同时每个视频火爆程度核心是众多用户筛选出来的，这背后集结众多人的情绪，即“共鸣和感同身受”。平台内商家的产品在视频情绪高涨时出现链接，根本不给消费者任何思考的机会，从而造成“快速下单的效果”。

综合来看，通过“时间和空间”以及强关联就可以打动消费者的营销已经不够了，只有基于此并提供有趣有料、有价值的内容才能触发用户情绪并传播，进行场景聚焦，还原各种场景中的细节，然后进行深度挖掘才能在竞争中取胜。

三、市场营销与企业职能的关系

市场营销的主要应用领域是企业，市场营销学的形成和发展与企业经营在不同时期所面临的问题及其解决是紧密联系在一起的。

在市场经济体系中，企业存在的价值在于它能否有效地提供满足他人（顾客）需要的商品。正如管理大师彼得·德鲁克指出，企业的基本职能只有两个，这就是市场营销和创新。或者说，顾客是企业得以生存的基础，企业的目的是创造顾客，任何组织若没有营销或营销只是其业务的一部分，则不能被称为企业。

根据市场的定义，企业的经营活动必须围绕市场展开。首先是认识社会需要什么，包括社会现在和将来需要什么，并通过市场分析来发现市场机会；其次是根据社会分工的需要、自己的专业特长来选择为之服务的目标市场，使自己有能力在特定的范围内满足消费者需要；最后，制订和实施一整套的经营计划和手段来满足这些需求，以实现企业的经营目标。

根据企业的职能也能看出，市场营销是企业工作的核心。企业生存的前提条件是销售产品，从产品的销售中获取企业赖以生存和发展的利润；企业作为交换体系中的一个成员，必须以顾客的存在为前提。没有顾客，就没有企业。企业生产经营的产品能否销售出去，直接取决于消费者是否愿意购买，而消费者是否愿意购买，完全取决于消费者的自愿，顾客决定企业的本质。只有顾客愿意花钱购买产品和服务，才能使企业资源变成财富。企业生产什么产品并不是最重要的，顾客对他们所购物品的感觉及价值判断才是最重要的。顾客的这些感觉、判断及购买行为，决定着企业的命运。企业必须通过其最基本的也是最显著的职能——营销来促使顾客购买。企业的其他职能，如生产管理、财务管理、人力资源管理，只有在实现市场营销目的的情况下，才是有意义的。因此，市场营销不仅以其创造产品或服务的市场而将企业与其他人类组织区分开来，而且不断促进企业将市场营销观念贯彻于每一个部门，将市场营销作为企业最首要的核心职能。对于21世纪的中国企业来说，必须实现由过去偏重生产管理向重视市场营销的转变，制定明确的市场营销战略。

在现实经济社会中，许多企业尽管已经对市场营销及其方法十分重视，但在将它作为企业核心职能并全面贯彻方面，则还有诸多缺失。如一些经理认为营销就是“有组织地执行销售职能”。他们着眼于用“我们的产品”，寻求“我们的市场”，而不是立足于顾客需求、欲望和价值的满足。事实上，如前所述，市场营销并不等于销售。市场营销核心内容是清楚地了解顾客，并使企业所提供的产品或服务能适合顾客需要。做好了这一工作，顾客才可能积极前来购买。因此，企业尽管也需要做销售工作，但市场营销的目标却是要减少推销工作，甚至使得销售行为变得多余。

第二节　市场营销学的发展

一、市场营销学的发展阶段

（一）萌芽时期（1900—1920 年）

从 19 世纪开始，随着工业革命对生产力的解放，西方的资本主义有了很大的发展。从 1879 年到 1929 年，美国的制造业得到了飞速的发展，制造业的从业人数几乎增加一倍，实际产出则翻了一番。以名义货币价值计算，产值增加近 600%，工资提升 500%，工业增长的速度两倍于人口的增长速度。日益发达的生产力，使社会商品供应日益丰富，导致部分产品出现供过于求的现象。1825 年，西方世界爆发了第一次以"生产过剩"为特征的大规模经济危机，之后每十年左右就要出现一次周期性的经济危机，从而使产品销售成为企业所关心的问题。一些企业开始重视对于市场的研究，并着手开展一些以市场为导向的营销活动。如美国国际收割机公司从 19 世纪中叶起，就开始了对市场的分析和研究，建立了市场定位的观念，确定了企业的定价政策，组织推销队伍，并采取了对售出的产品"包退包换"等售后服务的措施，从而大大提高了其市场竞争能力。随着企业对产品销售活动的重视，广告成为企业促进产品销售的重要手段，1865 年美国工商界的广告费用总额约为 8 万美元，到 1904 年已经超过 8 亿美元，1920 年更高达 30 亿美元。

企业界在经营观念和经营策略上发生变化，引起了学术界的注意。与此相应，美国学者先后发表和出版了一些论著，分别论述产品分销、推销、广告、定价、产品设计和实体分配等专题。到 20 世纪初，一些学者如阿克·肖（Arch W. Shaw）、爱德华·琼斯（Edward D. Jones）、拉尔夫斯达·巴特勒（Ralph Starr Butler）、詹姆斯·海杰蒂（James E. Hagerty）等，将上述问题综合起来，形成一门市场营销学科。1902—1905 年，密歇根、加利福尼亚、伊利诺伊和俄亥俄大学相继开设了类似于市场营销的课程。1910 年，执教于威斯康星大学的巴特勒教授正式出版《市场营销方法》一书，首先使用市场营销（marketing）作为学科名称。1912 年，第一本以分销和广告为主要内容的《市场营销学》教科书在美国哈佛大学问世。但这时期的市场营销学内容局限于流通领域，局限于产品销售，主要研究有关推销术、分销及广告等方面的问题，真正的市场营销观念尚未形成。而且仅限于某些大学的课堂中，并未引起社会的重视，也未应用于企业营销活动。然而，将市场营销从企业生产活动中分离出来做专门研究，无疑已经是市场营销学发展的里程碑。

（二）形成时期（1921—1940 年）

20 世纪的 20 年代至 40 年代是市场营销理论逐渐成形的时期。在此之前，市场营销尽管已经开始受到一部分企业的重视，但是由于市场资源短缺，产品总体上供不应求的基本状况并没有大的改变，所以大多数企业对于市场营销的理论与实践并不十分关注，企业经营行为的本身尚未为市场营销理论的成形奠定基础。而进入 20 世纪以后，随着西方垄断资本集团的逐步形成，生产力出现了高度的发展，产品供应越来越丰富，不少产品出现了供过于求的现象。市场供应的迅速增加和有效需求的不足，使社会经济矛盾日趋尖锐，终于在 1929 年导致了世界性的经济大危机。从 1929 年到 1933 年的经济危机造成整个西方世界商品积压、企业倒闭、市场萧条、失业上升。各资本主义国家的工业生产下降了 37%，世界贸易额减少了三分之二。严酷的现实使越来越多的企业感受到竞争的压力，体会到市场营销活动的重要性，从而使二十世纪二三十年代成为市场营销活动在西方企业中迅速普及、市场营销理论体系基本确立的时期。

这一时期，作为市场营销活动趋于成形的显著标志是各企业纷纷成立了专门的市场营销研究机构，开始了理性化的市场营销活动。其中最早的是美国的柯蒂斯出版公司，1911 年建立了商业研究部门对市场营销活动进行了专门的研究。之后，越来越多的企业成立了类似的机构。至 1931 年，美国市场营销协会成立，对市场营销的研究活动趋于社会化。当时的美国总统委员会关于"美国经济新动向"的报告中指出："企业过去只关心满足需求的数量，而现在则关心产品的销售活动。"

同市场营销活动在企业中得到普遍应用相一致的是：市场营销理论的研究有了新的发展。在这一时期，有关市场营销的文章和论著急剧增加，而且越来越趋向于对市场营销理论的系统研究，注重于市场营销理论框架的塑造，其中比较有代表性的是克拉克(Clark)的《市场营销学原理》和梅纳德(H. H. Maynard)、贝克曼(F. W. Beckman)、韦德勒(W. C. Weldler)三人合著的《市场营销学原理》。这一时期的市场营销学著作虽然已基本形成了一定的框架体系，但是就实质内涵来看，并没有真正进入以市场需求为导向的营销观念阶段，大多数仍停留于从企业的角度出发，研究如何对产品进行宣传和推销的层次上。这也是由于当时企业的营销观念和营销实践尚不成熟所决定的。

(三) 成熟时期(1941—1980 年)

市场营销学的理论与实践在 20 世纪 50 年代之后进入成熟阶段。第二次世界大战虽然是人类一次惨绝人寰的浩劫，但是由于战争的需要，一大批新的科技成果也在这次战争中衍生。战争结束以后，一大批新技术、新材料、新能源由军用转向民用，促使社会生产力水平大大提高，新产品不断涌现，市场供应十分丰富；战后的社会相对稳定，使社会消费的质量也不断提高，消费需求的多样化、层次化趋势日益明显；战后世界势力范围的划分基本确定，各国谋求市场进一步扩张的欲望只能通过新的商业竞争来加以实现。这些背景条件决定了企业必须提高自身的经营素质，进一步深化对市场营销的研究，加强营销方面的努力，提高自身的竞争实力。于是，市场营销的理论和实践在第二次世界大战以后有了迅速的发展。

首先，越来越多的企业开始由单纯研究产品的宣传和销售，转向对市场潜在需求的发现和研究，并开始研究如何以市场需求为导向，指导企业的生产和经营活动，组织有系统的市场营销活动。美国的可口可乐公司、IBM 公司、通用电气公司、沃尔玛零售商业公司等跨国公司和企业集团都在实践中创造出了一整套的市场营销的策略和技术，为理论研究奠定了基础。

其次，市场营销学的理论和实践已经开始由美国向全球扩散、传播，成为世界各国企业界和学术界所关注和接受的学说，20 世纪 50 年代开始，市场营销学说开始在欧洲广为传播。从 20 世纪 60 年代开始，市场营销学说进入了苏联和日本，特别是在日本得到了灵活的运用和新的发展。20 世纪 70 年代以后，东南亚地区和中国也开始引进和接受了市场营销的理论。市场营销学在全世界的广泛传播和应用，使其进一步融入了世界各国的国情与文化，丰富了其内涵，也增强了其适应性。

最后，市场营销学的内容在此期间也越来越丰富，对市场营销的一些规律性问题的研究日益深入，一些新的概念和原理不断涌现，市场营销的研究领域逐渐扩大。美国著名营销学者菲利普·科特勒于 1981 年在美国市场营销协会成立 30 周年的大会上指出，从 20 世纪 50 年代以来，几乎每 10 年中都会产生 56 个营销的新概念，从而使市场营销学的理论体系日趋完善。在此期间，市场营销学发展的主要特征是：①以市场需求为导向的营销观念基本确立，“以需求为中心”成为市场营销的核心理念。②对市场营销的研究已逐渐从产品的研究、功能的研究和机构的研究转向管理的研究，使市场营销理论成为企业经营管理决策的主要依据。③市场营销的观念和策略已不局限于在企业界应用，而且已经延伸到学校、医院、教会、警察部门、公共机构等非营利组织，成为一种普遍的社会经营理念，即“大营销观念”。

在此期间，出现了一批对于市场营销学说的发展具有重要贡献的学者，其中，最值得推崇的是杰罗姆·麦卡锡(Jerome McCarthy)和菲利普·科特勒 1960 年，麦卡锡和普利沃特合著的《基础营销学》第一次将企业的营销要素归结四个基本策略的组合，即著名的 4P 理论即 product(产品)、price(价格)、place(渠道)、promotion(促销)，这一理论取代了此前的各种营销组合理论，成为现代市场营销学的基础理论；菲利普·科特勒于 1967 年出版了《营销管理——分析、计划与控制》一书。从企业管理和决策的角度，系统地提出了营销环境、市场机会、营销战略计划、购买行为分析、市场细分和目标市场以及营销策略组合等市场营销的完整理论体系，成为当代市场营销学的经典著作，使市场营销学理论趋于成熟。

(四) 创新发展时期(1981 年至今)

经过上述三个阶段的发展，市场营销学已成为一门较成熟的学科，建立起了独立、系统、完整的理论体系。但是，作为一门科学的市场营销学并非静止，而是动态的。它随着科学技术的进步、社会的发展而不断发展和创新。

例如，麦卡锡和科特勒的著作都是每隔 3 年左右就重版一次，在理论上不断有所创新，如菲利普·科特勒在 1991 年《市场营销学》的第七版中增加了“营销计划背景分析”“竞争者分析”和“服务营销”等内容；在 1994 年的第八版中讨论了“营销近视”的问题，并提出了“通过质量，服务和价值来建立顾客满意度”；在 1997 年第九版中，又讨论了“21 世纪营销”的新内容——“网上营销”(online marketing)；而在 2000 年出版的“千禧版”中则对网络营销、电子商务等因高科技的推动而发展起来的新的营销方式做了更为全面而深入的分析。正如科特勒本人所提出的，市场营销的概念不是太多而是远远不足，随着市场营销实践的发展，市场营销学的理论将会变得越来越丰富。

总结起来，这种发展主要表现于如下几点：一是学术界为适应新的环境，创造了新理论，如 90 年代美国劳特明教授针对 4P 理论提出了 4C 理论，即 consumer(顾客)、cost(成本)、convenience(便利)、communication(沟通)；二是为保护地球环境，防止其受到污染，而提出了环境市场营销和绿色市场营销等；三是科学技术在市场营销领域的运用，促进了市场营销手段的现代技术装备，从而出现了数字营销等。

二、市场营销学在中国的发展

二十世纪三四十年代，市场营销学在中国曾有一轮传播。国内现存最早的市场学教材是 1933 年复旦大学丁馨伯编译出版的《市场学》。当时一些大学的商学院开设了市场学课程，教师主要是欧美留学归来的学者。由于长期战乱及半殖民地半封建经济发展水平的限制，其研究和应用有很大的局限性。新中国成立后，在很长一段时间内，由于我国实行高度集中的计划经济体制，商品经济受到否定和抵制，市场营销学的研究在中国大陆基本中断。在长达 30 年的时间里，中国大陆学术界对国外迅速发展的市场营销学知之甚少。改革开放后，我国对于市场营销学的研究、应用和发展取得了可喜的成绩。从市场营销学在中国的整个发展过程来看，大致经历了以下四个阶段，如图 1-2 所示。

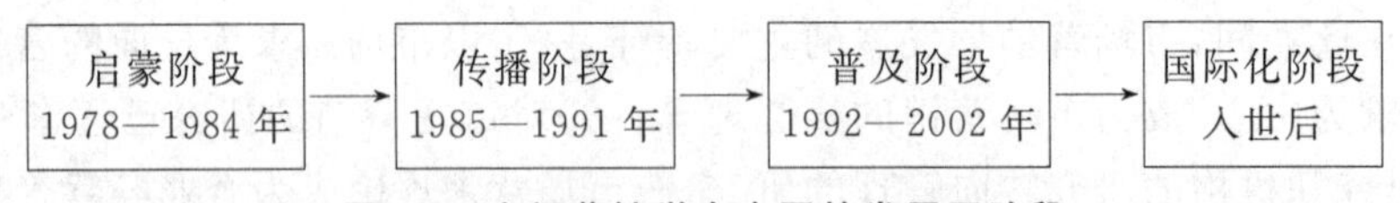

图 1-2 市场营销学在中国的发展四阶段

(一) 启蒙阶段

1978 年到 1984 年，是市场营销学再次引入中国并初步传播时期。党的十一届三中全会后，中国确定了以经济建设为中心，对外开放、对内搞活的方针。经济学界努力为商品生产恢复名誉。改革、开放的实践则不断冲击着旧体制，逐步明晰了以市场为导向，建立社会主义市场经济体制的改革目标，从而为我国重新引进和研究市场营销学创造了良好条件。其间，不少学者通过论著、教材翻译评介，国外访问、考察和学习，邀请境外专家学者来华讲学等方式，系统地介绍了当代市场营销的理论和方法，组织了第一批市场营销学的讲座，成立了第一个“市场学”方面的培训中心，输送了第一批市场营销学的师资，编写了第一批市场营销学的教材，在综合大学和财经院校开设了第一组市场营销学的课程等。所有这些对市场营销理论在中国的重新引入和市场营销观念的先行启蒙都起到了重要的推动作用。

(二) 传播阶段

1985 年到 1991 年，是市场营销在中国进一步传播与应用时期。党的十一届三中全会后，经济体制改革的重点由农村转入城市，企业的目标是建立“自主经营、自负盈亏”的企业体制，同时，多种经济成分并存的所有制结构初步形成，市场供求格局开始由卖方市场向买方市场转换。在国内经济快速成长和市场竞争加剧的环境下，企业界营销管理意识也开始形成。市场营销的运用从外贸企业、商业企业、乡镇企业逐步扩展到国有企业；从消费品市场扩展到产业用品市场。能源、原材料、交通、通信企业也开始接受市场营销概念。市场营销热点也开始从沿海向内陆推进。社会对市场营销知识和管理人才提出了旺盛的需求。

1984 年 1 月，为加强学术与教学研究，推进市场营销学的普及与发展，全国高等财经院校综合大学市场学教学研究会成立(1987 年改名为中国高等院校市场学研究会)。研究会聚集了全国 100 多所高校的市场营销学者，每年定期交流研讨，公开出版论文集，对市场营销学的传播、深化和创新运用作出了积极贡献。在以后的几年时间里，全国各地各种类型的市场营销学研究团体如雨后春笋般纷纷成立。在此期间，市场营销学在学校教学中开始受到重视，有关市场营销学的著作、教材、论文在数量上和质量上都有很大提高。

在 1984 年前不少院校就开设了市场营销方向。1984 年广西商业高等专科学校开设第一个市场营销专科专业；1988 年山东大学开设第一个市场营销本科专业；1984 年北京商学院等第一批招收市场营销方向硕士研究生；1992 年中南财经政法大学、武汉大学、南开大学等开始培养第一批市场营销方向博士研究生。

1991 年 3 月，中国市场学会在北京成立。该学会成员包括高等院校、科研机构的学者，国家经济管理部门工作人员和企业经理人员。中国高等院校市场学研究会、中国市场学会也开展了一系列活动，促进学术界和企业界、理论与实践的结合，为企业提供营销管理咨询服务和培训服务，建立对外交流渠道，做了大量有成效的工作。

(三) 普及阶段

1992 年以后，是市场营销理论研究结合中国实际的提高、创新时期。邓小平南方谈话奠定了建立社会主义市场经济体制的改革基调。改革进一步加速并全方位展开，国内经济结构发生了进一步变化，外资企业大量而快速涌入，买方市场特征日益明显，中国市场竞争进一步加剧。

在这种形势下，强化营销和营销创新成为企业的重要课题。一方面，中国营销学术界通过举办一系列市场营销国际学术会议，加强了国际沟通，同时，通过中国高等院校市场学教学研究会及多种方式，展开了“从计划经济向市场经济转变，从粗放经营向集约化经营转变”为主题的营销创新研究，以及以“跨世纪的中国市场营销”为主题的营销创新研究，出现了一批颇有价值的研究成果。

另一方面，因市场竞争的需要，越来越多的企业、社团组织等都无一例外地重视市场营销理论研究与实际运用，更多的企业和营销人借助网络平台，通过网络媒体和公共活动等途径的宣传与传播，了解到了营销的基础知识、经典的营销理论、方法和手段，以及最新的营销观点和营销动态，同时通过营销案例的分析、热点问题的讨论以及互动方式的交流，激发了企业、社团组织等社会各部门人士的深层次思考，共同探索了适合中国企业和职业营销人的成长道路，有力地推动了整个社会的进步。至此，“市场营销”一词，已经深入中国社会各阶层，使市场营销进入全面普及时期。

（四）国际化阶段

中国加入世界贸易组织（world trade organization，WTO），经济地位在国际上的提升以及与他国之间商务活动的增多，我国的大中小型企业都在努力使自己的营销策略能适应国际形势，迎接新的挑战。中国走上了国际化大舞台，中国企业也走上了国际化大舞台。与之相适应，致力于WTO框架下的营销为主题的中国市场营销研究，加速了营销科学化的进程，中国营销学及其学者也开始走上了国际化营销的大舞台。

小资料

营销中的4P、4C、4S、4R、4V、4I

4P是美国营销学学者麦卡锡教授在20世纪60年代提出的“产品、价格、渠道、促销”4大营销组合策略，即product（产品）、price（价格）、place（渠道）、promotion（促销）。4P是市场营销过程中可以控制的因素，也是企业进行市场营销活动的主要手段。对它们的具体运用形成了企业的市场营销战略。

营销学家菲利普·科特勒认为，企业所有部门为服务于顾客利益而共同工作时，其结果就是整合营销。其意义就是强调各种要素之间的关联性要求它们成为统一的有机体。具体地讲，整合营销更要求各种营销要素的作用力统一方向，形成合力，共同为企业的营销目标服务，4C强化了以消费者需求为中心的营销组合，即consumer（消费者）、cost（成本）、convenience（便利）、communication（沟通）。

4S即satisfaction（满意）、service（服务）、speed（速度）、sincerity（诚意）的行销战略强调从消费者需求出发，打破企业传统的市场占有率推销模式，建立起一种全新的“消费者占有”的行销导向。要求企业对产品、服务、品牌不断进行定期定量以及综合性消费者满意指数和消费者满意度的测评与改进，以服务品质最优化，使消费者满意度最大化，进而达到消费者忠诚的“知名度”。同时强化了企业的抵御市场风险、经营管理创新和持续稳定增效的“三大能力”。

4R营销理论是由美国学者唐·舒尔茨在4C营销理论的基础上提出的新营销理论。4R分别指代relevance（关联）、reaction（反应）、relationship（关系）和reward（回报）。该营销理论认为，随着市场的发展，企业需要从更高层次上以更有效的方式在企业与顾客之间建立起有别于传统的新型的主动性关系。

21世纪以来，高科技产业迅速崛起，高科技企业、高技术产品与服务不断涌现，互联网、移动通信工具、发达交通工具和先进的信息技术使整个世界面貌焕然一新，原来那种企业和消费者之间信息不对称状态得到改善。沟通的渠道多元化，越来越多的跨国公司开始在全球范围进行资源整合。在这种背景下，4V营销理论应运而生，即variation（差异化）、versatility（功能化）、value（附加值）、vibration（共鸣）。

在网络媒体时代，信息传播是“集市式”的，信息多向、互动式流动。声音多元、嘈杂、互不相同。网络媒体带来了多种“自媒体”的爆炸性增长，信息传递过程中形成了4I原则，即interesting（趣味原则）、interests（利益原则）、interaction（互动原则）、individuality（个性原则）。

第三节　市场营销学的性质与研究

一、市场营销学的性质

（一）市场营销学是一门科学

市场营销学是否是一门科学？它是什么性质的科学？对此，国内外学术界持有不同的见解。概括起来，大致分为三种观点：第一种观点认为市场营销学不是一门科学，而是一门艺术。这种观点认为，管理（包括市场营销学）不是科学而是一种教会人们如何作营销决策的艺术。第二种观点认为市场营销学既是一种科学，又是一种行为和一种艺术。这种观点认为，管理（包括市场营销学）不完全是科学，也不完全是艺术，有时偏向科学，有时偏向艺术。当收集资料时，尽量用科学方法收集和分析，这时科学成分比较大。当资料取得以后，要做最后决定时，这时艺术成分就大一点，由于主要是依据企业领导者的经验和主观判断，这时便是艺术。这种双重性观点，主要问题在于市场营销与市场营销学被混同起来了。市场营销是一种活动过程、一种策略，因而是一种艺术。市场营销学是对市场营销活动规律的概括，因而是一门科学。第三种观点认为市场营销学是一门科学。这种观点认为，市场营销学是对现代化大生产及商品经济条件下工商企业营销活动经验的总结和概括，它阐明了一系列概念、原理和方法。市场营销理论与方法一直指导着国内外企业营销活动的发展。

（二）市场营销学是一门应用科学

市场营销学是一门经济科学还是一门应用科学？学术界对此存在两种观点：一种观点认为市场营销学是一门经济科学，是研究商品流通、供求关系及价值规律的科学。另一种观点认为市场营销学是一门应用科学。无疑，市场营销学是于20世纪初从经济学的“母体”中脱胎出来的，但经过几十年的演变，它已不是经济科学，而是建立在多种学科基础上的应用科学。菲利普·科特勒指出：市场营销学是一门建立在经济科学、行为科学、现代管理理论之上的应用科学。因为“经济科学提醒我们，市场营销是用有限的资源通过仔细分配来满足竞争的需要；行为科学提醒我们，市场营销学是涉及谁购买、谁组织，因此，必须了解消费者的需求、动机、态度和行为；管理理论提醒我们，如何组织才能更好地管理其营销活动，以便为顾客、社会及自己创造效用”。

（三）市场营销学既包括宏观营销学又包括微观营销学

美国著名市场营销学家麦卡锡在其代表作《基础营销学》中明确指出，任何商品经济社会的市场营销均存在两个方面：一个是宏观市场营销，另一个是微观市场营销。宏观市场营销是把市场营销活动与社会联系起来，着重阐述市场营销与满足社会需要、提高社会经济福利的关系，它是一种重要的社会过程。宏观市场营销的存在是由于社会化大生产及商品经济社会要求某种宏观市场营销机构及营销系统来组织整个社会所有的生产者与中间商的活动，组织整个社会的生产与流通，以实现社会总供需的平衡及提高社会的福利。微观市场营销是指企业活动或企业职能，研究如何从顾客需求出发，将产品或劳务从生产者转到消费者手中，实现企业赢利目标。它是一种企业经济活动的过程。

由于西方国家受资本主义私有制的局限，其学术界主要研究企业的微观营销，对宏观营销研究不十分重视，即使对宏观营销进行研究，也不是从实现社会总供需平衡的角度来研究，而只从客观角度来研究企业营销的总体作用。我国实行的是以社会主义公有制为主体的，多种经济成分并存的社会主义市场经济，国家实行宏观计划调控，因而从微观及宏观两个角度来研究市场营销就非常重要了。

二、市场营销学的研究对象

“marketing”一词在英文中既作市场营销解释，同时也作市场营销学解释，但这是两个既有联系又有区别的不同概念。市场营销是企业的经营、销售活动，市场营销学则是研究市场营销活动及其规律的科学。它的研究对象是：企业在动态市场上如何有效地管理其市场营销活动，提高企业的经济效益，求得生存和发展，实现企业的目标。因此，市场营销学的全部研究都是以消费者为中心，通过运用产品策略、定价策略、渠道策略、促销策略等生产经营适销对路产品、扩大市场销售为手段而展开的，并为此提供理论、思路和方法。

市场营销学的研究对象是市场营销活动及其规律，即研究企业如何识别、分析评价、选择和利用市场机会，从满足目标市场顾客需求出发，有计划地组织企业的整体活动，通过交换，将产品从生产者手中转向消费者手中，以实现企业营销目标。

三、市场营销学的研究方法

（一）传统市场营销的研究方法

在 20 世纪 50 年代前，对市场营销学的研究主要采用传统的研究方法，包括产品研究法、职能研究法、机构研究法。

1. 产品研究法

在 20 世纪初，市场营销研究刚刚开始的阶段，营销学者们主要是通过对各种不同产品在市场交易活动中的特征分析来研究企业的营销行为的。如韦尔德最早的市场营销学的著作就是《农产品市场营销》；科普兰（Melvin Copeland）在 1923 年提出了著名的产品分类理论，将所有的消费品分为便利品、选购品和特殊品。并研究了消费者在购买这些不同类别产品时的行为特征；在此之前另一位叫帕林（Charls Parlin）的学者就已提出过对“妇女购买的商品”进行分类的思想，他将这些商品分为便利品、急需品和选购品等不同类型；劳德斯（E.L.Rhoades）在 1927 年还提出过根据产品的使用特征、物理特征（易腐性、体积、价值集中）和生产特征（生产规模、生产地点、生产周期、生产方法、生产集中度）来对产品进行分类的思想。这些理论的提出强调了市场营销对各种不同类型的企业和产品的适应性，基于相当实用性的原则。

这种研究是以产品为中心的研究方法，以产品为主体，对某类产品诸如农产品、工业品、矿产品、消费品及劳务等分别进行研究。主要研究这些产品的设计、包装、厂牌、商标、定价、分销、广告及各类产品的市场开拓。这种研究方法可详细地分析研究各类产品市场营销中遇到的具体问题，但需耗费巨大人力、物力和财力，而且重复度很高。

2. 职能研究法

从企业营销职能的角度对市场营销学进行研究集中于20世纪30年代之前，肖(Arch Shaw)在《经济学季刊》中第一次提出了职能研究的思想，当时他将中间商在产品分销活动中的职能归结为五个方面：①风险分担，②商品运输，③资金筹措，④沟通与销售，⑤装配、分类与转载。韦尔德在1917年对营销职能进行了研究，提出了装配、储存、风险承担、重新整理、销售和运输等职能分类。1935年，有一位叫弗兰克林(Franklin Ryan)的学者撰文指出，已有的职能研究已经提出了52种不同的营销职能，但并未对分销过程中两大隐含的问题做出解释：一是哪些职能能使商品实体增加时间、地点、所有权、占有权等效用。二是企业经营者在分销过程中应当主要承担哪些职能。弗兰克林认为：在第一个问题上，主要有装配、储存、标准化、运输和销售五项职能；在第二个问题上，企业经营者则主要应履行承担风险和筹集营销资本两项职能。

从职能角度对市场营销学的研究直接导致了对营销策略组合的研究。尼尔·博登(Neil Borden)在1950年提出的“营销策略组合”将企业的营销活动的相关因素归结为12个方面，包括：产品、品牌、包装、定价、调研分析、分销渠道、人员推销、广告、营业推广、售点展示、售后服务以及物流。之后，弗利又将这些因素归纳为同提供物有关的“基本因素”和同销售活动有关的“工具因素”；直至1960年杰罗姆·麦卡锡(Jerome McCarthy)提出著名的“4P”组合，实际上都继承了职能研究的分类研究方法。所以说，职能研究方法为以后占主导地位的营销管理学派的产生奠定了基础。

3. 机构研究法

机构研究法是一种以人为中心的研究方法。这种方法以研究市场营销制度为出发点，即研究渠道制度中各个环节及各种类型的市场营销机构，诸如代理商、批发商、零售商等市场营销问题。

与职能研究方法不同，机构研究方法主要分析执行营销职能的组织及其相互之间的关系。早期的机构研究主要集中于中间商和分销渠道的组织与效率。韦尔德在他的《农产品市场营销》中指出“要执行营销职能，问题是要发现最经济的职能组合”，他针对一些人对中间商的偏见指出“用第一手资料不偏不倚地研究营销系统，将发现总体上已发展的营销系统是胜任的，而不是极端臃肿和浪费的，已发展的组织形式有恰当的实际原因”；巴特勒(R.S. Butler)在1923年出版的《营销与经销》一书中强调了中间商和渠道机构所创造的地点效用和时间效用，从理论上肯定了中间商的地位；20世纪30—40年代，加入营销机构研究的人越来越多，美国宾夕法尼亚大学沃顿商学院的教师拉尔夫·布莱耶(Ralph Breyer)撰写了《营销机构》一书，强调了营销机构的重要性，他指出“完成执行营销职能的相关工作需要建立庞大且高度复杂的商业机构……这个机构的各个部门都涉及与营销有关的各种商业事宜”；之后一些学者又对营销渠道中的“纵向一体化”问题展开了研究，考虑到了对生产和分销过程中独立营销机构的总体控制和协调，最后形成了“垂直营销系统”的理论。这实际上已经进入了营销管理研究的领域。所以说从管理角度对市场营销进行研究的营销管理学派,其理论基础仍来源于之前的产品、职能和机构研究学派。

(二)现代市场营销的研究方法

20世纪50年代以后,市场营销学从传统市场营销学演变为现代市场营销学,研究方法主要是现代科学方法,包括管理研究法、系统研究法及社会研究法。

1. 管理研究法

管理研究法是一种从管理决策的角度来分析、研究市场营销问题的方法,它综合了产品研究法、职能研究法和机构研究法。从管理决策的观点看,企业营销受两大因素的影响:一是企业不可控因素,诸如人口、经济、政治、法律、物质、自然、社会文化等因素;二是企业可控因素,即产品、价格、分销及促销。企业营销管理的任务在于全面分析外部不可控因素的作用,针对目标市场需求特点,结合企业目标和资源,制定出最佳的营销组合策略,实现企业赢利目标。

2. 系统研究法

系统研究法是系统理论具体应用的一种研究方法,是从企业内部系统、外部系统,以及内部和外部系统如何协调的角度来研究市场营销学的。企业内部系统主要是研究企业内部各职能部门,诸如生产部门、财务部门、人事部门、销售部门等如何协调,以及企业内部系统同外部系统的关系如何协调。企业外部系统主要研究企业同目标顾客、外部环境的关系。内部与外部系统又是通过商品流程、货币流程、信息流程联结起来的。只有市场营销系统的各组成部分相互协调,才能产生较高的营销效益。

3. 社会研究法

社会研究法是研究企业营销活动对社会利益的影响的一种研究方法。市场营销活动,一方面带来了社会经济繁荣,提高了社会及广大居民的福利;另一方面造成了某些负面效应,诸如污染自然环境、破坏生态平衡。因此,有必要通过社会研究方法,寻求使市场营销的负面效应降到最低限度的途径。

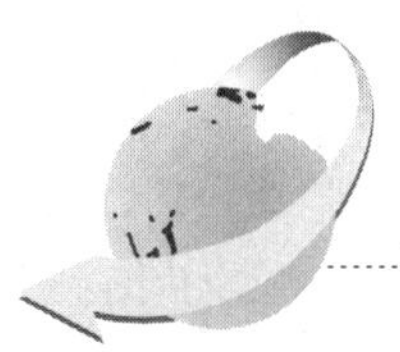

本章小结

1. 市场是指具有特定需要和欲望,而且愿意并能够通过交换来满足这种需要或欲望的全部潜在顾客。

2. 营销是个人和集体通过创造,提供出售,并自由地同别人交换产品和价值,以获得其所需所欲之物的一种社会和管理过程。

3. 企业最显著、最独特的职能是市场营销。

4. 根据企业应用市场营销解决经营问题的情况来看,市场营销学大致经历了萌芽、形成、成熟、创新发展四个时期。

5. 从市场营销理论在中国的传播与发展过程看,其大致经历了启蒙、传播、普及、国际化四个阶段。

关键概念

市场营销　需要、需求和欲望　产品　交换与市场

复习思考题

1. 从市场营销的角度来阐述营业员与导购员的区别。
2. 由于疫情人们消费结构发生了很大的变化，试从需求变化的角度来分析当前以下行业营销管理的任务：汽车、医药、餐饮、娱乐、智能设备等。
3. 分析说明“人多的地方就有巨大的市场”观点是否正确。
4. 简述人口、购买力以及购买欲望三者之间的联系。
5. 为什么说创造营销是营销的核心内容？
6. 如今在居民生活中会经常遇到上门推销的人员，那么推销就是市场营销吗？
7. 市场营销在中国的发展经历了哪几个阶段？

案例分析

咪咕让博物馆动起来，“走”进年轻人的手机里

随着5G时代到来，博物馆开始被“搬上”云端。在新文创领域不断寻求“破圈”、慢慢被贴上“潮玩”标签的博物馆，正让越来越多的年轻人重新爱上它。

博物馆之所以能跳出老气沉闷的“刻板印象”，完成华丽的转身，除了把握住了消费升级新趋势之外，也和它贴近大众，用更为现代和流行的方式与大众进行沟通不无关联。以故宫为代表的众多博物馆，无论是在文创品的前期开发、跨界合作上，还是在后期的营销传播上，都显得新意十足、玩法多样，击中了不少年轻人的“玩趣”需求。

2020年5月18日的“博物馆在移动　518文创节”，便是极具代表性的“新文创”跨界营销案例。基于5G技术，中国博物馆协会联合中国移动咪咕，把年轻人喜爱的VR直播、虚拟偶像、电商直播等玩法，与“博物馆”传统文化相结合，通过“场景＋技术＋内容”的新文创模式将现代科技融入历史，让原本不会说话也不会动的博物馆和文物，在手机里“活”了起来、“动”了起来。

一直以来，博物馆大都成于传统，也囿于传统。把传统的文化转化成现代语言，让经典成为流行，用新的产品、新的消费场景，找到产业进化的方式，成为了文博文创行业不断探索求新的方向。

“互联网＋”时代，为了真正走进年轻人的心里，博物馆们在行动。

1. 博物馆“online”

文博领域的文创节，又怎能少了博物馆的身影？

此次“博物馆在移动　518文创节”在国家文物局指导下，中国博物馆协会联合中国移动咪咕，联动包括中国国家博物馆、南京博物院、河南博物院、陕西历史博物馆在内的50＋国内知名博物馆，从文博内容出发，围绕博物馆逛馆、特展、文创产品等多维角度，共同打造“博物馆人谈文创”“把文创带回家”“咪咕云博物馆”数字内容体验，“云上特展”VR逛展系列线上体验内容，通过互联网＋的模式，让文博文创从传统走向现代、潮流、开放的“online”新模式。

线上网友足不出户，即可“云逛遍”国内知名博物馆。或许有网友会开始担心了：虽然可以一个平台逛多个博物馆很方便，但毕竟是网上看，不仅摸不着，看的角度会不会也很受限？怎么都会和线下实体逛馆有区别吧？

相较于纯外观欣赏，文物背后的故事，往往会让参观者们更感兴趣，想要深入去一探究竟。

区别于传统直播，文创节期间中国移动咪咕邀请来文博领域专家，每天12:30定点通过“咪咕圈圈”APP和网友见面，进行云端“授课”。博物馆的发展起源、文创IP的构思思路，以及那些珍贵馆藏品背后的故事，都在专家的娓娓讲述中慢慢“鲜活”了起来。

在陕西历史博物馆《唐妞话“唐”》直播间，副馆长庞雅妮正带着62万线上参观者走进陕西历史博物馆这座拥有76年历史的文化宝地。可爱的唐妞、特色尽显的文创产品，也随着庞馆长的介绍，和网友们“零距离”见面。

比起线下观展，玻璃展柜里漂亮却显得冷冰冰的文物，文创节的线上云体验，通过中国移动先进的5G＋VR数字信息化技术赋能，让文物“走出”玻璃展柜去和观众“对话”，让一个立体“可触摸”的博物馆被送至观众面前，更添体验趣味。

当“云上”生活渐渐成为一种流行的生活方式，博物馆“online”不仅有助于打破博物馆在空间、时间上的限制，也有利于推动传统文化融入当代。

即便隔着手机屏幕，和文物实际相隔万里，也能有如身临其境一般的体验。从一件静态的馆藏物，到文创产品背后的故事，相较于个人线下实地逛馆，“云逛馆”不用担心看不够、看不具体，恰恰相反，有5G、VR等科技的加持，再加上馆长、专家现身直播，近距离介绍文物故事，在手机镜头里，用户可以更直观地感受“动”起来的文物、品味“活”起来的文化，这种沉浸式的体验显然不输线下。

2. 文创带货“online”

说到“直播”，相信很多人都会想到“带货”。作为“博物馆”文化的衍生品，文创IP带着时尚、有趣、实用的各式标签，走入人们视野。近年来随着新文创的开发，以“故宫”为代表的博物馆IP，开始找到贴近年轻人的传播途径，在这个过程中，各博物馆或通过跨界合作，或打造自有IP，成功地在年轻人中引爆了一轮又一轮的风潮。在直播带货正新潮的今天，新文创商品直播，也在为博物馆提供着一条接近年轻人的捷径。

电商直播正在成为与年轻人有效沟通的新窗口。在此背景下，如何让看起来有些“高冷”的博物馆和“热闹”的直播间相融合？“博物馆在移动　518文创节”同步与淘宝、拼多多等多方电商平台达成合作，共同打造新文创带货的“online”。除精心筛选优质文创商品以外，中国移动咪咕还邀请来了知名主持人，运用自身专业的直播带货技巧，助力中国文创产业发展。

3. 技术加持“online”

逛馆直播和电商直播，都不稀奇，在把博物馆搬上云端的过程中，有一个不可或缺的“核心参与者”——5G技术。

5G让直播画面更加清晰稳定，博物馆庞大的VR/AR数据传输，需要网速更快、数据传输更稳定以及适用于大规模类机器通信的5G技术来支撑。基于中国移动5G技术，“博物馆在移动　518文创节”能够最大程度地将“文博观赏”送到用户面前。

如VR云展览的玩法，可以360°立体还原出博物馆内的真实场景，只需动动手指，就能从远近高低各个不同角度，欣赏博物馆内的每一件展品。这背后，都离不开稳定的网络传输支撑。

5G的应用，能够很好地弥补普通直播“看得见”但“摸不着”的体验缺失。中国移动咪咕借助5G+VR等先进的数字化信息技术，使博物馆在线上平台能够为用户提供360°全景全方位展示。基于这一技术，即使和文物实体相隔着千里，但在镜头里，文物好似变成了立体“可触摸”的对象。

除了5G技术，直播间多人连麦、电商主播云PK、VR直播，甚至继洛天依之后又一位虚拟偶像“犀”亮相咪咕商城直播间，与真人主播实时互动等，也为这场活动带去了很多趣味性的体验。

在年轻人越来越追求潮酷体验和新鲜交互感的当下，技术与创意的融合愈发为品牌营销所看重。而中国移动咪咕通过5G+VR技术，打造的沉浸式“参展”体验，在5G基建全面发展的未来，可预见会成为博物馆观展的主流方式之一。

今天的年轻人不是不喜欢传统文化，恰恰相反传统文化对年轻人有着相当大的吸引力。但关键在于，如今的年轻人被潮流文化所包围，用传统的方式向年轻人灌输传统的文化，显然不是一个有效的沟通策略。中国移动咪咕用“博物馆在移动　518文创节”为用户带来全新的“场景+5G技术+内容”文博沉浸式体验，让传统文化根植于现代时尚语境，形成当代表达，这不仅让传统文产业IP适应时代发展，有了新的传承方式，也将为博物馆文创产业全面赋能，助力其新生。

思考题：

请分析博物馆的新营销。

第二章　市场营销观念

学习目标

1. 理解市场营销观念的含义

2. 了解市场营销观念的发展过程

引导案例

双汇荣获最佳社会化营销奖

2022年1月7日，第十六届金瑞营销奖在北京重磅揭晓，现场公布了本届三大类别细分十三项大奖的获奖名单。

金瑞营销奖由艾瑞咨询主办，艾瑞行业研究院、奖项荣誉评审团支持，该奖项是互联网广告、数字营销、技术营销领域最重要、含金量最高的奖项之一，也是举办最早的行业活动之一。从2006年至今，金瑞营销奖见证了营销领域的每一次聚变和飞跃，十多年来秉持鼓励创新、表彰经典的原则，始终如一的专业情怀，越来越完备的评审体系，让奖项受到业界的广泛追捧，影响力遍及全国。

2021年金瑞营销奖历经3个月的案例征集，共征集作品500余件，报名企业280多家，入围案例100家，媒体参与报道120家，最终83家获得各类别最佳大奖。

本次最佳社会化营销大奖案例"国潮汇玩计划"，是双汇首次在B站与众多UP主和粉丝梦幻联动，精准聚焦B站绘画区，以双汇王中王海报和包装为核心征集，选择备受年轻人热衷的现代国潮、古装国潮、萌宠国潮等主流题材，将主动权交于消费者之手，绘品牌国潮形象，玩品牌国潮内容，携手Z世代全新演绎和创新产品包装及周边衍生品形象。品牌与用户联合共创进行征集营销，致敬国潮经典文化的同时，品牌影响力更是在年轻群体中实现大幅跃升。

"国潮汇玩计划"以优质UP主加用户内容共振助推品牌声量和传播力的双增长，活动期综合曝光量突破1.15亿次，总阅读量突破1 500万，原创稿件征集600余份，UP主创作视频累计播放量超1 500万次，点赞次数超90万，转发、收藏及评论超20万。

以什么样的观念指导营销活动是营销管理中一个关键性的问题。思想是行动的指南，没有正确思想指导的实践是盲目的实践。作为一种指导思想和经营理念，市场营销观念是企业一切经营活动的出发点，它支配着企业营销实践的各个方面。一个企业的市场营销水平高低，往往取决于营销观念的正确与否。正确的营销观念是营销活动取得成功的前提，而不正确的营销观念则从营销活动开始之前就埋下了失败的种子。

第一节　市场营销观念概述

一、市场营销观念的含义

观念是一种态度，是一种意识，一种思维方式。市场营销观念，又称市场营销理念、市场营销管理的哲学，是企业对其营销活动及管理的基本指导思想。它概括了一个企业的经营态度和思维方式，是企业开拓市场、实现经营管理和销售目标的根本指导思想。任何企业的营销活动都是在特定的指导思想或观念指导下进行的，确立正确的营销观念，对企业经营具有决定性意义。

二、市场营销观念的诠释

（一）市场营销观念的核心是正确处理企业、顾客和社会三者之间的利益关系

企业利益、顾客利益和社会利益三者经常发生冲突。一家企业生产一种很普通并有高利润的产品，是一种防止茶叶在热水中被分解的纸。然而，生产这种纸的原材料每年使该企业产生大量的废水。即使这种产品在市场上极受顾客欢迎，但它明显地损害了环境。在相当长的时间内，企业考虑的只是自己的利益，或者主要考虑的是自己的利益，对于顾客的利益考虑甚少，只是在20世纪50年代以后，随着市场局势的变化，企业才真正开始认真考虑顾客的利益问题。20世纪70年代以后，可持续发展模式的确立，迫使企业在市场经济活动中必须考虑社会的整体利益问题。企业必须在全面分析市场环境的基础上，正确处理三者关系，确定自己的原则和基本取向，并用于指导营销实践，有效地实现企业目标，保证企业的成功。

（二）市场营销观念是企业营销活动的根本指导思想

观念是先导，有什么样的营销观念，就有什么样的营销思路，有什么样的营销思路，就有什么样的营销策略。市场营销观念具有概括性、思辨性、整体性、导向性等特点，指导着企业的营销战略和策略的制订，是企业开拓创新经营的前提。企业营销战略和策略的制订，建立在企业决策者对市场运行规律的领悟，对营销环境的客观认识和分析的基础上，是企业决策者思维方式的体现。企业的决策者若缺乏现代市场营销观念，思想观念陈旧、僵化保守，不敢开拓创新，是无法适应现代市场经济发展的。

（三）市场营销观念是不断发展变化的

随着经济的发展和社会的进步，企业所处的市场环境不断地发生变化，企业的营销活动和实践也随之不断地发生变化，作为企业营销活动的指导思想的营销观念也必然随之不断地变革、发展。企业的营销观念自产生至今已经经历了五个发展阶段，后面两节中将会详细分析其发展变化过程。

三、影响市场营销观念变化的因素

自市场营销学形成至今，企业经营的市场环境不断地发生着变化，市场的压力迫使企业通过改变自身的经营策略来摆脱困境，于是各种富有创意的企业经营实践不断地产生，营销观念也随之不断地发展、变化。

（一）生产力的发展水平影响市场营销观念变化

经济发展水平的变化是企业的营销观念的形成与发展的最为重要的因素。20世纪初

期以来，企业的营销观念不断地在发生着变化，其背后真正的力量是企业面对的经济环境经历了深刻的变化。

20 世纪初，由自由竞争向垄断的过渡使工业发展所需要的大量资本集中问题得到解决。到 20 世纪的二三十年代，高度发展的生产力使市场供求关系发生了根本的变化，以“生产过剩”为特征的经济危机开始出现，企业市场竞争的压力变得越来越大。这是市场营销学产生的重要背景。以企业为中心的营销观念在这一时期初露端倪。

20 世纪 50 年代中期社会生产力迅速发展，市场趋势表现为供过于求的买方市场，同时广大居民个人收入迅速提高，有可能对产品进行选择，企业之间为实现产品的竞争加剧，许多企业开始认识到，必须转变经营观念，才能求得生存和发展。由此，市场营销观念逐渐被众多企业所接受，产生了市场营销观念的第一次革命。

（二）政策法律和舆论引导影响市场营销观念变化

企业在一定的社会环境下进行生产经营活动，必然会受到政府以及一些公众组织的影响，也就是说，政府的政策和法律以及一些公众的舆论在一定程度上影响着企业的营销观念，因为如果企业与政府的政策或法律相违背，必然会受到政府的制裁或舆论的谴责，这些都影响企业的发展。例如，20 世纪 70 年代西方资本主义国家出现能源短缺、通货膨胀、失业增加、环境污染严重、消费者保护运动盛行的情况，在这样的背景下，一些政府为了社会的发展制定了许多政策以及法律来解决这些社会问题，并通过舆论进行引导。在这种情况下，众多企业开始审视自身的社会角色，并承担起相应的社会责任，社会市场营销观念开始被人们普遍接受，产生了市场营销观念的第二次革命。

（三）企业家及其企业家群体的素质影响市场营销观念变化

企业的经营状况，经营理念以及营销观念与企业家有着直接的关系，因为企业家以及企业家群体往往在一个企业经营中处于绝对优势地位，他们往往决定着一个企业的战略以及策略的制定。因此，一个企业采取什么样的营销观念与企业家的个人素质存在很大的关系，影响着市场营销观念的变化。如面对社会环境的破坏、能源问题，一些素质较高的企业家可能就会从社会长远发展的角度出发来选择自己的营销观念，采取有利于社会长远发展的营销观念。相反，一些素质较低的企业家可能就会单纯从企业自身出发，而不去从社会的发展出发来采取相对应的营销观念。

（四）企业不同的发展阶段影响市场营销观念变化

企业的营销观念往往与企业所处的发展阶段有很大的关系，随着企业发展的变化，企业为了适应这种变化往往对自己的经营进行调整，这里面就会涉及营销观念的变化与调整，通过调整适应新的发展阶段。

总之，20 世纪初期以来，企业营销观念的不断变化是受多方面影响的，但其主要原因是企业营销环境经历了深刻的变化。

第二节 市场营销观念的演化过程

市场营销观念经历了以企业为中心、以消费者为中心以及社会营销观念的演化过程。

一、以企业为中心观念

以企业为中心的市场营销观念，是以企业利益为根本取向和最高目标来处理企业营销问题的观念。它包括生产观念、产品观念和推销观念。

(一) 生产观念

生产观念(production concept)是指导销售者行为的最古老的观念之一。这种观念产生于20世纪20年代前。企业经营哲学不是从消费者需求出发,而是从企业生产出发。其主要表现是"我生产什么,就卖什么"。生产观念认为,消费者喜欢那些可以随处买得到而且价格低廉的产品,企业应致力于提高生产效率和分销效率,扩大生产,降低成本以扩展市场。例如,美国皮尔斯堡面粉企业,从1869年至20世纪20年代,一直运用生产观念指导企业的经营,当时这家企业提出的口号是"本企业旨在制造面粉"。美国汽车大王亨利·福特曾傲慢地宣称:"不管顾客需要什么颜色的汽车,我只有一种黑色的。"这也是生产观念的典型表现。显然,生产观念是一种重生产、轻市场营销的商业哲学。

生产观念是在卖方市场条件下产生的。在资本主义工业化初期以及第二次世界大战末期和战后一段时期内,由于物资短缺,市场产品供不应求,生产观念在企业经营管理中颇为流行。我国在计划经济体制下,由于市场产品短缺,企业不愁其产品没有销路,工商企业在其经营管理中也奉行生产观念,具体表现为:工业企业集中力量发展生产,轻视市场营销,实行以产定销;商业企业集中力量抓货源,工业企业生产什么就收购什么,工业企业生产多少就收购多少,同样不重视市场营销。

生产观念的重点是低价格与低成本,要做到物美价廉,为此就需要在提高生产效率和分销效率方面下功夫。专业化水平的提高、分工的进一步深化、规模经济方面的积累、标准化程度的提高等都有助于提高生产效率和分销效率,因此在生产观念的指导下得到了推动。因此这种经营导向在欠发达的发展中国家和地区依然是有意义的。

有些企业在产品成本高的条件下,其市场营销管理也受生产观念支配。例如,亨利·福特在20世纪初期曾倾全力于汽车的大规模生产,努力降低成本,使消费者购买得起,以提高福特汽车的市场占有率。

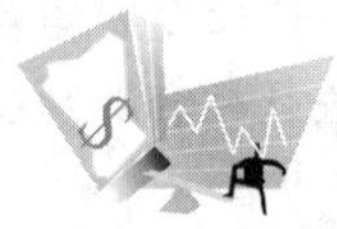

案例2-1　**福特汽车公司的经营哲学**

亨利·福特在20世纪初期对市场的分析是汽车不应只是少数家庭的专利,普通家庭只是因为价格问题才影响了汽车的购买。如果能降低汽车的价格,普通家庭对于汽车有着同样的需求。根据他的研究,只要降低价格至500美元以下,普通家庭就有了现实的购买需求,那样汽车市场会非常之大。所以,降低汽车的成本成为福特主要努力的方向。为此,福特调整了产品结构,专门生产T型车,同时在提高专业化水平方面下功夫。为了提高效率,福特开发出了工业生产流水线。福特的这些措施在当时取得了巨大的成功。福特企业T型车的产量情况如下:早期花了7年时间生产了100万辆,随后花了18个月时间生产了第二个100万辆;1920年总产量为400万辆;1922年为600万辆;1923年为800万辆;1925年总产量达到了1 200万辆。与此同时,T型车的价格大幅下降:1908年为每辆850美元;1912年为600美元;1920年为440美元;1924年为290美元。在20世纪20年代初叶,福特汽车占了全美汽车市场总量的6成、世界汽车市场总量的一半。

（二）产品观念

产品观念(product concept)也是一种较早的企业经营观念。产品观念认为，消费者最喜欢高质量、多功能和具有某种特色的产品，因此企业应致力于生产高值产品，并不断加以改进。

这种导向和理念的潜台词是“好酒不怕巷子深”，只要产品好，不愁没有销路。许多经营者往往迷恋上自己的产品而对市场的变化不够敏感，最后走入歧途。

产品观念产生于市场产品供不应求的“卖方市场”形势下。容易滋生产品观念的场合，莫过于当企业发明一项新产品时，新产品的开发往往倾注了企业管理者的很大热情和期望，而恰恰是此时，企业最容易患上“市场营销近视症”。

产品观念不只会发生在新产品的开发和上市，作为营销管理者如果缺乏对于营销环境和市场环境的必要敏感性，就很容易产生这样的认识误区：火车管理当局认为乘客需要火车而非运输，他们忽略了航空、公共汽车和轿车的日益显著的挑战；计算尺制造者认为工程师需要的是计算尺本身而不是计算能力，以致忽视了袖珍计算器的挑战；教会、交响乐团和邮局都认为自己在为公众提供适当的服务，但不理解销售量为什么上下不定。营销近视症是指因为不适当地把注意力放在产品上，而不是市场需要上，在市场营销管理中缺乏远见，只看到自己的产品质量好，看不到市场需求在变化，往往致使企业经营陷入困境的情况。所以，菲利普·科特勒的忠告是“营销经理要看窗外，而不是照镜子”。因为镜子中能看到的是自己，而窗外正在发生深刻的变化。

案例 2-2

新型捕鼠器缘何没市场

一家制造捕鼠器的公司，为了试制一种贴近老鼠生活习性的捕鼠器，组织力量花了若干年研究老鼠的进食、活动和休息等各方面的特征，终于制造出了受老鼠“欢迎”的一种新型捕鼠器。新产品完成后，屡经试验，捕鼠效果确实不错，捕鼠率百分之百，同时与老式捕鼠器相比，新型捕鼠器还有以下优点：①外观大方，造型优美；②捕鼠器顶端有按钮，捕到老鼠后只要一按按钮，死鼠就会掉落；③可终日置于室内，不必夜间放置器具，白天收纳，绝对安全，也不会伤害儿童；④可重复使用，一个新型捕鼠器的使用寿命可抵好几个老式捕鼠器的使用寿命。新型捕鼠器上市伊始深受消费者的青睐，但好景不长，市场迅速萎缩。是何原因致使这么好的东西却没有达到预计的销售业绩呢？

产品观念的认识误区正在于看不到市场的发展变化和营销环境的变化。营销实践证明，在动态的市场上，产品只对顾客有意义，所以离开了顾客的需求，就什么也谈不上了。

小资料

营销近视症

营销近视症(marketing myopia)是著名的市场营销专家、美国哈佛大学管理学院西奥多·莱维特(Theodore Levitt)教授在1960年提出的一个理论。营销近视症就是不适当地把主要精力放在产品上或技术上，而不是放在市场需要(消费需要)上，其结果导致企业丧失市场，失去竞争力。这是因为产品只不过是满足市场消费需要的一种媒介，一旦有更能充分满足消费需要的新产品出现，现有的产品就会被淘汰。同时消费者的需求是多种多样的并且不断变化，并不是所有的消费者都偏好于某一种产品或价高质优的产品。莱维特断言：市场的饱和并不会导致企业的萎缩；造成企业萎缩的真正原因是营销者目光短浅，不能根据消费者的需求变化而改变营销策略。

(三) 推销观念

推销观念(selling concept)认为，消费者通常表现出一种购买惰性或抗衡心理，如果顺其自然的话，消费者一般不会足量购买某一企业的产品，因此，企业必须积极推销和大力促销，以刺激消费者大量购买本企业产品。

推销观念产生于从卖方市场向买方市场过渡的时期。推销观念也曾经是西方许多企业奉行的市场营销管理的指导思想。这种观念是生产观念的发展和延伸。从本质上看，推销观念仍然是一种“企业中心论”的经营指导思想。和生产观念不同的只是推销观念以抓推销为重点，通过开拓市场、扩大推销来获利。而生产观念是以抓生产为重点，通过增加产量，降低成本来获利。从生产观念转换到推销观念是由于营销环境的变化，但它并没有脱离“企业中心论”的范畴。因为推销观念只是重视现有产品的推销，只顾千方百计地把产品推销出去，至于顾客是否满意则没有给予足够的重视。

案例 2-3

史玉柱——“721 营销法则”

从巨人汉卡到巨人大厦，从脑白金到黄金搭档，史玉柱是中国极具传奇色彩的创业者，是中国公认的实战派营销专家，他的“史式营销”立足中国本土，成就了一个又一个成功案例。

史玉柱的营销理论为“721 法则”，即：花 70%的精力关注消费者；投入 20%的精力做好终端执行；花 10%的精力用来管理经销商。史玉柱将品牌规划的 70%精力放在消费者调研上，集中资源，集中人群，集中市场，创造局部优势。他认为市场调研既是开端也是终端，从市场调研到传播推广，形成完整市场闭环。另外，每条“史氏广告”都不厌其烦、长时间地进行市场测试，并狠抓终端落地执行与线上广告，围绕消费者，做到立体的整合营销传播，将企业的商业信息输送到消费者的心智中。正是通过这样精准整合的手法，使用户对他的广告“无处可逃”。

超市卖场中家电销售员接待顾客所反映出的营销理念正是明显的“推销观念”。在这里重视和强调的是各种所谓的推销技巧、促销的力度等，认为营销成功与否关键在于营销者在这方面的水平高低。这种精心的设计顾客接待过程，其目的是要抓住顾客，让他(她)买。实际上，只有顾客真正需要的产品才会被接受。在买方市场环境下，市场上存在大量同类商品，能够为顾客所青睐的归根到底还是和顾客需求相吻合的、能够为顾客带来更多满足的产品。高压营销可能会成功一两次，但不可能会长期取得成功。

推销观念在现代市场经济条件下被大量用于推销那些非渴求物品，即购买者一般不会想到要去购买的产品或服务，如保险、百科全书、美容等，这些行业善于使用各种推销技巧来寻找潜在顾客，并用高压式的方法说服他们接受其产品。一些非营利领域，像基金筹措业、大学招生机构等，也奉行推销观念。

许多企业在产品过剩时，也常常奉行推销观念。它们的近期目标是销售已生产出来的产品而不是生产能够出售的新产品。在现有的经济环境中，大多数的市场是买方市场，卖方不得不千方百计地争夺顾客，潜在顾客受到大量电视广告、直接邮寄广告、推销电话的围攻，在这个过程中总有人尽力想卖掉一批东西，其结果是公众把营销等同于高压式推销和广告。现在我们知道事实其实并不是这个样子。当索尼公司设计了随身听，当任天堂设计出高级电视游戏机时，当丰田公司推出其凌志轿车时，这些制造商的订单多得应接不暇，因为他们在大量营销工作的基础上设计出了“合适”的产品。

随着我国市场经济的不断发展，市场竞争环境越来越激烈，消费者越来越成熟。推销观念的效用将越来越低，推销只是作为营销的一种工具而存在着。

二、以消费者为中心观念

以消费者为中心观念形成于20世纪50年代，是作为对以企业为中心观念的挑战而出现的一种新型的企业经营哲学。这种观念的基本思想是以满足顾客需求为企业经营活动的出发点，即“顾客需要什么，就生产什么”。

这种思想由来已久，但其核心原则直到20世纪50年代中期才基本定型，其背后真正的力量来自企业营销环境经历的深刻的变化：买方市场的全面形成。20世纪50年代中期，随着社会生产力迅速发展，市场趋势表现出全面的供过于求，同时广大居民个人收入迅速提高，有可能对产品进行选择，企业之间竞争加剧，买方市场的市场局势开始确立。在这样的背景下，许多企业开始认识到，必须转变经营观念，才能求得生存和发展。

市场营销观念认为，实现企业目标的关键，在于正确确定目标市场的需要和欲望，并且比竞争者更有效更有力地满足目标市场的需要和欲望。

在这样的指导思想下，“顾客至上”“顾客是上帝”“顾客永远是正确的”“爱你的顾客而非产品”“顾客才是企业的真正主人”成为企业家的口号和座右铭。

市场营销观念的出现是企业经营思想史上的一场真正革命。传统的经营思想都是以生产为中心，以卖方为中心，着眼于把已经生产出来的商品变成货币。而以消费者为中心观念则是以需求为中心，即以市场、顾客、消费者为中心，市场需要什么，企业生产销售什么，按需生产的“市场中心论”。营销企业通过向顾客提供各种服务和保证，力求比竞争者更有效，更充分地满足顾客的一切需要，通过满足顾客的需要来获取顾客信任和企业自身的长远利益。在这里，市场成为了生产经营的逻辑起点和自然终点，营销活动从识别市场需要开始，到满足市场需要，完成一个相对的循环。

与以企业为中心观念相比，以消费者为中心观念在以下几个方面有所不同：

(1) 企业经营的出发点不同。以企业为中心观念的出发点是企业自身利益，而不考虑或忽视顾客的需求。企业只决定生产什么、生产多少及产品价格的高低；现代市场营销观的出发点是市场，企业通过研究、了解顾客的需求、需求程度、需求偏好等，然后决定生产什么、生产多少和产品价格的高低。

案例 2-4 比亚迪的发展历程

比亚迪品牌诞生于深圳，于 1995 年成立，业务横跨汽车、轨道交通、新能源和电子四大产业。短短十年时间内迅速成长为 IT 及电子零部件的世界级制造企业，为全球第二大移动能源供应商，被誉为“制造业基因携带者”“国际 OEM 皇帝”和“世界 OEM 隐形冠军”。2002 年，比亚迪在香港证券交易所上市，创下了 54 支 H 股最高发行价的纪录。2003 年成长为全球第二大充电电池生产商，同年组建比亚迪汽车，比亚迪汽车遵循自主研发、自主生产、自主品牌的发展路线，产品的设计既汲取国际潮流的先进理念，又符合中国文化的审美观念。比亚迪股份在全球拥有员工 20 多万人，公司市值已超过 7100 亿港币。目前，比亚迪 IT 及电子零部件产业已覆盖手机所有零部件及组装业务。

2017 年 11 月 8 日，比亚迪入选时代影响力 · 中国商业案例 TOP30。2019 年 12 月，比亚迪入选 2019 中国品牌强国盛典榜样 100 品牌。

2019 年 12 月 18 日，人民日报发布中国品牌发展指数 100 榜单，比亚迪排名第 24 位。

2020 年 1 月 4 日，获得 2020《财经》长青奖“可持续发展内控奖”。

比亚迪汽车坚持自主品牌、自主研发、自主发展的发展模式，以“打造民族的世界级汽车品牌”为产业目标，立志振兴民族汽车产业。

比亚迪汽车在新能源领域中有着非同凡响的成绩，旗下的唐新能源，宋 Pro 新能源，秦 Pro 新能源等车都获得了大量消费者的青睐与喜爱，同时比亚迪汽车还将继续发力，不断打造更加优质的产品，相信未来比亚迪的前景还是不可限量的。

(2) 企业经营的重点不同。在以企业为中心观念指导下，企业的经营重点在企业内部，中心是产品；在以消费者为中心观念指导下，企业的经营重点在企业外部，中心是顾客需求。

(3) 企业经营的方法不同。在以企业为中心观念指导下，企业采用的是单一的经营方法，如在生产观念指导下企业注重的是生产，在产品观念指导下企业注重的是产品，在推销观念指导下企业注重的是推销或促销；在以消费者为中心观念指导下，企业采用的是整体营销方法，即综合运用产品、价格、分销、储运等方法。

(4) 企业经营的目的不同。在以企业为中心观念指导下，企业通过增加生产或扩大销售获取利润；在以消费者为中心观念指导下，企业则通过满足顾客需求获取利润，企业与顾客是“双赢”关系。

(5) 企业经营的导向不同。在以企业为中心观念指导下，企业奉产品为上帝，以生产为导向；在以消费者为中心观念指导下，企业视顾客为上帝，重视顾客满意度的调查，以市场为导向。

以消费者为中心的市场营销观念的出现，使企业经营观念发生了根本性变化，也使市场营销学发生了一次质的飞跃或革命，它改变了传统观念的思维方式，也改变了传统观念指导下的企业经营策略和经营手段。从本质上说，市场营销观念是一种以顾客需要和欲望为导向的哲学，是消费者主权论在企业市场营销管理中的体现。营销观念实现组织诸目标的关键在于正确确定目标市场的需要和欲望，并且比竞争对手更有效地传送目标市场所期望满足的东西。

三、社会营销观念

20 世纪 70 年代出现了能源短缺、人口爆炸、失业增加、通货膨胀、消费者保护运动盛行以及可持续发展思潮大行其道等市场环境的变化，人们对市场营销观念提出了许多批评。认为市场营销观念存在忽视协调好满足消费者个人需要与社会长远利益的矛盾的问题，从而造成了大量资源浪费和环境污染等社会弊端。

空气和水曾被认为是取之不尽的资源，但现在看来这是片面的认识。汽车的汽化器中所用的推进剂有使大气臭氧层变薄的潜在危险；水资源短缺开始成为世界许多地区的大问题；森林和植被这样的可再生资源也必须小心使用。从事林业的企业被要求在砍伐过的地方重新植树，以便保护土壤并保障有足够的木材供应来满足将来的需求；由于世界上越来越多的可耕地正在变为城市，食物供应可能是将来的一个主要问题。石油、煤和各种矿物等不可再生资源则提出了一个更为严肃的问题，虽然这些逐渐短缺的资源还没有用尽，但是，利用这些资源制造产品的企业正面临着成本增加的问题，它们可能不得不把这些成本转嫁给用户。当然，从事研究与发展的企业在不断探索新材料和新资源以解决这个问题。

顾客满意营销观

在了解、服务和满足个体消费者需要方面干得十分出色的企业，是否必定也能满足广大消费者和社会的长期利益呢？社会营销观念(societal marketing concept)认为，组织的任务是确定诸目标市场的需要、欲望和利益，并以保护或者提高消费者和社会福利的方式，比竞争者更有效、更有利地向目标市场提供所期待的满足。

社会营销观念要求营销者在营销活动中考虑社会与道德问题。他们必须平衡企业利润、消费者需要满足和公共利益三者的关系。企业把社会营销观念看作为改善名声、提升品牌知晓度、增加顾客忠诚、建立销售额，以及转变新闻舆论的一个机会。他们认为，顾客将逐渐地寻找在提供理性和情感利益方面良好公司形象的典范。

小资料

社会市场营销

社会市场营销是 1971 年由杰拉尔德·采尔曼和菲利普·科特勒最早提出，促使人们将市场营销原理应用于环境保护、计划教育、改善营养、使用安全带等具有重大推广意义的社会目标方面，此观念要求营销者在制定市场营销政策时，要兼顾三方面的利益，即企业利润、消费者需要的满足和社会利益。

案例 2-5

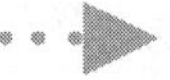

比亚迪的社会责任

2007 年，在公司总裁王传福的指示和领导下，比亚迪决定创办儿童福利院，首期投资大约为 4 000 万元，并成立了专项工作小组负责整个项目。比亚迪儿童福利院遵循“爱人如己，服务社会”的原则。比亚迪儿童福利院的建设充分表现了公司对社会公益事业的态度和决心，体现了令人尊敬的企业文明和企业精神，展现了公司总裁王传福先生的高尚品格和人格魅力。

2008 年，四川汶川大地震发生以后，比亚迪公司密切关注着灾情的变化和灾区人民的生活状况。在第一时间紧急捐助了 1 000 万元现金。

2009 年 11 月，比亚迪在中南大学设立奖学金，每年出资 62 万元，计划设立 20 年，奖金累计总额 1 240 万元。中南大学比亚迪奖学金分为优秀学生奖和优秀教师奖。优秀学生奖每年奖励 100 名学生，其中本科生 60 人，硕士研究生 30 人，博士研究生 10 人，每人奖励 5 000 元；优秀教师奖每年奖励 10 名教师，每人奖励 1 万元。

2010 年 4 月 14 日，青海玉树发生 7.1 级地震。4 月 15 日，比亚迪捐款 2 000 万支援青海震区，另外还有 1 000 套羽绒服，1 000 套棉被。

2010 年 9 月 29 日，比亚迪西藏捐赠新能源系统签约仪式在中国大饭店正式举行，比亚迪正式向西藏自治区免费捐赠 1 000 套自主研发的总价值为 2 500 万元的家庭能源系统，用以解决西藏偏远无电区农牧民的用电需求，帮助这些地区的人民提高生活水平。

爱心慈善是一种伟大的企业精神，是一种高尚的人文情怀。比亚迪始终将社会责任当成企业精神的重要内容加以传扬，坚持回馈社会、热心公益的使命，倡导做爱心企业，最大可能地投身社会爱心慈善事业，为中国社会的和谐发展贡献应有的力量。

本章小结

1. 市场营销观念，是企业的管理人员对其营销活动的根本态度、看法，是企业开拓市场、实现经营管理和销售目标的根本指导思想，它概括了一个企业的经营态度和思维方式。

2. 企业的市场营销观念作为一种企业经营活动的指导思想，是随着企业经营实践的变化而不断地发生变化的。迄今为止，企业的市场营销观念经历了三个发展阶段：以企业为中心观念（生产观念、产品观念、推销观念），以消费者为中心观念和社会营销观念。

3. 在市场营销观念发展的过程中，经历了两次革命，第一次革命是以消费者为中心观念的出现，第二次革命是社会营销观念的出现。这两次变革使得市场营销观念更加适应不断变化的市场状况。

关键概念

生产观念　产品观念　推销观念　市场营销观念　社会营销观念

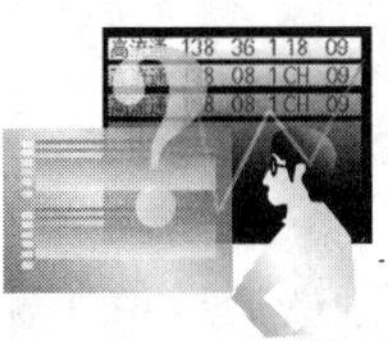

复习思考题

1. 为什么强调产品销售和推广工作的重要性并不是市场营销观念的本质体现?
2. 在现代市场环境下,产品观念为什么是一种似是而非的经营理念?
3. 市场营销观念和推销观念的区别主要体现在哪些方面?
4. 社会市场营销观念的基础是什么?它的内容包含哪几方面?
5. 如何理解市场营销的二次革命?
6. 考虑营销变化的广泛性,思考一下你的周围在发生这种变化吗?他们与主要的社会因素相关联吗?是哪些因素导致了这些变化?

案例分析

腾讯的成功

腾讯成立于1998年11月,是目前中国领先的互联网增值服务提供商之一。成立以来,腾讯一直秉承"一切以用户价值为依归"的经营理念,为亿级海量用户提供稳定优质的各类服务,始终处于稳健发展的状态。

通过互联网服务提升人类生活品质是腾讯的使命。腾讯把"连接一切"作为战略目标,提供社交平台与数字内容两项核心服务。通过即时通信工具QQ、移动社交和通信服务工具微信、门户网站腾讯网(QQ.com)、腾讯游戏、社交网络平台QQ空间等中国领先的网络平台,满足互联网用户沟通、资讯、娱乐和金融等方面的需求。腾讯的发展深刻地影响和改变了数以亿计网民的沟通方式和生活习惯，并为中国互联网行业开创了更加广阔的应用前景。

2018 年 6 月 20 日，世界品牌实验室（World Brand Lab）在北京发布了 2018 年《中国 500 最具价值品牌》分析报告。腾讯居第二位。2018 年 12 月，世界品牌实验室编制的《2018 世界品牌 500 强》揭晓，排名第 39。2019 年 7 月，发布 2019《财富》世界 500 强：位列 237 位。2019 年 8 月，入选 2019 年中国最佳董事会 50 强。2019 年 9 月 1 日，2019 中国服务业企业 500 强榜单发布，腾讯控股有限公司排名第 32 位。2019 年 10 月，2019 福布斯全球数字经济 100 强榜位列 14 位。2019 年 10 月 23 日，2019《财富》未来 50 强榜单公布，腾讯控股有限公司排名第 12。"一带一路"中国企业 100 强榜单排名第 14 位。2019 年 12 月，腾讯入选 2019 中国品牌强国盛典榜样 100 品牌。2019 年 12 月 18 日，人民日报发布中国品牌发展指数 100 榜单，腾讯排名第 4 位。2021 年 9 月，入选"2021 年中国民营企业 500 强"榜单，排名第 6 位。

面向未来，坚持自主创新，树立民族品牌是腾讯的长远发展规划。腾讯 50% 以上员工为研发人员，拥有完善的自主研发体系，在存储技术、数据挖掘、多媒体、中文处理、分布式网络、无线技术六大方向都拥有了相当数量的专利，在全球互联网企业中专利申请和授权总量均位居前列。

成为最受尊敬的互联网企业是腾讯的远景目标。腾讯一直积极参与公益事业、努力承担企业社会责任、推动网络文明。2006 年，腾讯成立了中国互联网首家慈善公益基金会——腾讯慈善公益基金会，并建立了腾讯公益网。秉承"致力公益慈善事业，关爱青少年成长，倡导企业公民责任，推动社会和谐进步"的宗旨，腾讯的每一项产品与业务都拥抱公益，开放互联，并倡导所有企业一起行动，通过互联网领域的技术、传播优势，缔造"人人可公益，民众齐参与"的互联网公益新生态。

思考题：

腾讯的成功说明了什么？

第二篇

市场营销分析与战略

第三章　市场营销环境

学习目标

1. 掌握市场营销环境的特点
2. 了解市场营销宏观环境包括的内容
3. 了解市场营销微观环境包括的内容
4. 掌握 SWOT 分析方法

引导案例

家乐福在香港的失败

2000 年 9 月 1 日，家乐福在香港的四所大型超市全部停业。撤出香港。家乐福集团在全球有 5 200 家分店，遍布 26 个国家、地区。家乐福在深圳、上海、北京的大型超市均生意兴隆，为何只在香港败下阵来？据家乐福的声明，其停业的原因是香港市场竞争激烈，难以寻找合适的地方开办大型超级市场，短期内很难在香港市场获得足够的占有率。

家乐福的停业有其内、外两方面的原因。从内部因素看，首先，其"一站式购物"并不适合香港人多地狭的购物环境。家乐福的购物理念是店堂面积大、购物环境宽敞，实行"一站式购物"，即让顾客一次购足所需的物品。但在寸土寸金的香港显然是不适宜的。看来家乐福在适应香港社会环境方面是有所欠缺的。其次，家乐福在香港的经营场所均为租赁而非自有，租金成为一笔很大支出，又受租约的限制，等到做成声势时租约已满，竞争对手觊觎其地势，会以更高的租金加以夺取。最后，家乐福在香港只有四家分店，未能形成配送规模，导致配送的成本相对提高；家乐福的优势是货品包罗万象，但对手迅速模仿，此项优势也逐渐失去。

从外部看，首先，进入香港的时机不佳。它是在 1996 年进入香港的，这年正是香港历史上房租最贵的时期，经营成本增加，这对于以低价取胜的家乐福，无疑是一个巨大的压力，又遭遇 1997 的亚洲金融风暴，香港经济大受打击，通货紧缩，家乐福一直没有盈利。其次，本地超市的价格战重创家乐福。香港本地的百佳、惠康、华润、苹果速销等超市集团掀起了长达两年的价格大战，家乐福没有参与其中，但这几家本地超市集团的竞相削价，终于使家乐福难以招架。

企业的营销活动总是在一定的外部环境中进行的，营销活动要想取得成功，关键是要不断地适应变化的外部环境。企业必须根据环境的实际和发展趋势，制订科学的营销战略及策略，并随着环境的变化不断地调整，自觉地利用环境带来的机会，防范环境带来的威胁，这样才能使企业在竞争中立于不败之地。

第一节　市场营销环境概述

一、市场营销环境的含义

市场营销环境是指企业营销职能外部的不可控因素和力量，如政治、法律法规、经济、社会文化因素等，是与企业营销活动有关的影响企业生存和发展的外部条件。为有利于企业的生存发展与提高营销活动的有效性，企业营销活动要主动去适应环境，掌握环境状况及其变化趋势。

根据影响力的范围和作用方式，市场营销环境包括宏观环境和微观环境。宏观环境是指影响面较大的一系列巨大的社会力量，主要有政治法律环境、人口环境、经济环境、社会文化环境、自然环境和科学技术环境等因素。微观环境是指跟企业紧密相连、直接影响企业营销活动的各种参与者，主要包括顾客、营销中介、供应商、竞争对手及社会公众。微观环境直接影响与制约企业的营销活动，又称为直接影响环境、作业环境。宏观环境一般以微观环境为媒介去影响和制约企业的影响活动，在特定场合，也可直接影响企业的营销活动，因此也被称为间接营销环境。宏观环境因素与微观环境因素共同构成多因素、多层次、多变化的企业市场营销环境，如图 3-1 所示。任何环境因素的变化都可能给企业带来成功营销的机会，也可能带来一定程度的威胁。因此，全面掌握和研究营销环境，主动提高适应环境的能力，对企业营销活动的成败具有十分重要的意义。

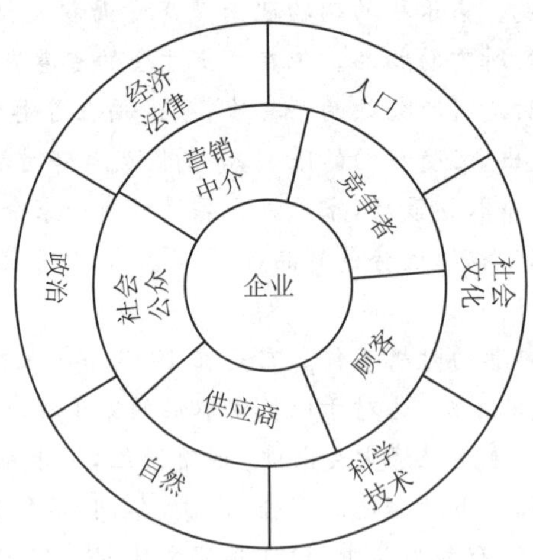

图 3-1　企业市场营销环境

二、市场营销环境的特点

市场营销环境是企业生存和发展的条件。市场营销环境的发展变化，既可以给企业带来市场机会，也可以造成严重的威胁。企业要想在复杂多变的环境下抓住机会，避开威胁，就必须研究市场营销环境的特点。

（一）差异性

不同国家、不同地区、不同种族、不同世代之间的营销环境存在着显著的差异。正因为市场营销环境的差异，企业为适应不同的环境及其变化，必须采用各有特点和针对性的营销策略。环境的差异性也表现在同一环境的变化对不同企业的影响不同。以红牛功能性饮料为例,根据不同地区市场环境与食品卫生法规的差异,推出不同产品类别,如迎合欧美市场的碳酸软性饮料,面向中国市场则为非碳酸软性的功能性饮料。因此,企业应根据环境变化的趋势和行业的特点,采取相应的营销措施。

(二)动态性

市场营销环境是一个动态的系统,构成企业市场营销环境的因素是多方面的,每一个又都随着社会经济的发展而不断变化,每一个因素的变化又会对市场营销环境产生影响。例如在体验至上的互联网时代,消费者的需求、行为模式与购物方式都在不断变化,从而影响和制约企业营销活动的内容和形式。营销环境的变化,既会给企业带来机会,也会给企业带来威胁,这就要求企业依据环境因素的变化,不断调整其营销策略。

(三)相关性

市场营销环境不是由某个单一的因素决定的,而是受一系列相关因素的影响,各因素间相互作用、相互制约,从而形成新的营销环境。如商品的价格不但要受市场供求关系的影响,而且还要受到科学技术的进步和财政税收政策的影响。各个环境因素之间有时会存在矛盾关系,如某些地方消费者有购买家电的需求,但当地电力供应不稳定,无疑是对扩展家电市场的制约因素。

(四)客观性

环境作为营销部门外在的不以营销者意志为转移的因素,对企业营销活动的影响具有强制性和不可控制性的特点。一般地,营销部门无法摆脱和控制营销环境,特别是宏观环境,企业难以按照自身的要求和意愿随意改变它。如企业不能改变人口因素、政治法律因素、社会文化因素、自然因素、经济因素等。但企业可以主动适应环境的变化和要求,制定并不断调整市场营销策略。事物发展与环境变化的关系是:适者生存,不适者被淘汰。就企业与环境的关系而言,也完全适用。

三、新经济时代与市场营销活动

当今世界充满复杂性、不确定性和动荡性,经济增长动能有所放缓,技术日新月异,这些使得企业面临的营销环境更加复杂多变。在新经济时代,互联网技术(如大数据、移动互联网、云计算)、信息技术(如人工智能、虚拟现实、区块链)、先进制造技术(如 3D 打印、工业机器人)等新兴技术成为经济发展和变革的动力,也为企业提供新的经营业态、商业模式。不同于土地、劳动力等传统生产要素,数据成为新的生产要素,企业可以借助大数据技术,实时分析并掌握消费者的行为数据,洞察消费者的真实需求,挖掘潜在消费者;人工智能在制造业和服务业的应用不断加强,同时也不断塑造提供产品和服务的新方式,成为企业创新的主要来源。

环境变化导致企业的经营范式发生了变化。在传统的经营范式中,存在着许多需要企业进行抉择的两难困境,如效率与柔性、实体资本与智力资本、低库存与顾客服务等。但在新经济时代高级信息技术的支持下,面对动态环境的挑战,企业可以更好地解决供应中的两难困境。相应地,市场营销相关人员的行为方式也在变化,旧经济和新经济时代营销视角的主要差异,如表 3-1 所示。在旧经济时代中,企业以产品为导向进行组织,主要关注是财务方面的绩效;而在新经济下,企业以顾客为导向,关注是顾客的终身价值,而不是每次单独交易中获得的收益。随着新经济时代下新兴技术的变革与发展,传统 4P(产品、价格、促销和渠道)营销组合战略不断升级,进而转向4C(顾客、成本、便利和沟通)、4R(关联、回报、关系和反应)、4V(差异化、附加值、功能化和共鸣)以及新4P(力量、心理、民众和乐享)等营销组合,营销市场充满无限机遇与挑战。

表3-1 旧经济和新经济时代营销视角的主要差异

旧经济时代	新经济时代
以产品为基础进行组织	以细分顾客群体为基础进行组织
关注营利性交易	关注顾客终身价值
主要考虑财务状况	同时关注市场营销的各个方面
关注股东	关注利益相关者
市场营销人员从事营销活动	所有人参与营销活动
关注获取新顾客	关注挽留老顾客
通过广告打造品牌	通过绩效壮大品牌
追求顾客满意	追求顾客惊喜
过度承诺、交付不足	低水平的承诺、高水平的交付

案例3-1 无人问津的"平凉金果"

甘肃省静宁县盛产苹果,以"平凉金果"而闻名。过去,静宁苹果畅销无阻,价格相当不错;2008年,"平凉金果"堆积如山,即使几分钱一斤贱卖,依旧无人问津。昔日的"抢手苹果"怎么会突然变成"滞销苹果"了呢?

从表面上看,是受汶川地震和金融风暴的影响。以往收购静宁苹果的外商多数是四川果贩,他们是连接静宁苹果与企业之间的纽带。但一场大地震,令四川大地陷于水深火热之中。这种情况下,当年很少有四川果贩前来订购苹果,这条销售渠道突然中断后,直接影响着静宁苹果的销售。从深层次看,是平凉金果的市场对外依存度过高和销售渠道太单一。一方面,静宁县的苹果质量上乘,长期以来,静宁县近百万亩苹果园所产的苹果,70%靠出口外销。受金融风暴的影响,出口果汁的销售价由上年的每吨1 500美元,跌至本年的800美元。此外,国内苹果出口的许多口岸暂时关停,以苹果为原料的出口企业需求量剧减,价格也随之大幅度下降。因此,果贩们不敢贸然收购,生怕苹果继续掉价。另一方面,静宁县苹果的销售方式是果贩上门收购,没有其他销售渠道。一旦果贩上门收购这条道路被堵死,整个销售环节就会受到严重的制约和影响。面对静宁县的23万吨积压苹果,静宁县直接损失上亿元。如何把这些苹果销售出去,是摆在果农面前的一个难题。

第二节 宏观市场营销环境

宏观市场营销环境是指对企业的营销活动带来市场机会和环境威胁的外部因素,主要包括政治法律环境、经济环境、社会文化环境、科学技术环境、人口环境和自然环境等因素，这些多为企业不可预测且不可控制的因素。只有理解并很好地适应所处环境的企业才能持续生存与发展。

一、政治法律环境

企业的市场营销决策在很大程度上受政治法律环境的影响。法律是充分体现政治统治的强有力形式，政府部门利用立法及各种法规表现自己的意志，对企业的行为予以控制。政治法律环境由法律、政府机构和在社会上对各种组织及个人有影响和制约的压力集体构成。

（一）政治环境

政治环境是指企业市场营销的外部政治形势。它又主要表现在以下几个方面：

（1）企业所在国家和地区的政治形势，对营销活动的结局起着决定性的作用。总的来说，动荡的政治局面，频繁更迭的政权，必将会危害企业营销活动长期、稳定的发展。

（2）政府的政策和方针也左右着企业营销活动发展的方向与规模，也关系到社会购买力的提高和市场消费需求的增长变化。在国家进行意识形态改造、政治与经济体制改革、进入或退出国际贸易经济组织等方面有重大举措时，由于人们的思想观念、经济生活受到了一定程度的冲击，营销活动的对象也需要随之加以调整。

案例 3-2

指南针地毯

在阿拉伯国家，虔诚的穆斯林教徒每日祈祷，无论居家或是旅行，祈祷者在固定时间都要跪拜于地毯上，且要面向圣城麦加。结果，比利时地毯厂厂商范得维格，巧妙地将扁平的“指南针”嵌入祈祷用的小地毯上，该“指南针”指的不是正南正北，而是始终指向麦加城。这样，伊斯兰教徒们只要有了他的地毯，无论走到哪里，只要把地毯往地上一铺，便可准确找到麦加城的所在方向。这种地毯一上市，立即成了抢手货。

（二）法律环境

法律环境是指国家或地区政府颁布的各项法规、法令和条例等。法律环境对市场消费者需求的形成和实现，具有一定的调节作用。

国家有关法律法规对企业营销的具体活动起着保障与约束作用。国家、政府往往通过制定相应的法律、规章制度来达到以下目的：

（1）保证企业间公平竞争，消除不公平竞争和垄断行为。如《中华人民共和国反不正当竞争法》《中华人民共和国广告法》的有关规定。

（2）保护消费者合法权益免受不法商业行为的危害，如《中华人民共和国消费者权益保护法》《中华人民共和国产品质量法》等的有关规定。

（3）维护国家和社会长远的、整体的利益。国家通过立法在宏观上协调社会各方的利益，使社会经济总体发展方向和速度符合政府的意图，使国民生活水平与生活环境质量得到保证。这方面的法律涉及如专利、价格管理、专卖制度、海关税收制度、环境保护、能源使用等方面的有关规定。

各个国家的社会制度不同,经济发展阶段和国情不同,体现统治阶级意志的法制也不同,从事国际营销活动的企业,必须对相关国家的法律制度和有关的国际法规、国际惯例和准则等,以确保制定切实有效的营销对策。

二、经济环境

(一) 经济条件

市场不仅需要人口,而且还需要购买力。总购买力是现有收入、价格、储蓄及信贷的一个函数。市场营销人员应该对经济环境的几个主要趋势有所了解。

1. 消费者收入的变化

消费者收入是影响购买力的最重要因素。消费者收入水平的高低制约了消费者支出的多少和支出模式的不同,从而影响了市场规模的大小和不同产品或服务市场的需求状况。对消费者收入的分析绝非一个简单的问题,人们必须准确理解一系列相关概念。

(1) 个人收入、个人可支配收入和个人可任意支配收入。个人收入是指个人通过各种方式、手段获得的收入,即总收入。个人可支配收入是指个人总收入扣除税金后,人们可真正用于消费的部分,它是影响消费者购买水平和消费支出结构的决定性因素。个人可任意支配收入是指在个人可支配收入中减去消费者用于购买食品、支付房租及其他必需的固定支出后所剩下的那部分收入,一般还要扣除稳定的储蓄。非必需品的消费主要受它的限制。

(2) 实际收入和名义收入。消费者收入有实际收入和名义收入之分,二者尽管关系密切,但并不总是一致。由于通货膨胀、失业、税收等因素的影响,有时名义收入虽然增加,但实际收入反而下降。如,美国从 20 世纪 70 年代到 80 年代初,货币收入一直是增加的,但由于通货膨胀率超过货币收入增长率、平均失业率高达 6%～10%,加上税收增加等因素的影响,人均实际收入反而下降。其结果是许多美国人购买时变得精打细算,许多企业则在广告中突出其产品价廉物美。

(3) 消费者储蓄和信贷。一般地,储蓄意味着推迟了购买力,储蓄额越大,当期购买力越低,而对以后的市场供给造成压力越大,有人以“笼子里的老虎”形象地比喻它对未来市场的冲击。与储蓄相反,消费信贷是一种预支的幸福能力,它使消费者能够凭借信用取得商品使用权在先,归还贷款在后。如支付宝推出的蚂蚁信贷、京东商城推出的京东白条,以及网易考拉推出的网易白条等,改变了消费者以往的消费方式,创造了新的购买力。

2. 消费者支出模式的变化

消费者支出模式是指消费者购买的各种产品占总支出的比例,它很大程度取决于消费者的收入状况。随着消费者收入的变化,支出模式也会发生相应变化。这主要取决于消费者的收入状况。德国统计学家恩斯特·恩格尔在研究中发现,随着家庭收入的增加,收入用于食物支出的比例会下降,用于选购性消费品支出的比例大体上保持不变,用于高档耐用性消费品支出的比例会增加很快。这种现象叫作恩格尔定律。依据恩格尔定律,食物支出占家庭消费总支出的比例称为恩格尔系数。恩格尔系数越大,说明所得的收入越少;反之则越多。研究消费结构的这种变化,对于确定企业产品的经营方向关系极大。它要求企业不能只生产单一档次的产品,而应高、中、低档产品并举,以满足不同收入者的需求。

(二) 经济形势

2018 年距 2008 年的全球金融危机已过去 10 年,是世界经济变革和调整的一个转折点。之后,世界经济开始回温,整体呈温和增长态势,但增长动能有所放缓且存在下行风险。中国的经济运行整体上保持稳中有进的发展趋势。“一带一路”倡议为中国经济发展注入了动力,进一步提升了国家对外开放水平,这无疑给企业的市场营销带来了新的契机。然而全球贸易摩擦、逆全球化危机、生态环境压力等为中国企业的发展带来挑战和阻碍,企业应对经济形势正确认识与判断,及时调整营销战略,以适应严峻的国际环境。

三、社会文化环境

人类的生活、工作与学习都离不开社会文化环境。社会文化环境是指在一种社会形态下已经形成的信仰、价值、观念、宗教信仰、道德规范、审美观念以及世代相传的风俗习惯等被社会所公认的各种行为规范。它对人们的生活产生着深远的影响。市场营销者必须注意分析、研究和了解社会文化环境,以发现市场机会,避开不利因素给企业带来的威胁。

(一) 宗教信仰

人类在其生存发展过程中,充满了对幸福、安全的向往和追求,但在生产力低下、思想愚昧、对某些自然现象和社会现象迷惑不解的情况下,这种信仰和追求就必然带上了宗教色彩。它们随着社会的发展逐渐形成一种模式,影响着人们的消费行为。信仰不同宗教的不同民族,有自己独特的消费习惯和特点。

(二) 价值观念和生活方式

生活在不同社会文化条件下的人有不同的价值观念和生活方式。如中国人认为手工艺制品很平常,而发达的资本主义国家却认为手工艺品很昂贵;崇尚勤俭节约是我国的优良传统,而美国却是超前消费;我国强调集体意识,而美国却注重个性发挥。诸如此类的差异都会对人们的消费产生影响。

(三) 文化教育水平

文化教育水平与消费者的收入、社交、工作环境、居住环境及消费习惯等均有密切的关系,因而他们对商品的品种、式样、花色、包装及购买行为也各不相同。在通常情况下,教育程度越高的消费者,对报纸、杂志、书籍、工艺品等需求就越多,购买时的理性程度也越高。

(四) 消费习俗

消费习俗是人们各类习俗中的重要习俗之一,是人们历代相传下来的一种消费方式,也可以说是人们在长期经济活动与社会活动中所形成的一种消费习惯。如每年春节,华人都要大量购买各种食品、礼品、鞭炮等节日用品,家家户户都贴着象征吉祥的春联,有些地方还举办灯会、庙会等进行庆祝。西方许多国家每年 12 月 25 日之前,就大量购买圣诞树、礼品、各种食品和日用品,互送圣诞贺卡。研究消费习俗,不但有利于组织好消费习俗用品的生产与销售,而且有利于正确、主动地引导健康的消费。

(五) 道德规范

道德是一种社会意识形态,是决定和调整人们之间及个人与社会之间关系的行为规范的总和。不同的道德规范决定了人们的不同的交往行为,决定不同的家庭模式及消费方式,也决定不同的婚姻习俗。我国向来以“礼仪之邦”著称于世,人们对于人与人之间的关系与情感极为重视。这种重人情、求同步的心理,在消费中表现为从众行为。而西方人则强调个人价值、个人需要、个人意志,这也就造成了他们的消费与众不同。

(六) 审美观念

人们购买商品不仅仅只是满足自己的使用价值,而且还为了满足自己的心理需要,即人们在市场上挑选、购买商品的过程,实际上也就是一次审美活动。这个审美活动的全过程完全由消费者的审美观念所支配。消费者个人的审美活动,表面上纯属个人的行为,但实质上反映了一个时代、一个社会人们的审美观念和审美趋势。近年来,在消费活动中,人们审美观念的变化主要有:

(1) 追求内在美。内在美是一种内涵,它不是体现在人们的外表上,而是体现在一个人的心理上,体现在对伦理道德观念的遵守等方面。

(2) 追求外在美。外在美包括形式美和环境美。形式美即外表的美;环境美即人们对环境的美感体验,表现在人们对商业街、现代化的橱窗设计、富于协调美的柜台摆放及优质的服务态度等方面的看法,这些都给顾客以环境美的享受。

在研究社会文化环境时,我们还应该重视亚文化对消费需求的影响。如传统的儒家文化是我国的主文化,西方文化的一部分则属于亚文化,这些亚文化正对人们的消费产生影响。

案例 3-3　违背文化常识和传统的跨文化营销

星巴克进入新市场前,其创意部门了解了当地民情文化和市民最关切的问题后设计出该城市的个性图案,比如用自由女神喝咖啡的造型来代表纽约,用故宫图案来作为北京的代表。在店面设计上,星巴克强调每栋建筑物都有自己的风格,而让星巴克融入原来的建筑中去,而不去破坏原来的建筑物设计。

2018 年,意大利奢侈品牌 D&G 在上海举办品牌大秀,日前在社交媒体上发布几条广告,这些将中国传统文化与意大利经典饮食相结合的广告宣传片,标题为“起筷吃饭”。其中的模特展示了如何使用筷子吃比萨饼、意大利式甜卷等物。但广告中筷子被称为“小棍子形状的餐具”,同时,片中旁白所用的“中式发音”、傲慢的语气以及模特用筷子的奇怪姿势,均被质疑歧视中国传统文化,因此受到全国人民的唾弃。

2018 年,印度市场中的宜家家居,将印度城市景观、纺织品和图案以视觉形式呈现在最终的产品系列里,将其取名为斯瓦顿,并以印度传统手工工艺为核心元素,与斯堪的纳维亚风情相融合,并且结合印度传统的手工技艺,在产品设计、店面设计上也充斥着“印度风”,融入印度景点的图案、推出印度煎锅等,这可堪称宜家在印度努力尝试的典范。

四、科学技术环境

决定人类命运最引人注意的因素是科学技术。科学技术创造了许多奇迹,造就了数不清的造福人类的东西,如青霉素、心脏手术、电视、电子计算机等;但它也造就了恐怖的魔鬼,如原子弹、毒气、枪支等。

每一种科学技术都是一种“创造性的破坏”因素。晶体管危害了真空管行业,复印机伤害了复写纸行业,电视拉走了电影的观众。又如,移动互联网、云计算、人工智能等技术的发展也为企业创造经营业态、优化商业模式提供了机会。可见,新技术创造了新市场和新机会。所以营销人员应密切关注技术的发展趋势。

（一）科学技术变革步伐加快

现在很多非常普通的产品在一个世纪之前人们是闻所未闻的，如电视、汽车、飞机等。20 世纪 60 年代人们还没有想到的个人计算机，现在几乎已经普及。如今互联网技术的发展颠覆了传统商业形态和商业模式，互联网＋零售、餐饮、教育、旅游、医疗、交通等喷涌而出，重新定义了产品和服务，如亚马逊的无人超市 Amazon Go、阿里巴巴新零售业态盒马鲜生。企业若不紧随技术的变化，加紧研发新产品，不久就会失去自己的市场。

（二）无限的创新机会

科学家们现在正从事范围惊人的新技术的研究，这些新技术将会给新产品及生产过程带来革命的影响。目前，最激动人心的工作是生物技术、微电子技术、机器人和材料科学。此外，科学家们还正在考虑一些尚带有幻想性的产品，如会飞的小汽车、单人火箭、立体电视、太空殖民地等。这些挑战不仅仅涉及技术问题，而且还关系到商业问题，即研制出实用的、人们买得起的产品。

（三）高额的研究与开发预算

开发新技术需要巨额资金，因此，要想在新技术领域取得一席之地，必须舍得花钱。美国的研究与开发费用在当今世界是领先的。1928 年，美国的研究与开发预算不过 1 亿美元，而在 2021 年却达到 3 477 亿美元，并且近几年还在快速增长。美国的研究与开发预算中有一半来自政府基金。现在国内外一些大企业也有巨额研究与开发预算，如福特汽车 76 亿美元，宝马集团 53 亿美元，特斯拉 26 亿美元，比亚迪汽车 15 亿美元。

（四）注重小的改进，不注重大的发现

由于研究与开发费用太高，许多公司都热衷于产品的小改进而不愿冒风险去搞重大的革新。甚至像杜邦公司、贝尔实验室和菲塞公司这些从事基础研究的公司，也都十分小心谨慎。许多企业只满足于花钱模仿竞争对手的产品，稍稍作一些特性和式样的改进。企业所进行的研究，多数是防御性的而不是进攻性的。

（五）增长着的技术变革规定

随着产品变得越来越复杂，公众需要在产品使用中保证他们的安全。因而，政府机构便扩大了对可能不安全的产品进行调查，并禁止生产和使用。正是这样，美国联邦食品与药物管理局已经颁布一些关于新药试验的详细规定，结果使企业的研究成本上升，使产品从构思到推出产品的时间，由 5 年延长至 9 年，使许多新药的研究被迫转到约束较少的国家去进行。食品、汽车、服装、电器用品和建筑等行业领域里，也增加了关于安全和健康的规定。

营销者在拟议、开发和推出新产品时，必须知道这些规定。而且还需要清楚地认识这种变化中的技术环境，要知道新技术如何才能为人类的需要服务。他们应该与研究开发人员密切合作，鼓励他们更多地从事市场导向研究。他们必须警惕技术发明的消极方面，即那些可能会损害使用者利益从而引起人们怀疑和反对的东西。

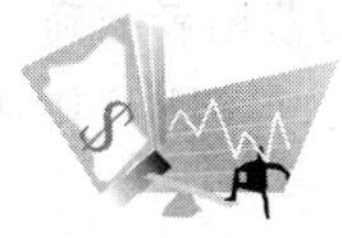

案例 3-4

迪士尼 MagicBand 腕带

在迪士尼乐园戴上 MagicBand 腕带，你就打开了迪士尼奇幻世界的全新境界。在注册了基于云计算的MyMagic+服务之后，轻按腕带就可以浏览主题公园所有项目、购买晚餐或纪念品，甚至打开你的旅馆房间。但是，迪士尼目前只是刚开始发掘MagicBand用于个性化游客的体验的潜力。未来的应用才真正神奇。例如，想象一下一个孩子得到米老鼠的热情拥抱和白马王子的鞠躬，说出他的名字并送上生日快乐的祝福，该有多么美妙。卡通人偶可以根据事先掌握的信息，与附近的游客个性化地互动。你和家人或朋友走散了？没关系，在附近的服务台快速扫描一下你的腕带，就可以帮助你找到他们。与你的迪士尼手机应用连接后，MagicBand可以提供主题公园的特色、排队等候时间、快速免排队选择以及你预定的游玩时间等详细信息。当然，MagicBand还为迪士尼带来了关于游客行为和路线的庞大数据，有助于改善后勤、服务和销售。如果所有这些看上去有点过了，也可以有比较私密的选择，如让父母选择不透露孩子的姓名。总之，这一数字技术确保为游客提供丰富的迪士尼体验。

小资料

社交媒体

社交媒体是人们彼此之间用来分享意见、见解、经验和观点的工具和平台，现阶段主要包括社交网站、微博、微信、博客、论坛、播客等。社交媒体在互联网的沃土上蓬勃发展，爆发出令人目眩的能量，其传播的信息已成为人们浏览互联网的重要内容，不仅制造了人们社交生活中争相讨论的一个又一个热门话题，更进而吸引传统媒体争相跟进。

社交媒体应该是大批网民自发贡献，提取，创造新闻资讯，然后传播的过程。有两点需要强调：一个人数众多，一个是自发的传播。如果缺乏这两点因素的任何一点就不会构成社交媒体。社交媒体的产生依赖的是WEB 2.0的发展，如果网络不赋予网民更多的主动权，社交媒体就失去了群众基础和技术支持，失去了根基。如果没有技术支撑那么多的互动模式，那么多互动的产品，网民的需求只能被压制而无法释放。如果没有意识到网民对于互动的，表达自我的强烈愿望也不会催生那么多令人眼花缭乱的技术。社交媒体正是基于群众基础和技术支持才得以发展。

五、人口环境

人口是构成市场的不可或缺的基本要素。市场营销人员不仅研究总人口这一因素，还对人口的各种特性进行了认真、仔细的研究。

人口状况的变化对人们的购买选择和购买数量都有重大影响，各地市场的人口数量、具体构成和分布情况都会对营销产生影响。深入观察人口的变化往往可以帮助营销者准确进行目标市场的定位，从而适应市场的变化。我们可以从以下几个方面讨论人口环境及其对企业市场营销活动的影响。

（一）总人口

哪里有人，哪里就有衣食住行用等各种消费需求，因此，一个国家或地区总人口数量的多少是衡量市场容量的一项重要指标。无论是19世纪资本主义国家对我国发动的侵略战争，还是当代资本主义国家大量向我国投资，其中一个很重要的原因就在于中国是世界上头号人口大国。由于中国实行计划生育政策，印度人口在21世纪很有可能超过中国人口，成为世界第一人口大国，这也将增加该国的消费总需求。

（二）年龄结构

不同年龄段的人，其思考问题的角度不尽相同，兴趣与爱好不相同，充当的角色不相同，需求也就不会相同。如婴儿需要奶粉、尿布、非智力玩具等；儿童需要玩具、故事书、识字课本、食品等；青少年需要书籍、文化用品、服装等；中年人要养家糊口，要交际，需要家具、家庭用品、体育用品、交通工具、通信工具等；老年人为了延年益寿，需要维持健康的药品、滋补品、保健品、老花镜、助听器等。

案例 3-5

星巴克猫爪杯

2019年2月26日，星巴克咖啡在其中国门店发售了2019年的樱花主题系列的杯子，在星巴克的这组春季新品中，不少杯子的造型、设计都离不开猫、狗和樱花，而在这些新款杯子中，最受欢迎的当属一款名为“猫爪杯”的杯子。星巴克推出的樱花猫爪杯，意外地迎合了年轻群体市场对于萌宠形象产品的需求，从而使其变成了爆款，许多黄牛为了赚取差价前去排队购买，甚至为了抢购而发生争执事件，猫爪杯又被网友戏称为“圣杯”。这种杯子内壁被做成了猫爪样子，当带有颜色的饮料注入杯子后，猫爪会随着饮料“实体化”变得更加清晰。猫爪杯萌哒哒的造型，引起网友抢购，有的网友为了买到杯子在星巴克开门前几个小时就前往排队，甚至还有网友搭起帐篷彻夜排队。发售价格为199元的这款猫爪杯，最终在网上的销售价格被炒到999元，翻了差不多5倍。

猫爪杯的热卖离不开“猫文化”的盛行，猫文化是指当下年轻人的一种生活状态：面对压力，不再一味地热衷于竞争，而是开始追求自己理想的、舒适的、个性的生活状态，不喜争斗，自得其乐。猫文化其实是社会长期发展形成的一个现象，不是一时兴起，更不是消极的。有人认为，猫具有治愈心灵的作用，满足“铲屎官们”内心的精神需求。

人口的年龄结构也是不断发展变化着的，我们应在研究人口年龄结构变化趋势的情况下，不断寻找潜在的市场机会。

（三）性别

有人说，性别就是“男”“女”两个字，它对市场营销会有什么影响呢？其实，性别的不同，人们的需求也有很大的差异。几千年来，一直是男主外、女主内，而且，由于性别的不同，人们的思维方式、性格、兴趣、爱好、特长等也有很大差异。在大学里，男生的钱一般花在交际上，女生的钱一般花在零食、梳妆打扮上。犹太人的经营之道是：盯着女人的口袋。所以，性别也是市场营销人员研究的一个重要因素。

案例 3-6　海澜之家"无干扰，自选式"购衣模式

多家品牌实体店为了让客户享受到更好服务，往往安排导购员进行全程讲解，导购员一对一"狗仔式"紧跟，非但没让客户体会到优质服务，反而徒增厌烦，败坏品牌好感。

海澜之家总结核心目标群体特征：男性购物目的性强，有自己的主见，相对女性而言，更追求服装的舒适度，对于旁人的干扰会反感。由此出发，海澜之家首创的"无干扰，自选式"购衣模式提供的轻松自在购物环境刚好可以避免其他品牌带来的困扰，形成海澜之家独特的购物体验。

（四）人口的地理分布与流动

1. 人口的地理分布与消费需求有密切关系

居住在不同地区的人口由于气候、密度、地势等地理因素的不同，其消费习惯和消费的物质内容就会出现差异，对产品的需求也就不同。如从气候条件来看，居住在寒冷地带的人对高脂肪、高热量的食品的需求量就比较大。而居住在热带地区的人则青睐清凉降暑的食品。从人口密度来看，人口密度越大的地区，消费品市场的规模也就越大。我国人口分布最显著的特点是东南部稠密、西北部稀疏。从地区性质来看，人口的城乡差别对产品的需求差异也有很大的影响。一般地，城市规模越大，居民文化程度和平均收入越高，对产品的质量和花色品种的需求也越高。例如，美国的纽约是世界最大城市之一，它是貂皮等贵重皮货的集散地；法国的巴黎是高级服装和化妆品的重要市场。

案例 3-7　农产品电商

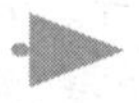

传统消费品网购已是红海，拼价格已近极致，但电商大发展的空间仍然存在。从空间来看，跨境电商仍被看好；从市场来看，中国辽阔乡村市场仍待开发；从行业来看，农业、医药、大宗商品等行业的电商潜力仍有待挖掘。

雷军说站在风口，猪也能飞起来。传统的农牧企业在"互联网＋"的带动下，也会演绎出一段别样的"故事"。2015 年 5 月 18 日，国内最大农牧企业新希望与农产品 B2B 交易平台一亩田牵手，双方将进行产业链深层次的合作，携手布局农产品电商市场。分析人士认为，通过拥抱互联网，新希望集团将转型成为国内唯一打通农牧全产业链的现代化大型企业，重构其在移动互联网时代的商业模式，这也为其他大型传统企业转型提供了新的样本。

2. 人口的流动也会对市场营销产生深远的影响

目前，我国的人口流动大体上有这样几种趋势：

（1）从农村向城镇流动。在城市，生活节奏快，相互往来比较频繁，收入高，可以得到比从分散在各地的农村地区所得到的多得多的商品与劳务供应。

(2) 从中西部向东南沿海流动。中西部经济比较落后，收入较低，人们的才能得不到充分发挥，而东南沿海比较富裕、发达，所以中西部地区大量的人才向东南沿海流动，但最近随着开发中西部的呼声越来越高，也有一部分人才向中西部进军。

(3) 由于城市越来越拥挤，市中心环境越来越恶化，同时随着交通越来越发达，人们开始从城市向郊区流动，如上海、北京、广州、武汉等地。

3. 家庭单位与人数

家庭是社会的细胞，也是商品采购的基本单位。一个市场拥有家庭数量的多少以及家庭平均成员的多少，对于市场营销有很大的影响：家庭单位增加，炊具、家具和家用电器等需求量就会增加；家庭人数减少，要求企业生产适应小家庭需要的产品。目前大家族式的家庭慢慢消失，取而代之的是小型化家庭模式。我国的独生子女一代形成的"2+2+2"式家庭模式将成为未来一段时间内中国主要的家庭结构模式。这种独特的家庭模式带来了家政服务和医疗服务等方面强大的需求，为企业提供了巨大的市场机会。

六、自然环境

自然环境是指自然资源环境因素，包括矿物和动物群体、自然界的其他方面以及生态系统的变化等。自然环境中的事件对公司营销战略产生深远的影响，如严寒天气刺激人们对冬装、暖气、汽车维修服务的需求。尽管企业不能阻止自然灾害，但应该准备应急计划从容应对。越来越多的企业认识到良好的生态环境和健康发展的经济之间存在联系，对环境负责的行为也可以使企业发展。市场营销者应该意识到威胁与机会是同自然环境的四个趋势联系在一起的。

（一）原材料短缺

自然资源可分为两种，即可再生资源和不可再生资源。可再生资源如森林、水等，必须精打细算地充分利用。林业企业在采伐木材之后，必须再在林带上植树，以保护土壤并保证以后有足够的木材供应，满足未来的需要；水也应该避免受到污染以维持其再生，保证水资源的供应。非再生资源如石油、煤和各种矿藏，问题最为严重，有人估计，如果按目前的消耗速度持续下去，到2050年许多矿藏资源将会枯竭。自然环境所牵涉到的问题很多，使用稀有矿藏为原料的企业，即使原料供应有来源，也会面临成本大幅度上升的问题，他们可能发现很难把成本的增加部分转移到消费者头上。从事研究与开发及勘探的企业，在开发有价值的原料新来源和新材料方面有着惊人的机会。

（二）环境污染加重

有些工业活动将不可避免地破坏自然环境的质量。如化学废料及核废料的处理，海水里水银的含量，土壤和植物中DDT及其他化学污染物的含量，乱扔不能催化还原的塑料、瓶子及其他包装废弃物对环境的影响。公众对环境的关心，为那些警觉的企业创造了市场机会，譬如，这给污染控制技术及产品创造一个极大的市场，也会促使企业开发其他不破坏环境的方法去制造和包装产品。

（三）能源成本的增加

石油这一不可再生的有限资源的日益枯竭已经对未来经济的增长构成巨大的威胁。世界上的主要工业国都对石油有极大的依赖。在可替代能源开发出来之前，石油将继续是左右世界政治与经济前景的一种力量。20世纪70年代石油危机以后油价猛涨，每桶油从

1970 年的 2 美元涨到 1990 年的 42 美元，时至 2022 年 8 月，涨到 90 美元。迫使人们去开发可供选择的其他能源形式，如太阳能、核能、风能等。仅仅太阳能领域，已有许多企业、机构推出了自己的产品，用于家庭取暖和其他用途。可见，能源成本的增加会给一些企业带来威胁，同时也会给一些企业带来机会。

（四）政府对自然环境管理方面有力的干预

世界各国的政府都在环境保护方面发挥着积极的作用。然而令政府感到为难的是保护环境的措施常会与增加就业的计划背道而驰，如强制企业购置昂贵的防污染设备使企业不能购买更先进的生产设备就是这样的情况。有时，保护环境的问题不得不放在经济增长后面加以考虑。

在环境可持续发展的背景下，企业的营销活动应该顺势而为，注意环境保护立法所提供的营销机会，努力开展生态营销或绿色营销，同时担起企业的社会责任，引导公众可持续消费，这既是维护世界人民长期福利的必然要求，也是成功企业的必然选择。

第三节 微观市场营销环境

微观市场营销环境是指与企业营销活动发生直接关系的外部因素。这些因素包括顾客、竞争对手、营销中介、供应商及社会公众。营销活动能否成功，除取决于宏观市场营销环境因素以外，还会受微观市场营销环境因素的直接影响。

一、顾客

顾客是企业服务的对象，是企业经营活动的出发点和归宿点。企业的一切营销活动都要以满足顾客的需要为中心。因此，顾客是企业最重要的环境因素。企业经营的实践证明，谁能赢得顾客对企业的信任和支持，谁就能在市场上立于不败之地。企业必须坚持顾客第一的观念，加强对顾客的研究。对顾客可以从不同角度以不同的标准进行分类。按照购买动机和类别分类，整个市场可分为消费者市场、生产者市场、转卖者市场、政府市场、国际市场等，每一种市场都有其独特的顾客。企业要认真研究为之服务的不同顾客群，研究顾客的类别、需求特点、购买动机、购买规律以及从事购买的人员或组织、购买方式等，使企业的营销活动能针对顾客需要，符合顾客的愿望。

案例 3-8

海底捞“服务至上、顾客至上”

海底捞，一个以优质的人性化服务而闻名的火锅店，始终秉持着“服务至上、顾客至上”的理念，将用心服务作为基本经营理念，致力于为顾客提供“贴心、温心、舒心”的服务。

海底捞的服务之所以会让人印象深刻就在于将其他火锅店存在的普遍性问题通过服务的形式加以解决，以顾客为中心。例如：在就餐高峰期，很多餐厅都需要排队，一般的餐厅都是让顾客“干等”，一些心急的顾客难免会流失，而海底捞会在顾客等待的时候送上水果、瓜子等各类小吃，还有柠檬水、豆浆等饮料，甚至为女士免费修理指甲，为男士免费擦鞋等，正因为如此，不少顾客很乐意在海底捞排队等待。海底捞在顾客就餐时还会按时加水，只要一伸手立马就会有服务员赶来服务，如果顾客带了小孩子，还会帮顾客照看孩子等。

海底捞的优质服务成为其核心竞争力之一，也成为特色招牌之一，赢得了顾客的认可，取得了良好的效益。

二、竞争者

竞争是商品经济运动的普遍规律，现代企业都是处在不同的竞争环境中。一个企业要取得成功，就必须为顾客提供比竞争者更高的价值。从市场营销的角度来分析，企业在市场上面临着四种类型的竞争者。

（一）欲望竞争者

欲望竞争者是指满足消费者目前各种不同的欲望的竞争者。人有各种各样的欲望，但是由于收入的限制，这些欲望很难同时得到满足，人们在某一时刻只能购买有限的几种或一种商品，这时就产生了各种不同欲望的竞争。如美国通用汽车公司不仅把本国和外国的汽车公司作为自己的竞争对手，而且将本国的建筑商作为自己的竞争对手。

（二）一般竞争者

一般竞争者是指满足消费者某种欲望的不同方法的竞争者。同一种欲望有不同的方法来满足。如人们要购买交通工具，但交通工具的种类较多，有飞机、汽车、摩托车、自行车等，这样这些公司为了争夺购买交通工具的消费者的竞争就引出了一般竞争者。

（三）产品形式竞争者

产品形式竞争者是指满足消费者同一需要的产品的各种形式间的竞争者。同一产品，规格、型号不同，性能、质量、价格各异，消费者将在充分收集信息后做出选择。如购买彩电的消费者，要对规格、性能、质量、价格等进行比较后再做出决策。

（四）品牌竞争者

品牌竞争者是指能满足消费者的某种欲望的同种产品不同品牌的竞争者，其实这种竞争只是对参与竞争的同种形式的产品附加了特定的品牌而已。如同是小轿车，有不同的品牌：奔驰、劳斯莱斯、皇冠、凯迪拉克、林肯、雪佛兰、红旗、宝马、桑塔纳、奥迪等。

在现代经济社会中，市场竞争日趋激烈，企业的竞争对手除了本行业的现有竞争者之外，还有代用品生产者、潜在加入者、原材料供应者和购买者等多种竞争力量。如原材料供应者可以通过抬高价格或降低供应的产品和劳务质量，对企业进行威胁；潜在的加入者随时准备跻身于现有的竞争行列，从企业手中夺走一部分顾客；购买者作为一个集团与企业讨价还价，加剧生产者之间的竞争。在这种情况下，企业应努力确定对本企业经营造成威胁的主要竞争对手，并设法探寻增大本企业产品吸引力的各种方法，在竞争中求得生存和发展。

三、供应商

供应商是指向企业及其竞争对手提供生产所需的物品和服务的企业或个人。供应商提供的物品和服务包括原材料、机器、动力、设备、能源等。供应商对企业的营销活动也会产生较大的影响，因为供应商提供的商品和服务的质量的好坏在一定程度上决定了生产商所生产的产品质量的好坏；同时，供应商供应不足，并对生产商进行控制，短期内会损失生产商的销售额，长期则会影响企业在顾客心中的信誉；另外，供应商所提供的商品和服务的价格的高低，也影响到企业的利润的大小。如今大多数企业懂得善待供应商的重要性，与供应商建立合作伙伴关系,共同创造和递送顾客价值。例如,丰田公司每年组织其供应商参与领导力、财务、质量等培训,与供应商举行正式会议,共同评测上一年的结果,并设定下一年度的目标。借助紧密的合作,丰田公司与供应商建立了忠实、持久的关系。

四、营销中介

营销中介是指帮助企业将其产品促销、销售和配送产品给最终购买者的企业或个人。同供货商一样,营销中介也是整个价值递送系统中的重要组成部分。在使顾客满意度最大化、促进价值共创的过程中,企业不能仅仅优化自己的业绩,还必须与营销中介紧密合作,优化整个价值传递系统。例如,当可口可乐公司签约成为麦当劳或赛百味的独家饮料供货商时,它不但提供软饮料,还保证给予强有力的营销支持。

营销中介通常包括货物储运公司、营销服务机构、金融中介以及经销商。

(一) 货物储运公司

货运储运公司的任务是帮助企业将货物从原产地运送到目的地以及这期间的货物存储,企业必须综合考虑成本、运输方式、速度和安全性等因素,决定运输和存储货物的最佳方式。

(二) 营销服务机构

营销服务机构包括市场调研机构、广告代理机构、传媒机构和营销咨询机构等,它们有助于企业正确地选择目标市场和促销产品。然而,由于这些机构在可信度、质量、服务及价格方面存在差别,需要谨慎选择和管理。

(三) 金融中介

金融中介包括银行、信贷组织、保险组织及其他机构,这些机构可以为交易提供金融支持,或者帮助企业降低交易风险。企业和顾客之间大多数的交易都需要借助金融中介来完成。

(四) 经销商

经销商是分销渠道机构,主要包括批发商与零售商,它们能帮助企业找到顾客。经销商购买企业的产品,然后再转卖出去。

五、公众

市场营销的微观环境还包括公众,它是指对企业经营活动有实际或潜在利益关系和影响力的任何团体或个人。企业作为一个一个开放系统,在经营活动中会与各种公众发生联系,这些公众会协助或妨碍营销活动的正常开展。因此,企业必须处理好与公众的关系,树立良好形象。一般地,一个企业面对的公众主要有六种类型。

(一) 金融公众

金融公众是指影响企业融资能力的金融机构,如银行、投资公司、证券交易所、保险公司等。

(二) 政府公众

政府公众是指与负责企业的业务经营活动有关的政府机构,如行政主管部门及财政、工商、税务、物价、商品检验等部门。

(三) 媒介公众

媒介公众是指报纸、杂志、电视、广播和互联网等有广泛影响的大众媒介。在互联网时代,企业要与传统传媒媒介建立良好关系,更要充分利用网络资源,与互联网媒介建立友善的合作关系。

（四）社区公众

社区公众是指企业周围的居民、社区组织等。由于营销活动通常以社区为载体，所以企业必须重视社区关系，以争取社区公众对企业营销活动的理解和支持。为此，许多企业积极参与社区公益活动，为社区的发展作出贡献。

（五）社团公众

社团公众是指保护消费者利益的组织、环保组织及其他社会团体等，如我国的消费者协会、环境保护协会等。由于社团公众活动的触角遍布社会的每个角落，所以企业必须密切关注来自每个社团的反馈和意见，并积极响应和解决。

（六）内部公众

内部公众是指企业的股东、高层管理者、中层管理者和基层操作者。由于营销计划需要全体人员的充分理解、支持和有力执行，所以企业内部要经常保持良好的信息沟通，关心员工福利，激发员工的积极性与创造力，增强企业的凝聚力。这既有利于企业内部的稳定，也有利于企业塑造良好的对外形象。

案例 3-9 故宫开启新的文创之旅

2018 年国庆节，最大的品牌营销赢家是支付宝，最大的中国锦鲤是信小呆。支付宝在国庆节发布了一条“祝你成为中国锦鲤”的微博，不到六小时转发量破百万，周累计转发破三百万，成为企业营销史上最快达成百万级转发量以及迄今为止总转发量最高的企业传播案例。甚至导致了后来一系列的“城市锦鲤”转发活动，成为一个大热的社会现象。

巨大的利益诱惑，使得全中国网友都陷入了“转发成为中国锦鲤”这一活动，参与就有可能拿到意想不到的财富，何乐而不为，这使得支付宝获得巨大的关注度，品牌传播更广。可以说，切身利益是营销成功的一大捷径，支付宝的这次营销活动也重新定义了新媒体营销，广告主们开始从品牌借势涌进品牌造势的新潮流中。

近几年，故宫博物院借助新媒体社交营销的传播方式，实现了文创产品销售收入的大幅增长。2017 年收入 15 亿元，故宫的这个收入水平已经和大英博物馆不相上下。2014 年 8 月，微信公众号“故宫淘宝”发布文章《雍正：感觉自己萌萌哒》《雍正行乐图》，运用数字化手段将内容动画化，并加以幽默有趣的语言科普了历史知识，该文章在 48 小时内，阅读量就达到了 86 万人次之多。目前，北京故宫博物院的公众号“微故宫”从 2014 年 1 月创号时不足 1 000 的阅读量，已经达到现在的平均 10 万＋。另一个公众号“故宫淘宝”也在 5 年间取得了同样 10 万＋的成绩。故宫微博还会与其他 IP 联手，吸引粉丝注意力。《大鱼海棠》上映时，“故宫淘宝”即推出了大鱼海棠主题系列布鞋。他们还参与热门话题，借势营销。“葛优瘫”话题火爆时，“故宫淘宝”发了一组古人“葛优瘫”的图片，引发网友调侃。

目前，微博“故宫博物院”粉丝达 649 万，在微博政务排行榜文化榜中排名第六，微博“故宫淘宝”粉丝数则是 106 万。借助新媒体营销手段，实现整合营销的效果，故宫博物院正在“把文化带回家”的道路上不断前进。

小资料

危机公关

危机公关是指应对危机的有关机制，它具有意外性，聚焦性，破坏性和紧迫性。根据爱德华·伯尼斯(Edward Bernays)定义，公共关系是一项管理功能，制定政策及程序来获得公众的谅解和接纳。危机公关具体是指机构或企业为避免或者减轻危机所带来的严重损害和威胁，从而有组织、有计划地学习、制定和实施一系列管理措施和应对策略，包括危机的规避、控制、解决以及危机解决后的复兴等不断学习和适应的动态过程。危机公关对于国家、企业、个人等都具有重要的作用。

第四节　市场营销环境分析

一、环境威胁与市场机会

市场营销环境中的所有因素都会对企业的营销活动产生不同程度的影响。这些因素的变化既能给营销活动带来机会，也会对营销活动产生威胁。因此，企业在进行营销活动之前，必须分析营销环境的条件，正确识别营销环境所带来的机会与威胁，并趋利避害。

(一) 环境威胁

环境威胁是指环境中不利于企业营销的因素的发展趋势，对企业形成挑战，对企业的市场地位构成威胁。这种挑战可能来自国际经济形势的变化，如 2008 年爆发的国际金融海啸，给世界多数国家的经济和贸易带来负面影响。挑战也可能来自社会文化环境的变化，如国内外对环境保护要求的提高，某些国家实施"绿色壁垒"，如欧盟 ISO14000 环境管理系统、EU 制度、日本的生态标志制度、北欧的白天鹅制度等，这些制度对某些生产不完全符合环保要求的产品的企业，无疑是一个严峻的挑战。挑战还可能来自其他一些宏观或微观因素。

(二) 市场机会

市场机会是指对企业营销活动富有吸引力的领域，在这些领域，企业拥有竞争优势。环境机会对不同企业有不同的影响力，企业在每一个特定的市场机会中成功的概率的大小，取决于其业务实力是否与该行业所需要的成功条件相符合。任何市场机会最终都可以归结为市场上尚未满足或未完全满足的某种需求，如人们对环境保护的关注，为比亚迪新能源汽车提供了显著的竞争优势。

二、威胁与机会的分析与评估

(一) 威胁与机会分析的意义

研究市场营销环境同企业经营的关系，对任何经营者都具有重要意义，由于环境的系统性和多变性，使得企业各种经营方针、策略的制定和实施都要考虑到宏观和微观环境因素，特别是近几十年来经济、科技的发展、市场竞争的多样化和激烈化，对企业的营销发出了挑战，迫使企业领导层要具备高瞻远瞩的战略头脑，在多变繁杂的环境中得心应手。

1. 分析市场营销环境是适应消费者需求变化的客观要求

随着消费者收入的增长，消费者对产品的要求也在发生变化，不仅购买商品的数量和结构发生了变化，同时也改变着消费习惯和购买习惯。消费者除了对基本生活必需品的需求外，还产生了多种多样的爱好和需求，既有现实的需求，又有潜在的需求，企业要不断发展，必须分析产生这些变化的原因，而这很大程度上要从市场营销环境着手。比如宏观经济环境发生变化、国民收入持续增长、居民收入增多，必将使社会商品零售额也会有相应的增长。企业若要以有限的资源去满足消费者的无限需求，必须利用自己的特长去生产既为消费者所需要，又是自己特长的产品，这样才能在市场中有立足之地。

2. 分析市场营销环境是为了适应市场竞争变化的客观要求

市场是商品经济的产物，既然存在商品经济，价值规律就起着作用。各企业之间由于生产设备条件、劳动者的技能、劳动熟练程度及经营管理水平的不同，就存在商品个别价值与社会价值差异，存在着卖者之间、买者之间、买者与卖者之间的竞争。随着我国商品经济的进一步发展，市场日益扩大，打破地区之间、部门之间、所有制之间的条块分割状态，社会生产力的不断发展使得市场上许多产品正从卖方市场转向买方市场，这样，开拓市场争夺销路成为生死攸关的大问题。因此，企业需要分析市场营销环境，特别是竞争者的状况，竞争者采取的经营策略，做到知己知彼，才能取胜。

3. 分析市场营销环境是适应科技发展的要求

科学技术的飞跃发展，主要表现为科学发现、发明到形成社会生产力的周期越来越短。据统计，10 年以前发展起来的工业技术，到现在已有 30%过时，而在电子技术领域中，这一比例已达 50%，大规模集成电路的平均寿命至多 5 年。有人估计，近 30 年新出现的科技成果已远远超过了人类历史两千年科技成果的总和。科技的进步为企业创新和改进产品提供了有利条件，但同时也增加了企业的风险。企业必须认真分析市场环境，按照市场变化组织生产，不断筛选产品，调整产品结构，着力分析市场营销环境中的机会与威胁，捕捉机会，利用机会，避免威胁，战胜威胁，为企业制定营销决策提供依据。

4. 分析市场营销环境是制定企业战略的基础

企业经营战略是企业的高层领导人在现代市场营销思想的指导下，为了实现企业的总体目标，在对企业的主客观条件全面分析的基础上，提出企业在一定时期内经营发展的总体规划和设想，也就是对企业人财物和经营结构进行总体布置。进入 21 世纪以来，由于生产力水平和社会经济的飞速发展，西方发达国家的企业管理重点开始转向战略管理，这就要求企业明确自己所处的营销环境，把企业战略作为一个多因素多层次的整体复杂系统来处理，既要重视微观环境各要素的合理安排，也要重视社会经济、政策法律、科技等宏观要素变化所可能产生的各种影响。同时，分析市场营销环境，有利于企业制订中长期和短期计划，确定总目标和分目标，并将它们有机结合起来，有利于企业面对复杂的市场、强劲的对手，正确选择目标市场并运用有效的营销手段，以较少的营销费用取得较大的经营效果。

企业面对威胁不同和市场机会吸引力不同的营销环境，需要通过环境分析来评估市场机会与环境威胁。企业可采用威胁分析矩阵图和机会分析矩阵图来分析、评价营销环境。

（二）威胁分析

对环境威胁的分析，一般着眼于两个方面：一是分析威胁的潜在严重性，即影响程度；二是分析威胁出现的可能性，即出现概率，其分析矩阵如图 3-2 所示。

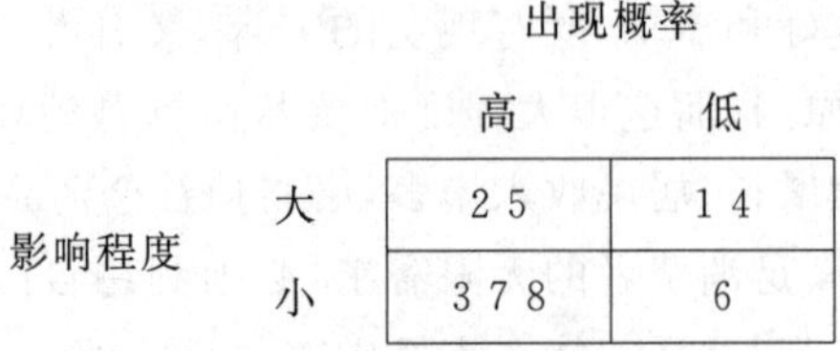

图 3-2　威胁分析矩阵图

图 3-2 中，处于 2、5 位置的威胁，发生的概率与影响的程度都大，必须特别重视，并制定相应的对策；处于 6 的位置，威胁出现的概率和影响程度较小，不必过于担心，但应注意其发展变化；处于 1、4 位置的威胁出现概率虽小，但影响程度较大，必须密切监视；处于 3、7、8 等位置的威胁，影响程度较小但出现概率大，必须充分重视。

（三）机会分析

机会分析主要考虑潜在的吸引力和成功的可能性的大小。其分析矩阵如图 3-3 所示。

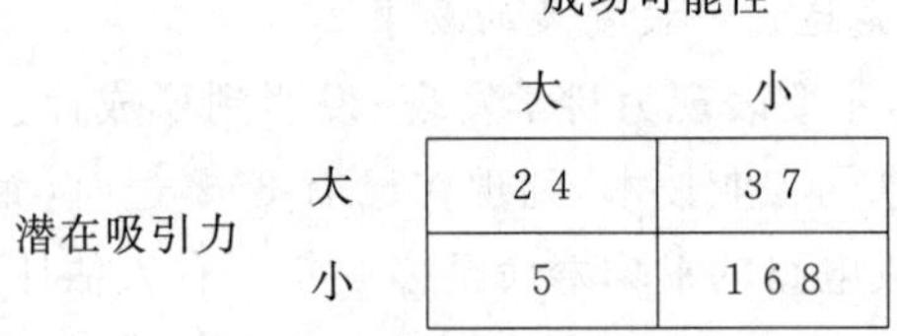

图 3-3　机会分析矩阵图

图 3-3 中，处于 2、4 位置的机会，潜在吸引力和成功的可能性都大，有极大的可能为企业带来利益，应把握机会全力发展；处于 1、6、8 等位置的机会，不仅潜在的利益小，成功概率也小，企业应改善自身现有的条件，关注环境的变化，审时度势地做出营销决策；处于 5 的位置，机会的潜在吸引力较低，但成功的可能性较大，企业应及时采取有效措施；处于 3、7 位置的机会潜在吸引力较大，但获得成功的概率较小，企业应尽快找出原因，改善条件，化解不利因素。

（四）企业营销对策

根据上述矩阵分析、评估企业营销环境，可能出现 4 种不同的结果，综合评价图如图 3-4 所示。

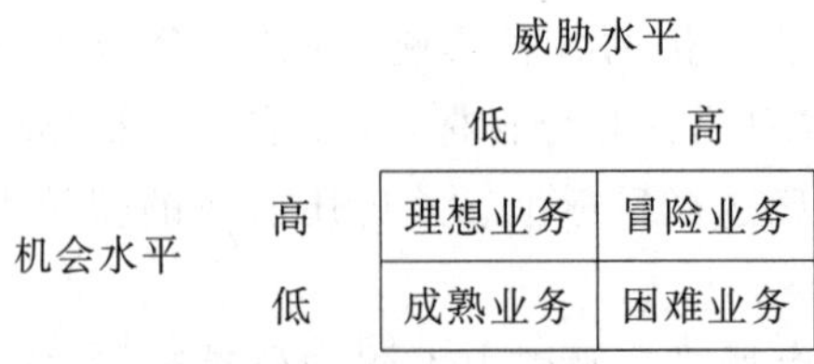

图 3-4　环境分析综合评价图

在环境分析与评价的基础上，企业对威胁与机会水平不等的各种营销业务，要分别采取不同的对策。

1. 理想业务

从图 3-4 可以看出，在理想业务的状态下，企业的机会比较多，而威胁比较少。此时企业应充分发挥自身优势，抓住机会，同时应密切注意威胁因素的变化情况。

2. 成熟业务

成熟业务的机会程度小，威胁程度也小，对企业来说，这是一个老化的环境。低机会限制了企业的发展，但低威胁又使企业的发展受到较少的负面影响。此时，处于老化环境中的企业在继续其一般经营时，要积极寻找适合自己生存的环境，开拓新的营销领域，并发掘对企业有利的市场营销环境因素，提高企业经营的机会水平。

3. 冒险业务

冒险业务的机会程度较大，但威胁程度也比较大，高机会表明企业环境因素的有利条件诱使企业利用市场机会，而高威胁因素又会使企业陷入困境。这种环境对企业来说是一个风险性的环境。因此，企业应在慎重调研的基础上，选用适当的营销策略，勇于冒风险，努力限制、减轻或转移威胁因素和威胁水平，使企业向理想化企业转化。

4. 困难业务

困难业务的机会比较少，而威胁比较大，可以说企业是四面楚歌。此时，企业应因势利导，发挥自己的主观能动性，"反抗"和扭转对企业不利的威胁因素，或实行撤退和转移战略，调整目标市场，经营对企业有利、威胁程度较小的产品。

三、SWOT 分析

除了"威胁分析矩阵图"和"机会分析矩阵图"，许多企业常运用 SWOT 分析法对其内外部竞争环境和竞争条件进行综合分析，进而选择适当的营销战略。SWOT 分析法，即态势分析法，20 世纪 80 年代初由美国旧金山大学的管理学教授韦里克提出，经常被用于企业战略制定、竞争对手分析等场合。它是一种对企业的优势（strengths）、劣势（weaknesses）、机会（opportunities）、风险（threats）进行综合分析，在分析时，应把所有的内部因素（包括企业的优势和劣势）都集中在一起，然后用外部的力量来对这些因素进行评估。

（一）机会和威胁分析

机会是企业能够利用其优势的外部环境中的有利因素或趋势，如新产品、新市场、新需求、外国市场壁垒解除、竞争对手失误等。威胁是对企业构成挑战的不利的外部因素或趋势，如市场紧缩、行业政策变化、经济衰退、客户偏好改变、突发事件等。面对威胁企业若不采取果断的措施，这种不利趋势将削弱企业的竞争地位，损害企业竞争优势。伴随环境变化和产品生命周期的演变，这给企业提供了机会，不过，同一个环境因素对某些企业来说是有利的机会，但对另一个企业来说就有可能是威胁。因此，企业必须谨慎评估营销环境的趋势和动态，正确识别营销环境所带来的机会与威胁。

（二）优势和劣势分析

在对企业的外部环境进行分析后，还需要对企业内部的资源条件进行分析。这些资源条件形成了企业的优势与劣势。当两个企业处在一个市场或都有能力向同一顾客提供产品和服务时，如果其中一个企业具有更高的盈利能力，那么这个企业就比另一个企业更有竞争优势。一般地，一个企业的优势不仅是指它能做什么，更重要的在于它可以在哪些方面比竞争对手做得更好。因此，企业必须采取适当措施来认识自身的资源与能力，并借此维持竞争优势。劣势是指一个企业较其竞争对手在某些方面存在的缺点与不足。这些缺点可能来自产品质量、企业规模或市场占有率等方面。企业应该定期主动地检查自己的劣势，明确在现有条件下是选择只局限在已有优势的机会当中，还是选择去获取和发展一些新的优势以便找到更好的机会。

综上所述，SWOT 分析实际上根据一个企业自身的条件，对应企业的优势、劣势以及机会、威胁进行分析，找出企业应利用的机会、需要避免的威胁、需要发展的优势和应该改进的劣势。如图 3-5 所示，优势和劣势多为一个企业的内部因素，机会和威胁则是外部因素。在具体分析时，通常会构造一个 SWOT 矩阵，对矩阵中的不同区域赋予不同的分析意义，进而形成四种内外匹配的战略。其中，SO 战略表示依靠内部优势、利用外部机会，ST 战略表示利用内部优势、回避外部威胁，WO 战略表示利用外部机会、克服内部劣势，WT 战略表示减少内部劣势、回避外部威胁。

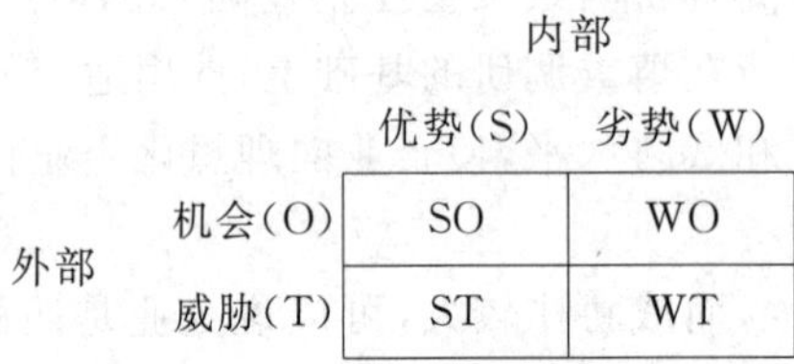

		内部	
		优势(S)	劣势(W)
外部	机会(O)	SO	WO
	威胁(T)	ST	WT

图 3-5 SWOT 矩阵图

案例 3-10

字节跳动的成功

北京字节跳动科技有限公司成立于 2012 年 3 月，是最早将人工智能应用于移动互联网场景的科技企业之一。公司以建设“全球创作与交流平台”为愿景。字节跳动公司文化强化履行科技创新、平台治理和内容建设和信息服务三方面社会责任。作为一家科技公司，发展是第一要务，人才是第一资源，创新是第一动力。字节跳动致力于将人工智能等科技应用到社会，推动社会进步。2018 年 8 月 8 日，北京字节跳动科技有限公司已经启动新一轮股权融资，对该公司的估值最高或达 750 亿美元。2019 年 3 月，北京字节跳动科技有限公司收购三七互娱子公司上海墨鹍数码科技有限公司。2019 年 6 月 18 日，字节跳动推出的“啄木鸟举报平台”小程序在今日头条平台正式上线，支持字节跳动旗下今日头条、西瓜视频、抖音以及火山 APP 用户提交举报信息。2019 年 8 月，字节跳动表示，计划从 0 到 1 打造一个用户体验更加理想的通用搜索引擎，并且将是全网搜索，搜索团队覆盖了今日头条、抖音、西瓜、火山、懂车帝等产品。2019 年 9 月，字节跳动完成了对互动百科的收购，直接持有后者 100％的股份。

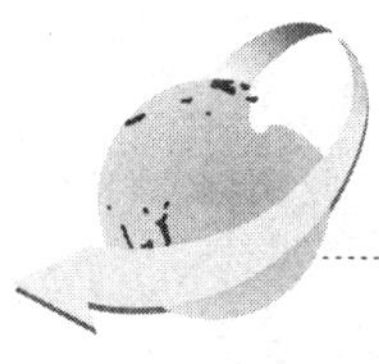

本章小结

1. 成功的公司认识到在营销环境中存在着永无止境的机会和威胁。在宏观环境中辨认有历史意义的变化是公司营销人员的主要职责。与公司的其他部门相比，营销部门更要善于追踪环境变化的趋势，并善于寻找机会。许多机会来自对趋势的(具有某些势头和持久性的事件的方向或演进)和大趋势(社会、经济、政治和技术的大变化，其形成虽然是缓慢的，但一旦形成就具有长期的影响)的确认。

2. 为了应对迅速变化的全球形势，营销人员必须监视各种影响企业营销的环境因素：宏观环境(政治法律、经济、社会文化、科学技术、人口和自然环境)和微观环境(顾客、竞争对手、营销渠道企业、公众)等。在政治法律环境领域，营销人员必须遵守法律对业务活动的规定和各种特定利益集团的和平共处。在经济领域，应把目光集中于收入分流和储蓄水平、债务和信贷的应用。在自然领域，则需要了解原材料短缺、日益增加的能源成本和污染等。在人文社会领域，应了解人口的构成、地理分布、家庭结构、人们的宗教、信仰、价值观、风俗习惯、生活方式、伦理道德、教育水平等。在微观环境，也应对竞争对手、顾客进行深入细致的分析，与外界的公众、营销渠道企业搞好关系，从而为企业的发展营造良好的外部环境。

关键概念

营销环境　微观市场营销环境　宏观市场营销环境　环境威胁　市场机会　SWOT 分析

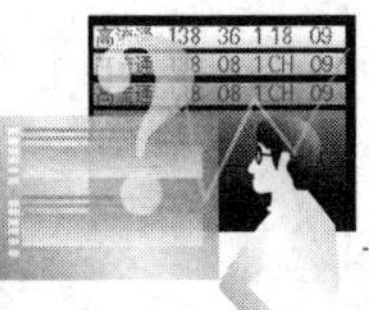

复习思考题

1. 目前企业自然环境方面的主要动向是什么？它们对企业的市场营销有何影响？

2. 企业如何分析研究消费者收入？消费者支出模式受哪些因素的影响？

3. 企业如何分析评价环境威胁和市场机会?

4. 通过各种途径查阅相关的资料,了解跨国集团把谁列为自己的竞争对手。

5. 我国的人口结构将会发生怎样的变化,它对企业的营销活动会产生什么样的影响?

6. 以房地产开发公司为例,列举出影响其发展的外部环境因素,并找出机会和威胁。

案例分析

网红奶茶品牌“喜茶”的SWOT分析

对于网红店,人们刚开始时更多注重的是它的热度,抱着一种“人无我有”的炫耀心理和攀比心理,从而造成许多人不惜花大量时间去排队,最后只是为了在社交平台上打卡、定位、晒图等,而并非冲着产品好坏与否去的,所以网红店要想持久地抢占市场,需要适时地调整发展战略和营销方式,不断推出吸引客户的新产品,合理充分利用网络营销,以互联网为基本手段推广自己的品牌。

我们运用SWOT模型从四个方面来分析喜茶作为一家网红店的内部优势和劣势、外部机会和威胁。

一、优势(strengths)

喜茶备受年轻群体的青睐,其产品种类也逐渐增多,会适时推出相应的新品,保持顾客对喜茶的新鲜感。追溯喜茶的茶源,喜茶有自己的茶园,实现自己供应链上游的茶叶特制,确保其极佳的口感。喜茶一直是直营模式,没有下游经销商、分销商,也确保了其茶饮制作的专业度。除了注重口感外,喜茶的饮品本身的高颜值也是一种优势,根据所用原料的主色辅以其他配料进行调色,拍照比较上镜,满足当代年轻人喜欢拍照发朋友圈的需求。

其次喜茶的门店都位于年轻人较多,白领较多的高档消费区域,因为他们有足够的消费能力,且追求潮流。口感佳、颜值高、人气满,这些都是喜茶作为“网红食物”的优势。

二、劣势(weaknesses)

喜茶的选址,以及其想打造的“高端消费”的观念,一定程度上有优势也有劣势,其店铺多处于大城市的核心商圈,店铺租金高,运营成本高。其次是排队时间较长,提高了客户的购买成本,客户除了需要付出奶茶的实际金额外,也会耗费一定的时间成本,会给一些客户带来不好的体验。一些不愿意等待或时间不足的客户会转向其他奶茶店的消费,可能会流失一部分客户。

对比其他奶茶店,喜茶目前没有一致的服务标准,一些工作人员对客户的热情有待提高,要不然也会给喜茶的名誉带来一定的影响。

三、机会(opportunities)

我国餐饮业在不断的探索和转型中出现了一片向好的趋势,国家也在做相应的改革和调整,国家近几年新修了与餐饮行业相关的法律法规,为餐饮的发展提供了法律保障,有利于餐饮行业更加规范化。这样的政治形势会更有利于促进喜茶今后的发展。当代人对饮食的需求趋于多元化,其要求不再是能果腹就好,而是更加注重食物的口感、色相、卫生、营养搭配等,个性化、定制化或新奇的餐饮成为人们追求的新潮流,餐饮店会针对目标客户研发出饮食新品,而喜茶具有这样的条件可以抓住当下的环境机会,把年轻人以及具有高消费能力的人作为目标对象,研发出口感佳、颜值高的新鲜茶饮。

在技术方面,互联网时代给很多企业提供了新的发展机遇,社交媒体就是以互联网为载体的营销工具,如微信、微博、QQ 等,增加了宣传渠道,网红店恰好可以利用互联网资源来营销自己,将线上的流量转化为线下实体店的交易额。

喜茶最初火起来一方面是因为客户在微信发朋友圈,朋友圈的社交属性使得更多的消费者知道了喜茶,从而形成口碑传播。而且有能力的企业可以借助大数据分析技术,更好地了解消费者的喜好和消费习惯等,进行有针对性的产品或食物研发以及推广。

四、威胁(threats)

奶茶店因制作技术不复杂,入门快,利润空间大等特点吸引了众多的新进入者,虽然喜茶有着网红店人气旺的优势,但这并不意味着它未来一直都是人们的焦点,相反,它可能需要更努力地适时更新发展战略,维持其竞争优势。除了新投资者,现存的广为人知的奶茶店也很多,这些都会抢占一定的市场份额。

潜在的名声问题:一旦喜茶出名之后,随之可能导致山寨问题,如果这方面处理不善,会影响喜茶的名誉,进一步影响营业收入。其次,在各大外卖平台上,其奶茶店铺竞争者众多,有的顾客会倾向于选择价格低的店铺,顾客的议价能力提高,加上喜茶需要等候的时间较长,难免会损失掉一部分线上客户。

在当今社会中,任何一家企业想要获得发展以及成功,内核是有自己具有竞争优势的产品或服务,确保品牌的认可度;其次是合理利用现有各种优势进行营销,获得品牌的知名度。运用 SWOT 分析可以帮助企业更清晰全面地定位自己,进一步制定适合自己的发展战略。

思考题:

1. 大家通过对喜茶的了解是否认同上述的 SWOT 分析?
2. 喜茶在未来的发展过程中还将面临着哪些环境威胁?如何消除这些威胁?

第四章　消费者市场购买行为分析

学习目标

1. 了解消费者市场的含义与特点
2. 掌握影响消费者购买行为的主要因素
3. 掌握消费者的购买决策与购买行为过程

引导案例

倔强的“奥特曼”男孩

H女士是一位高学历的年轻妈妈，她的儿子4岁，喜欢在幼儿园放学后和几个要好的小朋友在花园里疯玩一两个小时，活动量大，脚很容易出汗。于是H女士觉得需要到商场里给孩子买双舒适、透气、易清洗的运动鞋。商场里的运动鞋大致归纳为以下几类：一类是由比较高档的真皮材料制作的，价格高，透气性不错，但不能水洗；一类是由塑料制作的，没有透气孔设计，价格便宜；还有一类含棉质成分或者有透气孔设计，可以清洗，价格适中。H女士看好一种类型，于是指着一排货架上的鞋子问孩子：“你喜欢哪双？”孩子瞄了一眼说：“都不喜欢！”于是H女士指着一双带有一道蓝边，且有卡通图案的鞋子对儿子说：“这不挺好的嘛！你不是喜欢蓝色吗？而且还有一个可爱的卡通图案。”他儿子回答道：“卡通不好看！”这时孩子开始搜索其他货架，只见他眼前一亮，迅速上前拿下一双白底绣有一个鲜红奥特曼图案的塑胶运动鞋。那双鞋摸上去硬硬的，透气性较差，做工比较粗糙，是典型的劣质廉价商品。H女士苦口婆心劝儿子一番，可儿子一副非此鞋不穿的模样。无奈之下，只好买下这双儿子看好的鞋子。付过款后，儿子立即脱下脚上的鞋子美滋滋地穿上他的奥特曼鞋，还特意把裤脚卷起来回到小区，一碰到认识的小朋友他马上说：“看！我的奥特曼鞋！”那个小朋友立即回应：“我也有奥特曼！”一看他的胸前也绣了一个奥特曼。事实上，H女士的儿子对超人奥特曼的迷恋已经有很长时间。H女士带他到书店买书或碟，他总能迅速准确地发现超人书或超人碟的位置，在家里的图书里翻得最破的是超人书，经常玩的玩具也是超人，嘴里唱的是奥特曼之歌，笔下画的是奥特曼打怪兽。

奥特曼究竟有什么样的魔力？为什么能在儿童中产生如此巨大的影响力？日本圆谷株式会社以成功的企划宣传以及产品开发等一系列纯熟的市场化操作造就了“奥特曼”这个品牌。自1966年该公司制作的“奥特曼”系列影像作品在日本播放后，该公司又陆续制作了“奥特曼”的其他系列产品，奥特曼的故事具有开放性，运用了典型的系列剧结构方式，佐菲、杰克、艾斯、爱迪、赛文、雷欧、泰罗、葛雷……一个个奥特曼的故事既相互关联又彼此独立，在单纯的主题下变换出繁复而多彩的情节，这些都为奥特曼的市场推进奠定了基础，最终为小观众营造了一个天真的科幻世界，赢得了天性喜爱幻想、渴望自己变得强大的男孩观众。

在企业的各种营销环境中，最重要的是顾客环境，因为企业营销的对象最重要的是顾客。企业只有了解顾客的需求及其行为规律，掌握消费者的购买行为与特点，才能制定出正确有效的营销决策。消费者市场是各种市场中最复杂、需求量最大、对其他市场能起决定作用的市场，所以，它是市场营销学研究的重点。

第一节 消费者市场与消费者购买模式

一、消费者市场的含义

市场是指有购买力、有购买愿望的顾客群体。按照顾客购买目的或用途的不同，市场可分为组织市场和消费者市场两大类。组织市场指以某种组织为购买单位的购买者所构成的市场，购买目的是生产、销售、维持组织运作或履行组织职能。消费者市场是个人或家庭为了生活消费而购买商品或服务的市场。

一切企业，无论是生产企业还是商业、服务企业，也无论是否直接为消费者服务，都必须研究消费者市场，因为只有消费者市场才是商品的最终归宿，即最终市场。其他市场，如生产者市场、中间商市场等，虽然单笔交易购买数量很大，常常超过消费者市场，但其最终服务对象还是消费者，仍然要以最终消费者的需要和偏好为转移。因此，即使从来不与消费者直接交易的企业，如制造商、批发商等，也必须研究消费者市场。在这个意义上，可以说消费者市场是一切市场的基础，是起决定作用的市场。例如，制革厂的产品，一般不直接卖给消费者，而是卖给皮革加工厂制成皮衣、皮鞋等产品出售，但也必须认真研究最终消费者的需要，以消费者的需要为依据来制订营销方案。

二、消费者市场的特点

消费者需求由于多种主客观因素的影响，是复杂多样的。同其他种类的市场及购买行为相比较，消费者市场具有以下七个主要特点。

（一）需求的无限扩展性

人们的需求是无止境的，永远不会停留在一个水平上。随着社会经济的发展和消费者收入的提高，对商品和劳务的需求也将不断地向前发展。例如，过去在我国未曾有过的高档消费品，现在已经开始进入消费领域；过去由家庭承担的劳务，现在已部分转向由社会服务行业来承担。消费者的一种需求满足了，又会产生出新的需求，循环往复，以至无穷。因此，市场营销者要不断开发新产品，开拓新市场。

（二）需求的多层次性

消费者需求是在一定的支付能力和其他条件的基础上形成的。尽管人们会有多种多样的需要，但不可能同时得到满足，总要按照个人的收入情况、支付能力和客观条件的可能，根据需要的轻重缓急，有序地逐步实现。这便是消费者需求的多层次性。在同一商品市场上，不同消费者群体由于社会地位、收入水平和文化素养的差异，其需求也会表现出多层次性的特点。

（三）需求的复杂多变性

消费者人数众多，差异性很大，由于各种因素的影响，对不同商品或同类商品不同品种、规格、性能、式样、服务、价格等方面会有多种多样的需求。例如，服装鞋帽，每个人在款式、质量、价格、颜色等方面的要求千差万别。而且，随着生产的发展、消费水平的提高和社会习俗的变化，消费者需求在总量、结构和层次上也将不断发展，日益多样化。消费者需求的这种多样化特征，要求企业在对消费市场进行细分的基础上，根据自身条件准确地选择目标市场。

（四）需求的可诱导性

消费者需求的产生，有些是本能的、生而有之的，但大部分是与外界的刺激诱导有关的。经济政策的变动，生产、流通、服务部门营销活动的影响，社会交际的启示，广告宣传的诱导等，都会使消费者的需求发生变化或转移，潜在的需求可以变为现实的需求，微弱的欲望可以变成强烈的购买欲望。可见，消费者需求是可诱导和调节的，具有较大的弹性。消费者需求的这一特征，要求市场营销者不仅要适应和满足消费者的需求，而且应该通过各种促销途径正确地影响和引导消费。

（五）购买者的分散性

消费者人数众多分布面广，每次购买量较少而购买频率很高。针对这一特点，营销者应采取灵活多样的服务方式，不断提高为消费者服务的质量。

（六）购买具有非专家性

大多数消费者对所购买的商品大多缺乏专门的甚至是必要的知识，对质量、性能、使用、维修、保管、价格乃至市场行情都不太了解，尤其是在机械商品、电子商品、高科技商品层出不穷的现代市场，消费品千千万万，消费者只能根据个人好恶和感觉做出购买决策，受环境因素、情感因素影响较大，受企业广告宣传和推销活动的影响较大，大多属非专家购买。消费品种类繁多，不同品牌甚至不同品种之间往往可以互相替代。

三、消费者购买模式

（一）6W1H

消费者行为是指消费者在寻求、购买、使用、评价和处理预期能满足其需要的商品或服务时所表现出来的行为。研究消费者行为就是要研究消费者是如何用有限的可支配的资源（时间、精力、金钱等）来更高效率地、尽可能多地满足自身需要的行为过程。消费者市场研究涉及的内容千头万绪，从哪里入手进行分析呢？市场营销学家科特勒研究了一系列较为完整的消费者购买行为过程后，归纳出以下7个主要问题：

消费者市场由谁构成？（who） 购买者（occupants）
消费者市场购买什么？（what） 购买对象（objects）
消费者市场为何购买？（why） 购买目的（objectives）
消费者市场的购买活动有谁参加？（who） 购买组织（organizations）
消费者市场怎样购买？（how） 购买方式（operations）
消费者市场何时购买？（when） 购买时间（occasions）
消费者市场何地购买？（where） 购买地点（outlets）

由于7个英文字母的开头是6个w和1个h，所以称为“6W1H”研究法，也可以称为“7O”研究法。营销人员在制定针对消费者市场的营销组合之前，必须先研究消费者购买行为。例如，某皮革厂生产和销售箱包，必须分析研究以下问题：①箱包的市场由哪些人构成？②目前消费者市场需要什么样的箱包？③消费者为什么购买这种箱包？④哪些人会参与箱包购买行为？⑤消费者怎样购买这种箱包？⑥消费者何时购买这种箱包？⑦消费者在何处购买这种箱包？

（二）消费者购买的刺激-反应模式

消费者购买行为通常受一系列复杂因素的影响，理论界形象地把由这些影响因素产生的环节或过程称为“消费者购买心理暗箱”。

企业要研究和了解“消费者购买心理暗箱”中将发生的事情，以便采取正确和行之有效的决策。研究消费者购买行为的理论中最有代表性的是刺激-反应模式，如图 4-1 所示。市场营销因素和市场环境因素的刺激进入购买者的意识，购买者根据自己的特征处理这些信息，经过一定的决策过程导致了购买决定。

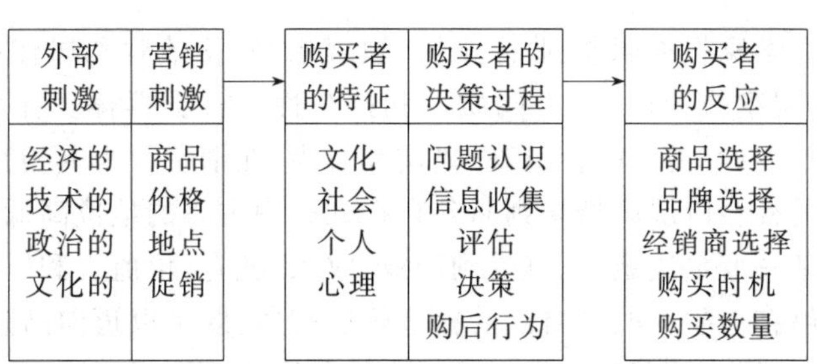

图 4-1　刺激-反应模式

把梳子卖给和尚

第二节　影响消费者购买行为因素

一、文化因素

(一) 文化

文化是人类需求和行为最基本的决定因素，是从生活实践中建立起来的价值观念、道德、理想和其他有意义的象征的综合体。它包含法律、宗教、风俗、语言、艺术、工作方式及其他能影响社会及社会成员行为的人文环境。每一个人都在一定的社会文化环境中成长，通过家庭和其他主要机构的社会化过程学到和形成了基本的文化观念。文化是决定人类个体起居、建筑风格、节日、礼仪等物质和文化生活各个方面的不同特点的重要因素。比如，中国的文化传统是仁爱、信义、礼貌、智慧、诚实、忠孝、上进、尊老爱幼、尊师重教等。又如，一个学生要购买计算机，是因为他所生长的环境、学习环境需要有计算机，是因为他的环境使他认识了计算机、认识了计算机的重要性等。

(二) 亚文化

任何文化又都包含着一些较小的群体或个体，这些较小的群体或个体就是亚文化。它们以特定的认同感和社会影响力将各成员联系在一起，使这些较小群体具有特定的价值观、生活方式和生活情趣。就目前而言，对消费者最具影响力的亚文化主要有四种。

(1) 民族亚文化群。世界上许多国家，都存在不同的民族，每个民族都在漫长的历史发展过程中，形成了许多以民族为基础的独特的风俗习惯和文化传统。

(2) 宗教亚文化群。世界上的许多国家，都存在不同的宗教，每种宗教都有自己的教规或戒律，形成与各自宗教相一致的信仰、禁忌、偏好。如我国就有伊斯兰教、佛教、天主教、基督教以及道教等多种宗教，它们的信仰者在购买商品品种、购买商品行为等方面都会表现出许多带有本宗教特色的行为。

(3) 种族亚文化群。世界各个国家可能都有不同的种族，不同的种族有不同的生活习惯和文化传统。比如，美国的黑人与白人相比，购买的衣服、个人用品、家具和香水较多，食品、运输和娱乐较少。他们更重视商品的品牌，更具有品牌忠诚性。美国的许多大企业如西尔斯、麦当劳、宝洁和可口可乐等非常重视通过多种途径开发黑人市场，还有专门为黑人开发的商品和包装。

(4) 地理亚文化群。世界上处于不同地理位置的各个国家，同一国家内处于不同地理位置的各个省份和市县都有着不同的文化和生活习惯以及不同的商品需求。

(三) 社会阶层

社会阶层是社会学家根据职业、收入来源、教育水平、价值观和居住区域对人们进行的一种社会分类，是按层次排列的、具有同质性和持久性的社会群体。社会阶层具有以下特点：①同一阶层的成员具有类似的价值观、兴趣和行为，在消费行为上相互影响并趋于一致。②人们以自己所处的社会阶层高低来判断各自在社会中占有的地位高低。③一个人的社会阶层归属不仅仅由某一变量决定，而且受到职业、收入、教育、价值观和居住区域等多种因素的制约。④人们能够在一生中改变自己的社会阶层归属，既可以迈向高阶层，也可以跌至低阶层，这种升降变化的程度随着所处社会阶层森严程度的不同而不同。不同阶层的人们，无论是在商品的购买行为还是购买商品种类上都具有明显的差异性。如在服饰、家具、活动及其活动方式等方面，都会因阶层不同存在着不同偏好。

案例 4-1

儒家文化是以儒家学说为指导思想的文化流派，为历代“儒客”所推崇。儒家学说为春秋时期孔丘所创，倡导血亲人伦、现世事功、修身存养、道德理性，其中心思想是恕、忠、孝、悌、勇、仁、义、礼、智、信。

中国文化注重和谐与统一，这是中西文化的一个重要差异。儒家文化在中国一直是文化的主流。儒家文化提倡以和为贵的思想，中庸，忍让，谦和。在对待不同民族和文化的价值观方面，就是提倡平等待人，承认其他民族和文化的价值不同，主张不同民族或群体之间思想文化的交互渗透和包容。在人与人之间体现得更为明显，在商品交易中尽可能“和气生财”，因此中国人习惯了平和心态的消费模式。

小资料

中国人的面子文化

“面子”在辞典中的解释是：“个人在社会上有所成就而获得的社会地位或声望。”世界上没有哪一个民族不好“面子”，但要把“面子”提升为“面子文化”，却只有中华民族能够做到。“面子文化”是中国传统文化的重要组成部分，渗透于国人的行为习惯中，具有强大的生命力。作为中国人特有的文化心理现象，面子文化极大地影响了中国人的日常社会生活。面子文化的产生与儒家传统文化、耻感文化、社会取向的文化以及中国是人情社会有极大的关系。“面子”的符号象征功能、社会交换功能和社会控制功能不仅调节了中国人的相互交往关系，也有利于社会的和谐与稳定。

二、社会因素

（一）相关群体

相关群体是指能够直接或间接影响消费者购买态度、行为和价值观的群体。可以按照不同的标准分类。

1. 按照对消费者的影响强度分为基本群体、次要群体和其他群体

（1）基本群体或主要群体是指直接对消费者产生影响的群体，即那些关系密切经常发生相互作用的非正式群体，如家庭成员、亲朋好友、邻居和同事等。这类群体对消费者影响最强。

（2）次要群体是指较为正式但日常接触较少的群体，如宗教、专业协会和同业组织等。这类群体对消费者的影响强度次于主要群体。

（3）其他群体也称为渴望群体，是指有共同志趣的群体，即由各界名人如文艺明星、体育明星、影视明星和政府要员及其追随者构成的群体。这类群体影响面广，但对每个人的影响强度逊于主要群体和次要群体。

2. 按照对消费者影响的性质分为准则群体、比较群体和否定群体

准则群体是指人们同意和赞赏其行为并乐意加以仿效的群体；比较群体是指人们以其行为作为判断自己身份和行为的依据而并不加以仿效的群体；否定群体是指其行为被人厌恶的群体。消费者通常不买那些与否定群体有关的商品。

相关群体对消费行为的影响表现在三个方面：一是示范性，是指相关群体的消费行为和生活方式为消费者提供选择的模式；二是仿效性，是指相关群体的消费行为引起人们的仿效欲望，影响人们的商品选择；三是一致性，即由于仿效而消费行为趋于一致。相关群体对购买行为的影响程度视商品类别而定。据研究，相关群体对汽车、摩托、服装、香烟、啤酒、食品和药品等商品的购买行为影响较大，对家具、冰箱、杂志等影响较弱，对洗衣粉、收音机等几乎没有影响。

（二）家庭

消费者大多以家庭为单位购买商品，家庭成员和其他有关人员在购买活动中往往起着不同作用并且相互影响，构成了消费者的“购买组织”。分析这个问题、了解这个组织，对于企业抓住关键人物开展营销活动，提高营销效率十分重要。

1. 家庭经济收入

经济因素是指消费者可支配收入、储蓄、资产和借贷的能力。经济因素是决定购买行为的首要因素，决定着能否发生购买行为以及发生何种规模的购买行为，决定着购买商品的种类和档次。比如，我国中等收入的家庭不会选择购买高档汽车，低收入家庭的消费集中在购买基本生活必需品方面。

世界各国消费者的储蓄、债务和信贷倾向不同。比如，日本人的储蓄倾向强，储蓄率为18%，而在美国仅为6%，结果日本银行有更多的钱和更低的利息贷给日本企业，日本企业有较便宜的资本以加快发展。美国人的消费倾向强，债务-收入比率高。营销人员应密切注意居民收入、支出、利息、储蓄和借款的变化，这对价格敏感型商品更为重要。

2. 家庭权威中心点

家庭不同成员对购买决策的影响往往由家庭特点决定，家庭特点可以由家庭权威中心点确定。社会学家根据家庭权威中心点不同，把所有家庭分为四种类型：①各自做主型。是

指每个家庭成员对自己所需的商品可独立做出决策，其他人不加以干涉。②丈夫支配型。是指家庭购买决策权掌握在丈夫手中。③妻子支配型。是指家庭购买决策权掌握在妻子手中。④共同支配型。是指大部分购买决策由家庭成员协商做出。"家庭权威中心点"会随着社会政治经济状况的变化而变化。由于社会教育水平提高和妇女就业增多，妻子在购买决策中的作用越来越大，许多家庭由"丈夫支配型"转变为"妻子支配型"或"共同支配型"。此外，即使是相同的家庭权威中心点，但根据商品的价值大小不同，商品的复杂程度不同，其起决定作用的实际决策点也是在不断变化的。

3. 家庭成员的文化与社会阶层

家庭主要成员的职业、文化及家庭分工不同，在购买决策中的作用也不同。据国外学者调查，在教育程度较低的"蓝领"家庭，日用品的购买决策一般由妻子做出，耐用消费品的购买决策由丈夫做出。在科学家和教授的家庭里，贵重商品的购买决策由妻子做出，日用品的购买普通家庭成员就能决定。

（三）身份和地位

每个人的一生会参加许多群体，如家庭、企业、俱乐部及各类组织。一个人在群体中的影响可用身份和地位来确定。身份是指周围的人对一个人的要求或一个人在各种不同场合应起的作用。比如，某人在女儿面前是父亲，在妻子面前是丈夫，在企业是经理。每种身份都伴随着一种地位，反映了社会对他的总评价。虽然，人们以何种商品或品牌来表明身份和地位，会因社会阶层和地理区域等多方面因素的不同而不同，但消费者做出购买选择时往往会考虑自己的身份和地位。例如，经理们会随着地位的提高，他们的住宅更加宽敞，他们的用具更加考究，他们的服饰更加名牌，他们的座驾更加高档，他们的出入场所更加豪华气派，就连他们所抽的香烟也更加高档稀罕。企业把自己的商品或品牌变成某种身份或地位的标志或象征，将会吸引特定目标市场的顾客。

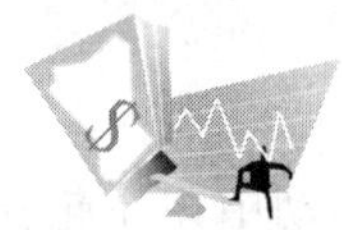

案例 4-2

网红食品店红火的原因

这些年流行的网红食品都很"上照"，包装精美的"仰望包角布"、逼真梦幻的"乌云冰淇淋"、比脸还大的"豪大大鸡排"、排长队购买的"茶颜悦色"……除了高颜值的美食，还有吸睛的设计装饰、高格调的文化情怀。这一类网红店具有更多的社交属性而非产品属性，网红的原因是消费者去这些食品店的目的除了吃，再就是拍张美照上传到社交平台。

小资料

阿希实验

阿希实验是研究从众现象的经典心理学实验，它是由美国心理学家所罗门·阿希在20世纪50年代中期设计实施的。

阿希请大学生们自愿参与，告诉他们这个实验的目的是研究人的视觉情况的。当某个来参加实验的大学生走进实验室的时候，他发现已经有5个人先坐在那里了，他只能坐在第6个位置上。事实上他不知道，其他5个人是跟阿希串通好了的假被试者（即所谓的“托儿”）。

阿希要大家做一个非常容易的判断——比较线段的长度。他拿出一张画有一条竖线的卡片，然后让大家比较这条线和另一张卡片上的3条线中的哪一条线等长。判断共进行了18次。事实上这些线条的长短差异很明显，正常人是很容易作出正确判断的。然而，在两次正常判断之后，5个假被试者故意异口同声地说出一个错误答案。于是许多真被试者开始迷惑了，他是坚定地相信自己的眼力呢，还是说出一个和其他人一样、但自己心里认为不正确的答案呢？

结果当然是不同的人有不同程度的从众倾向，但从总体结果看，平均有37%的人的判断是从众的，有75%的人至少做了一次从众的判断。

三、个人因素

（一）经济因素

经济因素是指消费者个人的可支配收入、储蓄、资产和借贷等因素的总和，它形成的个人购买能力是决定消费者购买行为的首要因素，经济因素决定着消费者购买的品种、数量、质量和档次。营销人员要注意目标消费者的经济状况及其变化，向其提供适宜的产品。

（二）生理因素

生理因素是指年龄、性别、体征、健康状况和嗜好等生理特征的差别。生理因素决定着对商品款式、构造和细微功能有不同需求。不同年龄层次的人们除有不同的世界观或价值观外，他们会因本身年龄层次不同选择与他的年龄相一致的商品。比如，身材高大的人要穿特大号；江浙人嗜甜食，四川人嗜麻辣；病人需要药品和易于吸收的食物；儿童和老人的服装要宽松，方便穿脱。营销人员要根据消费者的生理特点提供产品和服务。

（三）个性与自我形象

各人都有影响其购买行为的不同个性。个性会导致对自身所处环境相对一致和连续不断的反应。个性特征有若干类型，如外向与内向、创新与保守、自恃与谦逊、乐观与悲观、细腻与粗犷、谨慎与急躁、领导与追随、独立性与依赖性等。一个人的个性影响着消费需求和对市场营销因素的反应。比如，外向的人爱穿浅色衣服和庄重的衣服；追随性或依赖性强的人对市场营销因素敏感度高，易于相信广告宣传，易于建立品牌信赖和渠道忠诚；独立性强的人对市场营销因素敏感度低，不轻信广告宣传；家用电器的早期购买者大都具有极强的自信心、控制欲和自主意识。

现在，不少市场营销人员还运用了另一个与性格相关的观念，即自我观念，或叫自我形象。自我观念是描述人们如何看待自己，或别人如何看待自己的一幅复杂心灵图画。每一个人都会自认为自己是属于什么类型的人，或认为别人会把自己看作属于什么类型的人，因而在行为表现上应与自己的身份相符。也正因此，企业营销人员所塑造的产品形象，必须与目标市场消费者的自我形象相符，否则人们是不会选择那些不符合其自我观念的产品和品牌的。

（四）生活方式

人们即使生活在相同的亚文化、相同的社会阶层，甚至于相同的职业，也可以有完全不同的生活方式。生活方式是指人们的生活格局和格调，集中表现在他们的思想见解、兴趣爱好和活动方式上。不同的生活方式群体对商品和品牌有不同的需求。企业营销人员应设法从多种角度区分不同生活方式的群体，如节俭者、奢华者、守旧者、革新者、高成就者、自我主义者、社会意识者等，应探明与生活方式之间的相互关系，在设计商品或营销策略时，明确针对某一生活方式群体。比如，保龄球馆不会向节俭者群体推广保龄球运动；名贵手表制造商应研究高成就群体的特点以及如何开展有效的营销活动；环保商品的目标市场是社会意识强的消费者。妇女服装制造商为“俭朴的妇女”“时髦的妇女”“有男子气的妇女”分别设计不同的服装。企业营销人员要了解不同生活方式的消费者的需求，有针对性地开展营销活动。

案例 4-3　她们为什么不购买速溶咖啡

当方便快捷的速溶咖啡进入美国市场，美国的家庭主妇并不买账。厂商对美国家庭主妇进行调查，询问其不购买速溶咖啡的原因，绝大多数家庭主妇回答是不喜欢速溶咖啡的口味。为了了解她们的口味偏好，厂商对家庭主妇进行了一次测试——请主妇们品尝没有标志的传统咖啡与速溶咖啡，比较哪种咖啡的品质好，结果家庭主妇根本分不出两种咖啡的区别。这说明拒绝购买的原因并不在生理上，而在其他原因上。于是厂商又做了一个“购物单”调查法：假设两张家庭主妇购买了 8 种商品的购物单，前 7 种商品完全一样，只是购买的第 8 种商品不一样，一位家庭主妇购买了传统咖啡，另一位购买了速溶咖啡，请被测试的家庭主妇描绘两位购买者的形象。购买传统咖啡的主妇被测试者描绘成一位责任感强的贤妻良母，而购买速溶咖啡的则是缺乏家庭责任感，不会持家的懒婆娘。找到阻止家庭主妇购买速溶咖啡的埋藏在其心灵深处的潜意识后，厂商重新设计了广告的主题：购买速溶咖啡的家庭主妇是善于持家的贤妻良母，使用速溶咖啡提高了操持家务的效率，她们能腾出更多的时间相夫教子。这一广告改变了速溶咖啡购买者的形象，使得速溶咖啡很快成为美国市场上的畅销品。

小资料

自我概念

自我概念(self-concept)，是指一个人对自身存在的体验。它包括一个人通过经验、反省和他人的反馈，逐步加深对自身的了解。自我概念是一个有机的认知机构，由态度、情感、信仰和价值观等组成，贯穿整个经验和行动，并把个体表现出来的各种特定习惯、能力、思想、观点等组织起来。关于自我概念的解释，存在两种观点：第一，自我概念是一个把个性统一成连贯综合系统的有机过程；第二，自我概念是知觉的客体。自我概念的作用包括自我引导、自我解释、自我期望和自我成败归因。

四、心理因素

(一) 动机

动机是指引发和维持人的行为导向一定目标的心理动力，是决定行为的内在驱动力。

人由于某种需要而引起内在的心理冲动，这种冲动会引发人的购买行为。有了需要和满足需要的条件和对象，就会形成动机。不同的动机会产生不同的行为，也可能会产生同一种行为，同一种动机可能会产生不同的行为。营销人员要了解消费者的动机及其对购买行为的影响，从而诱导其动机，促使其购买产品。

（二）知觉

知觉是指个人选择、组织并解释信息的投入，以便创造一个有意义的外界事物图像的过程。两个处于相同环境或情景之中的人，对相同的环境或情景会有不同的感觉，也就是说，不同的人对同一刺激物会产生不同的知觉，相应地也会有不同判断，采取不同的行为方式。为什么不同的人会对同一刺激物产生不同的知觉，因为知觉是经过人们结合现实社会，经过大脑主观判断后的反应，即选择性注意、选择性扭曲和选择性保留。

1. 选择性注意

选择性注意是指众多信息中，人们易于接受对自己有意义的信息以及与其他信息相比有明显差别的信息。比如，一个打算购买摩托车的人会十分留意摩托车信息而对电视机信息并不在意，消费者会注意构思新奇的广告而忽视那些平淡的广告。

2. 选择性扭曲

选择性扭曲是指人们将信息加以扭曲使之符合自己原有的认识，然后加以接受。由于存在选择性扭曲，消费者所接收的信息不一定与信息的本来面貌相一致。比如，某人偏爱长虹电视机，当别人向他介绍其他品牌电视机的优点时，他总是设法挑出毛病或加以贬低，以维持自己固有的“长虹电视机最好”这种认识。

3. 选择性保留

选择性保留是指人们易于记住与自己的态度和信念一致的信息，忘记与自己的态度和信念不一致的信息。比如，某人对自己家中使用海尔洗衣机的优点记得很清楚，而当别人谈论他不欣赏的其他品牌洗衣机优点时则容易忘记。

由于上述三种感觉加工处理程序，使得同样数量和内容的信息，对不同的购买者会产生不同的反应，而且都会在一定程度上阻碍购买者对信息的接收。这就要求企业营销人员必须采取相应的市场营销策略，如大力加强广告宣传，不断提高和改善商品的质量和外观造型、包装等，以打破各种感觉障碍，使企业的商品信息更易为消费者所注意、了解和接受。

（三）学习

学习是指由于经验而引起的个人行为的改变的过程。人们可以通过书籍学习前人的经验，通过交往学习父母、亲朋、同事、老师、同学等的经验，也可以通过自己生活积累经验。这些经验都直接改变着人们的行为。而且内在需要引起人们购买某种商品的动机，这种动机可能在多次购买之后仍然重复产生，也能在一次购买之后即行消失。为何会重复或消失，心理学家认为来自“后天经验”，可用“学习的模式”来表达，如图 4-2 所示。

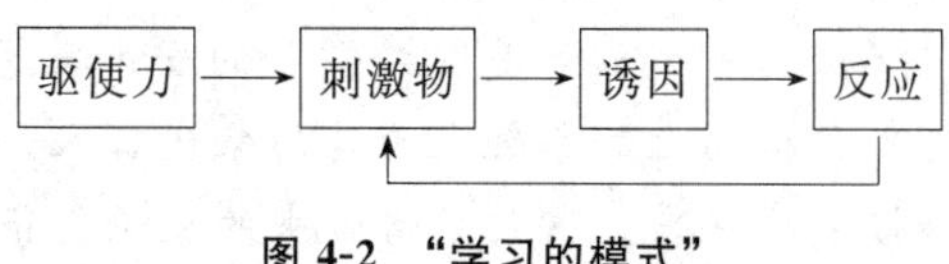

图 4-2 “学习的模式”

驱使力是指存在于人体内驱使人们产生行动的内在刺激力，即内在需要。心理学家把驱使力分为原始驱使力和学习驱使力两种。原始驱使力是指先天形成的内在刺激力，如饥、渴、逃避痛苦等。学习驱使力是指后天形成的内在刺激力，如恐惧、骄傲、贪婪等。

刺激物是指可以满足内在驱使力的物品。比如，人们感到饥渴时，饮料和食物就是刺激物。如果内在需要得不到满足，就会处于“紧张情绪”中，只有相应刺激物可使之恢复平静。当驱使力发生作用并寻找相应刺激物时，就成为动机。

诱因是指刺激物所具有的能吸引消费者购买的因素。所有营销因素均可成为诱因，如刺激物的品种、性能、质量、商标、包装、服务、价格、销售渠道、销售时间、人员推销、展销、广告等。

反应是指驱动力对具有一定诱因的刺激物发生反应后的效果。若效果良好，则反应被增强，以后对具有相同诱因的刺激物就会发生相同的反应；若效果不佳，则反应被削弱，以后对具有相同诱因的刺激物不会发生反应。

(四) 信念和态度

基于人的知识、信仰、情感、能力等，一个人可以形成对某种事物的消费信念。消费信念是指消费者对产品的认识、情感和经验的综合结果，能影响甚至决定着消费者的购买决策和行为。

态度是指一个人对客观事物或观念等社会现象所持有的心理反应倾向。它可能是良好的反映，如赞成、喜欢、欣赏；也可能是不良的反应，如反对、拒绝、厌恶。态度由认知、情感和行为倾向三种因素构成，这三种因素发挥着不同的作用。认知是对态度对象的评价，是态度形成的基础。情感是在认知基础上形成的对态度对象的感情体验，是态度的核心。行为倾向是基于对态度对象的情感而产生的行为准备状态，是态度的外在显示和最终体现。

消费者对产品的态度影响着其对产品购买的决策，营销人员要通过活动的影响，让消费者产生良好的态度。

案例 4-4

日本摩托车进军美国市场

本田公司在进入美国摩托车市场之初相信它的摩托车是出类拔萃的，但是也敏锐地察觉到美国的市场同日本的市场有很大的差别。虽然公司人员对美国消费者并不是非常了解，但是他们知道，如果没有采取适当的方法进入的话，要想在美国市场获得一个大的市场份额是不可能的。为此，美国本田汽车有限公司——本田的美国分部，雇用了格雷广告公司负责市场调研，以了解美国消费者对摩托车的认识。得到的市场信息并不是很有利，格雷的市场调查发现人们认为摩托车不受普通社会大众欢迎。当人们想到摩托车时，他们便想到“地狱的追逐者”，想到的总是给社会制造麻烦的一类社会群体，总之摩托车代表着反社会的腐朽形象。

很明显，为了成功地打入市场，美国本田必须改变美国青年所持有的这一态度。格雷广告公司开发了一系列以“你在本田摩托车上遇见到的最好的人”为口号的广告。其中一个广告中出现一队身穿制服前进的人，一个戴着美国式帽子的女郎驾着一辆本田摩托车在队伍前面，其余的系列广告也都以积极向上的年轻人为其形象代言人。它暗示，如果这些人能够接受摩托车的话，你也能够接受摩托车。这些策略带来的反响是很大的，数以百万计的美国年轻人购买了本田摩托车，本田公司通过改变对其产品销售不利的态度牢牢地占领了美国的摩托车市场，得到了美国摩托车市场50%以上的份额。

小资料

调节焦点理论

调节焦点理论是对人类享乐主义动机的进一步扩充。长久以来,趋乐避苦被心理学家视为人类的基本动机倾向,人们在行为上倾向于寻求快乐、避免痛苦,然而人们是如何达成趋乐避苦的目的呢?希金斯以自我调控(self-regulation)的观点来解释此种动机倾向,并指出人们在调整自己从现有状态迈向所欲结果时,有两种不同的动机倾向,分别为对正向结果出现与否的关切称为促进焦点(promotion focus),或是对负向结果出现与否的关切称为预防焦点(prevention focus),二者合称调节焦点(regulatory focus)。希金斯认为当人们处于不同的调节焦点时,会产生不同的认知、情绪及行为倾向,如对于期待正面结果的消费者而言,促进型焦点信息将会吸引他的注意力;反之,重视减少损失的消费者,则会受预防型焦点信息的吸引,因此消费者所重视的不同焦点信息会影响消费者的选择。

第三节 消费者购买决策过程

消费者的购买过程是消费需求转化为购买活动并最终得到需求满足的过程。

一、消费者购买过程的参与者

消费者在购买活动过程中,有以下五种角色的人参与。

(1) 发起者(倡议者)。发起者是指想到和提出购买意向的人,可以是有消费需求者自己,也可以是与其相关的人员。

(2) 影响者。影响者是指对购买决策施加直接或间接影响的人,一般是与决策者或购买者或使用者相关的群体或个人。

(3) 决策者。决策者是指做出购买决定的人,通常是权力的拥有者。

(4) 购买者。购买者是指具体执行购买决策,从事购买活动的人,主要是个人和家庭,它们是购买活动的主体。

(5) 使用者(需求者)。使用者是指最终实际上使用或消费产品的人。

以上五种角色,在实际购买过程中,可能由一个人同时担任,也可能由不同的人担任。营销人员要搞清谁是决策者,要把精力放在决策者身上。

案例 4-5

饭店的经营策略

某饭店正在大力吸引消费者来举办婚宴,这就应该研究一下购买决策过程的参与者。参与选择婚宴场所的人通常包括新郎、新娘、双方的家长和亲朋好友等。最初可能由新娘的某位亲友倡议在某饭店举办,然后新娘和新郎可能还要征求许多人的意见,再由两人共同决定在某饭店举行,由新郎的父母与饭店签约预订,而使用者则是新郎、新娘及婚礼的所有参加者。

饭店的营销人员应搞清各种不同身份的参与者所起的作用，尽量将广告宣传集中在主要决策者身上。一般地，新娘有最大的决策力，饭店应当充分研究新娘们选择饭店的标准，而新郎和新郎的家人可能对费用特别关心。如果饭店的促销方案能针对上述参与者的不同情况，选择恰当的广告媒体和广告语言，将会取得良好的效果。

二、消费者购买决策步骤

（一）认知需要

消费者只有首先认识到需要得到满足的需求，才能产生购买动机。唤起消费者认知需要的刺激可以来自三个方面：一种是人体内部的刺激，如饥饿、寒冷等；另一种是人体外部的社会环境刺激，如流行时尚、相关群体影响；三是企业销售环境的刺激，如面包坊的芳香、茶座的优雅等。消费者对自身的各种需求加以正确认识，可以为购买决策限定范围，因而是有效决策的前提。

现代市场营销研究认为，需要是人们与生俱来的，不能创造出来，但是可以通过自身或外在环境活动唤起。因此，企业不仅仅可在交易行为方面下功夫，还可从唤起需要阶段开始，调查研究那些与本企业商品实际上和潜在地有关联的驱动力，以及善于按照消费者的购买规律，适当地安排诱因，促使消费者对本企业生产经营商品的需要变得很强烈，并转化为购买行动。

（二）收集信息

消费者认识到自身的需求后，就会广泛收集有关信息，包括能满足需求的商品种类、规格、型号、价格、质量、维修服务、有无替代品、何处何时有出售等。消费者寻求信息的积极性高低取决于需求强弱。收集信息的主要途径有：①工商企业，包括企业广告、商品介绍、商品展示、营销人员讲解等；②公众传播媒介，包括报纸、杂志、广播、电视的新闻报道等；③相关群体，包括家庭成员、亲朋好友、同事邻居的推荐介绍等；④个人经验，即通过对各种商品的触摸、查看、试验、使用等得来的信息。

这四种不同来源的信息，对消费者的购买会产生不同的影响。一般地，商业信息只能起到参考作用，而相关群体和个人经验则会起主导作用。因此，企业应分析和了解消费者获得商品信息的渠道，以及对所获各种信息的信赖程度，设计有效的广告和有利于本企业的“口头信息”，从而影响消费者的购买决策，促使他们采取购买行动。

（三）判断选择

收集信息后，消费者要对得来的信息进行分析、整理，对可供选择的商品进行分析、对比和评估，最后确定选择。消费者通常是采取期望价值标准进行判断的。首先是确定商品的主要属性，消费者将商品看成是一组属性的组合，如对照相机，消费者感兴趣的是照片的清晰度、摄影速度、方便、价格、具有的各种功能等。然后是确定商品属性的重要性，如照片的清晰度就比价格重要，价格又远比使用方便和摄影速度重要等。最后是确定各比较商品的综合期望价值（加权平均值法），并以此综合期望价值的大小，判断商品的好坏优劣。

评价的标准是多方面的、综合的，而不是单一的，消费者会应用不同的评估方法在多重属性目标之间做一选择。同时，各商品的主要属性和重要性大小，又会因消费者价值观念的不同而存在差异，比如，有人以购买价格作为评价尺度，有人则以符合时尚作为衡量标准；有人追求结实耐用，有人则侧重外观新颖；有人追求个性化表现，与众不同，有人则宁可从众，也不标新立异。因此，对同一决策方案，不同的消费者会做出完全不同的评价。

基于以上分析，对于营销人员来说应采取积极的行动，如修正产品的某些属性，使之接近消费者理想的产品、改变消费者心目中的品牌信念，通过广告和宣传报道努力消除其不符合实际的偏见、改变消费者对竞争品牌的信念、通过广告宣传，改变消费者对产品各种性能的重视程度，设法提高自己产品占优势的性能的重要程度，引起消费者对被忽视的产品性能（如耐用、省电、易于维修等）的注意等。

（四）购买决策

当消费者对搜集的信息进行综合评价，并根据一定选购模式进行判定后，就会形成明确的购买意图。但购买意图并不一定会导致购买行动，这一过程中还可能受到其他因素的干扰，这种干扰因素主要来自多个方面：①相关群体态度。如果关系密切的人陈述种种理由，坚决反对购买，且否定的态度越强烈，关系越亲近，则消费者改变其原先购买意图的可能性就越大。②意外收入变化。这个因素会影响消费者的购买意图，比如家庭收入减少或由于意外原因或变故而改变购买计划等。③营销意外情况。商品的质量和服务人员的态度都会改变消费者的购买决定。如消费者购买时突然发现商品存在明显瑕疵，或偶然发现商品大量退货，或突然发现买卖双方激烈争吵等。由此可见，消费者对某种商品的偏好和购买意图指出了消费者购买行为的方向，但并不包括许多意外情况，因而不能完全决定消费者的最后购买决策。

（五）购后行为

消费者的决策过程并非止于购买。对于一个持续经营的企业来说，必须关注消费者购买了其产品以后的反应。这直接决定了该消费者以后是否会重复购买以及该消费者是否会向他人宣传企业的产品和怎样宣传。对于一个企业来说，无论是从市场占有率的角度考虑，还是从重视顾客为企业创造的价值方面考虑，都应该而且必须关注消费者的购后行为，关注其满意度 。消费者的购后过程分为三个阶段：商品的使用和处置、购后评价和购后行为。

1. 商品的使用和处置

消费者在购买所需商品和服务之后，会进入使用过程以满足需要。如果消费者使用频率很高，说明该产品有较大的价值，会增强其购买决策正确性的信心，有的消费者甚至为产品找到新用途，这些都对企业有利。如果一个应该有高频率使用的产品而消费者实际使用率很低或闲置不用，甚至丢弃，说明消费者认为该产品无用或价值较低，或对产品不满意，进而怀疑或懊悔自己的购买决定。

2. 购后评价

消费者通过使用和处置过程中对所购产品和服务有了更加深刻的认识，检验自己购买决策的正确性，确认满意程度，作为以后类似购买活动的参考。购后评价即消费者对自己的购买行为进行一种满意与否的认知，消费者的购买行为其实就是想从产品中获得一种期望的效用，而期望实现的情况决定了消费者的满意程度，若使用中体会到的产品价值大于期望值，那么消费者就会有较高的满意度，否则会不满意。

3. 购后行为的表现

消费者对于产品的满意度评价会形成相应的行为：一是信赖产品，重复购买同一产品；二是推荐、介绍产品给周围人群；三是抱怨、投诉、直接向商家索赔；四是个人抵制，不再购买，并劝阻他人购买等。

小资料

冲动性购买

冲动性购买与计划性购买相对应，是一种自发的、无意识的非计划性购物行为，而且具有一定的复杂性和情感因素。

消费者冲动性购买早在60年前就开始引起研究人员的关注，早期的研究主要集中在对冲动性购买行为的概念界定。20世纪90年代之后，研究者开始系统地研究影响消费者冲动性购买的因素，并将其归纳为外部环境刺激因素（如卖场气氛、促销手段等）、内在个性特质因素（如冲动性购买特质、自我控制能力等）和购买情境因素（如时间压力、经济水平等）。近年来，学者们的进一步深化研究，如研究心境（如孤独）和情绪（如正负面情绪）对冲动性购买的影响、购物同伴对冲动性购买的影响、不同类型的产品对冲动性购买的影响、消费者在店中的行走距离对非计划购买（冲动性购买）的影响以及在线冲动性购买行为等。

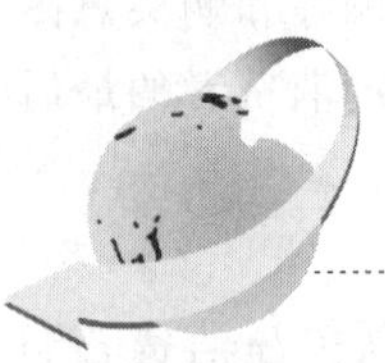

本章小结

1. 消费者市场是竞争激烈、重要而复杂的市场，企业只有研究和把握好消费者的需求及其规律，了解消费者的购买行为模式和过程，才能制定出科学有效的营销对策。

2. 消费者市场是个人或家庭为了生活消费而购买和使用产品和劳务而形成的市场，也称为最终产品市场、消费品市场、生活资料市场、个人消费者市场或个人市场。消费者市场有需求的无限扩展性、需求的多层次性、需求的复杂多变性、需求的可诱导性、购买者的分散性、购买具有非专家性等特点。

3. 消费者的购买行为要受文化、社会、消费个人和心理等因素的影响。消费者的购买行为过程一般包括认识需要、信息收集、判断选择、购买决策、购后行为。在诸多因素的影响下，消费者在购买过程中会表现出不同的具体行为。

关键概念

消费者市场　消费者需求　购买动机　购买行为　购买过程

复习思考题

1. 消费者市场有哪些特点？
2. 影响消费者购买行为的因素有哪些？
3. 消费者的购买动机主要有哪些？
4. 消费者的购买过程有哪几个步骤？
5. 依据消费者的购买过程，企业应如何服务好消费者？

案例分析

高速发展的中国网购市场

根据国家统计局发布的数据显示，2015—2021 年我国网络购物交易规模呈现连续增长趋势。2021 年在疫情影响的背景下，网购的便捷性更加显现，我国网络购物市场规模仍然保持增长，达到了 13.1 万亿元，同比增长 14.1%，增速比上年加快 3.2 个百分点。其中，实物商品网上零售额达 10.8 万亿元，首次突破 10 万亿元，同比增长 12.0%，占社会消费品零售总额的比重为 24.5%，对社会消费品零售总额增长的贡献率为 23.6%。数据显示，2021 年第四季度，中国网络零售 B2C 市场交易规模为 23 593.9 亿元人民币，同比增长 8.1%。市场份额方面，2021 年第四季度，天猫成交总额较去年同期增长 7.6%，占据市场份额 63.5%，排名第一。京东成交总额较去年同期增长 20.1%，其市场份额为 28.8%，排名第二。唯品会排名第三，其市场份额为 3.4%。苏宁易购和小米有品分别以 2.1%和 0.5%的市场份额位列第四和第五。

从网络购物的发展历程来看，过去一直是 PC 网络购物拉动整体网络购物市场高速增长。随着移动互联网的普及，PC 网络购物市场逐渐走向成熟，移动购物市场交易规模开始快速增长。2015—2021 年，手机网络购物用户占网络购物用户的比重不断上升，至 2021 年，手机网络购物用户规模达 8.42 亿，较 2020 年 12 月增长 5 968 万，占网民整体的 81.6%。由此可见，移动购物早已经超过 PC 网络购物成为推动网络购物市场的第一大动力。

思考题：

1. 请用消费者购买行为理论解释网购市场在中国高速发展的原因。
2. 结合某具体场景分析我国网购市场消费者的购买行为模式。

第五章　组织市场购买行为分析

学习目标

1. 理解组织市场的特点
2. 了解组织市场的类型
3. 了解组织市场的购买对象
4. 了解组织市场中的购买顾客
5. 了解组织市场购买行为的参与者
6. 掌握组织市场购买行为决策的一般过程
7. 理解关系营销在组织市场中的应用

引导案例

工业品企业的内容营销

随着以微信公众号为代表的社交媒体的兴起，内容营销开始被工业品企业普遍接受，甚至某些意识领先的工业品企业，已经把内容营销作为品牌营销工作的重点。但是，工业品企业内容营销面临着以下问题：内容严重脱离市场和客户，带给读者的价值很小；内容基本由市场部提供，来源很窄，数量有限，导致内容发布缺乏持续性；内容的写作没有章法，质量参差不齐；内容表达上使用纯粹的技术语言，完全不顾及读者感受，内容的投放渠道过于狭窄，未形成全网立体化传播的格局。针对上述问题，解决方案如下：

1. 企业高层必须重视，发动全员参与，组建跨部门、跨专业的协作团队

市场部作为“内容”的唯一提供者，是无法胜任内容营销工作的。只有通过企业高层的行政命令，不断发动，从文笔好、对内容营销有兴趣的不同部门和专业背景中选拔出一支固定的写作队伍，才能应对内容营销的挑战。这些部门需涵盖企业的职能部门，特别是市场、销售、技术、研发、生产、质检、人事部门，都要参与进来，并要形成一套管理和考核激励机制。

2. 所有的内容创作必须回到以市场和业务为导向

为读者创造价值，以帮助企业获得业绩提升为根本目的，弃绝心灵鸡汤和表面、肤浅与此目标无关的内容。这要求每一个“写手”狠下功夫研究市场需求，挖掘客户的问题和痛点，对自身的产品优势、卖点和技术优势有深刻了解，能针对市场需求和客户问题提供相应产品或解决方案。所创作的每一篇内容，无论是新闻、报道，还是案例、行业洞察都有实实在在的干货，客户读后都要感受到价值。

3. 利用外脑，持续和系统地进行内容营销和写作技能提升的培训

内容营销属于商业写作的范畴，与艺术创作不同，它有一定的规律可循。因此通过持续和系统地进行培训和实战指导，就能打造一支思路清晰、逻辑严谨、文字功底好、选题和立意有效和新颖的写作队伍，源源不断提供好内容，让企业在内容营销的战役中获胜。为客户做内容营销和写作培训，需要完全针对客户的行业和市场。包括内容的选题、内容来源、内容

结构、逻辑、文笔，以及不同题材内容的具体写法，形成一个完整的思想体系。最终这些内容实际投放后，会产生积极的市场效果。

在市场流通过程中，不仅包括消费资料的交换过程，同时也存在生产资料的交换过程。有的企业需要将最终产品出售给广大的个人消费者，有的企业需要将大量的原材料、零部件、机器设备、办公用品及有关的服务提供给企业、社会团体、政府组织等用户。这后者用户的需求就构成了市场体系中的一个庞大的子市场，即组织市场。与消费者市场相比，组织市场在运行机制和购买者行为方面具有显著的特征。

第一节 组织市场概述

一、组织市场的概念

消费者市场是产品的最终市场，是一切市场的基础，是最终起决定作用的市场，几乎所有的企业都要研究消费者市场的需求。但是对于大多数生产企业来说，并不能直接将产品卖给消费者，而必须先卖给组织购买者，然后再由他们转卖给消费者市场。因此，对这些组织市场购买行为的了解和研究是企业营销中的重要内容。

组织市场(organizational market)，是指由那些为维持经营活动，对产品进行再加工、转售，或向社会提供服务的工商企业、政府机构及各种社会团体组成的市场。这一定义的要点如下：

(1) 组织市场定义的基础不在于产品本身，而在于产品销售的对象。也就是说，组织市场由那些购买某些产品或服务以满足其需求的产业用户组成。尽管组织市场上的产品或服务相对于消费者市场而言可能更复杂、价值更高，但对于有些产品，比如电子计算机，既可以是产业用品，也可以是消费品，区别的关键在于这些电子计算机的销售对象是谁。当购买者是企业、机关、学校及批发、零售企业等时，电子计算机就是在组织市场上出售的产品。如果购买者是个人或家庭，这时的电子计算机就是在消费者市场中出售的产品。

(2) 组织市场还被称为“非最终用户市场”。从整个社会的再生产的角度看，只有个人或者家庭消费才是最终消费，而生产企业、政府机关、团体、中间商等的购买、消费，都只是再生产的一个中间环节，他们或者是向社会提供其他产品或服务，或者转售商品，属于生产性消费，或公务性消费。

(3) 组织市场又可进一步分为生产者市场、中间商市场、政府市场和非营利组织市场，这些市场的划分也是基于对购买者的分析。

由上述分析可以看出，组织市场是一个非常庞大的市场，比消费者市场的规模大得多，以生产和销售一双皮鞋为例，皮革商将皮革卖给制革商，制革商把鞣好的皮革卖给制鞋商，制鞋商将制好的鞋卖给批发商，批发商再把皮鞋转卖给零售商，零售商最后将皮鞋卖给消费者。同时，在这一连串的交易过程中每一环节还需要购买许多其他的产品和劳务。

二、组织市场的类型

通常，按照产品销售对象的不同，把组织市场分为生产者市场、中间商市场、非营利组织市场和政府市场四大类，如图 5-1 所示。

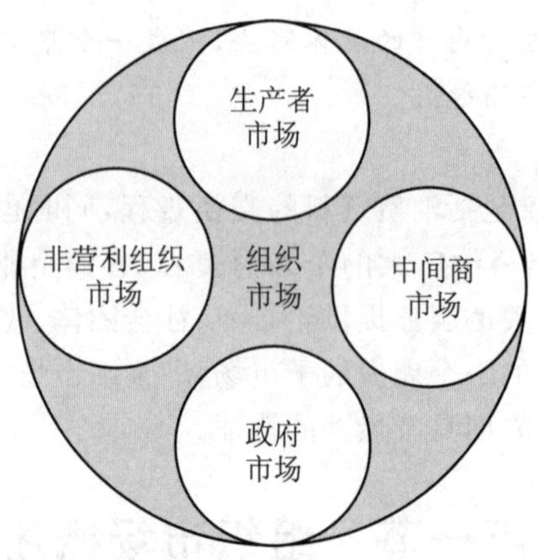

图 5-1　组织市场的类型

(一) 生产者市场(industry market)

生产者市场亦称“产业市场”,是指一切购买产品和服务并将之用于生产其他产品或劳务,以供销售、出租或供应给他人的个人和组织。它通常包括:农业、林业、水产业、制造业、建筑业、通信业、公用事业、银行业、金融业、保险业、服务业等。

(二) 中间商市场(reseller market)

中间商市场亦称“转卖者市场”,是指那些通过购买商品和劳务以转售或出租给他人获取利润为目的的个人和组织。转卖者不提供形式效用,而是提供时间效用、地点效用和占有效用。中间商市场由各种批发商和零售商组成。批发商购买商品和劳务并将之转卖给零售商和其他商人以及产业用户、公共机关用户和商业用户等,但它不把商品大量卖给最终消费者;而零售商的主要业务则是把商品或劳务直接卖给消费者。

(三) 非营利组织市场(institutional market)

非营利组织市场亦称“机构组织市场”,是指学校、医院、监狱和其他非营利组织购买产品或服务的市场,这类市场有两个显著特征,即预算费用较低(多数是政府无偿拨款)、与顾客关系密切。机构组织市场的购买目的既非利润最大化,也不是成本最小化。比如,学校购买人员必须考虑为学生所购食品的质量,其购买目的是非营利的。同时,成本最小化也不是购买的目的,如果学生吃了劣质低价食品而不满或出现问题,学校不但脱离不了干系,而且有损学校声誉。因此,机构组织的购买都是希望尽量达到价廉物美的苛刻要求。机构组织市场的性质不同,其购买目的也各不相同,这些组织的创办者和经营目标不同,从而购买方式也不同。在中国,已经出现企业专门为机构组织提供产品或服务的情况。

(四) 政府市场(government market)

政府市场是指那些为执行政府的主要职能而购买或租用商品的各级政府单位,也就是说,一个国家政府市场上的购买者是该国各级政府的购买机构。由于各国政府通过税收、财政预算等,掌握了相当大一部分国民收入,所以形成了一个很大的政府市场。政府市场是工业品市场最重要的一部分,在许多国家里,政府市场是产品或服务的主要购买者。在中国,政府购买量庞大,每年拿出国内生产总值的 10%左右,购买量超过 1 万亿元。

在中国,政府包括中央政府,省、自治区、直辖市和特别行政区,区、县,乡镇四级,中央政府购买机构是政府购买机构的执行机构,负责各项政府购买活动的组织与实施。政府购买实行集中购买和分散购买相结合的方式。集中购买的范围由省级以上人民政府公布的集中购买目录确定。属于中央预算的政府购买项目，其集中购买目录由国务院确定并公布；属于地方预算的政府购买项目，其集中购买目录由省、自治区、直辖市人民政府或者其授权的机构确定并公布。各级人民政府其他有关部门依法履行与政府购买活动有关的监督管理职责。

三、组织市场的特点

在某种意义上，组织市场与消费者市场具有相似性，两者都是由人充当购买者并做出购买决策。但是，它们之间又有很大区别，组织市场有一些不同于消费者市场的特点。

（一）组织市场上的购买者数量相对较少

一般地，面向组织市场的营销人员面对的客户比消费品营销人员面对的顾客少得多。举例来看，如果一位种植葡萄的农民要把他的葡萄卖给酿酒厂，那么很可能只卖给当地一家酒厂就足够了。但如果这位农民要把产品拿到市场上去卖，可能就会面对数量多得多的顾客。

（二）组织市场上的购买量较大

组织市场的顾客每次购买数量都比较大，有时一位买主的一张订单的金额就能达到数千万元甚至数亿元。诸如飞机发动机和防御武器，少数的大购买者购买了其中的绝大部分。

（三）供需双方关系密切

组织市场的购买者需要有源源不断的货源，供应商需要有长期稳定的销路，每一方对另一方都具有重要的意义，因此供需双方互相保持着密切的关系。有些买主常常在商品的花色品种、技术规格、质量、交货期、服务项目等方面提出特殊要求，供应商应经常与买方沟通，详细了解其需求并尽最大努力予以满足。

（四）购买者的地理位置相对集中

组织市场的购买者往往集中在某些区域，以至于这些区域的购买量占据全国市场的很大比重。例如，美国有半数以上的企业购买者云集于如下七个州：纽约州、加利福尼亚州、宾夕法尼亚州、伊利诺伊州、俄亥俄州、新泽西州和密歇根州。生产者的这种地理区域集中有助于降低产品的销售成本。

（五）组织市场的需求是派生需求

组织市场的需求是由消费者市场的需求派生出来的，如消费者对全棉服装的需求增加，会导致服装加工企业大量购买棉花和棉布制品，也会导致经销商大量购买全棉服装，如果这些消费品的需求减少，那么生产和经销这类消费品的市场需求也会随之下降。

（六）组织市场的需求一般缺乏弹性

组织市场的总需求一般不会因价格的影响而大起大落。这就是说，一般情况下，价格变动对组织市场的需求影响不大，特别是在短时期内。如石油价格下跌，企业未必会多买入石油，同样，石油价格上涨，企业也未必会减少石油的购买，这是因为企业不可能在生产工艺上做出迅速的变动，因此，这类需求是缺乏弹性的。

（七）组织市场的需求具有较明显的波动性

组织市场上对新增设备、原材料等的需求波动很大。这是因为消费者市场需求的小幅波动会引起组织市场需求的巨大波动，这种现象在经济学中称为“加速原理”。例如，个人购买住房的需求上升 10%，就可能导致房地产投资规模扩大 200%，从而导致房地产开发与建设所需的设备、建筑材料的需求急剧增加，还会导致建筑设计、评估、公证等方面的需求也大幅度增加。

（八）专业人员购买

与消费者市场相比，组织市场上的购买涉及的人较多，并多为受过专门训练的专业人员，涉及复杂、重要的购买决策时，还会有更多的人参与。这对企业来说，在组织市场上，必须由同样受过良好训练的推销人员与买方的专业人员洽谈业务。

（九）购买决策更复杂规范

组织市场的购买决策，通常比消费者市场更复杂，涉及更大的款项、更复杂的技术和经济问题。因此，往往需要花费更长的时间进行反复论证。同时组织市场的购买行为远比消费者市场行为更规范，对于一些较大的购买来说通常要求有详细的产品规格，翔实的购买清单，并对供应者进行认真的调查，同时有正式的审批程序。

（十）其他特点

除了以上几点之外，组织市场的特点还包括：

1. 直接购买

直接购买是指组织市场的购买者通常直接向生产者购买，而不经过中间商。特别是那些技术复杂、价格高昂的产品，或需要按特定规格制造的产品。

2. 互惠购买

互惠购买是指购买者与供应者互相购买对方的产品，互相给予优惠。如造纸厂购买化工厂的化工原料，化工厂购买造纸厂的纸张，这样便可建立固定的产销关系，使彼此的销路都有保障。但是在有些国家要受到法律的限制。如美国法律规定，这样的互惠购买只能在符合竞争原则、双方真正自愿的前提下进行。

3. 系统购买

许多组织市场的购买者总是喜欢通过向一家供应商一次性购买来整体解决其问题，这种做法被称为系统购买，它最初用于政府购买重要的武器和通信系统方面。

第二节　组织市场的购买对象

组织市场与消费者市场在购买者及其购买对象方面有很大不同，在实践中企业应该分析组织市场的购买对象，并根据其制订针对性的营销策略。一般地，可以将组织市场购买对象分为三个主要类型，分别为生产性原料、基础设备和辅助产品。

一、生产性原料

生产性原料是指那些将成为最终成品的组成部分的产品。这类产品主要包括初级原材料、二级原材料和零部件。

（一）初级原材料

初级原材料是指那些处于未被加工的自然状态下被出售的产品。初级原材料主要包括农业产品和自然资源。

大部分初级原材料需要经过进一步的加工，如石油炼制之后提取汽油、柴油、润滑油等用品。而一部分初级产品直接进入组织的生产活动，如用于生产白酒的各种粮食，就是属于可以直接使用的初级原材料。

初级原材料主要有以下两个特点：

(1) 由于地域和历史的原因,初级原材料的生产比较集中。

(2) 一些国家对于一些重要初级原材料,如石油、黄金等资源的开采都有相关的法律法规限制。

(二) 二级原材料

二级原材料是指经过初步加工的产品。二级原材料虽然是在初级原材料加工的基础上形成的产品,但其在构成最终成品前还要经过进一步的加工。如,纺织原料在到达制衣工厂之前已经经过了初步加工,但是还必须进行进一步加工,才能形成最终消费者所购买的成衣。

经过加工的二级原材料价值大增。由于理化性质相同,不同企业生产的同类二级原材料之间的差别非常小,即具有同质性的特点。除此之外,当二级原材料被进一步加工成其他产品时,其品牌很难在制成品中识别出来,也就是说,二级原材料具有品牌易失性的特点。

(三) 零部件

零部件是指直接组装进入成品内或略做加工便进入成品的部件,如集成电路、电池及硬件等。零部件具有易损耗的特点,有些零部件比较复杂,体现了较高的技术含量。零部件的采购者通常是成品制造商、渠道中间商或需要经常更换零部件的用户。

二、基础设备

基础设备的最重要的特征在于它们都是企业的资产。在这些产品的使用过程中,它们的价值会随之损耗而通过折旧的方式逐渐转移到新产品当中,这类产品主要包括生产设施和设备。

(一) 生产设施

生产设施是指那些构成生产和制造基础的长期投资项目,包括建筑物、土地使用权和固定资产。生产设施往往决定了一个企业的生产规模,而企业对生产设施的需求与市场对产品的需求直接相关。

(二) 设备

设备是指用来满足生产或其他工作需要的资产。设备可以分为轻型设备和重型设备:轻型设备如计算机、打印机等;重型设备如大型矿山机械、大型压力机械等。

三、辅助产品

辅助产品是指支持组织正常运转的辅助材料和服务,由于这些产品不直接参与产品的生产过程,也不是成品的构成要素,它们常常被视为成本支出。

(一) 辅助材料

每个组织的运转,都需要有运营性辅助材料,如纸张和各种表格等。同时还需要有维护设施工具和清洁工具等。这类产品具有高度的相似性,不同厂商生产的产品之间基本上没有差异性。因此,价格是决定组织市场中该类产品购买活动的关键因素。

(二) 服务

服务是指由一系列或多或少的、具有无形特征的活动所构成的一种过程,是在顾客与员工和无形资源的互动中进行的。如设备维护、建筑设计、计算机软件以及广告服务等。

案例 5-1

“聚件成套”显奇功

日本日绵公司主要经营陶瓷器生意。在日本，他们经营的高级陶瓷器非常畅销，于是公司董事土桥久男就准备把业务拓展到美国去。

刚开始时，陶瓷器在美国并不好销售，经过仔细的调查研究后，土桥久男发现，过去专门销售陶瓷器的百货公司效率很低、运转速度慢、产品销量不大，不如改用超级市场来销售。于是，他把陶瓷器摆到了纽约的各家超级市场里，占据了橱窗的醒目位置，销量上升很多。但他并不满足于眼前的成绩，他认为销量还可以扩大。通过对美国大众习惯心理和消费行为的分析，在他头脑中形成了一套完整的销售计划，这就是以超级市场为中心，开拓市场，扩大销量的“聚件成套”的计划。

“聚件成套”的具体做法是：第一步，在超级市场推出 4 个一组的陶瓷咖啡杯，同时赠送购买者四个咖啡碟子。第二步，当咖啡杯卖出相当数量的时候，以较高的价格开始出售糖罐，因为喝咖啡要加糖，所以买了咖啡杯，就要买糖罐。第三步，当糖罐卖出相当数量的时候，再以更高的价格开始出售陶瓷调羹、托盘和碟子。前后推出的这几种产品在花样、色泽、质地等方面完全一致，风格也完全一样，购置全了可配成一套喝咖啡的用具。

有了销售计划，土桥久男又凭着卓越的经商才干和口才，说服了超级市场的经营者，使自己的“聚件成套”的计划得以实施，最后日绵公司终于获得了丰厚的利润。

美国是个咖啡消费大国，推出咖啡陶瓷用具是有的放矢，而且美国人对日常用具很讲究配套和特色。土桥久男运用“聚件成套”的销售法，先以低价和馈赠吸引美国顾客的购买，再以高价出售配套的糖罐、调羹等，利用美国人对日用品讲究配套的心理特点，分阶段实施销售计划，使美国人欲罢不能，最终达到了扩大瓷器销售量的目的。

第三节　组织市场的顾客

组织市场与消费者市场的主要区别不在于所购产品的本质，而在于顾客的本质，组织市场顾客同样会购买许多和消费者所购相同的产品。同时不同类型的组织市场购买者对所购商品的要求也是不同的，因此了解组织市场的顾客类型对于组织市场的运作是至关重要的。

一、企业

企业是组织顾客中数量最多、最活跃的分子。它主要包括工业企业、服务企业、交通运输企业和建筑公司等，其中工业企业是组织市场中最主要、最典型的企业。根据商品的不同购买目的，企业顾客可以分为三种类型，即设备制造商、使用者和分销商（或转售者）。

（一）设备制造商

设备制造商购买产品是为了组合自己的产品，其购买的产品占其成品的 50%或更多。因此，对设备制造商来说采购是一项很重要的任务。设备制造商需要不断地买入原材料和零部件，因此稳定的货源对于设备制造商来说非常重要。另外，由于设备制造商非常关心自己的产品信誉和品牌，因此其对采购物资的质量、规格以及供应商有严格的要求。

（二）使用者

使用者购买产品和服务的目的是生产并向组织市场或消费者市场提供产品和服务。使用者购买产品和服务是为了生产其他的产品或满足其他商务需要，他们所采购的产品一般不构成其自身产品的一部分。

使用者购买贵重产品时，更关注产品设计、质量、售后服务以及价格及交货情况是否能够满足生产的需要等方面的情况。

（三）分销商/转售者

分销商/转售者负责组织购买品的分销。很多标准的非用户定制的产品，如那些成本低、技术含量低、规格标准的零部件以及在生产和工作中用于维护、修理和使用的辅助材料等多通过分销商实现销售。

对于分销商/转售者来说，他们主要通过大批量的买进与卖出之间的差额来获取利润，通常经营建筑机械、电子产品以及设备维护、修理及运行辅助原材料等，在购买过程中主要关注供应商所提供的交易折扣、交货能力、品牌形象以及市场支持等。

二、政府

政府市场由各种为执行政府的主要职能而采购或租用商品的政府单位组成。在许多国家里，政府组织是商品和服务的主要购买者。因此政府部门是一个极具诱惑力的市场。根据我国财政部公布的2020年全国政府采购统计信息。2020年全国实际采购规模达到36 970.6亿元，较上年增长11.8%，占全国财政支出和GDP的比重分别为10.2%和3.6%。政府采购政策的作用日益凸显，有效促进经济社会发展。

（一）政府采购的含义

政府采购也称公共采购，是指各级政府及其所属机构为了开展日常政务活动或为公众提供公共服务的需要，使用财政性资金或属于财政性资金的预算外资金，在财政的监督下，以法定的方式、方法和程序，对货物、工程或服务的购买。政府采购不仅是指具体的采购过程，而且是采购的政策、采购程序、采购过程及采购管理的总称，是一种对公共采购进行管理的制度。

政府采购是建立在为实现公众目标所必须得到的产品和服务的基础上的。政府机构采购了范围惊人的产品及服务，它们购买飞机、雕塑、家具、卫生设备、衣服、材料搬运设备、灭火机、汽车设备以及燃料等。

（二）政府采购的特点

(1) 由于政府采购决策要受到公众监督，因此它们经常要求供应商提供大量的书面材料，而供应商对这些额外书面工作、官僚式的规定以及严苛的规则、一拖再拖的决策和频繁的人员更替等问题颇有微词。

(2) 政府采购的另一个特点是经常要求供应商竞价投标。多数情况下政府选择索价最低者，有时也选择那些能提供优质产品或具有及时履约信誉的供应商。

(3) 政府采购往往倾向于照顾本国的公司。因此，许多跨国企业总是与东道国的供应商联合投标。

基于多种原因，许多面向政府部门销售的公司并没有表现出市场营销的倾向。政府部门在采购政策中已强调了价格标准，并会引导供应商在降低成本方面做出努力。另外，由于产品的各项特征已被严格设定，因而产品差异也不是市场营销的可利用因素，甚至广告和人员推销也起不了太大作用。但不管怎么说，已经有某些公司开始建立专门针对政府部门的营销机构。新加坡的不少大银行都把政府部门作为一个单独的目标细分市场，并设专门人员负责管理。这些公司都积极了解政府部门的需求和项目，参与其产品规格设计过程，积聚竞争优势，认真筹备投标，对外加强沟通和联系，以树立和强化本公司的信誉。

（三）政府采购的程序

政府可以依据不同的情况和目的需要来选取不同的采购步骤和采购方法，一般地，政府采购主要包括以下两个基本程序：

（1）公开招标。公开招标是指首先政府采购部门邮寄公告所需商品的规格及各种其他详细属性、条款和数量，然后由供应商根据这些信息自愿寄出投标单，最后通常由价格最低者中标的过程。

（2）协议合同。协议合同是指由采购单位直接根据方案内容及其条件与供应商之一协商订立合同进行采购的方式。

三、事业机构

事业机构就是通常说的非营利组织。事业机构类顾客种类繁多，最典型的事业机构包括学校、医院、疗养院、监狱、基金会等机构，它们向其监管下的人员提供产品和服务。

事业机构的特点在于它们往往要受到政府部门的管理，因此，一方面，事业机构在组织市场中具有许多与政府部门相似的特点，如有复杂的采购机制、机构通常有年度预算、它们的采购行为被控制在一定范围内、要受到预算限额的制约和政府的控制等。另一方面，有许多事业机构又在一定程度上像商业企业一样运营。如学校的某些培训部门或医院，它们又具有某些商业企业类似的特点。但由于预算的限制，事业机构常常对价格具有很强的敏感性。

事业机构组织的采购可以采取联合采购的方式。联合采购是两个或者两个以上组织为了充分利用规模经济和降低采购成本，采用某种方式共同从事采购活动，如组建采购战略联盟、合并通用材料的采购等。

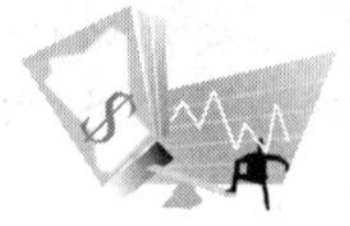

案例 5-2

TCL 集团的采购管理策略

在供应链管理中，TCL 集团建立采购招标管理平台，规范采购业务流程和采购人员行为。众所周知，国内众多知名家电企业在连年的“价格战”驱动下，已另辟蹊径，把眼光放在了加强采购供应链的管理上，并且收到较好的成效。例如，科龙集团连续两年亏损且即将被摘牌，在格林柯尔入主之后，顾雏军出任董事长之初，就对科龙原有的采购组织系统进行变革调整，建立采购竞标管理平台，成立采购管理工作组，所有供应商凡是在品质、交货期、资信等方面得到科龙认证通过，都可以参与科龙的采购竞标活动。采购工作组通知合格供应商到科龙集中上网竞标，即每家供应商的代表进入科龙事先设定好的小房间用电脑上传资料报价竞标，所有供应商均不与采购人员见面，采购人员通过网上报价确认供应商，在顾雏军入主科龙的头一年,仅此一项就降低采购成本几千万元。2005 年 9 月 TCL 移动通信有限公司导入采购电子招标系统,5 年内已节约采购成本超过 300 万元,由此可见,实行采购管理成效是巨大的,效果是明显的。

对于技术性一般的企业,其物流采购成本比例在 30%~80%,对于高新技术产业公司,其采购成本比例一般为 10%~30%,对于多年成熟的简单技术,采购成本比例可能高达 90%,如每台电话机售价 100 元,厂家仅有几元利润。由此可见,企业如何在白热化的竞争中求生存,谋发展,不仅要在研发、销售、制造上寻找改进点,而且也需要在物流采购供应链上挖掘潜力。并采用一套科学的、系统有效的物流采购管理操作平台去指导、改善和实施物流采购运作,形成企业独有的物流采购优势,以促进研发,保障生产需求供应,为企业参与市场竞争、获得持久发展提供动力,同时也是杜绝采购腐败的一剂"良药"。

第四节　组织市场购买行为

一、组织市场购买者行为的模式

组织市场的营销者为了更好地开展业务,必须了解购买者行为的特点。一个简单的组织购买者行为模式如图 5-2 所示。

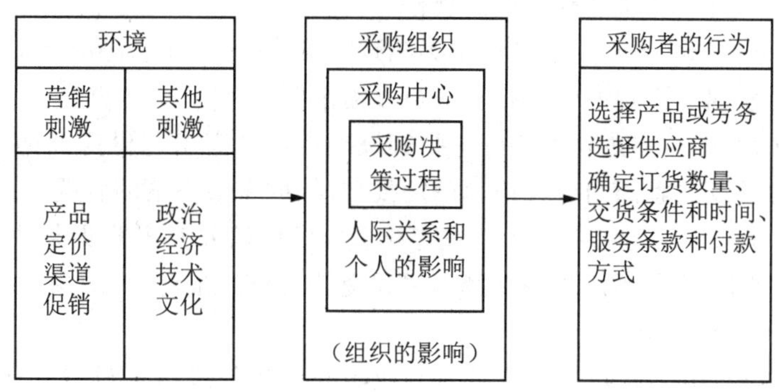

图 5-2　组织采购者行为模式

组织市场购买行为模式表明购买活动对各种环境刺激的反应,其中环境因素可分为营销刺激和其他刺激两部分,营销刺激因素包括产品、定价、渠道和促销;其他刺激因素则主要是政治、经济、技术、文化等环境因素。所有这些刺激因素被输入采购组织,然后转化为采购者行为,即选择产品或劳务、选择供应商、确定购买数量以及交货条件与时间、服务条款和付款方式等。

为了制定有效的市场营销策略,营销人员还必须了解,用户在外部环境的刺激下作出购买决策的过程中,其购买组织内部是怎么样运作的。

组织市场购买主要包括两个要素,即采购中心和购买决策过程。采购中心和购买决策过程除受组织内各部门之间关系、采购中心人际关系和参与决策的个人特性的影响外,还受到外部环境因素的影响,购买决策就是在这样的影响下形成的。

二、组织市场购买过程的参与者

谁在从事为组织市场所需要的价值达数千亿美元的商品和服务的采购工作呢？在直接再采购时，采购代理人起的作用较大；而在新任务采购时，其他组织人员所起作用较大。一般把采购组织的决策单位叫作“采购中心”(buying center)，并定义为：所有参与购买决策过程的个人和集体。他们具有某种共同目标并一起承担由决策所引发的各种风险。采购中心包括购买组织中的全体成员，他们在购买决策过程中可能会形成五种不同的角色，如图 5-3 所示。

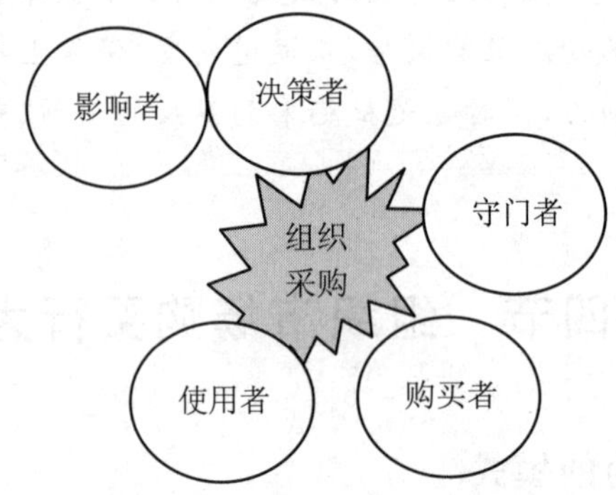

图 5-3　组织购买决策的主要参与者

(1) 使用者(users)：使用者是指组织中将使用产品或服务的成员。在许多场合中，使用者首先提出购买建议，并协助确定产品规格。

(2) 影响者(influencers)：影响者是指影响购买决策的人，他们协助确定产品规格，并提供方案评价的情报信息，影响者中的技术人员尤为重要。

(3) 决策者(deciders)：决策者是指一些有权决定产品需求和供应商的人，在重要的采购活动中，有时还涉及主管部门或上级部门的批准，构成多层决策的状况。

(4) 购买者(buyers)：购买者是指正式有权选择供应商并安排购买条件的人，购买者可以帮助制订产品规格，但主要任务是选择卖主和交易谈判。在较复杂的购买过程中，购买者中或许也包括高层管理人员。

(5) 守门者(gatekeepers)：守门者是指有权阻止销售员或信息员与采购中心成员接触的人，主要是为了控制采购组织的一些信息不外露。例如，采购代理人、接待员和电话接线员都可以阻止推销员与用户或决策者接触。

在任何组织内，采购中心会随各个不同类别产品的大小及构成差异发生变化。显然，参与购买一台重要机器设备的决策人数肯定会比参与购买办公文具的人数要多。作为产品营销人员要知道的是如下内容：谁是主要决策的参与者，其影响决策的程度如何，对哪些决策他们具有影响力。摸清客户的这些情况，然后才能有针对性地采取促销措施。

三、组织市场购买行为的类型

组织购买者行为的复杂程度和采购决策项目的多少，取决于采购业务的类型。一般分为三种类型，即直接再采购、修正再采购和新购。

(一) 直接再采购

直接再采购是指采购方按既定方案不作任何修订直接进行的采购业务。这是一种重复性的采购活动。按一定程序办理即可，基本上不用做新的决策。在这种情况下，采购人员的工作只是从以前有过购销关系的供应商中，选取那些供货能满足本企业的需要和能使本企业满意的供应商，向他们继续订货。入选的供应商应该尽最大的努力，保持产品和服务的质量，以巩固和老客户的关系，落选的供应商则应努力做一些新的工作，消除买方的不满，设法争取新的订单。

（二）修正再采购

修正再采购是指组织购买者对以前已采购过的产品通过修订其规格、价格、交货条件或其他事项之后的购买。这类购买较直接再购买要复杂，购销双方需要重新谈判，因而双方会有更多的人参与决策。在被选掉的“名单”中的供应商压力会很大，为了保持交易将加倍努力。而对“名单”之外的供应商来说，这是一次机会，他们将会提供更好的条件以争取新的业务。

（三）新购

新购是指组织购买者第一次购买货品的行为。新购的货品费用越高，风险越大，参加决策的人数就越多，所需信息量也越多，制定决策的时间也越长，新购没有什么可合作的老供应商，所以对一切供货方来说都是良好的机会。他们应设法接触主要的采购影响者，并向他们提供有用的信息和协助。许多公司设立专门的机构负责对新客户的营销，它们被称为“访问使用推销队伍”，由最好的推销人员组成。

在直接再采购的情况下，组织购买者所做的决策数量最小。而在新购的条件下，他们所作的决策数量最多。购买者必须决定产品规格、价格限度、交货条件与时间、服务条件、支付条件、订购数量、可接受的供应商以及可供选择的供应商。不同的决策参与者会影响每一项决策，并将改变进行决策的顺序。

四、影响组织市场购买决策的主要因素

组织采购人员在作出购买决策时受到许多因素的影响。有些营销人员认为经济因素是最为重要的，而另一些人又认为采购者对偏好、注意力、避免风险等个人因素反应敏感。实际上，在组织市场的购买决策中，经济因素同个人因素对采购人员的影响是同样重要的。一般地，如果所采购的商品效用和价格差异较大，经济因素就会成为采购人员所考虑的主要因素；而如果效用和价格差异很小，个人因素的影响就可能增大。一些采购人员会根据个人所得利益的大小以及个人的偏好来选择供应商。

可以把影响组织采购行为的因素归为四类，即环境因素、组织因素、人际因素和个人因素，如图 5-4 所示。

环境因素	组织因素	人际因素	个人因素
需求水平 经济前景 货币成本 供给状况 技术革新速度 政治法律情况 市场竞争趋势	营销目标 采购政策 工作程序 组织结构 管理体制	职权 地位 感染力 说服力	年龄、教育 职位、性格 风险态度等

图 5-4　影响组织采购行为的主要因素

（一）环境因素

市场营销环境和经济前景对企业的发展影响甚大，必然影响到其采购计划。例如，在经济衰退时期组织购买者会减少对厂房设备的投资，并设法减少存货。组织营销人员在这种环境下刺激采购是无能为力的，他们只能在增加或维护其需求份额上做艰苦的努力。

原材料的供给状况，也是影响组织用户采购的一个重要环境因素。一般企业都愿购买并储存较多的紧缺物资，因为保证供应不中断是采购部门的主要职责。同样，采购者也受到技术因素、政治因素以及经济环境中各种发展因素的影响。他们必须密切注视所有这些环境作用力，测定这些力量将如何影响采购的有效性和经济性，并设法使问题转化为机会。

（二）组织因素

每一采购组织都有其具体目标、政策、程序、组织结构及系统。营销人员必须尽量了解这些问题。例如，有的地方规定只许采购本地区的原材料；有的国家规定只许买本国货，不许买进口货，或者相反；有的购买金额超过一定限度就需要上级主管部门审批等。

组织内部采购制度的变化会对采购决策带来很大影响。如对于大型百货商场来说，采用集中采购的进货方式或将进货权下放给各商品部或柜组，采购行为就会有很大差别。一些组织会用长期合同的方式来确定供应渠道，另一些组织则会采用临时招标的方式来选择其供应商。又如，在西方发达国家近年来兴起一种"正点生产系统(just-in-time production systems)"，即适量及时进货、零库存、供量100%合格的生产系统，它的兴起大大地影响了组织采购政策。

（三）人际因素

采购中心通常包括一些具有不同地位、职权、兴趣和说服诱导力的参与者。一些决策行为会在这些参与者中产生不同的反应，意见是否容易取得一致，参与者之间的关系是否融洽，是否会在某些决策中形成对抗，这些人际因素会对组织市场的营销活动产生很大影响，营销人员若能掌握这些情况并有的放矢地施加影响，将有助于消除各种不利因素，获得订单。

（四）个人因素

购买决策过程中每一个参与者都带有个人动机、直觉和偏好，这些因素取决于参与者的年龄、收入、教育、专业文化、个性以及对风险意识的态度，因此，供应商应了解客户采购决策人的个人特点，并处理好个人之间的关系，这将有利于营销业务的开展。

组织营销人员必须了解自己的顾客，使自己的营销策略适合特定的组织购买行为中的环境、组织、人际以及个人因素的影响。

组织市场购买行为的重要特点是往往表现为组织与组织之间的交易关系。它看起来应当比消费者购买行为更为理性，而不涉及个人情感，但实际上并非如此，因为在组织采购过程中的每一个过程都是由具体的人员去完成的。执行组织采购任务的具体人员的个性与情感对于其做出相应的采购决策同样发挥着重要的影响。所以注意研究组织购买行为中的个人因素，并有的放矢地开展相关的营销活动是十分重要的。而且组织之间的交易关系一旦建立，就会比较稳定(因为组织购买的信息收集和采购洽谈成本比较高，采购组织一般不愿轻易改变供应商)，所以长期维护与购买者之间的稳定关系就变得十分重要。

案例 5-3　情感在组织市场采购中发挥重要作用

USG公司是建筑和装修行业用石膏墙板和其他建筑材料的生产商，在行业中居领先地位。因为其广告的受众是建筑承包商、经销商和建筑商，人们认为USG公司的B2B广告一定会专注于诸如坚固、稳定、易于安装和低成本等性能特征和利益。但是，公司2020年营销活动围绕全新的主题“这是你的世界，建设它”展开，加入了大量情感因素。该活动没有聚焦在USG的产品性能方面，而是强调公司及其产品代表了什么，有什么意义。例如，USG公司近期播出的一个广告是将画面一分为二，一侧显示兴奋的孩子们正在建造沙子城堡，另一侧显示一位建筑工地的工人，手拿安全帽。广告标题写道：“孩童时我们想象伟大的王国。建造它。”一位分析人员指出：“你可能不会认为建筑材料和情感有什么直接联系，但是USG的活动抓住了人类强烈的情感——对建设的需要。”

组织购买者在很大程度上受到当前和预期经济环境的影响，如基本需求水平；经济概况以及货币成本；还有一种环境因素是关键原材料的短缺。许多公司更愿意购买稀缺原材料并持有大量存货，以确保充足的供给。组织购买者还受到技术、政治和竞争动态、文化习俗等因素的影响。

五、组织市场购买决策过程

组织购买者做出采购决策的过程与消费者有相似之处，但又有其特殊性。一般地，组织购买者的采购决策过程可分为八个购买阶段，如图5-5所示。

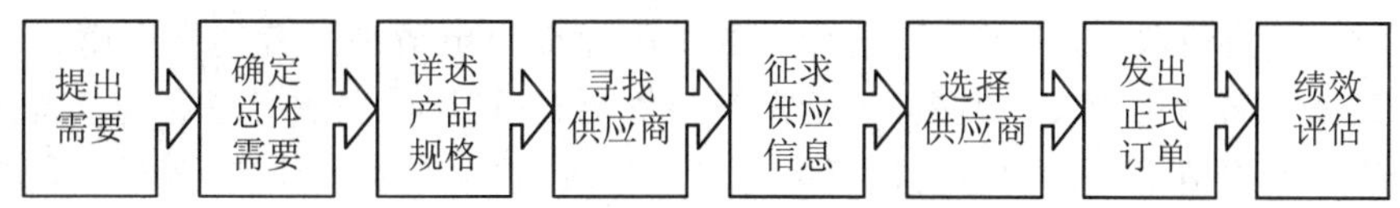

图5-5　组织市场购买者的采购决策过程

组织市场购买者的采购决策过程是一个组织在购买前所进行的、从组织产生需要到对即将购买的商品进行评估的一系列过程。

（一）提出需要

当组织中有人认识到了某个问题或某种需要可以通过得到某一产品或服务得到解决时，便开始了采购过程。提出需要是由两种刺激引起的：

(1) 内部刺激。如企业决定推出一种新产品，于是需要购置新设备或原材料来生产这种新产品；企业原有的设备发生故障，需要更新或购买新的零部件；或者已采购的原材料不能令人满意，企业正在物色新的供应商。

(2) 外部刺激。外部刺激是指采购人员在某个商品展销会引起新的采购主意，或者接受了广告宣传中的推荐，或者接受了某些推销员提出的可以供应质量更好、价格更低的产品的建议。可见，组织市场的供应商应主动推销，经常开展广告宣传，派人访问用户，以发掘潜在需求。

（二）确定总体需要

提出了某种需要之后，采购者便着手确定所需项目的总特征和需要的数量。如果是简单的采购任务，这不是大问题，由采购人员直接决定。而对复杂的任务而言，采购者会同其他部门人员，如工程师、使用者等共同来决定所需项目的总特征，并按照产品的可靠性、耐用性，价格及其他属性的重要程度来加以排列，在此阶段，组织营销者可通过向购买者描述产品特征的方式向他们提供某种帮助，协助他们确定其所属公司的需求。

（三）详述产品规格

采购组织按照确定产品的技术规格，可能要专门组建一个产品价值分析技术小组来完成这一工作。价值分析的目的在于降低成本。它主要是通过仔细研究一个部件，看是否需要重新设计，是否可以实行标准化，是否存在更廉价的生产方法。此小组将重点检查既定产品中成本较高的零部件（通常是指数量占 20%而成本占了 80%的零部件）。该小组还要检查出那些零件寿命比产品本身寿命还长的超标准设计的零部件。最后，该小组要确定最佳产品的特征，并把它写进商品说明书中，它就成为采购人员拒绝那些不合标准的商品的根据。同样，供应商也可把产品价值分析作为决策分析的主要工具之一，通过尽早地参与产品价值分析，可以影响采购者所确定的产品规格，以获得中选的机会。

（四）寻找供应商

采购者寻找最佳供应商会从多处着手，可以咨询商业指导机构、查询网络信息，打电话给其他公司，要求推荐好的供应商，或者观看商业广告、参加展览会。供应商此时应大做广告，并到各种商业指导或指南宣传机构中登记自己的公司名字，争取在市场上树立起良好的信誉。

组织购买者通常会拒绝那些生产能力不足、声誉不好的供应商；而对合格的供应商，则会登门拜访，察看他们的生产设备，了解其人员配置。最后，采购者会归纳出一份合格的供应商的名单。

（五）征求供应信息

征求供应信息阶段，采购者会邀请合格的供应商提交申请书。有些供应商只寄送一份价目表或只派一名销售代表。但是，当所需产品复杂而昂贵时，采购者就会要求待选供应商提交内容详尽的申请书。他们会再进行一轮筛选比较，选中其中最佳者，要求其提交正式的协议书。

因此组织营销人员必须善于调研、写作，精于撰写申请书的展示内容。它不仅仅是技术文件，而且也是营销文件。在口头表达意见时，要能取信于人，他们必须始终强调公司的生产能力和资源优势，以在竞争中立于不败之地。

（六）选择供应商

采购中心在做出最后选择之前，还可能与选中的供应商就价格或其他条款进行谈判。营销人员可以从好几个方面来抵制对方的压价。如当他们所能提供的服务优于竞争对手时，营销人员可以坚持目前的价格；当他们的价格高于竞争对手的价格时，则可以强调使用其产品的生命周期成本比竞争对手的产品生命周期成本低。此外，还可以举出更多的原因来抵制价格竞争。

此外，采购中心还必须确定供应商的数目。许多采购者喜欢多种渠道进货，这样一方面可以避免自己过分地依赖于一个供应商，另一方面也使自己可以对各供应商的价格和业绩进行比较。在一般情况下，采购者会把大部分订单集中在一家供应商身上，而把少量订单安排给其他供应商。这样,主供应商会全力以赴保证自己的地位,而次要供应商会通过多种途径来争得立足之地,以图自身的发展。

(七) 发出正式订单

采购者选定供应商之后,就会发出正式订货单,写明所需产品的规格、数目、预期交货时间、退货政策、保修条件等项目。通常情况下,如果双方都有着良好信誉的话,一份长期有效的合同将建立一种长期的关系,而避免重复签约的麻烦。在这种合同关系下,供应商答应在特定的时间之内根据需要按协议的价格条件继续供应产品给买方。存货由卖方保存。因此,它也被称作"无存货采购计划"。这种长期有效合同会导致买方更多地向一个来源采购,并从该来源购买更多的项目。这就使得供应商和采购者的关系十分紧密,外界的供应商就很难插足其间。

(八) 绩效评估

在绩效评估阶段,采购者对各供应商的绩效进行评估。可以通过三种途径进行评估:直接接触最终用户,征求他们的意见;应用不同的标准加权计算来评价供应商;把绩效不理想的开支加总,以修正包括价格在内的采购成本。通过绩效评估,采购者将决定延续、修正或停止向该供应商采购。供应商则应该密切关注采购者使用的相同变量,以便确信为买主提供了预期的满足。

但并非每次采购都要经过这八个阶段,这要依据采购业务的不同类型而定。各阶段对各类采购业务是否有必要的说明,如表 5-1 所示。

表 5-1 不同采购任务下采购决策过程的比较

类型购买阶段	新购	修正再采购	直接再采购
1. 提出需要	是	可能	否
2. 确定总体需要	是	可能	否
3. 详述产品规格	是	是	是
4. 寻找供应商	是	可能	否
5. 征求供应信息	是	可能	否
6. 选择供应商	是	可能	否
7. 发出正式订单	是	可能	否
8. 绩效评估	是	是	是

从表 5-1 中可以看出,新购最为复杂,需要经过所有八个阶段;直接再采购最简单,只需经过两个阶段;而在修正再采购或直接再采购的情况下,其中有些阶段可能被简化、浓缩或省略。例如,在直接再采购的情况下,采购者可能会有一个或一批固定的供应商而很少会考虑其他供应商,而在实际购买情况中,也有可能出现这八个阶段以外的其他情况,这要求组织营销者对每一情况分别建立模型,而每一情况都包含一个具体的工作流程。这样的购买流程能为营销人员提供很多线索。

总之,组织市场是一个富有挑战性的领域,其中最关键的问题就是要了解采购者的需要、购买参与者、购买标准以及购买步骤。了解以上各点,组织营销人员就能够因势而动,为不同的顾客设计不同的营销计划。

案例 5-4 通用汽车公司的采购案例

与从计划模式艰难蜕变出来的大型国有企业相比,通用汽车公司的采购体系没有必要经历体制、机构改革后的阵痛。全球集团采购策略和市场竞标体系自公司诞生之日起,就自然而然地融入了世界上最大的汽车集团——通用汽车的全球采购联盟系统中。相对于尚在理论层次彷徨的众多国有企业和民营企业而言,通用的采购已经完全上升到企业经营策略的高度,并与企业的供应链管理密切结合在一起。

1993 年,通用汽车提出了全球化采购的思想,并逐步将各分部的采购权集中到总部统一管理。目前,通用的采购部门定时召开电视会议,把采购信息放到全球化的平台上来共享,在采购行为中充分利用联合采购组织的优势,协同杀价,并及时通报各地供应商的情况,把某些供应商的不良行为在全球采购系统中备案。

在资源得到合理配置的基础上,通用开发了一整套供应商关系管理程序,对供应商进行评估。对好的供应商,采取持续发展的合作策略,并针对采购中出现的技术问题与供应商一起协商,寻找解决问题的最佳方案;而在评估中表现糟糕的供应商,则请其离开通用的业务体系。同时,通过对全球物流路线的整合,通用将各个公司原来自行拟定的繁杂的海运线路集成为简单的洲际物流线路。采购和海运路线经过整合后,不仅使总体采购成本大大降低,而且使各个公司与供应商的谈判能力也得到了质的提升。

第五节 组织市场中的关系营销

市场营销天然具有交易性和关系性。从本质上说,市场营销就是为了实现组织的利润目标而必须在组织间或组织与最终顾客及社会公众间达成某种承诺而履行的一种相互交换活动。组织市场营销相比消费者市场营销,更强调在组织间或组织与社会公众间确定、建立和维护一种稳定、长期、良好的关系,这种关系可以确保各方的目标尽可能地得以实现。

一、关系营销的内涵

关系营销是 20 世纪 90 年代及未来营销的核心理念,是对传统营销理论的发展和创新。有关关系营销的定义,不同专家、学者有过不同的表述。关系营销的最早提出者巴利是从服务业的角度来定义关系营销的。巴利认为,关系营销就是在各种服务的组织中有吸引力地保持和改善顾客关系。摩根和亨特则认为关系营销就是旨在建立、发展和保持成功的关系交换的所有营销活动。而克里斯托弗·佩恩则把关系营销看作是市场营销、顾客服务和质量管理的综合体。克里斯托弗·佩恩认为在组织与其顾客的关系中存在着一个顾客忠诚关系阶梯。最初是潜在顾客的关系,随着营销的展开而逐渐发展到多个梯级——顾客、委托人、支持者、拥护者,因此关系营销的目的就是把潜在顾客的关系推进到拥护者的地位。

关系营销中的关系包括组织与其渠道的关系、组织与消费者的关系以及组织与其雇员的关系。这三种关系是大多数组织关系营销实践的核心。不过,外部关系在组织市场的关系营销中一直占据着主导地位。

组织市场关系营销的目的是为组织带来长期的财务绩效。为此，组织应该致力于改善自己的顾客保持率。降低顾客流失率对改进顾客保持率至关重要，当顾客流失时，他们不仅带走了当前交易的利润，而且带走了所有的未来利润。调查显示，在许多行业中组织与其顾客的关系持续时间越长，单位顾客所带来的销售额和利润就会越多；顾客对于其接受的产品或服务越满意，顾客对其产品或服务的消费就会越多。马狮百货集团是英国最大且赢利能力最强的跨国零售集团，马狮百货在世界各地有 200 多家连锁店，出口商品数量在英国零售商中居首位。马狮百货关系营销的完美体现在与和马狮最早建立合作关系的供应商的合作时间已超过 100 年，而供应马狮货品超过 50 年的供应商有 60 家以上，超过 30 年的则不少于 100 家。

二、关系营销的特征

组织市场的关系营销致力于发展组织与其顾客间的健康、持久的合作关系，因此它具有关注、信任和承诺、服务等特征。

（一）关注

关系营销者必须关注其顾客的真正需求，必须满足甚至超越顾客的期望，为顾客创造良好的满意度。顾客期望是顾客的需要和经历、组织口碑、营销沟通等要素相结合的产物，因此顾客期望是动态的。相应地，关系营销者的关注也应该是动态的，需要随着顾客需求的变化而不断调整。

（二）信任和承诺

信任和承诺对于关系营销至关重要，因为信任和承诺可以促使关系各方与交换伙伴合作来保持关系投资，同时抵制有吸引力的短期替代者，从而维护与现有伙伴的合作关系。此外，信任和承诺还促使关系各方审慎地看待潜在的高风险行动，因为关系营销者相信他们的合作伙伴不会机会主义地行事。

（三）服务

关系营销要求整个组织承诺提供高品质的服务，这种服务应该是可靠的、可以信赖的和带有感情投入的。关系营销是实现组织利润目标的一种手段，因此关系营销者相信优质服务能够提高组织的获利率。而服务质量的提高将推动顾客满意度的成长，顾客满意度的增长会增加组织与顾客的关系强度，关系强度的增加则会延长组织与顾客的关系寿命，关系寿命的延长最终使组织获利率大幅成长。

三、组织市场的关系类型

组织市场营销中的关系管理，就是对组织的不同交易类型或关系类型的组织客户的关系进行管理。组织市场的组织客户交易类型或关系类型存在五种显著的表现形式，分别为从纯交易关系、重复交易关系、长期交易关系、合作伙伴关系，直到最后上升为战略联盟关系。纯交易关系强调以最富有竞争力的市场价格来进行每一次交易活动。纯合作关系，即战略联盟关系是指某一组织与另一组织在生产、技术、渠道等方面形成的一个长期的、强有力的、广泛的纽带联结，这种纽带联结能够为双方带来彼此的成本降低或价值增加，从而使合作双方获得长期的利益。

（一）纯交易关系

纯交易关系，是指买卖双方之间的一次性交易关系，买卖双方在交易之前与交易之后没有相互联系。在纯交易关系中，交易价格主导着整个交易活动，交易价格建立在市场竞争的基础之上，而这一价格包含了全部用于双方作出交易决定的必要信息。在组织市场中，组织间的纯交易关系并不多见；组织间的纯交易关系，被认为组织缺乏远见。

（二）重复交易关系

重复交易关系，是指买卖双方在一定的时间、范围内发生多次相同或相似的交易业务，组织间在交易前后保持一定水平的沟通。重复交易关系在一定的程度上反映了组织营销人员在增加产品的歧异性、培养顾客的偏好及忠诚度等方面收到了某种程度的功效。重复交易多见于某些零部件、原材料等产品。

（三）长期交易关系

长期交易关系，是指组织间保持一种长期的合作关系，在合作期间，组织间保持紧密的沟通。长期交易关系对组织双方来说都容易获得竞争优势。这种关系类型一般包括长期契约的约束，买卖双方之间的合作较纯交易关系和重复交易关系更为紧密，相互之间更为信任。长期交易关系多见于汽车、电信、计算机等行业。

（四）合作伙伴关系

合作伙伴关系，是指组织间相互把对方视为一种长期的合作伙伴的交易关系。在这种关系下，组织间保持着一种紧密的沟通，互相视对方为自己业务开展的一个重要组成部分，相互信任，相互依赖，共同推进自身的业务发展。在合作伙伴关系下，价格并不是完全由市场因素决定的，而是建立在合作伙伴双方有关产品质量、运送、技术支持等多方面的协商基础之上的。合作伙伴关系的特征还包括组织双方可能会介入彼此的新产品开发过程中。

（五）战略联盟关系

战略联盟关系，是在市场竞争日益激烈，组织开拓或进入某个市场的风险日益增加的情况下应运而生的。组织通过与其他组织建立紧密的联结而延伸其组织边界，战略联盟正在那些具有领导地位的组织的战略中扮演着日益重要的角色。战略联盟的形成基于如下一些条件：组织双方在各自的领域都比较强势；组织双方在合作的领域表现出共同的兴趣及利益驱动；组织双方对彼此的组织文化相对比较认同等。不少战略联盟的建立是为了保证组织间生产所需的原材料或零配件的稳定供给，比如，在当今 IT 市场许多个人电脑厂商与 Intel 或联想所结成的联盟就是一种典型的战略联盟关系。另一些战略联盟的建立则是为了开发新产品、进入某一特定市场或者开发共有技术等。

战略联盟的形成在于组织双方的利益驱动。组织间的战略联盟，能够为组织双方带来诸如进入市场或获取技术，联合研发、生产或营销等规模效益以及降低风险等好处。尽管如此，在当今市场竞争如此激烈的情况下，战略联盟也面临不少的挑战，比如联盟协议的漫长谈判、组织核心资源的保护、组织文化的融合与适应以及组织制度与结构的调整等问题。

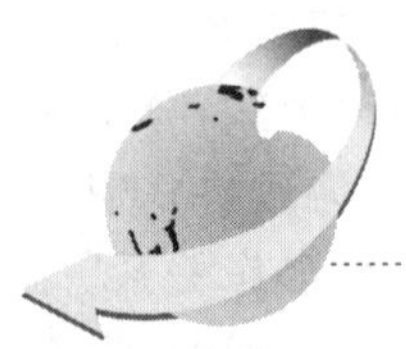

本章小结

1. 组织市场，是由那些为维持经营活动，对产品进行再加工、转售，或向社会提供服务的工商企业、政府机构及各种社会团体组成。它主要包括生产者市场、中间商市场、非营利组织市场、政府市场等四种类型。

2. 组织市场与消费者市场具有明显的区别，组织市场主要有购买者数量相对较少、组织市场的需求是派生需求、组织市场的需求一般缺乏弹性、专业人员购买、购买决策更复杂规范等特点。

3. 在组织市场上，购买者及其购买对象与消费者市场有很大不同，一般地，可以将组织市场购买对象分为三个主要类型，分别为生产性原料、基础设备和辅助产品。

4. 组织市场与消费者市场的主要区别不在于所购产品的本质，而在于顾客的本质，组织市场顾客同样会购买许多和消费者所购相同的产品。组织市场中主要有工商企业、政府部门、事业机构等三种顾客。

5. 组织市场购买过程的参与者主要包括使用者、影响者、决策者、购买者、守门者。

6. 组织购买者行为的复杂程度和采购决策项目的多少，取决于采购业务的类型。可以把它分为三种类型，即直接再采购，修正再采购和新购。

7. 组织采购人员在做出购买决策时受到许多因素影响。可以把影响组织购买者的因素归为四类，即环境因素、组织因素、人际因素和个人因素。

8. 组织购买者作出采购决策的过程与消费者有相似之处，但又有其特殊性。一般认为，组织购买者的采购决策过程可分为八个购买阶段，即提出需要、确定总体需要、详述产品规格、寻找供应商、征求供应信息、选择供应商、发出正式订单、绩效评估。

9. 组织市场营销相对消费者市场营销来说，更强调在组织间或组织与社会公众间确定、建立和维护一种稳定、长期、良好的关系，这种关系可以确保各方的目标尽可能地得以实现。

关键概念

组织市场　生产者市场　中间商市场　非营利组织市场　政府市场

复习思考题

1. 组织市场的特点有哪些？
2. 组织市场购买对象主要集中在哪些方面？
3. 组织市场购买行为的影响因素主要有哪些？
4. 组织市场购买决策主要由哪几部分构成？

案例分析

采购方式的变革为企业带来什么？

阿里巴巴1688超级店定位于为产品包装定制、电子元器件、工厂使用辅料以及易耗品(MRO)等的企业工业品，采购提供数字化基础设施和服务。超级店整合了一批行业内有知名度的专业组货商、垂直平台，让企业客户可以快速找到能提供所需服务的卖家。客户通过提出需求并挑选专业组货商进行服务，由组货商与多家供货商进行协商购买，客户就可以一次性地从组货商手中购买所需产品。

采购分散、复购率低，行业标准化程度低、选型难、价格不透明等一直是传统采购的通病。而此前，中小企业很难获得大型采购商的支持和帮助，这带来寻源成本、采购管理成本及售后成本的居高不下。

“一个产品100元，花在产品本身仅占20%的时间，80%的时间浪费在沟通、寻找上。”传统采购环节非常复杂，专业要求很高。以一个采购成本占总成本60%、利润率为5%左右的企业为例，只要将采购成本降低8%，利润率就能翻倍，提高到11%左右。对企业客户来说，工业品一站式采购意味着采购效率提升带来的综合采购成本的降低。传统的采购管理和售后服务迫切需要提升。依托超级店的形式能减少供应环节及销售环节的中间层级，大大提升供应链效率，线上采购成本有望减少30%。

公司互联网产业一直是一个长尾市场，但长尾就意味着不可能做到无限制的库存对接，必须依赖大数据做更多的专业化服务。陈意明表示，今天能快速响应客户的诉求是因为供应商此前铺下去的渠道，所以渠道体系和品牌一起上线才能够更好地服务于今天的企业客户。在零售经历了十几年的发展后，B端贸易到了真正电商化的节点，现在是它爆发的初期阶段。

思考题：

1. 阿里巴巴1688超级店采购的特点与类型是什么？
2. 影响阿里巴巴1688超级店采购的因素主要有哪些？

第六章　市场营销调研与预测

学习目标

1. 了解市场信息的功能
2. 理解市场营销信息系统的内涵
3. 掌握市场营销信息系统的构成
4. 了解市场营销调研的含义和作用
5. 了解市场营销调研的类型和内容
6. 掌握市场营销调研的步骤
7. 理解市场需求和市场潜量的含义

引导案例

冰墩墩为何一“墩”难求

尽管2022北京冬奥会及冬残奥会已圆满落幕，但作为本届奥运吉祥物的冰墩墩依然在全国一“墩”难求。2022年3月13日，奥林匹克官方旗舰店上线新一轮冰墩墩预售活动，随即引发全网疯抢，冰墩墩玩具公仔、盲盒、钥匙扣等单品定时“秒空”。黄牛党、代购们也从冰墩墩身上看到光明“钱”景。不少人在二手平台以3～10倍的溢价出售冰墩墩赚快钱，也有人拍下冰墩墩后在社媒火速晒出订单，表示可以直接修改地址或者转寄交易。作为史上最牛“带货”熊猫，冰墩墩已经超越了原有的奥运吉祥物属性，晋升为时下中国乃至全球的社交“硬通货”。

依照惯例，奥运吉祥物的目标消费者是9岁左右的孩子，所以每届的设计方案都会以孩子的视角作为出发点绘制草稿。在北京冬奥会吉祥物入围作品中，实际上就有小学生绘制的作品，但出于后期制作等实操考虑，这些吉祥物并未获选。最终中标作品由广州美术学院团队设计，他们在10个月的工作中花尽心思，充分发挥南方孩子对冰雪的向往和想象力，构思出了冰糖熊猫的形态。为确保最终方案符合孩子们的预期，设计团队曾邀请200多位8～12岁的小学生对吉祥物进行现场盲选。最终，经过一番比较，大多数孩子把票投给了冰墩墩和雪容融，这也预示了冰墩墩将成为儿童消费者的“心头好”。

可以说冰墩墩成为儿童消费市场的王炸产品并非偶然。设计团队凭借对儿童心理恰到好处的拿捏，绘制出了最令孩子们着迷的造型，点燃了孩子们的消费热情。庞大的儿童人口规模则酝酿了巨大的市场需求，进而带火了冰墩墩的市场表现。

面对复杂并不断变化的市场营销环境，企业要想在众多的竞争者中脱颖而出，必须及时了解和掌握企业内外部信息，在挑选、分析和评估这些信息后，及时有效地传递给营销管理者，帮助他们做出更加适应市场需要的营销决策。实践证明，企业只有从市场出发，深入细致地进行调查研究，在掌握大量信息的基础上，对它们进行有效的管理，并用科学的方法预测市场需求量和企业的销售潜量，才能认识市场发展规律，把握市场机会，在激烈的竞争环境中获得成功。

第一节　市场营销信息系统

一、市场信息的功能

信息是人们认识和适应外部世界的消息、资料和知识，是客观存在的反映。美国未来学家托夫勒说："如果前工业社会的财富是土地，工业社会的财富是资本，那么后工业社会（信息社会）的财富就是信息。"

在众多的信息中，对企业最重要的是市场信息。市场信息是企业开展各种经济活动所需要并贯穿企业行为始终的各种情报、数据、资料和消息的总称，是企业在市场经济环境中生存发展、认识环境、适应环境的依据和条件。在世界已进入信息时代的今天，企业开展市场营销活动，不仅需要人、财、物等方面的资源要素，更需要信息。信息已成为企业资源中最重要的要素之一，离开了市场信息，企业的生产经营就无从谈起。

在市场营销过程中，市场信息具有以下功能：

（一）市场信息是企业制定营销决策的基础

决策是建立在拥有大量市场信息基础上的思维判断和推理，优秀的营销决策是企业成功经营的关键。决策过程是信息收集—信息加工—信息论证—信息反馈的过程，市场信息的客观性、科学性对决策方案的有效性具有决定性作用。

（二）市场信息为企业制订营销计划提供依据

营销计划是企业在营销决策的基础上制订的营销目标、营销策略、营销活动等构成的文件。市场信息是企业制订计划的重要依据，不了解市场信息，就无法根据市场需要的变化，制订符合实际需要的营销计划。

（三）市场信息是企业实现营销控制的必要条件

营销控制是企业根据既定的营销目标，对企业的营销活动进行监督、检查，以保证营销目标顺利实现的过程。企业在营销过程中必须随时收集市场信息，注意市场变化，以此为依据修订营销计划，对企业的营销活动进行有效的控制。

（四）市场信息是企业协调内外环境的依据

企业在营销活动中，要不断地收集市场信息，注意内外部环境的变化，并及时协调内部条件、外部环境和企业营销目标之间的关系，使三者之间能保持协调发展，以实现企业营销的最佳效果。

二、市场营销信息系统的概念与特点

市场营销信息系统是指由人、设备和程序组成，为营销决策者收集、挑选、分析、评估和分配需要的、及时的和准确的信息的组合，如图 6-1 所示。市场营销信息系统开始并结束于信息使用者——市场营销经理、内部和外部的合作者及其他需要市场信息的人。首先，企业需要评估信息使用者的信息需求，在使用者想要的、实际需要的和公司有能力提供的信息之间找到一种平衡；其次，通过企业的内部报告、营销情报活动和营销调研过程，从宏观和微观营销环境各方面开发所需要的信息，并通过信息分析加以处理使其更为有用；最后，将信息以适当的方式、在适当的时间送达至市场营销经理或其他作出营销决策的人，以协助其制订、执行和控制营销计划。

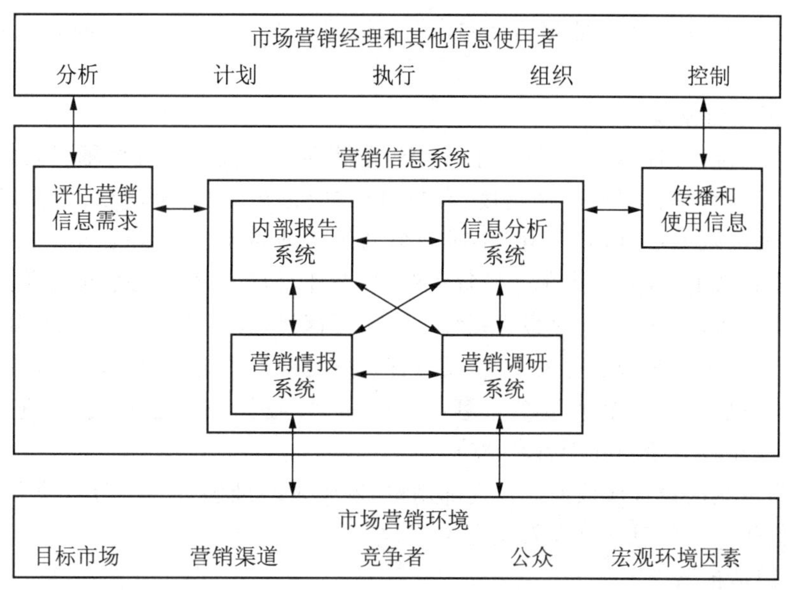

图 6-1　市场营销信息系统

市场营销信息系统的任务是为管理者适时提供所需信息，它具有目的性、及时性、系统性和广泛性的特点。

(1) 目的性。在信息技术爆炸的今天，多数营销经理并不需要数量上过多的信息，他们需要的是与营销活动密切相关、可以为他们的营销决策提供参考的有价值的信息。市场营销信息系统可在产出大于投入的前提下，及时地为营销管理者提供需要的市场信息，减少无用信息的干扰。

(2) 及时性。急剧变化的市场环境，要求市场信息能及时传递给营销管理者，便于他们在第一时间做出正确判断，信息传递速度越快，就越有价值。市场营销信息系统能够及时地为营销管理者提供来源可靠、能客观反映实际情况的市场信息，为他们制定正确的营销决策提供依据。

(3) 系统性。市场营销信息系统是若干具有特定内容的信息在时间和空间范围内的系统集合，它在时间上具有纵向的连续性，是一种连续作业的系统，在空间上具有最大的广泛性，内容全面、完整。它要求企业必须连续地、大量地、全方位地收集、整理和分析有关信息，为营销管理者提供决策依据。

(4) 广泛性。市场营销信息系统是一个开放的系统，它收集、传递的是营销活动中的社会信息，这些信息反映的是人类社会的市场活动，并已渗透到社会经济领域的各个方面。伴随着经济全球化的发展，市场营销活动已由国内市场延伸到国际市场，市场信息的收集也将具有更大的广泛性。

市场营销信息是企业调控内部营销活动、发现外部市场机会、进行市场预测和营销决策的依据，一个四通八达的营销信息网络可把各地区、各行业的营销组织连接成一个多结构、多层次的统一的大市场。因此，市场营销信息系统不仅关系到企业营销活动的顺利开展，还有利于有效的社会营销系统的形成。

三、市场营销信息系统的构成

市场营销信息系统由内部报告系统、营销情报系统、营销调研系统和信息分析系统构成。

(一) 内部报告系统

内部报告系统以内部会计系统为主，生产、仓储和销售报告系统为辅，提供企业内部信息，集中反映企业订单、销量、生产进度、存货、应收应付账款、现金流量、产品成本、销售费用、利润等方面的数据资料，通常用于企业日常营销活动的计划、管理和控制。

内部报告系统的核心是“订单—发货—账单”循环，销售人员将顾客的订单送至企业，负责管理订单的有关部门通过仓储报告系统了解有无存货，有存货的交由仓储部门及时发货，把发票、运单和账单及时分送有关部门，没有存货的立即安排组织生产。内部报告系统应及时提供全面、准确的生产、库存、销售信息，以利于企业掌握时机，更好地处理进、销、存、运等环节的问题，在市场竞争中处于有利地位。

内部报告系统的设计应面向广大内部用户，做到及时准确、简单实用，使管理者能够快速地找到他们想要的信息并且有效地应用。

(二) 营销情报系统

营销情报系统向市场营销决策部门提供外部环境发展变化的情报信息，它与内部报告系统的区别在于：它主要提供外部环境的变化信息，帮助营销管理者了解市场动态，发现市场机会和风险，而内部报告系统主要提供本企业的财务、库存和销售信息，帮助营销管理者评估企业绩效，发现生产经营问题。

企业可以从多种渠道获得外部营销环境的情报信息。营销管理者可以通过报刊、网络或与顾客、供应商、分销商、政府要员、外部服务公司（如物流公司、广告公司等）员工交谈收集情报；企业可以成立专门的营销情报信息中心，安排专人从媒体及其他多种渠道收集营销情报，定期制作成新闻简报送营销管理者，帮助营销管理者评估情报信息；企业可以鼓励处在市场最前沿的销售人员兼做营销信息观察、收集、整理和归纳工作，也可以利益共享的形式鼓励分销商、零售商和其他中间商向企业传递营销情报；企业还可以通过商业运作的方式向专门的情报信息机构购买市场信息。

在众多的营销情报中，关于竞争者的情报信息无疑是最重要的。企业可以通过多种方法收集竞争者的情报信息。公开的媒体报道、竞争者的年度报告、内部出版物、新闻广告片、网站等是获取竞争者情报信息的来源；参观公开的商场、参加贸易展销会、出席竞争者的股东大会等也是获取竞争者情报信息的途径；企业还可以通过与竞争者的雇员（如财务人员、工程师、销售人员）、合作伙伴（如供应商、分销商、运输代理公司）、主要顾客交谈获得重要的情报信息，甚至可以通过购买和分析竞争者的产品获得情报信息。

(三) 营销调研系统

营销调研系统根据企业所面临的特定的营销问题或营销环境，系统地设计、收集、分析和提出数据资料及研究结果，为特定的营销决策提供依据。营销调研系统与营销情报系统最本质的区别在于：它的针对性很强，是为解决特定问题而从事信息的收集、整理和分析。企业在营销决策过程中，经常需要对某个特定问题或机会进行重点研究，如开发新产品前，需要了解消费者的产品偏好，预测市场潜力和市场份额，评估定价、分销、促销行为的效果等，对这些具体问题的研究，营销情报系统将无法提供所需要的细节方面的信息，营销管理者需要有针对性的数据资料和研究结果。

企业可以有多种方法获得营销调研信息。大企业大多拥有自己专门的营销调研部门或专门的内部调研人员，他们和市场部门一起完成特定的项目调研；有的企业委托专业的营销调研公司进行专项调研或邀请他们参与调查研究或购买他们的专业调研结果；也有的公司针对具体问题，有目的地收集外部数据，并加以分析整理，以便决策。

（四）信息分析系统

由内部报告系统、营销情报系统和营销调研系统收集到的数据往往需要进一步地分析，信息分析系统是利用一定的技术和方法对取得的市场营销信息进行统计、分析、模拟，解释内外部环境与企业营销活动之间的关系，以更好地进行营销决策的系统。信息分析系统一般由资料库、统计工具库和模型库组成。

资料库中储存的是企业通过内部报告系统、营销情报系统和营销调研系统收集到的数据资料，包括顾客资料、企业生产销售资料、外部市场信息等。其中，顾客资料是企业进行市场营销分析的重要基础，通过顾客资料分析，企业可以准确地识别出哪些是企业最有价值的顾客、哪个细分市场最有利可图、哪些产品或服务为公司带来了最大的利润等。近年来，许多企业开始利用客户关系管理（customer relationship management，简称 CRM）系统对原始的顾客资料进行收集、维护和挖掘，以更大地提高顾客满意度和建立更稳固的顾客关系。

统计工具库汇集了一组汇总分析特定数据资料的统计程序，通过一系列的统计过程，帮助分析者了解一组数据彼此之间的相互关系及统计的可靠性，如帮助营销管理者了解广告和营业推广手段与销售额之间的因果关系。常见的统计方法包括：回归分析、判别分析、因子分析、时间序列分析等。

模型库集中了一组数学模型，通过模拟企业内外部环境和营销过程，得出模拟的营销结果，帮助营销管理者作出营销决策，如确定最佳销售区域、零售网点配置、广告预算分配，决定是否开发新产品、采用何种促销方式等。

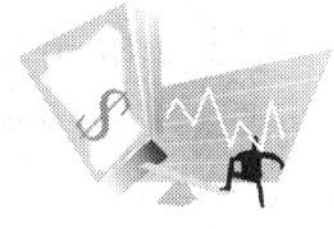

案例 6-1　必胜客如何利用内部数据库制定决策

必胜客的数据库拥有 4 000 万美国家庭的详细顾客数据，它们来源于电话订单、在线订单和全美 6 600 多家餐厅的销售点交易记录。该公司将按最喜欢的、最新订单，以及你是否同时购买沙拉、奶酪和腊肠披萨等方式处理和分析这些数据，然后利用所有这些数据巩固顾客关系。例如，在对长达数年的购买交易记录进行大量分析的基础上，必胜客设计了一个“VIP(very into pizza)”计划，以留住最优良的顾客。它邀请这些顾客参加“VIP”计划，并给每个人 14.95 美元和一份免费的大号披萨。之后，只要“VIP”顾客每月订购两份披萨，便将自动获得一张免费大号披萨的优惠券。必胜客跟踪所有这些购买，并以提供了电子邮件的会员为对象。总之，该活动不仅留住了必胜客的顶级顾客，同时还吸引了新顾客。该计划还产生了大量的网络热评。

小资料

大数据时代

最早提出“大数据”时代到来的是全球知名咨询公司麦肯锡，麦肯锡称：“数据，已经渗透到当今每一个行业和业务职能领域，成为重要的生产因素。人们对于海量数据的挖掘和运用，预示着新一波生产率增长和消费者盈余浪潮的到来。”“大数据”在物理学、生物学、环境生态学等领域以及军事、金融、通信等行业存在已有时日，却因为近年来互联网和信息行业的发展而引起人们关注。

现在的社会是一个高速发展的社会，科技发达，信息流通，人们之间的交流越来越密切，生活也越来越方便，“大数据”就是这个高科技时代的产物。随着云时代的来临，大数据也吸引了越来越多的关注。互联网服务商著云台的分析师团队认为，大数据通常用来形容一个公司创造的大量非结构化和半结构化数据，这些数据在下载到关系型数据库用于分析时会花费过多时间和金钱。“大数据”分析常和云计算联系到一起，因为实时的大型数据集分析需要像 MapReduce 一样的框架来向数十、数百或甚至数千的电脑分配工作。“大数据”在互联网行业指的是这样一种现象：互联网公司在日常运营中生成、累积的用户网络行为数据。这些数据的规模是如此庞大，以至于不能用 G 或 T 来衡量。

第二节　市场营销调研

一、市场营销调研的概念和作用

市场营销调研(marketing research)是以营销管理和决策为目的，运用科学方法，对有关信息进行有系统、有计划、有步骤地收集、整理和分析，并提出解决问题的建议，供营销管理者了解营销环境，发现市场机会与问题，作为市场预测和营销决策的依据。与狭义的市场调查不同，市场营销调研是对市场营销活动全过程的分析和研究，涵盖了从生产领域、流通领域到消费领域的各个方面。

市场营销调研是企业营销活动的起点，在企业确定发展方向、制定营销规划和市场营销组合策略等方面有着极其重要的作用。

(1) 有利于企业发现市场机会、确定未来发展方向。瞬息万变的市场环境，在给企业进入市场带来困难的同时也为企业发展创造出许多机遇。通过市场营销调研，可以帮助企业了解消费者的意见、态度、消费倾向、购买行为等，据此进行市场细分，进而确定其目标市场，预测产品的潜在市场需求量，分析市场规模和竞争格局，作为企业发现市场机会、确定发展方向的依据。

(2) 有利于企业开发新产品、开拓新市场。科学技术的日新月异，顾客需求的千变万化，使产品更新换代的速度越来越快。市场营销调研可以帮助企业了解顾客当前的需要和满足程度以及顾客尚不能明确表达的潜在需要，帮助企业开发满足顾客需求的新产品，开拓新市场，吸引全新的顾客群体。

(3) 有利于企业制定合理的市场营销组合策略。市场营销调研有助于企业了解消费者对现有产品的接受程度，对产品和包装的偏好，帮助企业制定合理的产品策略；有助于企业及时地掌握市场上产品的价格态势，灵活调整价格策略；有助于企业根据市场环境和竞争对手状况，合理运用广告、公共关系、营业推广、人员推销等促销手段，制定切实有效的促销策略；有助于企业建立合理的销售渠道，节约储运成本，提高产品竞争力。

（4）有利于增强企业竞争能力、提高经济效益。通过市场营销调研企业可以了解市场变化趋势、相关产品信息、顾客需求偏好，掌握竞争对手的经营策略、竞争优势、未来发展意图等，便于企业在制定营销战略时扬长避短，突出自己的特色，吸引消费者选择本企业的产品和服务，增强企业的竞争能力，实现企业的赢利目标，提高企业的经济效益。

啤酒与尿布

案例 6-2　奶茶行业分析：2022 年迈向全新的奶茶消费模式

当代年轻人出门必点一杯奶茶已经成为了日常，尽管市场奶茶店铺随处可见竞争白热化但是奶茶店的市场规模还在扩大。2021 年奶茶行业各个品牌竞争激烈，有低价位的蜜雪冰城也有高价位的奈雪的茶、喜茶等竞争，细分市场将会给奶茶行业带来新机遇。

奶茶在国内的市场迅速发展，现在国内高端奶茶店数量快速增长。奶茶行业一直以来都是比较受欢迎的，从以往的路边奶茶到现在的门店奶茶，都是随着消费者生活水平的改变而改变。

消费者对奶茶的需求，不仅仅是停留在解渴的基础上，还迈向了全新的奶茶消费模式，比如环境、服务、口感、性价比等方面上需求，这也是奶茶店的挑战。我国奶茶行业近年来发展迅速，但是却存在奶茶无奶和价格虚高的问题。而行业要想获得长期健康的发展，应当以质量为生命线，使用良好的制作原料，并且将利润率控制在一定范围之内。

在奶茶行业市场一片红海之下，主打高端市场的奈雪的茶成功突围，在港交所挂牌交易。同样，高端站位的喜茶频频传出上市传闻，奶茶界“拼多多”蜜雪冰城也启动了 A 股 IPO 计划。喜茶、蜜雪冰城等大刀阔斧进军 VC（风险投资）领域。据悉，2021 年 7 月份以来，喜茶已经投资了包括“Seesaw”“野生植物 YePlant”“WAT”“野山萃”等在内的多个品牌。靠着“烩面掺椰乳、烙馍塞冰淇淋”这种魔性搭配再次出圈的蜜雪冰城，于 2021 年 10 月份入股“汇茶”。此外，蜜雪冰城在东南亚市场中均有扩张。而中小奶茶品牌的机遇点和突破点，都隐藏在细分赛道上。每一次选择的机会，都注重基于理想状态的品牌概念，发源于对底层逻辑的追求。只有设计生存空间，依靠大数据营销仔细挖掘消费者需求，才能在饮料行业站稳脚。

根据《2022 现制奶茶奶原料消费者认知调查报告》显示，78％的受访消费者希望商家明确标识用奶原料并且加强企业自律和用奶规范。随着消费升级，消费者对“营养”的追求以及消费者对用奶原料的要求也不断提高，因此，为了更好地满足消费者需求，行业未来应当以质量为生命线才能获得健康的发展。

二、市场营销调研的类型和内容

(一) 市场营销调研的类型

根据不同的分类标准，市场营销调研可以划分为不同的类型。如按购买商品目的不同，可分为消费者市场调研和组织市场调研；按空间层次不同，可分为国内市场调研和国际市场调研；按时间层次不同，可分为定期调研和不定期调研；按调研目的的不同，可以将市场营销调研分为探测性调研、描述性调研、因果调研。

1. 探测性调研

在调研初期，企业通常对需要调研的问题缺乏足够的了解，探测性调研可以帮助企业界定调研问题的性质及产生问题的主要原因，明确进一步调研的内容和重点。例如，某企业某产品市场份额下降，初步分析可能的原因包括：产品质量下降、竞争对手推出新产品、消费者偏好转移、企业促销力度不够等，这时，营销人员就需要利用探测性调研寻找问题产生的主要原因。

探测性调研通常是一种非正式的、在利用二手资料基础上的小范围调研，通常为正式调研中的初步调研阶段或明确问题阶段所采用。

2. 描述性调研

描述性调研着重于对主要问题或产生问题的主要原因的深入研究。它往往需要在拟订调研计划的基础上，进行实地调研，收集第一手资料，深入了解和分析问题的过去和现状，并寻求解决问题的办法。例如，企业需要通过描述性调研对产生问题的主要原因进行深入调查，如实描述调查结果，反映真实情况和问题，并积极寻求解决对策。

3. 因果调研

因果调研是在收集、整理资料的基础上，通过逻辑推理和统计分析等方法，找出不同变量之间的因果关系或函数关系。例如，企业可以利用因果调研分析增加广告预算对提高市场份额的影响程度。企业通常利用因果调研分析产品、分销、定价、促销等市场营销手段对销售额、市场占有率、利润等的影响程度。

(二) 市场营销调研的内容

市场营销调研包括市场营销活动的各个方面，市场营销调研的内容，如图 6-2 所示。

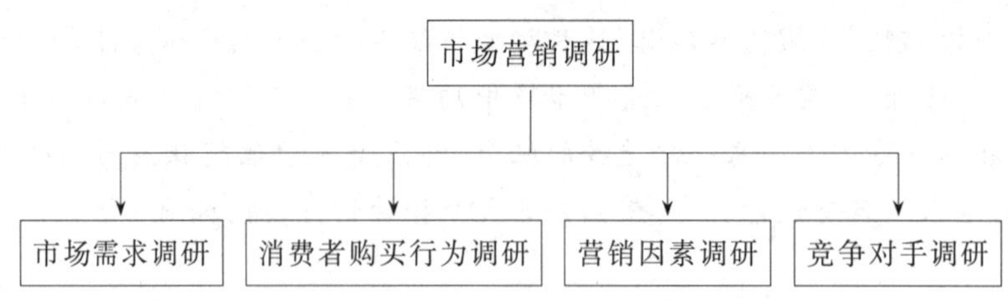

图 6-2　市场营销调研的内容

1. 市场需求调研

市场需求调研内容包括调查和分析市场需求情况，预测市场规模、现有市场需求量和潜在市场需求量，分析不同的市场对某种产品的需求情况、本企业产品的市场占有率，研究如何运用有效的市场营销策略，把握最佳的市场进入时机，研究国内外市场的变化动态及未来的发展趋势等。

2. 消费者购买行为调研

消费者购买行为调研内容包括研究社会、经济、文化等因素对消费者购买决策的影响，了解消费者的购买动机和购买习惯，研究产品设计、广告宣传及促销活动对消费者购买的影响，研究消费者对特定商标或特定商店产生偏爱的原因，了解本企业顾客对产品的满意度，掌握潜在顾客的需求情况等。

3. 营销因素调研

营销因素调研内容包括：①产品调研，研究企业现有产品的生命周期阶段，应采取的产品策略，如何进行新产品设计、开发和试销。②价格调研，研究影响产品价格的因素，分析产品价格策略的合理性和竞争性。③分销渠道调研，调查企业现有销售渠道的合理性，研究如何正确地选择和扩大销售渠道。④促销策略调研，调查企业现有促销策略是否合理，效果如何，研究如何改进促销手段，达到刺激消费、创造需求的目的。

4. 竞争对手调研

竞争对手调研内容包括调查和分析市场上的主要竞争对手及其市场占有率情况，竞争对手在产品、技术等方面的特点及发展情况，竞争者的市场营销策略、服务水平等。

三、市场营销调研的步骤

市场营销调研一般包括五个步骤，即确定问题和调研目标、拟订调研计划、收集信息、分析信息、提出研究结论，如图 6-3 所示。

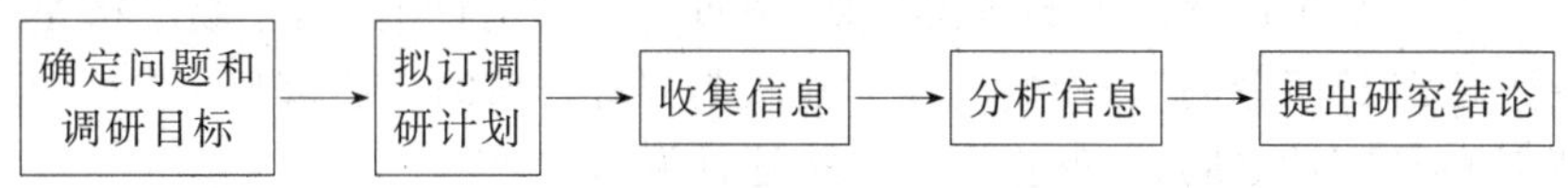

图 6-3 市场营销调研的步骤

（一）确定问题和调研目标

市场营销调研首先要确定需要调研的问题及调研所要达到的具体目标，明确为什么要进行此项调研、通过调研要了解哪些问题、调研结果的具体用途等。市场调研人员开始进行市场调研时，往往涉及面很宽，提出的问题也比较笼统，此时，可以先进行初步调研，通过初步调研，找出市场的主要问题。如产品市场份额下降问题，可以通过探测性的初步调研，通过对所掌握资料的分析以及对部分有经验的专业人员的非正式调查，找出主要原因，进而确定要解决的主要问题和调研目标。

经验证明，企业只有将每次调研所要解决的问题、达到的目标限定在一个合理的范围内，才能有效地制订调研计划和实施调研，并确保调研成果的实效性。而且，问题提得越明确，信息的采集量和处理量就会越低，越能避免调研过程中的浪费。

（二）拟订调研计划

调研人员需要在调研计划中明确所需要的信息、信息来源、调研方法、抽样计划、调研工具等内容。

1. 确定所需要的信息

确定所需要的信息是指明确为达到调研目标所需要的确切信息。例如，某食品公司在研究是否推出新包装时，需要的信息可能包括：该食品消费者的数量、经济状况、生活方式、性格特征；该食品的消费使用方式；零售商对新包装的反应；消费者对新包装的反应；新包装可能对销售额的影响；等等。

2. 信息来源

信息可分为一手资料和二手资料。一手资料又称原始资料，是调研人员直接从调研对象那里获得的信息；二手资料是已由别人收集、整理且通常已经发表过的信息，如企业内部资料库、公开出版物、各类咨询单位、信息公司和互联网都是很好的二手资料来源，特别是互联网的发展为企业收集二手资料提供了很大的方便。企业通常从收集二手资料开始收集信息，因为收集二手资料相对更快捷、成本更低，必要时再收集一手资料。

3. 调研方法

调研方法是指收集一手资料的方法，主要有观察法、询问法和实验法。

观察法是调研人员凭借自己的眼睛或借助照相器、摄像机等设备，直接到现场观察调研对象收集信息的方法，如电视机厂的调研人员在商场观察用户选购电视机的情况。观察法可以观察到调研对象真实的行为和状况，所获资料准确性高，但对行为和状况产生的原因和动机却缺乏了解，存在观察深度不够的缺点。观察法更适合于探测性和描述性调研，一般不适合因果性调研。

询问法有直接询问、信函询问和电话询问等几种。直接询问是调研人员直接向被调研者提出问题，获得所需要的调查资料，这种调研方法真实性强，具有一定的灵活性和直观性，缺点是调研费用高，能访问的人员有限，调研结果受调研人员态度影响较大；信函询问是通过信函方式向被调研者提出问题，它的调查范围广，被调研者有充分的时间回答问题，缺点是问卷回收率低、调研周期长；电话询问是通过电话的方式向被调研者提出问题，它提问灵活、成本低，调研人员可以立即得到所需信息，缺点是交谈时间有限，不易了解复杂的问题。询问法往往需要被访问者的友好和合作，才能收集到有价值的一手信息，它介于观察法的探索性和实验法的严密性之间，一般更适合于描述性调研。

实验法是从影响调研问题的可变因素中选出一个或两个因素，将它们置于同一条件下进行小规模的实验，然后对研究结果进行分析，以找出各因素之间的因果关系。实验法常常在真实或模拟环境下进行，结果具有客观性，但由于影响环境的因素是多种多样的，要比较准确地把握环境，需做多组实验，综合分析。实验法最适合因果调研，常常用于研究产品价格、款式、包装、促销等因素变化对销售量的影响。

随着互联网的发展，已有越来越多的企业利用网络调查、电子问卷等方式进行在线营销调研，收集原始数据，在线营销调研具有比其他调研方式效率高、成本低的优点，正在被越来越多的企业使用。

小资料

网上调研

在线营销调研有多种形式。企业可以将网页作为调查媒介，将问卷放在其网站上。它采用电子邮件、网站链接或弹出式广告等方式邀请人们回答问题，并提供奖品。它还可以建立在线固定样本组，以提供定期的反馈，或实施现场讨论或在线焦点小组。

除了在线询问，调研人员还可以开展网上实验。他们可以采用不同价格，使用不同标题，或在不同网站和不同时间提供不同的产品特征以了解它们的效果。他们还可以建立虚拟购物环境，用于测试新产品及营销计划。最后，企业可通过跟踪在线顾客在访问其网站和打开其他网站时的点击数来了解其行为。

4. 抽样计划

在抽样计划中应明确抽样单位、抽样规模、抽样方法等内容。

明确抽样单位就是明确向什么人调研，即明确目标调研者。例如，在研究家庭电视机消费的决策制定过程中，应该明确抽样单位是丈夫、妻子、两者兼有还是所有家庭成员。

明确抽样规模就是明确向多少人进行调研，大样本比小样本产生的结果更可靠，但没有必要花很高的成本把全体目标或大部分目标作为样本，一般地，大于1%的样本就可以得到较高的可信度。

明确抽样方法就是明确怎样选择被调研人，通常有概率抽样和非概率抽样两种类型，如表6-1所示。

表6-1　抽样的类型

抽样类型		描　述
概率抽样	简单随机抽样	总体中的每一个成员都有一个一致、均等的被选中的机会
	分层随机抽样	把总体分成彼此独立的层级（比如按年龄分层），从每个层级中随机抽样
	聚类抽样	把总体分成彼此独立的小组（比如按街区），调研人员选取一个小组整体进行访问
非概率抽样	方便抽样	调研人员从最容易获取信息的成员那里进行抽样
	判断抽样	调研人员根据自己的判断来选取那些最容易提供准确信息的成员作为样本。在某几个类别中，调研人员找到并采访特定数量的成员作为样本

概率抽样可以计算出抽样误差的置信限度，例如，在抽样调查后可以得出这样的结论："在我国家庭电视机消费中，95%的可能是夫妻协商后作出决策"。但是由于概率抽样的成本太高、花费时间太长，因此，虽然非概率抽样无法测量抽样误差，营销调研人员也经常采用这种方法。

5. 调研工具

营销调研人员在收集一手资料时，可以使用调查问卷和调查仪器（如照相机、摄像机等）等调研工具，其中，最常用的是调查问卷。

调查问卷由一组请被调查者回答的问题组成。在设计调查问卷时，要特别注意所选的问题、问题的用词、逻辑顺序和提问的方式。问题的设计要围绕调查目的展开，无关紧要的或不容易回答的问题一般不予列入；问题的用词应该简单明了、没有歧义；问题要按一定的逻辑顺序编排，如果可能的话，第一个问题应该引起人们的兴趣，私人性的问题应该列最后；提问的方式主要分封闭式问题和开放式问题，封闭式问题指对问题事先设计出各种可能的答案，被调查者从中选择一个答案即可，比较容易回答，开放式问题允许被调查者用自己的语言回答，往往可以使调查者了解更多的信息，常常在探测性研究阶段使用。

调查仪器有时也在营销调研中使用。如：收视器安装在接受调查的家庭电视机上，用于记录收看电视的时间和频道；交通流量计数器安装在交通路口，用以记录一定时间内过往车辆的数量。

除以上内容外，调查计划还应该包括时间安排、人力安排和成本预算等。

（三）收集信息

在制订调研计划以后，可由本企业调研人员承担信息收集工作，也可以委托专业的调研机构收集。收集信息要注意信息的准确性、可靠性和及时性。

（四）分析信息

在分析信息阶段，调研人员对收集到的信息进行分析、制图或列表，运用统计方法和数学模型对数据进行处理，以充分发掘从现有数据中可推出的结果，在看似无关的信息之间建立起内在的联系。

（五）提出研究结论

调研的目的显然不是向管理者提交大量的统计数字、表格和数学公式，而是要对决策者关心的问题提出结论性的建议。在提交的研究报告中，调研人员应详细说明调研目标、调研过程、调研结论，并为管理者决策提供建设性的意见和建议。

案例 6-3　大数据时代如何做市场调研

当前的市场调研行业存在着前所未有的潜力，很多人表示，将传统的市场调研智慧与大数据的巨大威力相结合，可能会在定性分析和定量分析方面产生巨大的优势。但是要做到这一点，首先还有很多工作要做。沃顿商学院运营与信息管理学教授桑德拉·希尔(Shawndra Hill)表示："这是一个非常激动人心的时代。有大量的数据可挖掘，以深入了解客户，了解他们的态度和他们在想什么。此外，数据挖掘在过去的十年已经取得了长足的进步，但我们还有很长的路要走……也就是要弄清楚人们说话背后的真正含义。"

希尔教授补充道，要搞清楚人们所做选择背后的原因，这是最重要的。"把大数据和传统市场调研结合起来，就可以从人们的选择当中，找出一定的规律，然后市场调研者就可以检测各种假设。有些人和我一样，擅长和机器打交道，搞数据挖掘，而不注重人类行为分析和原因分析。所以说，大数据和市场调研，这两者你都需要。"

此外，希尔还指出，数据挖掘分析和市场调研这两个方向，适应不同的行业。她表示："对于某个行业而言，如果成功可以用点击率和在线购买量来衡量的话(这方面数据充足)，那么这个行业就可能更青睐数据挖掘。在线广告就是一个很好的例子，广告效果完全就是用数据、预测等来衡量。我在电视领域工作多年，现在的电视网络都有数据分析团队，但同样也做大量的市场调研工作。"

美国沃顿商学院营销学教授布莱特劳表示，将大数据和市场研究相结合的一个很好的行业例子就是在消费品领域，比如宝洁公司。"虽然像沃尔玛这样的大公司，花了很多时间做分析和数据挖掘，但是他们也没有放弃消费群体的民族特性研究、消费调查以及消费心理学研究等。在我看来，你既不能轻视对消费者的跟踪分析，但也不能忽视这一点，那就是，没有什么比了解消费者的心理更重要，相比前者，后者更难做到。"

未来的发展领域是什么呢？布莱特劳指出："现在，市场调研都变得可测量了，它就是个时间和地点的问题。比如，当你走过梅西百货商店时，市场营销人员是否能根据你的实时定位，来向你发送正确的消费讯息？对于我来说，这一点就是最终目标：在正确的时间，向正确的人，提供正确的商品信息。这就是为什么如今你看到这么多的商家投资于移动设备，在人们消费的时候，向他们发布产品和折扣信息宣传。我觉得在这方面，存在很大的机会，但我们目前还没有充分发掘出这种机会。"

更高层次的数据——比如跟踪人们的眼球在电脑屏幕上的运动轨迹，或在人们逛商场时，通过手机来跟踪他们的购物模式等，可能会带来侵犯个人隐私方面的问题。但是沃顿商学院营销学教授芭芭拉·卡恩(Barbara E.Kahn)认为,对于市场调研者来说,这类的数据可以帮助他们更好地理解消费者的消费行为和原因。卡恩教授还是沃顿商学院 Jay H.Baker 零售业研究中心的主任。

她指出,最终的目标是要能够跟踪消费者的整个消费轨迹,从最初的消费冲动、权衡阶段,到最终的购买阶段。她表示:"这就是对消费者的消费决策进行更加综合深入的分析。比如,某人没有购买某种新款电视机,因为他(她)从来没见过这种电视机。有人则是见过了,发现不喜欢,才没有购买。虽然结果都是一样,但原因不一样,所以在进行消费行为分析的时候,方法也有所不同。要针对不同的原因,采取不同的弥补措施。传统的市场研究显然是有趣的。但有些新的手段和方法,能够带来新的见解和可能性。"

第三节　市场需求的测量与预测

企业通过市场营销调研发现市场机会,在确定目标市场,开展一系列营销活动前,企业必须对目前的市场规模和未来的市场发展潜力作出正确的评估和预测。高估或低估市场需求会导致企业生产能力过剩或使公司错过快速增长的机会。

一、市场需求的相关概念

(一) 市场需求的概念

市场需求(market demand)是指在一定时期和一定区域内,在特定的营销环境和一定的营销努力水平下,特定消费者群体可能购买的某种产品或服务的总量。在这里,"一定时期"是指市场预测的时期,由于环境变化的不确定性,一般地,预测时期越短,预测的准确性就越高;"一定区域"是指预测的地理范围,企业可根据具体情况,合理划分区域,预测各区域的市场需求;"特定的营销环境"是指预测区域内人口、政治、经济、法律、文化、技术、自然等特定的宏观环境;"一定的营销努力水平"是指企业(行业)在产品、价格、促销、分销等市场营销方式上所作的努力。

市场需求并不是一个确定的数字,而是一个在特定环境条件下的函数。例如,对某羽绒产品的市场需求取决于某区域的人口数量、天气情况、消费者的收入水平、该行业营销努力水平等。因此,市场需求也被称为市场需求函数。

市场需求与行业营销支出水平之间的关系,如图 6-4 所示。横轴表示在一定时期内可能的行业营销支出水平,纵轴表示对应的市场需求,曲线表示在各种不同的行业营销支出水平下的市场需求。

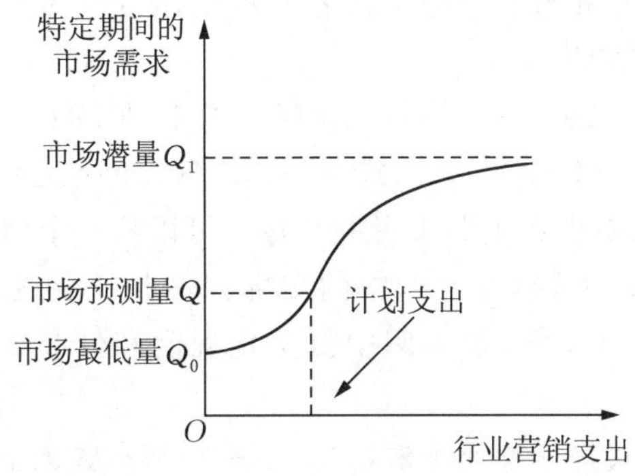

图 6-4　市场需求作为行业营销支出的函数(在特定营销环境下)

从图 6-4 中可以看出，在没有任何行业营销支出的情况下，也会有一定的基本销售量——市场最低量(market minimum)，市场需求随着行业营销支出水平的提高而上升，但边际报酬率随之递减，当行业营销支出超过一定水平后，市场需求不再上升。这个市场需求的上限就是市场潜量(market potential)。

(二) 市场潜量的概念

市场潜量是指在一定时期和一定区域内，在特定的营销环境和一定的营销努力水平下，所能达到的最大销售总量。市场潜量受宏观营销环境的影响非常大，一般地，繁荣期的市场潜量高于衰退期的市场潜量。因此，营销管理者在测量市场潜量、制定营销策略时要充分考虑宏观环境因素。

(三) 企业需求的概念

企业需求是指企业在市场需求总量中所占的份额。可用公式表示为：

$$Q_i = S_i Q \tag{6-1}$$

式中：Q_i 为企业 i 需求；S_i 为企业 i 的市场占有率；Q 为市场需求总量。

从式(6-1)中可以看出，企业需求的大小不仅受到市场需求总量的影响，而且还受到企业市场占有率的影响。在激烈的市场竞争中，企业的市场占有率取决于企业的产品、服务、价格、传播等营销策略与竞争者的关系，在其他因素相同的情况下，企业的市场占有率取决于它的营销费用在规模与效益上与竞争者的关系。

(四) 企业潜量的概念

企业潜量是指企业的营销努力相对于竞争者不断增大时，企业需求所能达到的最大极限。在特殊情况下，企业潜量可能与市场潜量相等，但在绝大多数情况下，企业潜量低于市场潜量。

二、目前市场需求测量

营销管理者在测量目前市场需求时应考虑总市场潜量、地区市场潜量、行业实际销售量和本企业市场份额等内容。

(一) 总市场潜量

总市场潜量是在一定时期内，在特定的营销环境和一定的行业营销努力水平下，一个行业全部企业所能达到的最大销售总量。通常用以下方法估计总市场潜量：

$$Q = n \times q \times p \tag{6-2}$$

式中：Q 为总市场潜量；n 为市场上全部购买者的数量；q 为一定时期内每位购买者的平均购买数量；p 为单位产品平均售价。

例如，如果每年有 1 亿人买书，平均每人每年买 6 本，平均每本书的售价是 20 元，那么，图书的总市场潜量就是 100 000 000×6×20＝12 000 000 000(元)。

式(6-2)中最难测量的是市场上购买者的数量。可以从一个地区的总人口入手，然后排除显然不会购买这种产品的人数(如上例中的文盲、7 岁以下的儿童)，再进一步调查，排除购买这种产品可能性很小的人数(如上例中低文化程度和低收入者)，从而估计购买者的数量。

该方法的一种变化形式是连锁比率法，它是由一个基本数乘上几个修正率组成。例如，某啤酒企业这样测量某新产品的总市场潜量：

某新产品的总市场潜量＝人口×人均可支配收入×人均可支配收入用于食品的比率
×食品支出用于饮料的比率×饮料支出用于含酒精
饮料的比率×含酒精饮料支出中用于啤酒的比率×
啤酒饮料支出中用于该啤酒的预计比率

（二）地区市场潜量

测量了总市场潜量以后，企业还应测量不同地区的市场潜量，以寻找最佳的进入区域，优化配置营销预算。通常用市场组合法和市场因素指数法测量地区市场潜量，前者常用于工业品生产企业，后者常用于消费品生产企业。

1. 市场组合法

市场组合法（market buildup method）是指通过测量不同地区市场的潜在购买者以及每个购买者的潜在购买量来测量该地区市场潜量的方法。

在利用市场组合法测量地区市场潜量时，最重要的是准确测量该地区的潜在购买者数量和每个购买者的潜在购买量。通常，我们首先利用国家标准行业分类体系，了解可能对产品感兴趣的行业，然后了解这些行业的企业数量，再确定一定标准，估算不同企业对产品的需求数量，并计算该地区市场潜量。

某机床企业利用市场组合法测量某地区对该企业木料机床的市场潜量的过程如表 6-2 所示。

表 6-2　利用市场组合法测量地区市场潜量的过程

标准行业分析	(a) 年销售额/百万元	(b) 厂家数	(c) 每百万元销售额 可能需要车床数	市场潜量 $(a\times b\times c)$
木制家用家具行业	1	6	10	60
	5	2	10	100
木制办公用家具行业	1	3	5	15
	5	1	5	25
合计/台				200

表 6-2 中，企业首先利用国家标准行业分类体系，了解到木制家用家具行业和木制办公用家具行业对产品感兴趣，然后通过调查，了解到该地区木制家用家具行业和木制办公用家具行业的企业数量和年销售额，并确定以企业年销售额为估算潜在需要量的标准（木制家用家具行业每 100 万元年销售额需要 10 台机床，木制办公用家具行业每 100 万元年销售额需要 5 台机床），最后计算该地区市场潜量。

在利用市场组合法测量地区市场潜量时，也可以用总资产、税前利润、员工数量等标准估算企业对产品的潜在需求量。

2. 市场因素指数法

和工业品生产企业一样，消费品生产企业也需要估计地区市场潜量，但因为消费者顾客数量过多，一一列出顾客名单是不可能的，因此，通常用市场因素指数法测量消费品的地区市场潜量。

市场因素指数法是通过分析与区域购买力相关的因素，并对每个因素赋予一定的权数以测量地区市场潜量的方法。购买力指数法是其中最常用的方法之一。美国《销售与市场营销管理》杂志每年都会公布全美各地和大城市的购买力指数，该指数计算公式如下：

$$B_i = 0.2P_i + 0.5Y_i + 0.3R_i \tag{6-3}$$

式中，B_i 为 i 地区的购买力指数，即 i 地区的购买力占全国的比例；P_i 为 i 地区人口占全国的比例；Y_i 为 i 地区个人可支配收入占全国的比例；R_i 为 i 地区零售业销售额占全国的比例。

例如，某衬衫企业通过市场调研，了解到某地区人口占全国的比例为 0.559 6%、个人可支配收入占全国的比例为 0.598 4%、零售业销售额占全国的比例为 0.659 4%，那么该地区的购买力指数为：

$$B = 0.2 \times 0.559\,6\% + 0.5 \times 0.598\,4\% + 0.3 \times 0.659\,4\% \approx 0.608\,9\%$$

也就是说该地区的市场需求应该达到全国市场需求的 0.608 9%。

（三）行业实际销售量和本企业市场份额

除了估计总市场潜量和地区市场潜量外，企业还需要知道所在市场的行业实际销售量和本企业的市场占有情况，以利于在竞争中知己知彼，正确制定相应的市场营销策略。

企业一般通过国家统计部门、行业主管部门、行业协会、新闻媒介统计和公布的数据了解全行业的实际销售量，并据此计算本企业的市场份额，了解本企业相对于整个市场的表现情况，也可以将本企业的市场份额与主要竞争对手的市场份额比较，了解本企业的相对市场地位。例如，某企业的销售量每年以 5% 的速度递增，同时，其所在行业及主要竞争对手的年增长率为 8%，则表明该企业的市场地位正在削弱。

另外，企业还可以通过购买专业市场调研机构的调查报告了解全行业销售总量、主要竞争对手和主要品牌的销售状况。

三、未来市场需求预测方法

市场需求预测是在营销调研的基础上，借助一定的历史资料，采用科学的预测方法，对未来一定时期市场供需变化及其发展趋势进行估计、分析和推断的过程，它是企业制订生产经营计划和市场营销决策的依据。

常用的市场需求预测方法，如表 6-3 所示。

表 6-3　常用的市场需求预测方法

预测方法	信息基础
购买者意向调查法	购买者意见
销售人员意见综合法	
专业人士意见法	
市场试销法	购买者行为
时间序列分析法	购买者过去的行为
直线趋势法	
统计需求分析法	

从表 6-3 中可以看出，市场需求预测的信息基础是购买者意见、购买者行为或购买者过去的行为。购买者意见调查包括对购买者或接近购买者的人（如销售人员或专业人士）的意见调查；购买者行为调查是把产品投入市场，通过小规模的试验销售，来观察和评估购买者的反应；购买者过去的行为调查是指利用时间序列分析、直线趋势分析或统计需求分析等方法对购买者过去行为记录进行分析。

（一）购买者意向调查法

购买者意向调查法是指直接向购买者询问购买意向、购买意见，从而预测市场需求变化趋势的方法。如果购买者的购买意向明确，能够转化为现实的购买行为，并且愿意向调查者透露，那么这种市场预测的方法特别有效。由于购买者的购买意向在转化为现实的购买行为之前，通常会受到很多因素的影响，因此这种方法多用于预测短期内的、需求比较稳定的工业用品和耐用消费品的发展变化。同时，由于潜在购买者数量较多，企业通常采用抽样调查的方法或重点对企业的大客户进行调查的方法。购买意向概率调查表常常用来对消费者的购买意向进行调查，如表 6-4 所示。

表 6-4 购买意向概率调查表

请问您打算在未来的六个月里购买一辆小汽车吗？					
0	0.2	0.4	0.6	0.8	1.0
不可能	有些可能	可能	很可能	非常可能	肯定

（二）销售人员意见综合法

在无法直接对购买者进行询问的情况下，企业通常会召集销售人员进行市场需求预测。由于销售人员最熟悉市场，最接近顾客，因而也更能把握未来销售的发展趋势。而且，通过参与预测过程，销售人员可以对他们的销售定额充满信心，从而激励他们达到销售目标。但是，有时候，受个性、能力及近期销售情况的影响，销售人员的市场预测会带有一定的片面性，需要对他们的预测结果进行一定的综合和修正，使之更趋向于合理。例如，某销售人员市场需求预测意见综合表如表 6-5 所示。

表 6-5 销售人员市场需求预测意见综合表

销售人员	相对重要度	预测项目	销售额/万元	概率	（销售额×概率）/万元
甲	1.0	最高值	4 000	0.2	800
		最可能值	3 000	0.6	1 800
		最低值	2 100	0.2	420
		期望值			3 020
乙	1.5	最高值	3 500	0.3	1 050
		最可能值	2 900	0.6	1 740
		最低值	2 700	0.1	270
		期望值			3 060
丙	2.5	最高值	3 050	0.2	610
		最可能值	2 700	0.5	1 350
		最低值	2 500	0.3	750
		期望值			2 710

经过修正，销售人员对销售额的预测值为：

$$E=\frac{1.0\times 3\,020+1.5\times 3\,060+2.5\times 2\,710}{1.0+1.5+2.5}$$

$$=2\,877(\text{万元})$$

（三）专业人士意见法

专业人士意见法是指通过征求相关专业人士的意见来预测市场需求的方法，专业人士包括经销商、分销商、供应商、营销顾问和贸易协会等。这种方法有三种具体形式：①小组讨论法，专业人士经过集体讨论，得到一个小组预测结果。②单独预测集中法，由每位专业人士单独提出预测值，然后由专项负责人将各位专业人士的意见综合起来得出结论。③德尔菲法，通过匿名函询的方式向专家们征求意见。首先由专项负责人将所要预测的问题及有关背景资料寄给专家，请他们提出个人的预测意见，寄回给负责人，然后由负责人综合、整理和归纳后，再寄给专家进行个人预测，如此循环往复多次，得出比较一致的意见，作为预测结论。这种方法的特点是各个专家不发生横向联系，可以避免受个人意见特别是权威人士意见的影响，有利于集思广益，发挥集体智慧。

（四）市场试销法

在购买者不准备仔细地制订购买计划，或他们的购买行为非常无规则，或专业人士的意见不十分可靠的情况下，有必要进行直接的市场试销。通过选择有代表性的城市或商店，或模拟一定的购物环境，观察消费者的反应，从而做出市场需求预测。

企业在进行市场试销时，要考虑消耗的费用和时间，过于高昂的费用和过长的耗时都有可能让竞争对手占据优势。因此，当开发和推广新产品的成本不高，或管理层对新产品充满信心时，企业可以少做甚至不做市场试销；当导入新产品需要的投资额巨大，或者当管理层对产品或营销计划没有把握时，企业就需要做大量的市场试销。

（五）时间序列分析法

时间序列分析法是将同一经济现象或特征值按时间先后顺序排成数列，运用数学方法找出数列的发展趋势或变化规律，并使其向外延伸，预测市场未来的变化趋势。由于时间序列分析法考虑影响预测目标的因素只是时间，因此，它的目的是寻找预测目标随时间变化的规律。

常用的时间序列分析法包括算术平均法和移动平均法。

1. 算术平均法

即将观察期内历史数据的算术平均数作为预测值，常用的有简单算术平均法和加权算术平均法。

简单算术平均法就是将观察期内历史数据的简单算术平均数作为预测值。加权算术平均法是为观察期内的每一个数据确定一个权数，以加权算术平均数作为下一期的预测值。使用加权平均数法预测的关键是确定权数，通常以离预测期远近来确定观察期内数据的权数，离预测期越近，权数越大。

【例 6-1】 假设某电视机厂 2021 年 1—12 月份电视机销售量分别为 78.0，86.4，80.0，75.0，82.6，72.0，66.5，64.0，70.5，79.0，74.0，75.0 万台，则利用简单算术平均法和加权算术平均法预测的 2022 年 1 月份电视机销售量的过程如下：

用简单算术平均法预测的 2022 年 1 月份电视机销售量：

$$X=\frac{78.0+86.4+80.0+75.0+82.6+72.0+66.5+64.0+70.5+79.0+74.0+75.0}{12}$$

$\approx$75.3(万台)

用加权算术平均法预测的 2022 年 1 月份电视机销售量(假设 2021 年各月销售量的权数分别为 1，2，……，12)：

$$X=\frac{1\times78.0+2\times86.4+3\times80.0+4\times75.0+5\times82.6+6\times72.0+7\times66.5+8\times64.0+9\times70.5+10\times79.0+11\times74.0+12\times75.0}{1+2+3+4+5+6+7+8+9+10+11+12}$$

$\approx$73.7(万台)

简单平均法使用简便易行、花费较少，当对预测值的精确度要求不高时，常常使用这种方法。

2. 移动平均法

移动平均法是将观察期内的数据由远及近按一定的跨越期进行分段，每向后移动一段，就去掉最前面的一个数据，增加之后的一个数据，然后求出每一段的算术平均数，并将与预测期最近的那个平均数作为预测值。与简单平均法相比，移动平均法消除了季节性、周期性或随机性等因素的影响，修匀了时间序列，反映了预测目标随时间变化呈现出的长期变化趋势。

常用的移动平均法有一次移动平均法和二次移动平均法。一次移动平均法只计算一次移动平均数，并将此作为预测值。一次移动平均法又可分为简单移动平均和加权移动平均两种。二次移动平均法是在一次移动平均的基础上，再计算一次移动平均数，并在一次移动平均值和二次移动平均值的基础上建立数学模型，从而确定出预测值。

例 6-2 简单地介绍了一次移动平均法的计算方法。

【例 6-2】 根据例【6-1】的数据资料，假设对历史数据以 3 个月作为跨越期进行分段，则利用简单移动平均法和加权移动平均法预测的 2022 年 1 月份电视机销售量，如表 6-6 所示。

表 6-6　移动平均法预测销售量

月　份	销售量	简单移动平均	加权移动平均
2021.1	78.0		
2	86.4		
3	80.0		
4	75.0	(78.0 + 86.4 + 80.0) ÷ 3 = 81.5	0.2 × 78.0 + 0.3 × 86.4 + 0.5 × 80.0 = 81.5
5	82.6	(86.4 + 80.0 + 75.0) ÷ 3 = 80.5	0.2 × 86.4 + 0.3 × 80.0 + 0.5 × 75.0 = 78.8
6	72.0	(80.0 + 75.0 + 82.6) ÷ 3 = 79.2	0.2 × 80.0 + 0.3 × 75.0 + 0.5 × 82.6 = 79.8
7	66.5	(75.0 + 82.6 + 72.0) ÷ 3 = 76.5	0.2 × 75.0 + 0.3 × 82.6 + 0.5 × 72.0 = 75.8
8	64.0	(82.6 + 72.0 + 66.5) ÷ 3 = 73.7	0.2 × 82.6 + 0.3 × 72.0 + 0.5 × 66.5 = 71.4
9	70.5	(72.0 + 66.5 + 64.0) ÷ 3 = 67.5	0.2 × 72.0 + 0.3 × 66.5 + 0.5 × 64.0 = 66.4
10	79.0	(66.5 + 64.0 + 70.5) ÷ 3 = 67.0	0.2 × 66.5 + 0.3 × 64.0 + 0.5 × 70.5 = 67.8
11	74.0	(64.0 + 70.5 + 79.0) ÷ 3 = 71.2	0.2 × 64.0 + 0.3 × 70.5 + 0.5 × 79.0 = 73.5
12	75.0	(70.5 + 79.0 + 74.0) ÷ 3 = 74.5	0.2 × 70.5 + 0.3 × 79.0 + 0.5 × 74.0 = 74.8
2022.1		(79.0 + 74.0 + 75.0) ÷ 3 = 76.0	0.2 × 79.0 + 0.3 × 74.0 + 0.5 × 75.0 = 75.5

注：在利用加权移动平均法计算时，假设同一跨期内各月份的权数分别为 0.2，0.3，0.5。

(六) 直线趋势法

直线趋势法假定预测值随时间变化的规律呈一条直线，通过拟合直线方程描述直线的上升或下降趋势来确定预测值。设直线方程为：

$$y_t = a + bt \tag{6-4}$$

式中：y_t 是预测值；t 是时间；a，b 是常量。

用最小二乘法，可以确定 a，b 的计算公式为：

$$a = \frac{1}{n}(\sum y_i - b\sum t_i)$$

$$b = \frac{n\sum t_i y_i - (\sum t_i)(\sum y_i)}{n\sum t_i^2 - (\sum t_i)^2}$$

为简便计算，取 $\sum t_i = 0$。当 n 为奇数时，确定资料中央一期为 0，各期时间间隔为 1，即：…，－2，－1，0，1，2，…；当 n 为偶数时，分别确定中央两期为－1 和 1，各期时间间隔为 2，即：…，－5，－3，－1，1，3，5，…。这样，a，b 就可以简化为：

$$a = \frac{\sum y_i}{n} \tag{6-5}$$

$$b = \frac{\sum t_i y_i}{\sum t_i^2} \tag{6-6}$$

【例 6-3】 假设某企业 2017—2021 年销售量分别为 420 百万件、430 百万件、450 百万件、480 百万件、500 百万件，则利用直线趋势法预测 2022 年该企业的销售量如表 6-7 所示。

表 6-7　直线趋势法预测销售量　　单位：百万件

年份	销售量(y_i)	t_i	$y_i t_i$	t_i^2	y_t
2017	420	－2	－840	4	414
2018	430	－1	－430	1	435
2019	450	0	0	0	456
2020	480	1	480	1	477
2021	500	2	1 000	4	498
$\sum$	2 280	0	210	10	—

代入公式(6-5)、(6-6)、(6-4)，可以计算出：

$$a = 2\,280 \div 5 = 456$$

$$b = 210 \div 10 = 21$$

$$y_t = 456 + 21t$$

即预测 2022 年该企业的销售量为：$y_t = 456 + 21 \times 3 = 519$(百万件)

(七)统计需求分析法

时间序列分析法和直线趋势法都只把销售看作一个变量的函数,而在实际经济活动中,往往有许多因素同时影响着产品销售,如人口、收入、价格、促销等。统计需求分析法是在找出影响销售的最重要的实际因素的基础上,研究这些实际因素与产品销售之间关系的一套统计方法。它将产品销售量看作一系列独立的需求变量的函数,即:

$$Q=f(X_1, X_2, \cdots, X_n)$$

运用多元回归分析的方法可以建立反映这些需求变量与销售量之间的相关关系的销售预测模型。

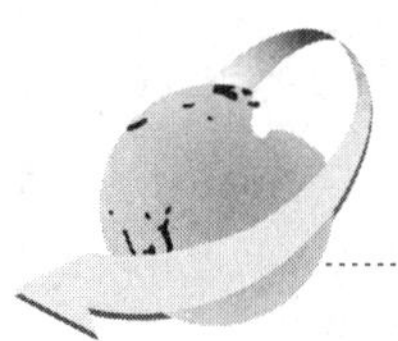

本章小结

1. 在信息时代的今天,市场信息已成为企业重要资源之一。市场营销信息系统(MIS)帮助营销决策者收集、挑选、分析、评估和分配需要的、及时的和准确的信息,它由内部报告系统、营销情报系统、营销调研系统和信息分析系统四个部分构成。

2. 市场营销调研是企业发现市场机会、进行市场预测和营销决策的依据,包括市场需求、消费者购买行为、营销因素、竞争对手等调研内容。

3. 市场营销调研一般包括确定问题和调研目标、拟订调研计划、收集信息、分析信息、提出研究结论等五个步骤。

4. 企业进行市场预测包括对目前和未来的市场需求的测量和预测。目前市场需求测量包括总市场潜量、地区市场潜量、行业实际销售量和本企业市场份额的测量,未来市场需求预测的方法包括购买者意向调查法、销售人员意见综合法、专业人士意见法、市场试销法、时间序列分析法、直线趋势法、统计需求分析法等。

关键概念

市场信息　市场营销信息系统　内部报告系统　营销情报系统　营销调研系统　信息分析系统　市场需求　市场潜量　市场调研　市场需求预测

复习思考题

1. 如何理解“市场信息是现代企业营销的第一要务”？

2. 如果你是一家大型图书销售公司的营销经理，你希望公司的内部数据库中具备哪些类型的信息？

3. 市场营销调研一般包括哪些内容？如何根据具体的调研问题和调研目标确定调研重点？

4. 市场营销调研一般包括哪些步骤？如何根据调研目标拟订调研计划？

5. 市场预测的方法有哪些？如何根据不同情况选择不同的市场预测方法？

案例分析

需求调研“钓”出大客户

某知名的摩托车企业人力资源部培训主管L先生打电话给培训公司，要求培训公司提供销售类课程菜单以便选择培训课程，看到顾客主动上门，培训公司的销售人员先是惊喜一番，然后迫不及待地将课程清单传真给L先生，有的发了E-mail，在课程清单以外，有的销售代表还没忘记加上一些公司简介、培训师师资简介、公司实力品牌等证明资料。

但某公司的销售代表A先生接到电话后，初步判断出这是一个大客户，可能有长期的培训合作可能，因而并没有急于这样做，而是对L先生说：“我们非常理解您想得到培训课程清单，不过，根据我们的经验，在没有了解贵公司的需求之前，我们担心发给您的资料会浪费您的时间，另外，课程清单并不能让您了解到课程本身的价值，要不我先给您发一份《营销培训需求调查表》，您填好后给我，我请我们的资深老师跟您做一个交流，然后再确定如何做?”听到销售代表这样一说，L先生颇感意外，但觉得这样好像是有道理，所以很快就同意了。A先生很快就收到L先生发回的《营销培训需求调查表》。接下来，培训公司的老师根据《营销需求调查表》提供的信息进行了初步需求分析，建议L先生应该与他们的人力资源主管做一下电话访谈，L先生再次同意，电话访谈结束后，培训公司以书面传真的形式给L先生做了回复，谈到现有的资讯对形成较高水准的《营销培训建议书》来说仍然不够，提出进一步进行面对面访谈的计划与请求，这次面对面访谈要求对方的销售部经理、市场部经理、受训对象代表(分公司经理)等参加。做完本次面对面访谈后,培训公司提交了一份《营销培训建议书》给L先生。后来,双方很快就签订了合作协议。

思考题:

1. 在不了解需求的情况下作产品介绍合适吗?如何利用营销调研化被动迎合顾客需求为主动引导顾客需求?

2. 加强营销调研工作对企业参与市场竞争有何重要意义?

第七章 目标市场营销战略

学习目标

1. 掌握目标市场营销的三个步骤,即市场细分、目标市场选择和市场定位的含义
2. 了解市场细分的主要标准和有效细分的条件
3. 了解企业目标市场选择的三种战略及其运用条件
4. 掌握通过市场定位获得竞争优势最大化的方法

引导案例

农夫山泉的成功

无论你喜欢不喜欢,短短十几年的时间内,农夫山泉已经无可争议地成为中国瓶装饮用水的领导品牌之一,农夫山泉的成功是目标市场营销战略,是品牌定位的成功。1998年,农夫山泉推出了"农夫山泉有点儿甜"的纯净水广告,用"有点儿甜"来做品牌的区分,占据消费者心智资源。1999年,农夫山泉的广告传播侧重点逐渐从"农夫山泉有点甜"转化为"好水喝出健康来",更加突出了"健康"水源品质。2000年,公司宣布全部生产天然水,停止生产纯净水,引领消费者回归自然。农夫山泉在国家没有出台"天然水标准"的情况下,其天然水的品牌定位已经赢得了广大消费者的认同。2008年,农夫山泉紧扣健康理念,广告语也悄然换成了"我们不生产水,我们只是大自然的搬运工"。2021年,农夫山泉总营收296.96亿元,同比增长29.8%。几十年如一日,农夫山泉坚守"天然水",将自然、健康的理念深深地植入消费者的心里,很好地打造了农夫山泉为人类的健康事业作出贡献的品牌概念。

人的需求是多种多样的,不同的需求集合就构成了一个个不同种类的市场。而对于一个企业来说,其所拥有的资源是有限的,企业不可能占有所有的市场,满足人的所有需求。因此,就需要对市场进行细分,以明确哪些市场是"适合"自己的目标市场。"知人者智,自知者明",企业在对自身有个客观认识的同时,也要在市场中找到自己的位置,即所谓定位。正确的定位可以使企业在市场营销中处在有利于自己发展的位置,明确企业特定的服务对象和服务内容,是制定企业营销战略的首要内容和基本出发点。目标市场营销是市场营销理论和实践的极有意义的进步,成为现代营销的核心战略。目标市场营销主要包含有三个步骤:市场细分(segmenting)、目标市场选择(targeting)、市场定位(positioning),所以又被称为STP战略。

第一节 市场细分战略

一、市场细分的概念和意义

(一) 市场细分的概念

市场是个复杂的概念,因为人的各种需求基本上都可以涵盖其中。但对于一个企业来说,市场的概念就要明确得多,原因是企业不可能满足人们所有的需求,它所面对的并非整个市场而只是其中的一部分,是适合企业经营的那部分市场。我们通常把对市场按照顾客的某种需求而划分为若干个部分的过程称为市场细分(market segmentation)。具体讲,市场细分就是指营销者通过市场调研,依据消费者的需求特点、购买行为等方面的差异性,将消费者的总体市场划分为若干种类分片市场的过程。

市场细分的观点是美国学者温德尔·史密斯总结了一些企业的市场营销经验,在20世纪50年代提出的。它一问世,立即被企业家所认可,并被誉为创造性的新概念。它的理论依据是消费需求的绝对差异性和相对同质性。

1. 消费需求客观存在绝对差异性

由于人们所处的地理条件、社会环境以及自身的个性心理不同,市场上的顾客千差万别,他们追求不同的利益,拥有不同的需求特点和购买习惯,以至于对商品的品种、数量、价格、式样、规格、色彩乃至购买时间和地点的要求都会有所不同。而且,这些差异是绝对的,就像世界上没有完全相同的两片树叶一样,市场上也绝没有完全相同的顾客。如果说卖方市场限制了消费者表现和实现其差异需求的条件,买方市场则使消费者步入了个性消费的时代,客观存在的需求差异得到真正尊重和鼓励。以消费需求为中心的营销活动自然地建立在对这些客观差异的识辨和区分即市场细分上。

2. 消费需求客观存在相对同质性

只承认需求的绝对差异,而否认其相对同质,是片面的,必然陷入不可知论的窘境。应该看到,在同一地理条件、社会环境和文化背景下的人们会形成有相对类同的人生观、价值观的亚文化群,他们的需求特点和消费习惯大致相同。正是因为消费需求在某些方面的相对同质,市场上绝对差异的消费者才能按一定标准聚合成不同的群体。每一个群体都是一个有相似欲望和需求的市场部分或子市场。

所以,消费需求的绝对差异性造成了市场细分的必要性,消费需求的相对同质性则使市场细分有了实现的可能性。

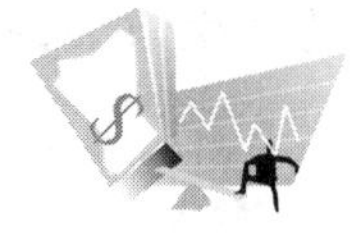

案例 7-1

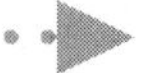

顺丰速运差异化服务

现如今,快递已经成为国人日常生活中非常重要的一项服务,随着当前生活节奏的日益加快,很多人对快递的速度有了更高的要求。尤其是对时间非常敏感的消费者,哪怕是顺丰速运这种快递行业速度领先的企业,有时候也无法满足他们的需求。快递的速度快慢都是相对的,因为从绝对速度来看,行业的整体速度是在不断提升的。而少数用户之所以还嫌顺丰慢，是因为自己的速度需求没有得到充分满足。为此，顺丰速运在服务产品的差异化方面走在了行业前列。目前，顺丰速运在国内的快递服务根据速度的不同，主要分为顺丰特快和顺丰标快。顺丰特快承诺在指定服务范围和寄递时间内收寄，根据寄件时间及快件寄/收地的行政区域，可查询明确的快件送达时间，最快当天送达；顺丰标快则承诺最快次日12:00前送达。顺丰速运还推出了顺丰同城急送，面向所有客户的全场景同城物流配送，专人专送，承诺3公里平均30分钟送达，5公里平均60分钟送达。这些产品从快到慢，层次比较分明，能够很好地覆盖对时间敏感程度不同的用户。随着消费者消费意识的改变，追求消费个性化、差异化的商品已是大势所趋，商品的配送服务也随之发生转变。无论是快递还是“慢递”，“在正确的时间和正确的地点将完整的商品配送给正确的人”乃是商品配送服务的本质。

（二）市场细分的意义

近50年的营销实践已经证明，市场细分是现代企业从事市场营销活动的重要手段，它是企业通向成功的阶梯。企业对市场进行细分的主要意义在于：

1. 实行市场细分有助于企业发现有利的市场机会

通过市场细分，可使企业充分地认识到每个细分市场需求的差异性，需求被满足的程度及各细分市场的竞争情况。通过进一步的比较与研究，企业可以从中发现没有被满足的需求或是未被完全满足的需求，如果在细分后的市场中竞争不充分并且本企业也有能力满足这个细分市场的需求时，这就出现了对企业有利的市场机会。

如果企业的规模不大，市场细分的意义则更大。小规模企业资源非常有限，竞争能力差，缺乏强有力的主营产品，在整个市场或是较大的细分市场中很难与大型企业竞争。因此，小企业就可以通过市场细分发现机会，也就是那些自己有能力去满足的且需求尚未被满足的细分市场。这可以使小企业避免与大企业正面展开直接竞争，从而获得一定的生存空间。

2. 实行市场细分，有利于企业调整营销组合

企业在进行市场细分后，易于集中力量深入了解和掌握所选目标市场的需求情况。企业可以针对细分市场对产品或服务的需求特点，改进现有的产品与服务的规格、种类、质量特性等，甚至去开发新的产品或服务。在此基础上，根据细分市场的特点在价格、分销渠道和促销策略上做相应的调整与组合。

3. 实行市场细分，有利于提高产品的销售效率

通过市场细分，企业尤其是小企业可将资源与力量集中于细分市场之中，争取在局部细分市场形成竞争优势，从而获得较高的销售效率。

总之，市场细分对企业的市场营销活动大有益处，并对企业的经营活动产生重要的影响。

二、市场细分的原则

（一）可衡量性原则

可衡量性原则是指企业划分的市场应具有自己的特性，即与其他细分市场不同的地方，而且这种区别是可以具体地进行衡量的。在每一个细分市场内消费者或者顾客的需求是具有共性的，如表现为类似的购买动机、需求特点、购买行为等，才可能与其他细分市场区别开

来。同时，企业也可以利用市场细分来形成自己市场营销特点。一般来说，市场细分的特征越明显，越有利于企业形成自己与众不同的特色。

（二）可盈利性原则

企业不是为了细分市场而细分市场的，市场细分的根本目标在于通过市场细分使企业在市场活动中获得优势，并实现企业在经营中的盈利。企业作为营利性经济组织，是否能够盈利是其经济活动的主要衡量标准之一。所以，企业选择的目标市场必须能够满足企业的盈利目标，即保持一定的利润率水平，这是对企业现实需求的满足。若市场细分不经济，如营销成本太高、细分市场太小等，都会使企业划分的细分市场失去有效性，这样的细分市场一般都要选择暂时或永久地放弃。

（三）可进入性原则

企业细分后的市场其有效性中最重要的一个，就是企业必须有能力进入该市场，并在该市场中具备相当的竞争能力。企业在市场细分中会避开一些竞争对手，但市场竞争是不可能回避的。这种竞争一方面可能来自宏观环境，如地区保护、贸易壁垒等；另一方面可能来自行业间的竞争；还可能来自行业内部的同行间的竞争，如某些同行设置市场进入障碍等。企业必须充分利用自己所具有的人力、物力、财力等各方面的资源优势，扫清进入某个细分市场的所有障碍，才可能实现真正的市场进入，并继而形成较强的竞争力。

（四）发展潜力性原则

发展潜力性是指市场具有未来发展的潜力，通过企业的市场营销活动将其发掘成为一个未来的现实市场，从而给企业带来长期的收益。因此，有两种基本情况企业必须审慎考虑，一是某个细分后的市场现实需求较大，但该市场已经进入成熟期或衰退期，几乎没有未来的发展潜力；另一是某个细分后的市场现实需求还没有或极小，但将来可能会有较大的市场需求。这两种情况一则可能使企业失去持续发展的市场空间，另一则可能使企业不具备实现近期市场目标的能力，从而失去长期发展的资本。这类市场对企业都未必是有效的，所以，市场发展的潜力性是以现实需求为条件的。

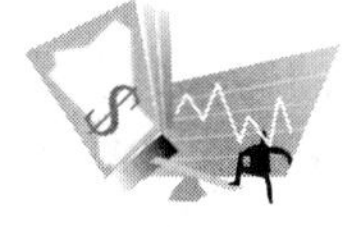

案例 7-2　维珍大西洋航空公司的细分之道

英国维珍大西洋航空公司（Virgin Atlantic Airways）简称“维珍航空”，始建于 1984 年，隶属于维珍集团，目前是英国第二大国际航空公司，主要提供来往英国的洲际长途航空服务。据美国财经杂志《商业内幕》报道，在著名旅行杂志《Travel＋Leisure》发布的 2020 年度全球最佳航空公司排名中，维珍航空位列第七。维珍航空在分析自己主要竞争对手（英国航空公司）和不同航空旅行客户群需求差异性的基础上，结合公司的资源特点，敏锐地发现了介于高收入的商务旅客和对价格较敏感的普通休闲旅客之间存在着一个空隙市场，他们都希望得到最高品质、最超值的服务。为此，维珍航空以商务舱的价格、头等舱的服务标准同对手竞争商务旅客市场；以经济舱的价格、商务舱的服务争取休闲分散的旅客。

三、市场细分的标准

市场细分标准也被称为市场细分变量。如前所述,市场细分是根据消费者需求的差异性进行的,而差异性又是在多种因素影响下形成的。所以,细分市场时,不仅可以根据消费者明显的爱好或不同的需要作为细分的标准进行分类,也可以根据形成这些不同需求的因素进行分类。企业会根据购买者的不同需求加以划分,使之成为具有不同特点的若干个顾客群体。需求差异的原因有多种,而且对于消费市场和生产资料市场的购买者也是不相同的。这也就成为企业进行市场细分的主要依据。在一定条件下,营销者往往是以一系列形成不同需求的因素,将市场进行细分,从中选择其目标市场。

(一) 消费者市场细分的主要标准

1. 自然地理因素

自然地理因素是企业根据消费者所处的自然地理位置进行市场细分的过程。例如,北方和南方、城市和农村、山区和平原、沿海和内陆、国内和国外等。通常处在不同自然地理环境中的人们会有不同的生活方式和需求特点,从而形成了不同的细分市场。

2. 人口因素

根据人口的性质来对消费者需求进行市场划分是常用的一种市场细分手段。人口因素包括人口的性别、年龄、收入、教育程度、职业、家庭人口数、宗教、民族、国籍、社会阶层、家庭生命周期等。例如,旅游企业可以按家庭结构和家庭生命周期对市场细分。人的一生一般要经历两个家庭,一个是以父母为核心的家庭,另一个是以自己为核心的家庭。在第一个家庭中做消费决策的主要是父母,自己参与决策较少,在第二个家庭中自己则是主要的消费决策者。新婚蜜月旅游是目前比较常见的,有了小孩后一般旅游的可能性较小,即使外出旅游通常也是短途的,但随着孩子的成长旅游的可能性会变大,同时旅游过程中对孩子的活动安排会更重视。另外,在按人口因素细分市场时,可采用其中一个人口因素性质,也可以组合多个人口因素性质,即所谓多因素市场细分法,如服装市场就可以按年龄、收入、职业、性别等因素进行市场细分化。

3. 心理因素

市场是由消费者需求构成的,而人的需求是多样化的。所以,要识别人的需求差异,还要从人的心理层面进行分析。心理细分,就是按照消费者的生活方式、个性特点等心理因素的差异进行市场细分。

(1) 生活方式细分因素。人的生活方式多种多样,一个人或群体对于消费、工作、娱乐的不同态度或倾向形成了不同的生活方式。不同生活方式的人会有不同的消费行为,如时尚与保守、新潮与传统、朴素与豪华等。例如,对于时装制造商来说,女性套装就可分为传统套装、时尚套装、中性套装等不同的市场类型,来满足不同的女性的生活和工作需要。

按生活方式细分市场,是由于生活方式是人们在相应社会环境中逐渐形成的,它一旦形成就会具有一定的稳定性,生活方式不同的人消费观念和消费行为必然有所不同。所以,将市场中具有相同或相似生活方式的一类消费者划为一个细分市场,对企业进行产品开发与市场营销工作是相当重要的。目前,使用比较多的方法是 VALS 法,V 是 values(价值),A 是 attitudes(态度),LS 是 life styles(生活方式)。这是一种多变量分类方法。通过对人们的自我认知、理想、价值观、信仰等为基础,人们的生活方式可划分为九种,如表 7-1 所示。

表 7-1 人们的生活方式

生活方式	主 要 特 点
赤贫型	年老,极度贫困,对生活缺少希望,在社会底层,不合群
温饱型	生活在贫困的边缘,易怒,缺乏安全感
保守型	中老年,传统,墨守成规,爱国,感情丰富,很稳定
奋斗型	年轻,富有理想,有能力,爱表现,有创新精神
成功型	中青年,富有,社会地位较高,自信,强调物质
自我中心型	不稳定,爱出风头,有自恋倾向,易冲动,理想主义,活跃,有创造力
经验主义型	依赖经验,以人为中心,有审美能力,乐于追求内心的满足
社会意识型	有使命感,有态度或观念的倾向,有成就感
完整型	心理成熟,视野开阔,宽容且善解人意,适应性强

以上九种生活方式,每种都代表一个细分市场,都具有相应的市场需求,按 VALS 分类如图 7-1 所示。

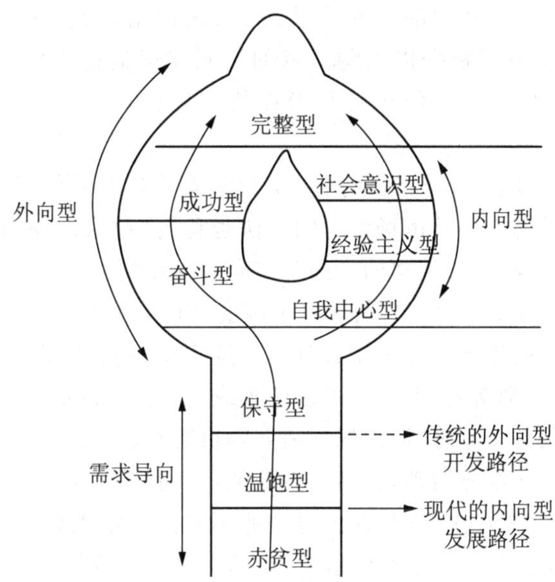

图 7-1 人们的生活方式——VALS 分类

(2) 消费者个性因素。消费者的个性特征是指消费者的性格特点,不同的个性会有不同的消费行为习惯,因而其个性差异就形成了不同的细分市场。如喜爱探险旅游的游客与喜欢文化旅游的游客相比,更具有冒险精神、精力充沛、易情绪化。

4. *行为因素*

人的行为多是由动机驱动的,而动机来自人的需求。分析消费者的各种行为活动,对深入掌握消费者行为特点和指导企业进行市场营销活动都有重要的意义。因此,根据消费者对商品的态度、反应、使用程度、使用经验等行为因素对市场进行细分,是企业划分市场的重要方法之一。

(1) 购买动机因素。购买动机是消费者购买商品的缘由所在,它直接反映了消费者购买商品追求的利益所在。消费者购买某些商品的目的是不尽相同的,有的消费者是追求经济利益,有的消费者是追求社会效益,有的消费者是追求产品的质量,有的消费者是追求购买的便捷性。企业要根据消费者不同的购买动机提供产品及服务。例如，美国市场营销学者扬克洛维奇（Yankelovich）采用“利益细分法”对美国钟表市场进行细分，结果是大约31%的购买者追求钟表的象征性价值；46%的购买者追求钟表的一般性质量要求，如质量、耐用性、走时准确等；23%的购买者追求钟表的低价格。钟表企业可根据以上细分结果，选择不同的细分市场实施自己的营销活动。

（2）购买者状况因素。购买者状况指购买者在何种情况下进行购买商品的活动，这主要包括购买者的无知状态、认知状态、产生兴趣状态、尝试状态、试用状态、经常购买状态等。购买者处在不同的购买状态会有不同的购买行为，这也就为企业进行市场细分提供了基础。例如，市场占有率高、市场竞争能力强的企业常会注重无知状态、认知状态、产生兴趣状态等状态的潜在消费者；而市场占有率较低、市场竞争能力较差的企业则会注重经常购买状态等重复使用者。

（3）购买者使用因素。某种产品的购买者对于产品的使用程度和状况通常是不一样的。按购买者使用产品的程度不同，包括非使用者、轻度使用者、中度使用者和重度使用者；按购买者使用的状况可分为潜在使用状况、初次使用状况、使用过状况、再使用状况和经常使用状况等。企业可根据以上购买者的不同状况进行市场细分。通常，市场占有率高的企业重视再使用者、经常使用者和潜在使用者；而市场占有率低的企业则会重视经常使用者。

（4）购买者使用率因素。购买者使用率是指购买者对于某种产品处在少量使用、中量使用还是大量使用的状态。这种市场细分的方法也称为“数量市场细分法”。通常，大量使用者占购买者总体的少数，但其消费的产品却占有较大比例。

（5）购买者品牌忠诚度因素。所谓品牌忠诚度是指消费者重复购买某种品牌产品的程度。根据购买者对品牌的忠诚程度可将其分为高度忠诚消费者，即在任何时候都只购买同一种品牌商品；一般忠诚消费者，即同时忠于两个或多个品牌的商品；游离忠诚消费者，即消费者不忠诚于某个或某几个品牌，而是根据需要随机购买。在市场中消费者的忠诚度不同，企业就可以据此进行市场细分活动，并指导企业的市场营销活动。

（6）营销策略因素。不同的消费者会对企业不同的营销策略产生不同的反应，营销人员采用不同营销要素组合如产品、价格、服务、渠道、宣传、营业推广等进行营销活动，这些要素在一定程度上代表着消费者的利益，企业可据此进行市场细分。如果企业在营销活动中强化某一个营销要素，则会吸引对该营销要素敏感的消费者。因此，企业根据消费者对营销要素的敏感程度来细分市场，有利于企业合理地进行营销组合并作出合理的营销预算，提高企业的营销效率。

以上市场细分的变量及典型分类如表7-2所示。

表7-2　市场细分的各种变量及典型分类

变量		典型分类
地理分类	地区	亚洲东北部、东南亚、西亚等
	城市规模	2万人以下、2万～5万人、5万～10万人、10万～25万人、25万～50万人、50万～100万人、100万～400万人、400万人以上
	气候	热带、亚热带、温带
	密度	城市、郊区、农村

续　表

变　量		典　型　分　类
人口变量	性别	男、女
	年龄	5 岁及以下、6～11 岁、12～20 岁、21～30 岁、31～40 岁、41～50 岁、51～60 岁、61 岁及以上
	家庭规模	1～2 人、3～4 人、5～7 人、8 人或更多
	家庭生命周期	青年，单身；青年，已婚，无子女；青年，已婚，有 6 岁以下的子女；青年，已婚，子女在 6 岁以上；老年，单身；老年，已婚，无子女；老年，已婚，子女均在 18 岁以上；等等
	家庭月收入	1 000 元以下、1 000～2 500 元、2 501～4 000 元、4 001～5 500 元、5 501～7 000 元、7 001～10 000 元、10 000 元以上
	职业	专业技术人员，经理、官员和业主，职员，售货员，农业人员，学生，家庭主妇，服务人员，退休者，失业者
	教育	小学以下、中学、高中、专科学校、大学本科、硕士、博士
	宗教	佛教、天主教、印度教、伊斯兰教、基督教、其他教、不信教
	国籍	中国、印度、印度尼西亚、日本、新加坡、美国等
心理变量	社会阶层	下层、中层、上层
	生活方式	变化型、参与型、自由型、稳定型
	个性	冲动型、进攻型、交际型、权力主义型、自负型
行为变量	时机	一般时机、特殊时机
	追求的利益	便利、经济、易于购买
	使用者的地位	未曾使用者、曾经使用者、潜在使用者、首次使用者
	使用率	不使用、少量使用者、中量使用者、大量使用者
	忠诚度	无、一般、强烈、绝对
	准备阶段	不了解、模糊、了解、熟知、感兴趣、想买、打算购买
	对产品的态度	热情、肯定、不关心、否定、敌视

需要注意的是，在对消费者市场进行市场细分的时候，既可以用一个变量标准，也可以用两个甚至更多。以牙膏市场为例，其利益细分如表 7-3 所示。因为，往往在一两个变量条件下得到的细分市场，并不能发现足够的市场机会，或者对顾客群的特点难以认识得很全面、很清楚。

表 7-3　某公司对牙膏市场的利益细分

利益细分市场	人口统计特征	行为特征	心理特征	符合该利益的品牌
经济利益市场	男　性	大量使用者	自主性强者	减价品牌
防治牙病市场	大家庭	大量使用者	忧虑保守者	品牌 A，B
洁齿美容市场	青　年	吸烟者	爱好社交者	品牌 C
口味清爽市场	儿　童	薄荷香味爱好者	喜欢享乐者	品牌 D，E

（二）产业市场细分的依据

许多用于细分消费者市场的变量，同样适用于产业市场，如追求的利益、使用者情况、使用数量、品牌忠诚度和态度等。当然，产业用品市场和消费品市场虽然密切相关，但毕竟购买目的和购买模式不同，细分产业用品市场的依据即使可以与消费品市场细分的一些依据共用，运用上还是有区别的。产业用品市场细分的依据主要有：

1. 购买者的组织规模

购买者的组织规模是指企业规模的大小，具体包括企业资金能力与购买力大小。一般地，大企业的数量少，但资金量大，购买力强，购买相对集中且购买频率低；小企业的数量较多，但资金量小，购买力弱，购买相对分散且购买频率较高。因此，有些企业针对大小不同客户而采取不同的营销方式来提高企业经营效率。

案例 7-3

汉口银行的细分市场

汉口银行成立于 1997 年 12 月，是一家总部位于武汉的城市商业银行。汉口银行以“思想为您服务”为核心理念，除了将城市居民作为目标客户以外，着力服务于科技型企业客户。2016 年，汉口银行获批投贷联动业务试点资格，成为国内首批 10 家试点银行之一，推动科技金融品牌在全国产生了广泛影响。采取“股权＋债权”“融资＋融智”的综合金融服务，对轻资产型和成长初期的科技企业提供支持，形成了特色鲜明且具有全国影响力的科技金融服务品牌，为自身赢得业务的发展空间。

2. 最终客户

不同的最终用户对同样产品会有不同的要求。在生产资料市场上，企业对不同的最终客户会采取不同的营销策略。

案例 7-4

IBM 的细分市场

IBM 针对数据密集型业务，以及需要快速上线的社交、移动等业务和企业核心应用等三大典型企业应用场景解读数据的价值，并提供基于“智慧存储”的创新技术和策略。

在数据密集型业务中，企业需要快速处理海量数据，从中提取最有用的信息，通过洞察来指导业务决策，获取商业机会。针对此需求，IBM 利用 Flash System 及 Smart Cloud Storage Access 来布局。

对社交、移动等需要快速上线的业务来说，抢占市场先机是企业获取商业价值的关键所在。这一类业务往往初期规模小但成长速度快，在这一业务领域，IBM 则以 Storwize 产品系列布局。

在核心应用场景中，企业需要保证核心应用的安全、稳定和持续运行，从而降低业务风险并维持核心竞争力。而IBM高端企业级存储IBM DS8000系列和XIV能够提供针对关键应用的极致可用性、安全性和先进的软件功能。同时，IBM Hyper Swap和DS8000的组合是应用级双活方案，其存储、服务器故障秒级自动切换功能将为企业关键业务提供持续、可靠支持。

3. 顾客的地理分布

顾客的地理分布往往受一个国家的资源分布、地形气候和经济布局的影响制约。例如，我国钢铁业主要集中在东北钢铁工业区、上海钢铁工业区等；轻工业主要分布在东部和东南沿海地区，如长江三角洲、珠江三角洲等。这些不同的产业地区对不同的生产资料具有相对集中的需求。

需要注意的是，企业在对生产资料市场进行细分过程中，通常都不会采用单一因素进行市场细分，而是采用多种因素组合进行市场细分。

案例 7-5　某钢铁制造企业的细分策略

某企业先是对市场进行初步细分，共分三步。第一步，该企业按最终用户类型把钢铁产品市场分为建筑业、汽车制造业、机械加工业、家电制造业四个细分市场，从中选出对公司最具吸引力的建筑业作为目标市场。第二步，企业按照产品用途对建筑业进一步细分为建筑材料、半成品材料、其他用途材料等三个细分市场，企业从中选出建筑材料为目标市场。第三步，该企业再按顾客规模把建筑材料市场细分为大客户、中等客户、小客户三个细分市场，企业从中选出大客户市场为目标市场。而后，该企业要对大客户市场进行再次细分，按大客户对产品的要求分为三个主要细分市场，一个细分市场重视价格因素，一个细分市场重视质量因素，一个细分市场重视服务因素。由于该企业生产规模大，资金实力强，所以，该企业最后将重视价格因素的细分市场作为自己的目标市场。企业的市场经过细分后变得非常具体明确。

采用以上标准进行市场细分时，要注意以下事项：首先，用于市场细分的标准必须是可以衡量的。这在市场细分的原则中已经提到，在此不再赘述。其次，市场细分的标准是可变的。例如，消费者的年龄、收入、产品品牌的知名度等，会随着时间的变化而不断变化；消费者的习惯与爱好也是会随着年龄的增长和社会环境的变化而变化的；城镇的规模、人口密度等也会随着社会经济的发展而有所增减。所以，对市场细分必须树立动态观念，定期适时地调查预测和研究调整。最后，企业在进行市场细分时，要根据本身的实际情况采用不同的细分标准。通常，从社会经济和地理环境状况进行细分比较方便。但为了深入地寻找到消费者之间的差别，还必须研究消费习惯、爱好和购买动机，这样更利于选择企业的目标市场。

四、市场细分的步骤

（一）两步市场细分法

两步市场细分法，是美国营销学者温德和卡杜斯提出的一种细分市场方法。两步市场细分法把市场划分为宏观和微观两部分，它先对市场进行宏观细分，然后对细分后的宏观市场予以微观细分。其具体步骤如图 7-2 所示。

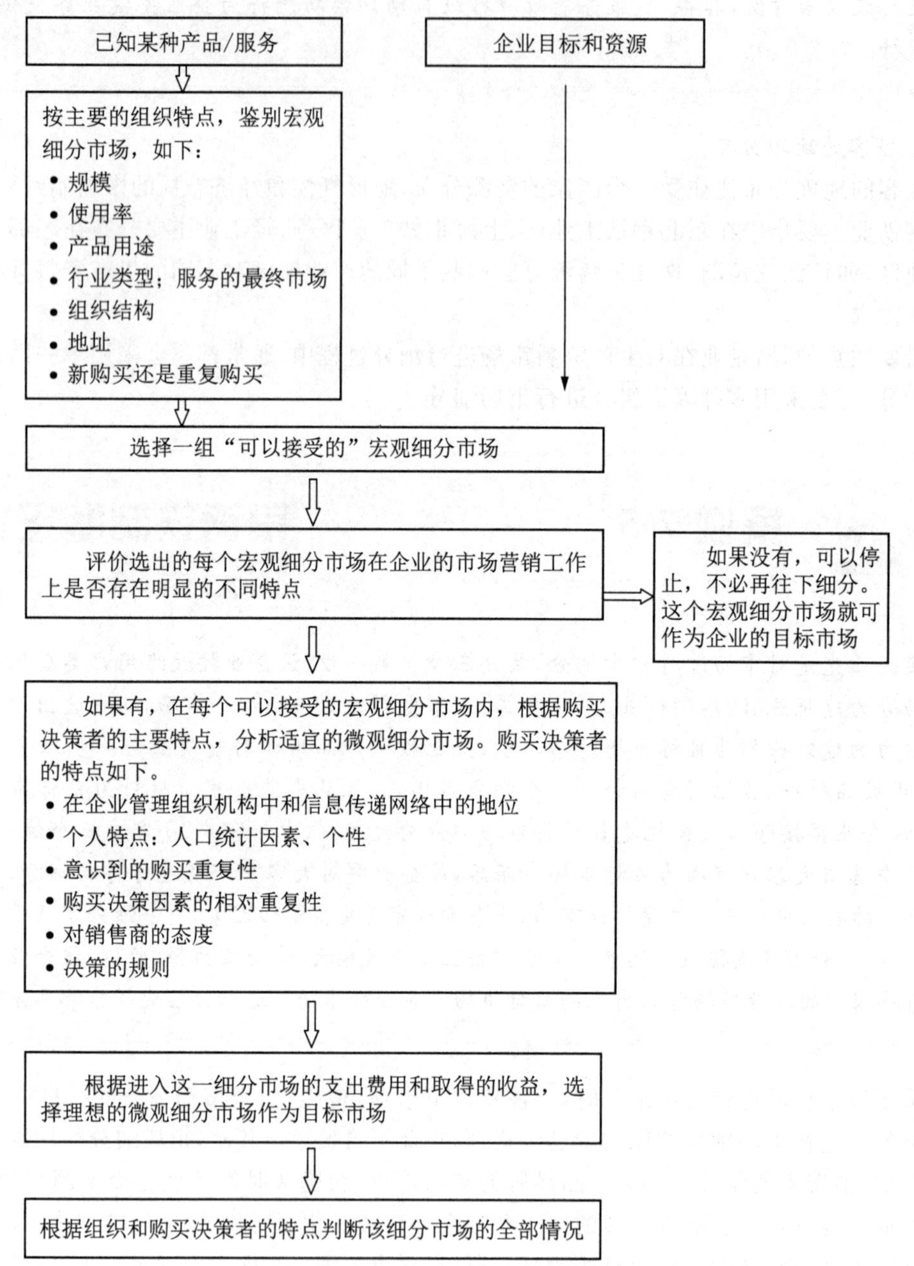

图 7-2　两步市场细分法的具体步骤

（二）五步市场细分法

对市场细分的常用方法还包括乔弗莱和利林模仿温德和卡杜斯的方法提出的五步市场细分法，具体步骤如下：

（1）确定宏观细分市场的组织单位。由于行业不同、地理位置不同，或其他可确定的特点不同，所以对产品的要求也不相同。

（2）在潜在市场中选择一个企业作为样本，确定每一宏观细分市场制定购买决策的结构，拟定一个“决策矩阵”。矩阵的各列代表决策程序的阶段，各行代表参与决策过程的有关人员，矩阵的输入数值是购买者决策程序每一阶段各有关人员所负责的程度。

(3) 确定组织与组织间的相似性指数，用相关系数分析这些企业，删除不相关或低相关的企业，即与样本企业的购买决策程序有重大差别的企业。

(4) 进行综合分析以确定微观细分市场，即购买核心的组成基本一致的一类组织。

(5) 对因此产生的分组即微观细分市场还需定性地进行评定，不仅要评定每个微观细分市场内各个成员间是否存在差别，而且要评定各个细分市场的组织特点有无明显差别。

(三) 七步市场细分法

七步市场细分法是根据市场营销管理的基本方法形成的一种市场细分法，具有典型示范性，具体步骤如下。

(1) 选择并确定目标。即确定企业要生产或经营什么样的产品或提供什么样的服务。这是市场细分的基础。企业要先进行全面的市场调研，分析市场需求的趋势并做出相应决策。

(2) 根据市场细分的标准列出消费群体的需求情况。这是确定市场细分的依据。决定实行市场细分的变数组合，尽可能地详细列出消费需求的情况。

(3) 初步市场细分。找出各种消费者类型，分析消费需求的具体内容，根据前面的细分标准进行细分。

(4) 筛选。确定各个细分市场的特点，选定符合细分具体变数的特点，剔除一般性的消费需求因素。

(5) 初步为细分市场命名。这一般可采用形象化方法来表述，便于记忆和分析。

(6) 复查各个细分市场符合细分具体变数的情况，对各个细分市场进行必要的合并或分解，形成更有效益的目标市场。

(7) 确定每个细分市场的规模，选定目标市场。

以上提出的步骤和方法是一般性的七步市场细分法，在实际操作中可根据具体情况进行合并或简化。

小资料

STP 理论

市场细分的概念是美国营销学家温德尔·史密斯(Wended Smith)在1956年最早提出的，此后，美国营销学家菲利普·科特勒进一步发展和完善了温德尔·史密斯的理论并最终形成了成熟的STP理论。它是战略营销的核心内容。

STP理论是指企业在一定的市场细分的基础上，确定自己的目标市场，最后把产品或服务定位在目标市场中的确定位置上。具体而言，市场细分是指根据顾客需求上的差异把某个产品或服务的市场逐一细分的过程；目标市场是指企业从细分后的市场中选择出来的决定进入的细分市场，也是对企业最有利的市场组成部分；而市场定位就是在营销过程中把其产品或服务确定在目标市场中的一定位置上，即确定自己产品或服务在目标市场上的竞争地位，也叫“竞争性定位”。

第二节 目标市场战略

一、目标市场的概念

目标市场是指企业在对市场进行细分后，经过选择决定进入的一个或一些分市场，企业要把它们作为经营对象和服务对象。市场细分的目的在于正确地选择目标市场，如果说市场细分显示了企业所面临的市场机会，目标市场选择则是企业通过评价各种市场机会、决定为多少个细分市场服务的重要营销策略。企业只有选择了适合自己经营、市场潜力较大的目标市场，才能围绕目标市场有针对性地开展营销活动，保证企业的生存和发展。没有目标市场，企业的经营活动就是盲目的，无明确对象的，必然事半功倍，甚至竹篮打水一场空。所以，目标市场是企业制定市场营销战略的基础，是企业经营活动的基本出发点之一。

在企业市场营销活动中，市场细分和目标市场的选择是两个基本环节，它们之间存在着紧密的联系。首先，市场细分是目标市场形成的基础和前提。企业进行市场细分的根本目的，是帮助企业更有效地选择目标市场。市场细分显示了企业所面临的市场机会，为企业将进入市场领域奠定了基础，也就是说决定了企业将来的生存与发展空间。其次，目标市场是企业进行市场细分的结果体现。在某种程度上，市场细分是对市场机会的分析过程，而企业将自身实际与市场机会结合后，就会在市场中锁定自己的目标市场，这是企业市场细分活动的必然结果。最后，企业在完成市场细分与目标市场选择后，就要面临一个重要的营销决策，即如何给企业及其产品进行市场定位。这是对以上营销活动的延伸。目标市场与市场细分、细分市场的区别如表 7-4 所示。

表 7-4 目标市场与市场细分、细分市场的区别

概　　念	区　　别
市场细分	指按一定的标准划分不同消费群的过程
细分市场	指市场细分后所形成的一个个的独立顾客群体
目标市场	指根据市场细分标准选择一个或一个以上细分市场，并作为企业营销对象的抉择

二、目标市场的选择

在市场细分的基础上，企业根据自己的资源条件选择一个或几个细分部分作为自己的服务目标的这种营销活动。在现实的市场经济条件下，企业可采取的目标市场选择战略（以某一电冰箱生产企业为例）有以下五种。

（一）产品/市场集中战略

产品/市场集中战略是指企业决定只生产某一种产品，只供应某一顾客群。例如，某电冰箱厂决定只生产容量为 170 升的家庭用电冰箱，如图 7-3 所示。

（二）产品专业化战略

产品专业化战略是指企业决定只生产某种产品，向不同的顾客群供应同种产品。如，电冰箱厂决定只生产容量为 500 升的电冰箱，同时只准备把这种电冰箱供应给家庭、学校和饭店，如图 7-4 所示。

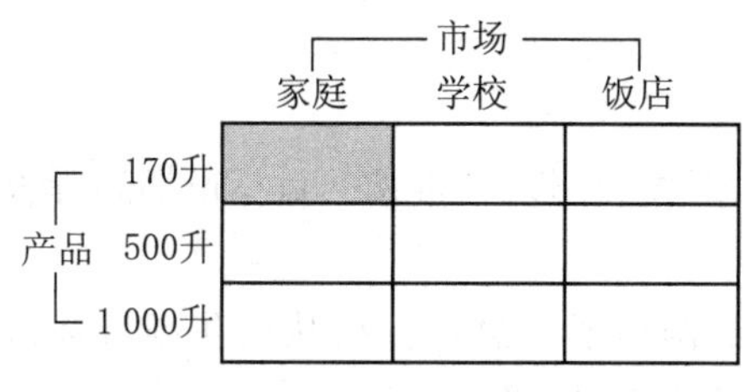

图 7-3　市场集中战略

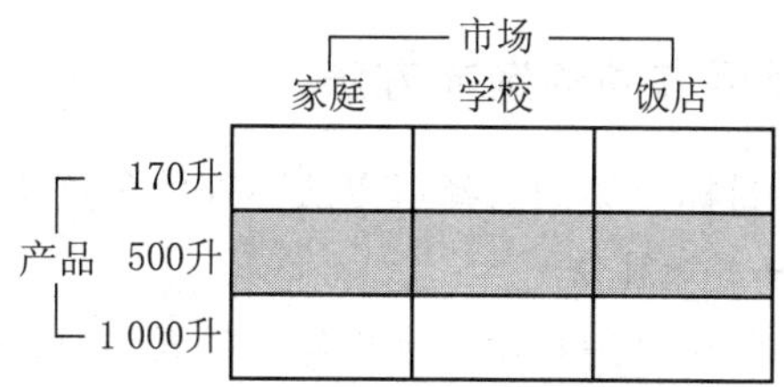

图 7-4　产品专业化战略

(三) 市场专业化战略

市场专业化战略是指企业决定生产各种产品，向某一顾客群供应各种产品，满足其各种不同需要。例如，电冰箱厂决定生产容量为 170 升、500 升、1 000 升的电冰箱，把这些型号的电冰箱供应给饭店，如图 7-5 所示。

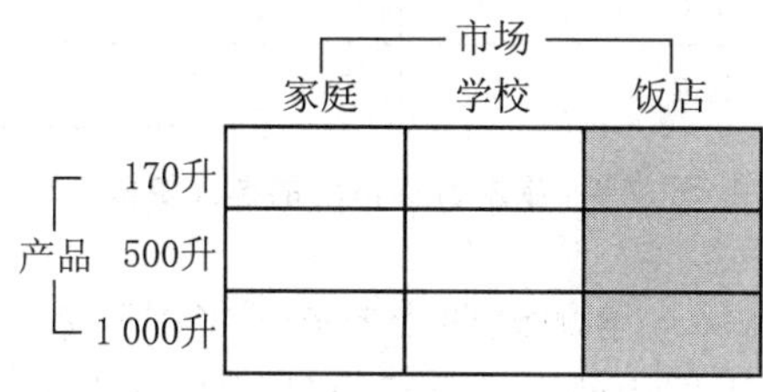

图 7-5　市场专业化战略

(四) 选择性专业化战略

选择性专业化战略是指企业决定同时进入若干不同的子市场，因为它们提供的市场营销机会都有吸引力。例如，电冰箱厂经过分析，决定为家庭消费者生产容量为 170 升的电冰箱，为学校生产容量为 500 升的电冰箱，为饭店生产容量为 1 000 升的电冰箱，如图 7-6 所示。

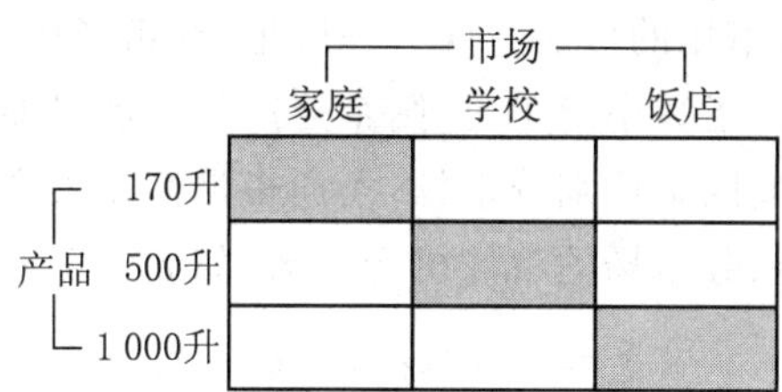

图 7-6　选择性专业化战略

(五) 整体市场战略

整体市场战略是指企业决定为所有的消费者生产各种产品。此战略是大公司为垄断市场常采用的“目标市场范围战略”。例如，电冰箱生产企业决定为家庭消费者、学校、饭店生产各种型号的电冰箱，即面向整个市场进行生产，如图 7-7 所示。

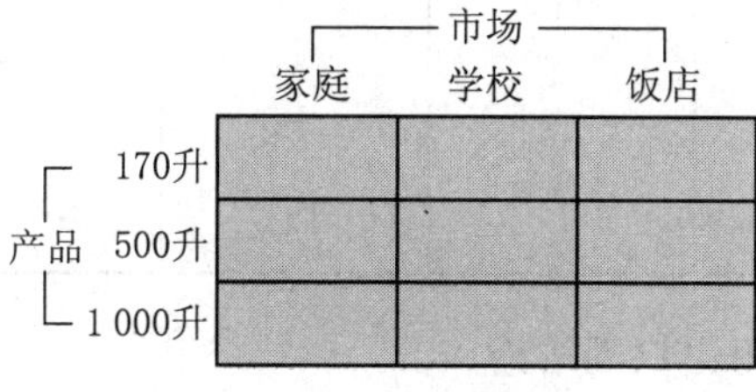

图 7-7　整体市场战略

三、目标市场的选择方法

对目标市场的选择可以从不同的角度进行。下面介绍几种常见的目标市场选择方法。

(一) 矩阵法

矩阵法是指采用二维矩阵的模式,对市场中的两组要素进行分析从而获得目标市场的方法。例如,某旅行社对国际旅游目标市场的选择矩阵,如图 7-8 所示。

客源地	旅游者收入		
	高收入	中收入	低收入
美国	1	2	3
日本	4	5	6
中国	7	8	9

图 7-8 旅游目标市场的选择矩阵

由上图可知,以旅游者收入与客源地两个要素可将国际旅游市场分为九个细分市场。该旅行社根据自身情况选择上图中的 8 号单元为目标市场,即以中国收入中等旅游者为目标市场。这是旅游企业选择目标市场的一般方法,但在实际中要根据企业的经营目标和营销目标的不同而进行区别对待。

(二) 市场机会指数法

市场机会指数是指某种产品在某一细分市场的销售额占该产品全部市场销售额的比例,与某企业某种产品在该细分市场的销售额占该企业某种产品全部销售额百分比的比值。它可反映企业开发这个细分市场的可能程度。一般地,当市场机会指数大于 1 时,企业产品会有较大的市场发展可能性;指数小于 1 时,则企业产品发展可能性较小。

例如,某个企业有六个大区备选细分市场,下面根据某年某产品在各细分市场的总销售额及企业的销售额,计算各细分市场的市场机会指数,如表 7-5 所示。

表 7-5 市场机会指数计算

细分市场	销售总额		企业销售额		市场机会指数
	金额/万元	占比/%	金额/万元	占比/%	
A 市场	569	16.5	27	16.1	1.02
B 市场	577	16.7	21	12.5	1.34
C 市场	653	18.9	10	5.90	3.20
D 市场	382	11.1	14	8.30	1.34
E 市场	225	6.5	13	7.70	1.18
F 市场	1 050	30.4	83	49.5	0.61
合计	3 456	100	168	100	

若设其他条件相同,可得出以下结论:

(1) F 市场的市场机会指数不大,但由于市场总量大,该市场优势要继续保持。

(2) C, D, B, A 市场销售量大,市场机会指数也较大,企业要努力扩大市场占有率。

(3) E 市场销售量小,但市场机会指数较大,企业要找到存在的问题,尽量扩大市场。

(三) 市场选择指数法

市场选择指数法是指对影响目标市场选择的各项主要因素进行分析打分,处理后得出综合分值的方法。根据各部分市场的选择指数大小,可进行目标市场的决策。

市场选择指数的计算公式为:

$$V_i = \sum_{j=1}^{n} W_j \cdot F_{ij} \tag{7-1}$$

式中:n 为考核因素项目;W_j 为 j 因素的加权值,并设 $\sum_{j=1}^{n} W_j = 1$;F_{ij} 为 i 细分市场中 j 因素的实际得分;V_i 为 i 细分市场的市场选择指数,即 n 项考核因素的加权总和。

(四) 市场占有率增长指数法

市场占有率增长指数法是指按照市场占有率或销售量发展趋势来选择企业目标市场的一类方法。其基本运用步骤如下:

(1) 将市场按市场细分要素分类,如按购买者收入、购买者年龄等进行分类。

(2) 调查各细分市场的销售现状。

(3) 预测各细分市场中本企业销售额和市场占有率的增长幅度。

(4) 比较各细分市场的销售额和市场占有率增长发展趋势(潜力),选择目标市场。

四、目标市场战略模式

通过市场细分化,企业面对着目标市场及其市场机会应如何进行市场营销活动? 一般地,可分为三大目标市场战略模式,即无差异市场营销战略、差异市场营销战略和集中市场营销战略。

(一) 无差异市场营销战略

无差异市场营销战略是指忽略各细分市场间需求的差异性,而以寻求市场需求共性为主的一种目标市场战略。企业在市场中注重顾客需求相同的那一部分,这类企业一般只经营单一的产品和采用一种营销组合方式,来吸引更多的顾客。

采用无差异市场营销战略的优点是:企业节约了大量的研发费用,大规模生产单一产品使得企业的生产成本很低,统一的市场营销策略和广告宣传也降低了企业的销售费用。因而企业的成本优势大,价格有竞争力。

采用无差异市场营销战略的缺点是:企业的产品非常单一、缺乏特点;企业所面临的市场必须是同质性市场;企业对市场需求的稳定性需求较高;一旦市场需求发生变化,企业将会面对巨大的市场风险而没有足够回避风险的手段。

(二) 差异市场营销战略

差异市场营销战略是指企业根据细分市场的不同需求特点,有针对性地分别提供不同品种、性能、质量、规格的产品,采用不同的市场营销策略进行市场营销活动的方法。

案例 7-6 海尔不用"洗衣粉"的洗衣机

国内洗衣机市场早已是一个成熟市场，洗衣机已经普及，成为国人生活中不可缺少的家电产品。海尔推出了"不用洗衣粉洗衣机"，突出不用洗衣粉特点，在所有洗衣机中是独树一帜，在众多同类产品中无疑是大赚眼球。但市场反应如何呢？2003 年问世后，就一下子沉寂了三年。2006 年开始，海尔再次花大力气进行推广，但市场反应仍未达到海尔的预期目标，原因有如下几条：

1. 不用洗衣粉不是太大的优势

"不用洗衣粉洗衣机"与"用洗衣粉洗衣机"的区别是什么？最主要是不用洗衣粉的洗衣机会比用洗衣粉的洗衣机省下洗衣粉。但这种差异是优势吗？如果是同等的价格，一个不用洗衣粉，一个用洗衣粉，那么这个优势比较明显。可是"不用洗衣粉洗衣机"的价格远远高于"用洗衣粉洗衣机"的价格，因此这种优势已经模糊了，甚至不成为优势了。

2. 不用洗衣粉不仅不是优势，而且可能还是劣势

洗衣不用洗衣粉，如果洗不干净的话，消费者还是会选择用洗衣粉，那消费者选择一个所谓"不用洗衣粉"的洗衣机，还不如选择一个用洗衣粉的洗衣机，洗衣服本来就是为了让衣服干净。这样一来，所谓的差异化不仅不是什么优势，反而是劣势。

海尔"不用洗衣粉洗衣机"很好地说明了企业需要警惕的严重问题——差异化≠优势，这也是一个很多企业经常会犯错误的问题。企业在研发过程中，往往缺乏换位思考，很容易习惯性地站在自我角度上考虑问题，看不到自己产品的缺点。企业一定要学会换位思考，脱离自我角度，多从消费者角度出发。同时，海尔"不用洗衣粉洗衣机"也深刻地说明：没有永远卓越的企业，没有永远不犯错误的企业，即使是再成功的著名企业也有打盹的时候。

差异市场营销战略的优点是：企业的产品种类多、销售总量大，能够满足各种市场需求，回避市场风险的能力强，即使部分细分市场的情况不佳，也可以通过其他市场的收益弥补损失。

差异市场营销战略的缺点是：企业产品种类多会使其研发费用大幅增加，由于企业多种产品面对不同的市场，就要求采用不同的营销组合而使企业的生产成本、管理费用、销售费用等有所增加。另外，由于各个市场间差异较大，对企业营销人员的管理水平要求较高，增加了营销活动中的不确定性因素。

（三）集中市场营销战略

上述的无差异市场营销战略和差异市场营销战略，都是企业面对整个市场为目标市场来实施的市场营销战略。而集中市场营销战略是指企业集中力量于一个或少数几个小的细分市场，提供能够满足其需求的产品的战略。集中市场营销战略是实力较弱的中小企业的良好选择。在企业资源不足或很有限的情况下，集中资源于具体的几个小的目标市场，比面对整个市场效果会更好。这种战略体现了企业集中力量于小市场，占据竞争优势，而不是到大市场中占小份额的指导思想。

案例 7-7 医药企业的集中市场营销策略

采用集中性目标市场策略的企业，追求的不是在较大的市场上占有较小的市场份额，而是在较小的市场上占有较大的市场份额。这种策略非常适合资源能力有限的我国中小型医药企业。在实际操作中，有些医药企业把目标集中在特定的药品细分市场上，取得了很好的经营业绩。例如，山东东阿阿胶专注于补血市场，江苏正大天晴药业专注于肝药市场，贵州益佰制药专注于止咳市场，吉林修正药业专注于胃药市场，山西傅山药业专注于心脑血管及肝病用药市场等。

集中市场营销战略的优点是：有利于企业集中少量资源在小市场中形成竞争优势，有利于企业发挥自己在生产、营销渠道、特种资源方面的专业化优势，也有利于企业降低销售费用。

集中市场营销战略的缺点是：企业所选的小市场如果太小，就会使企业的经营空间过于窄小，难以盈利。企业在小市场中经营，一旦市场有一定的需求变化，企业就会面临较大的风险。如果小市场中出现了强大的竞争者，企业的市场机会可能会很快地失去。

五、选择目标市场战略的条件

不同的企业在选择目标市场过程中会有不同的标准和条件，各有其优缺点，因而各有其适用的范围。一个企业究竟采用哪种策略，应根据企业、产品、市场的具体情况来决定。

（一）企业的综合实力

企业的综合实力是指企业所拥有的生产能力、营销能力、资金能力、技术能力、管理能力及人力资源能力等能力的总和。企业在进行目标市场选择的过程中，是以企业的综合实力为出发点的。企业是采用无差异市场营销战略、差异市场营销战略还是集中市场营销战略，要视企业的综合实力而定。如果企业的综合实力不足以覆盖全部的细分市场，无力顾及该行业的整体市场，那么只能选择采用集中市场营销策略，反之亦然。

（二）产品的同质性

产品的同质性是指企业所经营的产品，在产地、功能、品质、形态等多个特性方面都是相同的或类似的，抑或市场需求并不重视以上特性差别。如自来水、煤气、电力等称为同质性产品，对同质性产品企业适宜采用无差异市场营销策略。但如果市场需求产品的特性要素因市场需求的不同存在很大差别时，购买者在选购产品时就会主要以产品特性的差异作为购买的依据，如汽车、家用电器、手机等，这类异质化产品则适宜采用差异性市场营销战略或集中市场营销战略。

（三）市场的同质性

市场的同质性是指市场需求不存在差异性，所有购买者都有相同的购买倾向，在一定时期内购买的数量波动很小，对企业市场营销策略的反应也基本相同。具备这种特性的市场就称为同质性市场，如食盐市场等。企业对同质性市场适宜采用无差异市场营销战略；反之,则宜采用差异市场营销战略或集中市场营销战略。

(四)产品的生命周期阶段

产品在市场中存在着类似于人的生命周期,大致可分为四个阶段,即投入期、成长期、成熟期和衰退期。当企业向市场推出一种新产品时,通常只有一种或少数几种型号产品,所以在投入期企业宜实行无差异市场营销战略,或者集中所有资源于某一个细分市场实行集中市场营销战略;当产品生命周期进入成熟期时,企业可实行差异性市场营销战略来开拓新市场,增加销售量。

(五)竞争者的营销战略

企业在考虑采取的目标市场营销战略时,还应该根据竞争对手情况而定。当竞争者与本企业采用相同或相似的市场营销战略时,企业的营销战略效果就可能会降低,如竞争者已采用差异市场营销或集中市场营销策略时,企业再继续采取无差异市场营销策略,就难于与之抗衡;当竞争者采取无差异市场营销策略时,如果存在对本企业有利的条件,企业应该对市场进行有效的细分化,实行差异性市场营销策略,或集中市场营销策略,以获取市场细分化的好处。

第三节　市场定位战略

一、市场定位的概念和类型

通过市场细分,选定目标市场后,企业将面临一个或若干个具体的子市场。一般情况下,一个企业很难击败所有的竞争对手,完全占领一个市场并垄断它。所以,在一个目标市场上进行市场竞争是不可避免的。而一个企业及其产品在市场上想占据竞争优势,必须在企业经营和产品营销中形成自己的特点,以此来针对顾客需求,开发市场,继而战胜竞争对手。因此,企业进行市场定位是非常重要的。

(一)市场定位的概念

市场定位又称产品的市场定位,是指对企业的产品(服务)和形象进行设计,使其在目标顾客心目中占有一个独特的位置的行动。也就是说,这里所指的“位”,是产品在消费者感觉中所处的地位,是一个抽象的心理位置的概念。目标市场定位的实质在于对已经确定的目标市场,从产品特征出发进行更深层次的剖析,进而确定企业营销,最终要落实到具体产品的生产和推销。企业的任务就是创造产品的特色,使之在消费者心目中占据突出的地位,留下鲜明的印象。

“定位”这个词是由艾尔·里斯(Al Ries)和杰克·特劳特(Jack Trout)于1972年提出来的,他们说:“定位并非对产品本身采取什么行动,而是针对潜在顾客的心理进行的创造性活动。也就是说,将产品在潜在顾客的心目中确定一个适当的位置。”通常,消费者对市场上的产品有着自己的认识和价值判断,提到一类产品,他们会在内心按自己认为重要的产品属性将市场上他们所知的产品进行描述和排序。例如,提到汽车,梅赛德斯-奔驰以其豪华高档、宝马以其功能、丰田以其耐用而著称。随着市场上商品越来越丰富,与竞争者雷同、毫无个性的产品,很可能被忽视,无法吸引消费者的注意。为使自己的产品获得竞争优势,企业必须在消费者心目中确立自己产品相对于竞争者产品而言的独特的品牌利益和鲜明的差异性。简单地说，就是要使消费者感到自己的产品与众不同，即与竞争者有差异，并且使消费者偏爱这种差异。从这个意义上来说，目标市场定位又是一种竞争性定位。

（二）市场定位的类型

1. 初次定位

初次定位是指新成立的企业初入市场，企业新产品投入市场，或产品进入新市场时，企业必须从零开始，运用所有的市场营销组合，使产品特色确定符合所选择的目标市场。

2. 重新定位

企业在下述情况下往往需要对产品进行重新定位：

（1）原有产品在市场上遇到新产品的强大竞争，已无力抵抗。

（2）因多种原因，产品市场萎缩。

（3）原有市场饱和，需要开拓新市场。

重新定位意味着产品形象和带给消费者的利益在消费者心目中发生转移，恰当的重新定位可以使原产品摇身一变，适应市场的需要而重获新生。

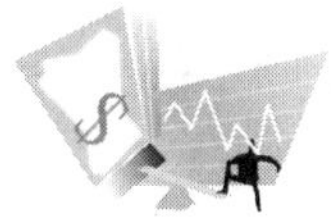

实例 7-8　宜家中国发布全新本土化品牌定位“家因你而生”

宜家家居于 1943 年创建于瑞典，是全球最大的家居零售商，在全球 38 个国家和地区拥有 311 个商场，其中有 32 家在中国大陆(截至 2022 年)。1998 年，宜家家居以高档时尚的形象进入中国市场。

从 1998 年进入中国市场开始，宜家家居就以高档时尚的形象，成为了小资一族的首选。然而，随着中国家居市场的逐渐发展和成熟，越来越多的国外巨头资本挤进中国，本土家居企业在不断崛起，消费者也在悄然发生变化。

2022 年 8 月 24 日，宜家中国在上海举行 2023 财年启动会，分享过去三年在“未来十”本土发展战略指引下所取得的商业转型成就，并发布针对中国市场的长期本土化品牌定位“家因你而生”，期待与中国消费者一起行动，实现“睿智生活新主张”。在会上，宜家中国推出了针对中国市场的又一项新举措——全新的本土化品牌定位“家因你而生”，期待通过 5 个重点领域——物有所“值”的“心”价比、充满灵感的“心”之家、为我和家打造“心”特色、省力省时的“心”便利、益于身心与环境的“心”价值，为中国消费者实现家的价值，更让家的价值因他们而不断升值。

3. 竞争定位(迎头定位)

USP

竞争定位(迎头定位)是指与市场上最强的竞争对手对着干。采用该种定位的企业要有一定的实力，能够在长期对抗中持续作战，同时应深入研究市场，在市场中确有很大市场潜力的情况下才值得一争。

实例 7-9 百事可乐的定位之道

在世界饮料市场上，作为后起之秀的百事可乐进入市场时，采用了竞争性定位，“你是可乐，我也是可乐”，与可口可乐展开面对面的较量。百事可乐在美国挑战可口可乐的主要方式，是其卓然超群的市场定位和对销售渠道的控制。在可口可乐一统天下的年代，针对青少年对碳酸饮料的强大需求及未来的购买潜力，百事可乐将自身定位于“创新、年轻并富有活力”，并且控制了销售渠道中的包装公司，因此能够异军突起。在国际市场上，百事可乐的竞争策略也很独特，它看准时机，占领了可口可乐的“真空地带”，不仅避免了后入的劣势和两败俱伤的局面，还在大片地区形成了垄断。百事可乐对麦当劳等快餐公司的挑战主要是有针对性地“提供质优、价低的产品，高效、多样的服务，并不断创新”。企业使用竞争定位必须做到知己知彼，力争比竞争对手做得更好。否则，竞争定位可能会成为一种非常危险的战术，将企业引入歧途。

4. 补缺定位(避强定位)

补缺定位(避强定位)是指避开强有力的竞争对手，不要“硬碰硬”，和平相处、共谋利益的市场定位策略。

实例 7-10 “江小白”的定位

如果产品的定位与竞争者雷同，且竞争者的产品定位已深入人心，你只能改变自己的定位，以避开强势定位。在很长的一段时间里，白酒产品大多定位于高端市场。“江小白”在进行定位时就采用了避强定位的战略，通过中低端市场、小曲清香品类、小酒品类、中低度数和青年客户群体五个维度的切入，客观上避开所有竞争对手的强势，寻找全新的目标群、新土壤。江小白将自己定位为专属于青年人的小酒，是第一家以青年人的小酒进入年轻客户的心智。江小白完美避开家国情或者文化底蕴酒的红海打法，围绕“青年人的酒”的攻击点，做小酒、低度酒、时尚酒、小曲清香酒、情绪酒等，让企业避免与强有力的竞争对手发生正面冲突，将自己的产品定位于竞争者未开拓的市场区域内，产品的某些特征或属性就可以与竞争者的产品形成差异化。

二、市场定位的程序

(一) 明确优势

明确优势是指企业在市场定位时，必须明确自身资源的优势，满足市场需求方面的优势及与竞争者的比较优势。只有分析清楚企业所具有的以上优势，才能充分发挥优势的作用，使企业形成与其他企业不同的特点。这一环节主要包括以下内容。

(1) 分析顾客对企业产品的评价,也就是要研究顾客究竟需要什么样的产品、最关心产品的什么特点、哪些产品要素是顾客购买决策的主要影响因素。分析顾客最重视的产品特色,对企业定位十分关键。如果企业能很准确地找到顾客最关心的问题,那么企业就会比竞争者更有效地创造能引起顾客注意的特色。

(2) 企业要分析自身的资源特点。一方面企业资源是有限的,只能重点集中于某些方面,在明确顾客需求的前提下发挥资源的优势;另一方面要注意企业资源与其他竞争者资源的比较优势。资源是企业创造自己特点的基础。

(3) 企业要分析竞争者的定位特点。企业在定位时通常都会有意无意地避开竞争者的定位,避免直接竞争。这就要求企业了解竞争者的产品特点、市场营销策略、市场定位如何。即使企业定位在竞争者附近,也要明确自己的定位特点与竞争者的差别及优势和劣势。

(二) 选择优势

在市场竞争中,选对优势就足以战胜对手。企业在充分研究竞争对手和自身的基本特点外,要进一步明确企业自己的比较优势所在来指导市场定位。

企业相对优势一般来自两个方面:一是产品的差别化优势;二是成本优势。产品的差别化优势就是在产品的功能、质量、服务等产品属性的某一个或几个方面不同于竞争者的产品,能够为消费者提供更好的需要,吸引消费者实施购买。成本优势来自多个方面,它是企业形成产品价格优势的基础。成本优势可以通过几种主要的方式获得,一种方式是通过规模化生产实现,例如,美国汽车行业中的龙头企业通用汽车公司年产汽车总量超千万辆,抵得上我国各个汽车制造厂的年产量总和,如此大的生产规模必然会使得汽车制造成本大幅下降,形成成本优势。另外,企业还可以通过低成本的融资渠道和多种融资方式组合降低成本,或者获取低廉的生产资源,如原材料、劳动力等,或者拥有先进的生产设施、管理体制,或者拥有高效经济的分销渠道等,都会使企业形成成本上的竞争优势,继而使企业比竞争者的产品价格更具竞争力。还有,企业也可利用自己其他优势,如企业的创新能力、企业的市场营销策略来显示其不同之处。

案例 7-11

大疆公司的定位

深圳市大疆创新科技有限公司(以下简称“大疆创新”)成立于2006年,如今已发展成为空间智能时代的技术、影像和教育方案引领者。从无人机飞控系统到整体航拍方案、从多轴云台到高清图传,大疆创新以“飞行影像系统”为核心发展方向,其产品已被广泛用于航拍、电影、农业、新闻、消防、救援等领域,并不断地融入新的行业应用。大疆创新以一流的技术产品重新定义了“中国制造”的内涵,并在更多前沿领域不断革新产品与解决方案。大疆创新凭借着拥有机架、飞行控制器、相机云台、图像传输系统完整的技术研发与生产能力,以及超高性价比,在消费级无人机领域占据全球85%的市场。

需要注意的是,企业在强化差别化的同时也要重视成本优势的形成,因为在一个目标市场中各企业产品之间可能存在一定的差别，但如果差别不明显或顾客无法有效地认知各企业产品间的差别则企业实施差别化策略就达不到预期的效果，这时成本优势仍可成为企业定位的要素。此外，企业进行优势定位不仅要注重现有资源的利用，还要利用企业潜在的某些资源，经过开发形成竞争优势。

（三）彰显优势

企业努力形成的优势不但自己要清楚，更重要的是让目标市场内的顾客也明知，这样才能形成真正的特色优势。把企业的竞争优势变为企业及其产品的特点，就必须使顾客也知道企业的优势所在，而让顾客了解企业竞争优势的最佳途径就是把竞争优势体现在产品上，由产品体现出优势。如企业有成本优势，就要体现在企业产品的价格比其他企业产品的价格更能被顾客接受；企业产品有差别化优势，就要体现在企业产品比其他企业产品更能满足顾客的需求。

如何显示企业的优势是企业进行市场定位的重要内容。企业的优势只有通过有效的途径才能显示出来。有时候价格优势更便于表达，但产品差别化的优势就不易表现了，尤其是市场不熟悉的新产品的功能优势，在被使用前很难体现出来。因此，企业要充分利用各种市场营销策略如广告宣传、公共关系、销售促进等对新产品的功能进行全面的介绍和演示，以便让顾客更快地了解企业产品功能的特殊性并增加顾客对产品的认同感。

三、市场定位战略

目标市场定位战略的关键在于寻求差异化。差异化（differentiation）是指为使企业的产品与竞争者产品相区分，而设计一系列有意义的差异的行动。企业的竞争优势主要来源于两个方面，即成本领先和差异化。实际上，为了向消费者提供更多的价值，企业产品定位就是从差异化开始的。差异化有利于找到并突出企业产品独特的卖点，这是企业获得竞争优势的根本战略。而与顾客接触的全过程都可以进行差异化，通常表现在以下五个方面。

（一）产品差异化

实体产品的差异化可以体现在产品的诸多方面：

(1) 形式差异，即产品在外观设计、尺寸、形状、结构等方面的新颖别致。例如，对闹钟的外形进行不同的卡通形象设计。

(2) 特色，即对产品基本功能的某些增补，率先推出某些有价值的新特色无疑是最有效的竞争手段之一。如为汽车增加自动驾驶功能、为某种食品增加防潮包装、为牙刷增加更换提示功能、为台灯增加护眼功能等。企业往往要在用高成本为顾客定制特色组合，还是使产品更加标准化而降低成本之间进行决策。

(3) 性能质量，即产品的主要特点在运用中可分为低、平均、高和超级等不同的水平。

(4) 一致性，即产品的设计和使用与预定标准的吻合程度的高低。一致性越高，则意味着买主越容易实现预定的性能指标。

(5) 耐用性，即产品在自然或苛刻的条件下预期的使用寿命。对于技术更新速度不快的产品，提高耐用性，无疑增加了产品的价值。

(6) 可靠性，即在一段时间内产品保持良好状态的可能性。许多企业通过降低产品缺陷，提高可靠性。

(7) 可维修性，即产品一旦出现故障进行维修的容易程度。标准化的零部件、一定的维修支持等都会使产品更受欢迎。

(8) 风格,即产品给予消费者的视觉和感觉效果。独特的风格往往使产品引人注目,有别于乏味、平淡的产品。

综合以上各个要素,企业应从顾客的要求出发,确定影响产品外观和性能的全部特征的组合,提供一种最强有力的设计使产品(服务)差异化和准确定位。

(二) 服务差异化

竞争的激烈和技术的进步,使实体产品上建立和维持差异化越来越困难,于是,竞争的关键点逐渐向增值服务上转移。服务差异化日益重要,主要体现在订货方便、交货及时和安全、安装、客户培训与咨询、维修养护等方面。例如,通用电气公司不仅仅向医院出售昂贵的X射线设备并负责安装,还对设备的使用者进行认真培训,并提供长期服务支持。

(三) 渠道差异化

通过设计分销渠道的覆盖面、建立分销专长和提高效率,企业可以取得渠道差异化优势。如戴尔电脑、雅芳化妆品,就是通过开发和管理高质量的直接营销渠道而获得差异化的。

(四) 人员差异化

培养训练有素的人员,是一些企业,尤其是服务性行业中的企业取得强大竞争优势的关键。例如,迪士尼乐园的雇员都精神饱满、麦当劳的人员都彬彬有礼、IBM的员工给人以专家形象。

(五) 形象差异化

形象是公众对企业及其产品的认识与看法。企业或品牌形象可以对目标顾客产生强大的吸引力和感染力,促其形成独特的感受。有效的形象差异化需要做到:建立一种产品的特点和价值方案;通过一种与众不同的途径传递这一特点;借助可以利用的一切传播手段和品牌接触(如标志、文字、媒体、气氛、事件和员工行为等),传达触动顾客内心感受的信息。

需要注意的是,虽然任何产品都可以进行各种程度的差异化,但并非所有商品的差异化都是有意义或有价值的。有效的差异化应该能够为产品创造一个独特的"卖点",即给消费者一个鲜明的购买理由。因此,企业在产品定位时应该尽量避免以下常犯错误:

1. 定位不足

定位不足是指企业差异化设计与沟通不足,消费者对企业产品难以形成清晰的印象和独特的感受,认为它与其他产品相比没有什么独到之处。这些产品甚至不容易被消费者识别和记住。

2. 定位过分

定位过分是指企业将自己的产品定位过于狭窄,不能使消费者全面地认识自己的产品。例如,一家同时生产高、低价位产品的企业使消费者误以为该企业只能提供高档产品。定位过分限制了消费者对企业及其产品的了解,同样不利于企业实现营销目标。

3. 定位模糊

定位模糊是指由于企业设计和宣传的差异化主题太多或定位变换太频繁,消费者对产品的印象模糊不清。混乱的定位无法在消费者心目中确立产品鲜明、稳定的位置,这样的产品必定失败。

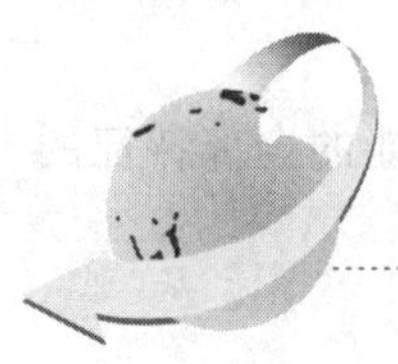

本章小结

1. 市场细分是指企业根据需求者的需求差异，将整个市场划分为若干个细分子市场的过程。市场细分对市场营销活动有着非常重要的作用。实行市场细分有助于企业发现有利的市场机会并使自己处于更有利的竞争地位。同时，企业在进行市场细分过程中要坚持可衡量性、可盈利性、可进入性、发展潜力性及原则。

2. 企业将最佳的细分市场挑选为其目标市场，为此要对细分市场从潜量、赢利能力到竞争状况等方面进行评价。然后，企业可不理会细分市场的差异性，采用无差异市场营销战略；也可以为几个细分市场开发不同的产品，采用差异市场营销战略；或者可以只追求某部分细分市场，采用集中市场营销战略。究竟用何种目标市场的覆盖策略，企业的决策受到诸如企业资源、产品和市场的同质性、产品的生命周期阶段和竞争者的营销策略等因素的影响。

3. 对于已确定的目标市场，企业要为自己的产品进行市场定位，其实质即是在消费者心目中标明本企业产品的特色和形象。差异化是企业获得竞争优势的根本战略，企业可从产品、服务、渠道、人员和形象等方面建立差异化。企业在定位时要尽力避免定位不足、定位过分和定位模糊等错误。

关键概念

市场细分　目标市场　无差异市场营销战略　差异市场营销战略　集中市场营销战略　市场定位　市场营销组合

复习思考题

1. 什么是市场细分？基本程序包括哪些内容？
2. 如何选择目标市场？

3. 目标市场的营销策略包括哪些？
4. 市场定位的内容及类型包括哪些？
5. 如何进行市场定位活动？
6. 你认为“中国制造”在全球市场中的定位应该是什么？前景如何？
7. 寻找某种自己熟知的商品，综合利用本篇知识，分析它的目标市场营销策略。
8. 试分析市场细分、目标市场与细分市场之间的关系。
9. 消费品市场细分和产业市场细分的依据标准略有不同，产生这种差异的实质在哪里？

案 例 分 析

“蜜雪儿”化妆品山东市场营销案例

山东省是个经济大省、人口大省，具有极大的化妆品市场消费潜力。山东由于受儒家思想影响较深，人性朴素，人文向善，消费观念较易引导(因化妆品在三级市场消费观念不强，三级市场两年前竞争并不激烈)。因此“蜜雪儿”决定把山东作为试点市场开发，并且从三级市场入手，企业优势运用于比较容易开拓的地方，较容易产生良好的成绩。

“蜜雪儿”的产品技术优势是生化协同(即生物技术在化妆品领域的运用且促进皮肤吸收)。市场上具有积极化妆品消费理念的目标顾客集中在30岁以上，特别是白领阶层，同时这个群体追求生活品质。因此“蜜雪儿”确定市场定位为：先进的高档品质享受(生化协同技术)、中档价位消费，准确地打造“白领专用，尊贵体现”理念。“蜜雪儿”仔细地思考了品牌形象安排，以淡粉、雅白为主打色，淡粉以“粉红色的回忆”唤起白领阶层至爱的回忆，象征白领的浪漫与纯真；雅白象征真挚与韵致。辅色为银灰、金黄分别象征白领的富贵与高雅。“蜜雪儿”的形象有效地结合了中国人文色彩的喜好，使之品牌形象与终端形象相得益彰，有效地体现了知名品牌的品牌精神。“蜜雪儿”根据当时市场的具体情况将产品价格做了适当的下调，平均每瓶定价50～70元。“蜜雪儿”用特许连锁方式全面组建营销分公司，创立服务品牌，形成以分公司为中心的“商业商圈”销售网络；以厂家直销方式组建销售队伍，主动锁定目标顾客，形成独特的“人际商圈”消费网络，对总部、分公司、商圈、消费者实施人性化及古典式管理相结合的管理方式且对员工实施营销管理、素质培训等以期高速高效销售产品的策略方式。通过此营销策略，“蜜雪儿”在山东取得了独辟蹊径的成就。

思考题：

1. “蜜雪儿”化妆品市场细分的依据是什么？
2. “蜜雪儿”化妆品是如何设定其定位目标的？

第三篇

市场营销策略

第八章　产　品　策　略

学习目标

1. 了解产品整体概念
2. 了解产品品牌、包装的重要性
3. 掌握产品生命周期理论
4. 了解产品组合的概念和基本策略
5. 掌握新产品研发的基本原理

引导案例

华为公司的产品

华为技术有限公司是一家生产销售通信设备的民营通信科技公司，由任正非于1987年创立，总部位于中国广东省深圳市龙岗区。

华为作为全球领先的信息与通信技术(ICT)解决方案供应商，专注于ICT领域，为运营商客户、企业客户和消费者提供有竞争力产品和服务，曾获"2019中国品牌强国盛典年度荣耀品牌"。

2021年10月29日，华为发布了2021年前三季度经营业绩，前三季度公司实现销售收入4 558亿元人民币，净利润率10.2%。

华为聚焦ICT基础设施领域，围绕政府及公共事业、金融、能源、电力和交通等客户需求持续创新，提供可被合作伙伴集成的ICT产品和解决方案，帮助企业提升通信、办公和生产系统的效率，降低经营成本。2017年8月，华为云业务部门Cloud BU升为一级部门。华为公司副董事长、轮值CEO徐直军提出，华为云BU要有崭新的组织形态、崭新的运作方式、崭新的运作背景，崭新的面向客户的方式。华为的产品和解决方案已经应用于全球170多个国家，服务全球运营商50强中的45家及全球1/3的人口。具体包括以下十方面：无线接入、固定接入、核心网、传送网、数据通信、能源与基础设施、业务与软件、OSS、安全存储、华为终端。2018年10月12日，华为公布了在量子计算领域的最新进展：量子计算模拟器HiQ云服务平台问世。2021年4月7日，华为宣布ARCFOX极狐品牌下纯电动轿车阿尔法S将正式发布。新车定位中大型轿车，提供2种动力和3种续航版本车型。2021年4月14日，华为宣布将在4月18日的华为HI上海车展上推出更多华为智能汽车解决方案。2021年10月，华为智选将推出第二款与赛力斯合作的新车，这款新车定名"傲图"。2021年10月，华为宣布其与小康合作研发的第二款车型于2021年年底发布。其中，华为参与了智能座舱的研发，据介绍该智能座舱将搭载鸿蒙系统。

美国市场营销学教授伊·麦卡锡把企业能够控制的因素归纳为四大决策，即产品(product)、价格(price)、渠道(place)、促销(promotion)，企业将它们综合运用，形成一个整体的过程，称为营销组合，通常称为4P决策。产品策略是营销组合策略的首要因素，其他策略都要以产品策略为基础。而产品策略的确定，要求营销者首先要树立产品整体的概念，做好个别产品的决策，包括产品质量，品牌、包装等方面的决策；还要把握产品生命周期理论，根据企业情况，适宜地作好产品组合决策和新产品研发决策，以取得良好的经营绩效。

第一节　产　　品

一、现代营销产品概念

在市场营销理论的发展中，人们对产品的认识是不断深化和发展的。起初，人们认为，产品不过是以某种辨认形式而估价的一组物质，具有能为人们理解的称呼（即品名），如房子、面包等。这种描述主要是强调产品的物质属性。到 20 世纪 50 年代，营销理论的发展要求人们重新认识和定义产品。人们逐渐认识到产品应该是能够被顾客理解的，并能满足其需求的、由企业所提供的一切。现代市场营销理论认为，营销中的产品是企业向市场提供给消费者的有形利益和无形利益的总和。也可以这样理解：

产品＝有形的物质实体＋无形的消费利益

产品作为企业提供给社会的、用以满足消费者需求的基本形式，在企业的市场营销要素组合中有着突出的地位，它是企业制定营销策略的基础。

二、产品整体概念

现代营销理论是以消费者的需求为中心的，企业要达到营销目的，其产品就必须能够满足消费者的整体需求，这些需求既包括对产品的有形的物质的需求，也有对产品的无形的服务的需求。

因此，一切能够满足消费者某种需求的有形的物质和一系列无形的服务就是现代营销学中的产品，通常称为产品整体概念。

产品整体概念包括以下五个层次的内容，如图 8-1 所示。

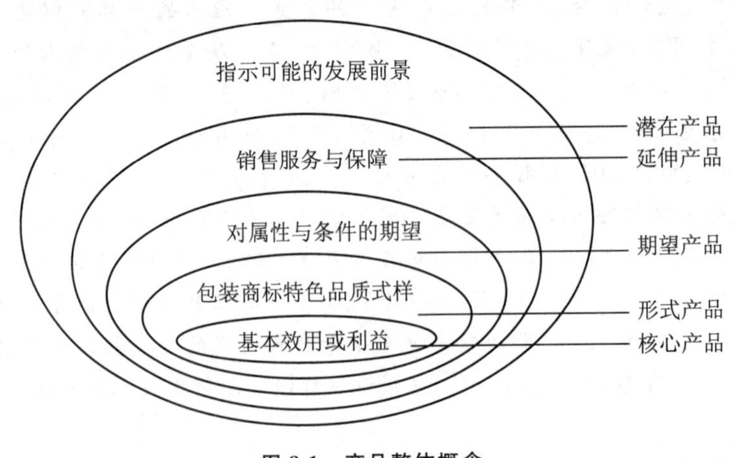

图 8-1　产品整体概念

（一）核心产品

核心产品（core product）是指向购买者提供的基本效用或利益。顾客购买某个产品并不是为了占有或获得产品的本身，而是为了满足某种需要。例如，人们购买洗衣机并不是为了获得装有某些机械、电器零部件的一个箱子，而是为了这种装置能代替人力洗衣服，从而满足人们减轻家务劳动的需要。这就是产品的核心内容。所以，营销活动所推销的是产品的基本效用或利益。

（二）形式产品

形式产品（form product）是指核心产品借以实现的形式或目标市场对某一需求的特定满足形式，是核心产品的物质承担者。形式产品在市场上通常表现为品质、式样、特征、商标和包装等。即使是纯粹的劳务产品，也有类似的表现形式。产品的基本效用或利益必须通过特定形式才能实现，营销活动应努力寻求更加完美的外在形式以满足顾客的需要，并从这点出发，进行产品的设计和生产。

（三）期望产品

期望产品（expected product）是指购买者在购买产品时期望得到的与产品密切相关的一整套属性和条件。例如，旅客在选择旅馆时，期望得到清洁的床位、洗浴香波、浴巾、衣帽间的服务等，同时还会考虑旅馆的地理位置。这种顾客在购买产品前对所购产品的质量、特点等方便程度方面的期望值，就是期望产品。为满足这种需求，对于物质产品，要求厂商的设计、生产和供应等环节必须实行柔性化的生产和管理；对于无形产品如服务、软件等，要求厂商能根据顾客的需要来提供服务。

（四）延伸产品

延伸产品（extended product）是指顾客购买形式产品和期望产品时，附带获得的各种利益的总和，包括产品说明书、保证、安装、维修、送货、技术培训等。许多事实表明，新的竞争并非各公司在其工厂所生产的产品，而是附加在产品上的服务、广告、顾客咨询、资金融通、运送、仓储、维修及其他具有价值形式的销售服务与保障。国内外许多企业的成功，在一定程度上归功于他们更好地认识了服务在整体产品概念中所占的地位。美国市场营销学教授李维特断言："未来竞争的关键，不在于工厂能生产什么产品，而在于产品所能提供的附加价值——包装、服务、广告、用户咨询、购买信贷、及时交货和人们以价值来衡量的一切东西。"能够向顾客提供更多的实际利益，正确发展延伸产品的厂商才能在竞争中赢得主动。

（五）潜在产品

潜在产品（potential product）是指现有产品包括所有附加产品在内的，可能发展成为未来最终产品的潜在状态的产品。潜在产品指出了现有产品的可能的演变趋势和前景。如彩色电视机可发展为放映机、计算机终端等。

产品整体概念体现了现代市场营销以顾客为中心的指导思想，也可折射出企业的竞争特色或市场定位，事实上，在产品整体的每一个层次上企业都可以突出自己的定位。

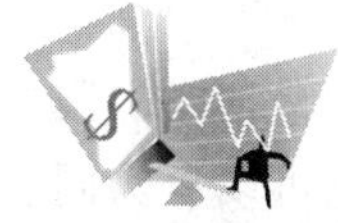

案例 8-1

苹果公司的失败产品

Macintosh Portable 笔记本是一种靠电池供电的笔记本，同时还能提供像台式机一样的功能。苹果公司在当时夸口说，Macintosh Portable 的创新之处在于使用了 SRAM（静态随机存储器)技术,这种技术能对电池寿命有所帮助。不幸的是,一旦电池的电量耗尽,那么用户就无法通过接入交流电源的方式来重新启动这种笔记本。此外,这种产品的最高售价相当于一辆二手车的价格,而高达16磅(约合7.3千克)的重量也让“便携”的定义变得牵强,这些因素都使其未能成为一种成功的产品。在投产仅仅一年以后,苹果就停止继续生产这种笔记本产品。

牛顿(Newton)掌上电脑是一个具有前瞻性的项目,它不光是一种操作系统,同时还是全球第一台个人数字助理设备(PDA, personal digital assistant)——事实上,PDA的得名就来自曾担任苹果首席执行官的约翰·斯库利(John Sculley)。虽然iPad使用的是另一种操作系统,但牛顿掌上电脑则从根本上来说是iPad的前身。在当时,市场正在寻找更小更好的产品,而牛顿掌上电脑的尺寸与iPad的长宽各为8英寸和5英寸几乎相同,因此并不符合市场的要求。与其他失败的苹果产品一样,牛顿掌上电脑的定价高于其功能所适合的价格。一旦尺寸更小、价格更低的Palm Pilot上市以后,牛顿掌上电脑就成为了失败者。虽然这种产品已经不复存在,但其操作系统的一个版本仍旧作为一种开源项目而存在着。

音乐手机ROKR是苹果与摩托罗拉合作开发的一种手机,能存储和播放100首来自iTunes的歌曲,但这种产品最终以失败告终——而且并非只有苹果遭遇了失败。在这种产品发布几天以后,时任苹果iPod部门负责人的乔纳森·鲁宾斯坦(Jonathan Rubinstein)对这种在他帮助下开发而成的产品做出了反思,他表示:“你看到过烤面包机同时也能冲泡咖啡吗?没有这种组合式的设备,因为它不能带来好于单独的烤面包机或单个咖啡机的功能。这种产品与iPod、数码相机或手机有着同样的运作方式:拥有专门从事某种功能的设备,这是很重要的一件事情。”

三、产品的分类

对产品进行恰当的分类,有助于厂商根据不同类型产品的特点制定相应的市场营销策略。在现代市场营销观念下,产品分类的思维方式是:每一产品类型都有与之相适应的市场营销组合策略。

(一)消费品的分类

1. 按购买特征分类

(1) 便利品(convenience goods)。便利品是指顾客频繁购买或需要随时购买的产品。它又可以进一步分为日用品、冲动品以及急救品。由于这类消费品在价格、品质、款式等方面差别不大,消费者在购买时最大的要求就是便利。他们往往按照习惯购买,同时也愿意接受替代品。因此,从事便利消费品的营销活动,从业人员一方面必须依靠尽可能多的批发商、零售商将其产品分销到各个消费者认为可以买得到的地点,便利消费者购买;另一方面,又要通过质优价廉及积极的广告等促销活动,努力形成消费者的品牌偏爱。

(2) 选购品(shopping goods)。选购品是指顾客在购买时需要从品质、价格、款式、服务等方面进行比较选择、进而采取购买行为的产品,如服装、家具、旧汽车等。它可以分为同质品和异质品。对于同质品,营销活动的合适价格成为关键;对于异质品,营销活动的产品特色和咨询、服务则成为重要因素。

(3) 特殊品(specialty goods)。特殊品是指消费者因某种产品具有特殊的性能,或由于对某种品牌产品的特殊偏爱，而愿意多花时间和精力去购买的产品。如高档电器、名贵珠宝等。对于此类产品，价格的高低不成为其决定是否购买的条件，消费者在购买前已有一定的认识，一般不愿意接受替代产品。为此，营销活动的产品高质量和名牌形象，及其维修、服务、保证等就显得非常重要。

2. 按耐用性和形态分类

(1) 耐用品(durable goods)。耐用品是指使用年限较长、价值较高的有形产品，如计算机、电冰箱、家具、空调等。消费者在购买此类产品时往往比较理智。因此，营销活动在保证其产品高质量的同时，更应强调较多的人员推销和完善的售后服务，以满足消费者的整体愿望。

(2) 非耐用品(nondurable goods)。非耐用品是指价值较低、只能一次或少数几次使用的易耗产品，如食品、饮料、牙膏等。此类产品的营销活动应采取薄利多销的策略，通过扩大销售网点和强化广告等形式，使消费者对产品产生偏爱而重复、大量购买。

(3) 服务(services)。服务是指为出售而提供的活动、利益或满意，如理发、修理等。此类产品具有无形性、多样性、不可分割性和易耗性等特点。因此，对于此类消费品的营销活动，必须重视劳务的质量控制、信用及适用性。

(二) 工业用品(生产资料)的分类

按照工业用品(生产资料)的性质和作用，可以分为材料和部件、资本项目以及供应品与业务服务。

1. 材料和部件

材料和部件(materials and parts)是指最终完全转化为制造商产成品的那类产品，包括原材料、半制成品和部件。如农产品、构成材料和构成部件等。农产品的易腐性和季节性特点，决定了要对其采取特殊的营销措施；构成材料和构成部件则由于通常具有标准化的性质，价格和供应商的可信性是影响顾客购买的最重要的因素。

2. 资本项目

资本项目(capital items)是指部分进入产成品的商品，包括装备和附属设备两部分。对于装备(建筑物与固定设备)，由于其销售特点是售前需要经过长时期的谈判，所以其营销活动的重点在于使用一流的销售队伍、设计各种规格的产品和提供完善的售后服务等。对于附属设备(轻型制造设备、工具以及办公设备)，其虽然不会成为最终产品的实际组成部分，却是生产过程中必不可少的、起着辅助作用的产品。这一市场的地理位置分散，且用户众多但订购数量少。质量、特色、价格和服务往往成为用户选择中间商时考虑的主要因素。因此，其营销活动中的人员推销比广告更为重要。

3. 供应品和业务服务

供应品和业务服务(supplies and business services)是指不构成最终产品的那类项目。供应品，包括操作用品，如打字纸、铅笔、润滑油等，此类产品，相当于工业领域的方便品。此类产品的顾客人数众多、区域分散、产品单价低，且一般通过中间商销售。由于供应品的标准化，营销活动中的价格和服务成为影响顾客购买行为的重要因素。业务服务，即各种无形的产品，包括商业咨询服务和维修、修理服务，如咨询、保险、广告、市场调研及维修等。随着经济社会的发展，服务作为购买产品的比重不断增加，竞争不断加剧，服务质量自然成为营销活动成败的关键。

小资料

享乐品和实用品

享乐性产品(hedonic goods)和实用性产品(utilitarian goods)是营销学消费者行为研究公认的一种对产品或者服务的分类。享乐品和实用品是人们日常生活中经常面临的两难选择,更多涉及感性决策与理性决策的权衡。享乐品能给人带来愉悦的体验和感受,但是它们常常是非必需的,被定位为“是为了满足快乐欲望的产品和服务”;实用品往往是必需品,更加强调功能性,人们在使用实用品时“更加基于理性认知,将实用品作为一种达到自己目标,或者完成实际任务的工具”。由于享乐品和实用品决策涉及情感性的“想要”和认知性的“应当”之间的权衡,因此感性/理性决策方式会影响到享乐品和实用品的选择。例如,当个体基于内在欲求进行决策时,会更多地选择享乐品。

四、产品品牌

(一) 品牌的相关概念

1. 品牌的概念

品牌(brand)是指用以识别某个销售者或某群销售者的产品或服务,并使之与竞争对手的产品或服务区别开来的商业名称及其标志,通常由文字、标记、符号、图案和颜色等要素或这些要素的组合组成。品牌是集合概念,包括品牌名称(brand name)和品牌标志(brand mark),如奔驰(BENZ)等。

2. 品牌资产的概念

品牌资产是一种超过商品或服务本身利益以外的价值。它通过为消费者和企业提供附加利益来体现其价值。某种品牌给消费者提供的附加利益越多,则该品牌对消费者的吸引力就越大,那么该品牌资产价值就越大;反之,则附着在该品牌资产上的价值也就越小,甚至丧失。品牌资产是企业与顾客关系的反映,品牌给企业带来的附加利益,最终源于品牌对消费者的吸引力和感召力。

3. 商标的概念

商标(trademark)是已获得专用权并受法律保护的品牌,是品牌的一部分。商标专用权是指品牌经政府有关主管部门核准后独立享有其商标的使用权。这种经核准的品牌名称和品牌标志,受到法律保护。

商标作为法律概念,与品牌不同,无论其是否标在商品上被使用,还是其所标商品是否有市场,均有其价值。

在我国,商标有“注册商标”与“非注册商标”之分。但企业欲使自己的品牌长久延续,必须通过国家许可的方式获得商标专用权,以求法律的保护。

(二) 品牌的属性

品牌是销售者向购买者长期提供的一组特定的特点、利益和服务,是一种一贯性的承诺。优秀的品牌本身就代表着优秀的质量。一个品牌往往蕴含着丰富的市场信息,能表达出六层属性。

1. 属性

品牌首先使人们想到某种特定的属性。如“奔驰”表现出昂贵、工艺精湛、马力强、速度快等。公司可以用一种或几种属性为产品进行广告宣传。

2. 利益

顾客购买的不是属性，而是利益。属性需要转化成功能性或情感性的利益。如奔驰汽车，购买者就会感觉到“我会受人尊重”“我有安全感”等。

3. 价值

品牌体现了生产者的某些价值感。如华为代表着高绩效、安全、声誉等。这就要求品牌营销者必须分辨出对这些价值感兴趣的购买者群体。

4. 文化

品牌往往附着特定的某种文化。如华为手机就蕴含着中国文化，即组织严密、高效率、高质量等。

5. 个性

品牌也体现着一定的个性。不同的品牌往往会使人们产生不同的品牌个性联想。

6. 用户

品牌暗示着购买或使用者的消费者类型。如拥有奔驰汽车的一般是成功人士。

品牌的六个层次属性，最持久的是其价值、文化和个性，它们构成品牌的基础，揭示不同品牌之间差异的实质。所以，企业必须决定品牌属性的深度层次。

（三）品牌的作用

（1）品牌有助于消费者识别所需商品，有助于消费者选购商品。不同的品牌代表着不同的商品品质、不同的利益。品牌主要用于区别不同生产者和经营者所生产经营的同类商品，消费者借助品牌，便于识别、选择所需商品或服务。

（2）品牌有助于保证和监督商品质量。有了品牌，可以提高生产者对产品质量的责任感，也便于有关部门和消费者对商品质量和价格进行监督。品牌商品的诱惑力刺激企业创名牌、争名牌、保名牌，促进企业提高产品质量。

（3）品牌有助于促进产品销售，树立企业形象。品牌作为商品的标志象征着商品的质量和信誉，它自然成为一种极其有效的广告手段。因此，品牌成为企业促销的重要基础。

（四）品牌策略

企业研究品牌策略，其重要目的是以此为手段，促进商品的销售。

1. 品牌归属决策

品牌归属决策包括两方面：一是企业产品是否使用品牌；二是使用谁的品牌。企业的产品一经要投入市场，便要决定是否给其产品规定品牌名称。

（1）制造商品牌。因为产品的质量特性是由制造商确定的，所以绝大多数制造商都使用自己的品牌，这样既能扩大销售，又能建立制造商自己的品牌形象。

（2）中间商品牌。随着现代商业的发展，一些有实力、有信誉的大型零售商和批发商也纷纷建立自己的品牌，以获得更多的利润，制造商根据市场情况可以将产品大批量地卖给中间商，让中间商使用自己的品牌去销售。

（3）混合品牌。即企业可以决定有些产品用自己的品牌、有些产品用中间商品牌；也可以先使用经销商的品牌，等取得一定市场地位以后，再改用制造商的品牌，这样有利于将产品打入新市场；也可以制造商品牌和经销商品牌同时使用，这样可以兼收两种品牌单独使用的优点。

2. 家族品牌决策

（1）多品牌决策。多品牌决策有两种情况，一种是企业决定其各种不同的产品分别使用不同的品牌名称，其优点是企业的整个声誉不致受其某种商品的声誉的影响。例如，如果某企业的某种产品失败了，不至于影响到这家企业的其他产品。另一种情况是在同一产品中采用两种或两种以上互相竞争的品牌。

(2) 统一品牌名称。统一品牌名称是指企业决定其所有的产品都统一使用一个品牌名称。企业采取统一品牌名称决策是因为宣传介绍新产品的费用开支较低，有助于新产品打开销路。但企业采用统一品牌标志也是有条件的：必须是企业的品牌在市场上享有较高的声誉，或者企业的各种产品具有大致相同的质量水平。例如，美国通用电气企业的所有产品都统一使用"GE"这个品牌名称；我国广州乒乓球厂生产的乒乓球、球拍、球桌等，都统一使用"双鱼"牌。

(3) 企业名称与个别品牌名称并用。企业名称与个别品牌名称并用是指企业决定其各种不同的产品分别使用不同的品牌名称，而且各种产品的品牌名称前面还冠以企业名称。企业采取这种决策是因为在各种不同新产品的品牌名称前冠以企业名称，可使新产品合法化，能够享受企业的信誉，而各种不同的新产品分别使用不同的品牌名称，又可以使各种不同的新产品各有不同的特色。例如，金星啤酒就采取这种决策，推出了金星小麦啤、金星新小麦、金星雪啤等多种啤酒。

3. 品牌扩展决策

品牌扩展决策是指企业利用其成功品牌名称的声誉来推出改良产品或新产品，包括推出新的包装规格、香味和式样等。品牌扩展主要是因为企业利用已经被认可的品牌，使新产品迅速为消费者熟识、接受，还能使企业更早地进入新产品生产状态。例如，索尼对其大部分新电子产品使用索尼品牌，由于这一点人们相信它的每一件新产品都是高质量的。品牌扩展也能节约宣传成本，使人们尽快熟悉一个新产品。当然，品牌扩展也存在一定的风险。如果所扩展产品出现问题，会影响品牌声誉。

4. 品牌重新定位决策

品牌重新定位决策是指当企业原有品牌定位出现问题，对企业经营产生负面影响时，企业就需要对品牌进行重新定位。对品牌重新定位的主要原因，一是企业原有目标消费者的偏好发生了变化；二是竞争者推出的品牌，构成企业经营无法释放的压力，侵占了本企业的品牌的较大部分市场，使本企业的品牌的市场占有率明显下降。

案例 8-2

茅台品牌瘦身计划

茅台集团正组织各酒类子公司对现有品牌、产品和经销资源进行全面清理和评估，确定长远保留品牌和过渡期品牌，确保到 2023 年年底建成完善的"1＋3＋N"的品牌体系。

茅台集团同时督促子公司制定 2021 年品牌瘦身规划，打造大单品，逐步淘汰业绩低下的品牌，控制品牌产品数量，鼓励子公司培育自主知识产权品牌，力争 2021 年年底前全面完成停用集团 LOGO 工作。

事实上，茅台方面对于品牌、产品的瘦身工作早在多年前就已经开始。因过去经营模式的问题，茅台集团各酒业公司大多采取了贴牌经营的模式，利用了集团主品牌"贵州茅台"的影响力背书，出售名字类似、包装类似、标识类似的子品牌，对主品牌造成了一定透支影响。

不仅白酒龙头茅台集团面临这样的问题，白酒品牌头部都有类似风险，因此近两年茅台、五粮液、泸州老窖等清理子品牌的风声不绝于耳。

茅台集团分别于2017年和2018年先后提出“双十”“双五”规划。其中，“双十”规划要求子公司单个品牌条码数控制在10个以内，保留品牌数不超过10个。到了“双五”规划，茅台集团要求子公司品牌数降至不超过5个，产品数不超过50个。

2019年10月，茅台集团还召开清理整顿各类企业工作推进专题会，表明按照此前计划，茅台集团将在年底前清理56家子公司。

茅台集团在提出清理子品牌的基础上，也强调了要督促子公司打造大单品，逐步淘汰业绩低下的品牌。对于子公司来说，停止使用茅台集团的LOGO，最直接的影响就是失去了品牌背书，影响产品的销量与价格。但长远来看，茅台集团子公司停用茅台LOGO也有助于子公司培育自主品牌，发展具有优势的子公司大单品。

食品产业分析师朱丹蓬认为，茅台母公司和子公司原来的定位就不同，价格、渠道、人群都不一样，瘦身后茅台集团可以形成一个产品金字塔，从底部到塔尖，覆盖低端、中低端、中端、中高端、高端、超高端各档次空间，将打开新的局面。

五、产品包装

（一）包装的相关概念

1. 包装的概念

包装是指盛装和保护产品的容器、材料和各种补助物的总称。包装工作是指设计并生产容器或包装物的一系列活动。

包装是产品生产过程在流通领域的延续。产品包装按照其在流通中作用的不同，可以分为运输包装和销售包装两种。

2. 包装标签的概念

标签是包装工作的一部分，是附着或系在商品销售包装上的文字、图形、雕刻或印制的说明。商品标签主要包括：制造者或销售者的名称和地址、商品名称、商标、成分、品质特点、包装内商品数量、使用方法及用量、编号、储藏应注意事项、质检号、生产日期和有效日期等内容。

3. 包装标志的概念

标志是在运输包装的外部所印制的图形、文字和数字以及它们的组合。包装标志上主要有运输标志、指示性标志和警告标志等三种。

（二）包装的作用

包装已经成为强有力的营销手段。设计良好的包装能为生产者创造促销价值。越来越多的产品在超级市场上以自助的形式出售，在这种情况下良好的包装能吸引注意力，说明产品的特色，给消费者以信心。

同时，由于消费者日益富裕，越来越多的消费者愿意为良好包装所带来的方便、可靠性和声望多付些钱，从而使企业增加产品的销量和营收。

良好的包装有助于树立公司的品牌的形象，帮助消费者能迅速辨认其所认可的公司或品牌。

不同凡响的包装形状和先进的印刷技术，还能帮助防止仿造作假，起到保护知识产权的作用。

(三) 包装策略

企业要使包装在促销上发挥更为积极的作用,必须重视包装策略。

1. 类似包装策略

类似包装策略是指企业生产经营的所有产品,在包装上采用相同或近似的图案、色彩或其他共同特征,使顾客极容易发现或联想是同一家企业的产品,并认为其具有同样的质量水平。

2. 配套包装策略

配套包装策略是指企业生产经营者将几种有关联的产品包装组合在同一包装物中。

3. 等级包装策略

等级包装策略是指企业生产经营者根据产品质量、价值和声誉等的不同,将包装分为精致包装和简便包装。

4. 再使用包装策略

再使用包装策略是指将原包装商品的包装,在商品使用完后,原包装容器可移作其他用途。

5. 馈赠品包装策略

馈赠品包装策略是指在商品包装物上或包装内,附有赠品(玩具、图片等实物)以诱发消费者购买。

6. 更新包装策略

更新包装策略是指企业生产经营者根据市场的变化改变原来的包装。

(四) 包装的设计要求

(1) 包装应与商品的价值或质量相适应。“一等产品,三等包装”“三等产品,一等包装”,都不利于企业销售。

(2) 包装应能显示商品的特点和独特风格。对于以外形和色彩表现其特点的商品,如服装、装饰品、食品等,包装应向购买者直接显示商品本身,以便于选购。

(3) 包装应方便消费者购买、携带和使用。这就要求包装有不同的规格和分量,适应不同消费者的需要。包装既要保证密封性,又要便于开启、使用。

(4) 包装上的文字说明应实事求是。如产品成分、性能、使用方法、数量、有效期限等要符合实际,以增强顾客对商品的信任。

(5) 包装应给人以美感。设计时要考虑消费者的审美习惯,使消费者能从包装中获得美的享受,并产生购买欲望。

(6) 包装应尊重民族习惯。包装上的文字、图案、色彩等不能和目标市场的风俗习惯、宗教信仰发生抵触。

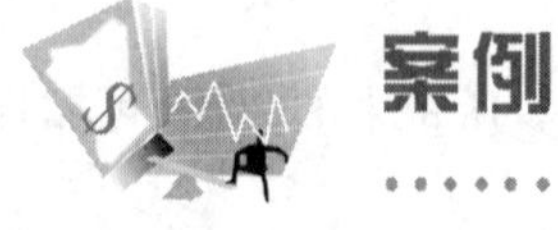

案例 8-3 佰草集包装设计的“中国风”视觉元素

“佰草集”品牌诞生于 1998 年,是上海家化联合股份有限公司众多品牌中的一个中高端品牌,品牌定位为现代本草中高档个人护理品。“佰草集”在产品开发中有着清晰的产品定位理念和内涵——根据中医理论提炼出中草药养护的核心理念:"中医整体论"和"虚实平易八大平衡"。"佰草集"成为第一个走出国门,传播中国时尚文化的中国化妆品品牌代表。

"佰草集"品牌包装设计的中国风视觉元素是品牌追求差异化的核心力量,也是品牌视觉符号的综合体。"佰草集"包装设计与品牌定位、品牌内涵以及品牌整体的演进紧密相连,"佰草集"品牌理念"本草文化"由中医药理念发展而来,国内消费者对于"中药文化、本草文化"的文化认同和基础认知,使"佰草集"在上市之时备受消费者瞩目。"佰草集"在产品包装中发掘传统文化、汲取本草精髓、坚持自主创新后迅速崛起。2008 年"佰草集"获得全球包装设计大奖赛银奖,包装兼容东方古韵与国际风尚,将中国风视觉元素融入包装设计中,形成"佰草集"品牌独有的符号化文本。

第二节 产品生命周期理论

产品的经济生命周期理论(product life circle,简称为 PLC 理论),是市场营销理论中的一个重要方面。人们通过对市场活动的长期观察,逐渐认识到产品也同生物体一样,有一个产生、成长、发展到衰亡的过程。产品的这个过程是在市场上发生的,因此被称为产品的市场生命或经济生命。

一、产品生命周期的概念与一般形态

产品生命周期是指产品从进入市场开始到退出市场的全过程。可以理解为市场上产品的产生、成长、发展和衰亡的过程在时间上的表现。

产品生命周期与产品使用寿命是两个截然不同的概念。产品的使用寿命是指产品的耐用程度,是指产品的自然寿命;而产品的生命周期指的是一种产品从上市到退市的过程,属于市场生命或经济生命。

产品的生命周期一般可分为四个阶段,即导入阶段、成长阶段、成熟阶段和衰退阶段,典型的产品生命周期可以表示为一条 S 形曲线,如图 8-2 所示。

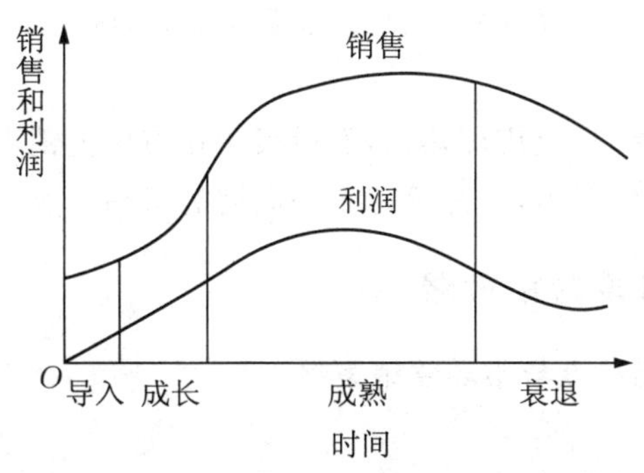

图 8-2 产品生命周期的一般形态

二、产品生命周期的其他形态

产品生命周期是一种抽象概念。在现实经济生活中,并非所有的产品都呈现几乎正态的分布曲线,还有以下几种形态。

（一）再循环形态

产品生命周期的再循环形态,如图 8-3 所示。

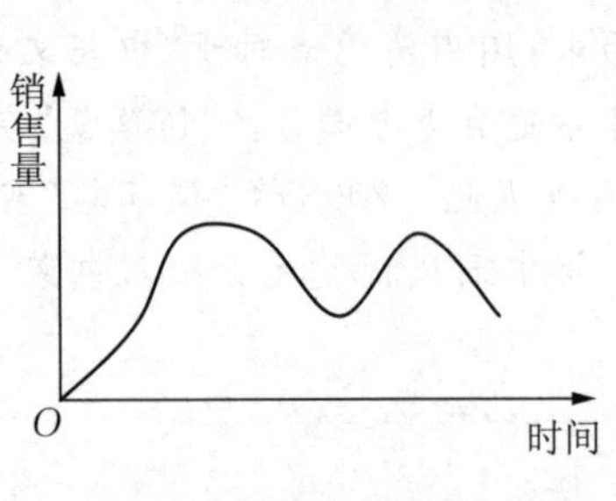

图 8-3　产品生命周期再循环

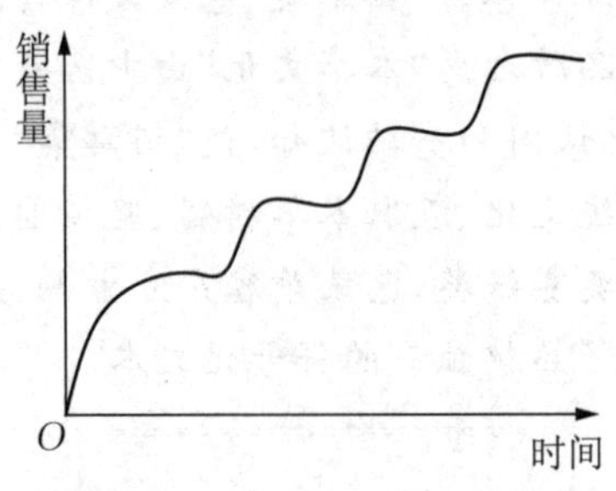

图 8-4　产品生命周期多循环

产品在销售进入衰退期后,由于市场需求的变化或厂商投入更多的促销费用等种种原因,生命周期进入第二成长阶段。

（二）多循环形态

产品生命周期的多循环形态,也称"扇形"运动曲线,或波浪形循环形态,如图 8-4 所示。产品在进入成熟期后,厂商通过制定和实施正确的营销策略,使产品销售量不断达到新的高潮,使产品生命持续向前。

（三）非连续循环形态

产品生命周期的非连续循环形态,如图 8-5 所示。

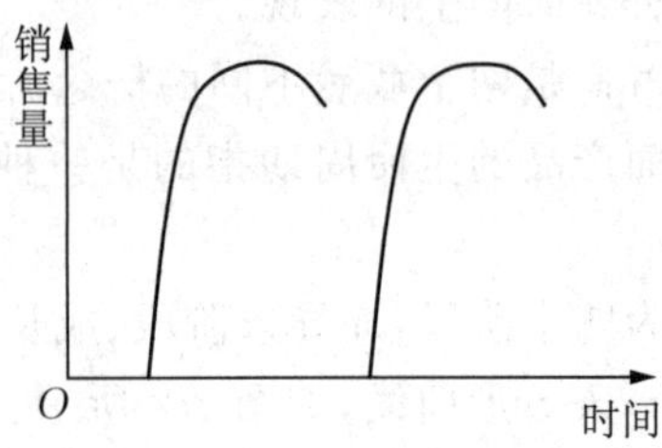

图 8-5　产品生命周期非连续循环

有些产品(如时髦商品)一上市即热销,而后很快在市场上销声匿迹,厂商既无必要也不愿意作延长其成熟期的任何努力,而是等待下一周期的来临。

三、产品生命周期各阶段营销策略

（一）导入阶段的市场特点与市场营销策略

1. 导入期市场特点

(1) 消费者对新产品不了解,大部分顾客不愿放弃或改变自己以往的消费行为,销售量小,单位产品成本较高。

(2) 厂商尚未建立理想的营销渠道和高效的分配模式。

(3) 价格决策难以确立,高价可能限制销售量,低价则可能难以收回成本。

(4) 广告费用和其他营销费用开支较大。

(5) 产品技术和性能还不够稳定或完善。

(6) 厂商通常获利较小，甚至亏损。

2. 导入阶段市场营销策略

在导入期，市场竞争者较少，企业若建立有效的营销系统，就可以将新产品快速推入导入期，进入市场发展阶段。在导入期，通常根据企业投入促销费用的金额确定价格。有四种可供选择的策略，如图 8-6 所示。

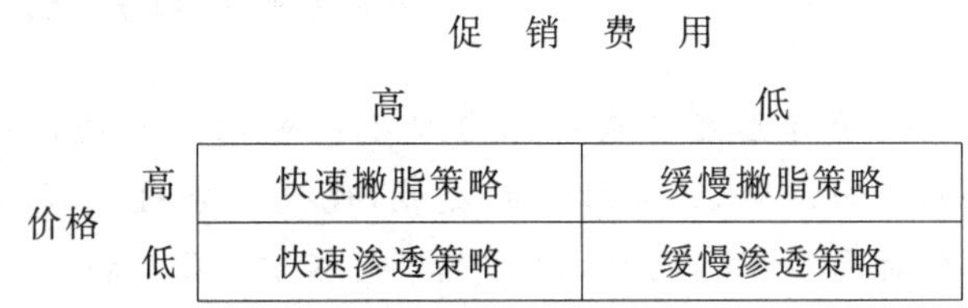

		促销费用：高	促销费用：低
价格	高	快速撇脂策略	缓慢撇脂策略
价格	低	快速渗透策略	缓慢渗透策略

图 8-6　导入期的四种营销策略

(1) 快速撇脂策略(rapid-skimming strategy)。是指以高价和高促销费用方式推出新产品。厂商采取高价是为了在每单位销售中尽可能获取更多的毛利；花费巨额的促销费用是为了引起目标市场的注意，加快市场渗透。

采取快速撇脂策略的假设条件是：

① 潜在市场的大部分人还没有意识到该产品；

② 目标市场顾客具有求新心理，渴望购买并愿意且有能力为此付出高价；

③ 厂商面临着潜在的竞争者，需要及早树立品牌。

(2) 缓慢撇脂策略(slow-skimming strategy)。是指以高价和低促销费用推出新产品。厂商采取高价是为了在每单位销售中尽可能获取更多的毛利；低促销费用是为了降低成本。两者结合可以使厂商获得更多利润。

采取缓慢撇脂策略的假设条件是：

① 产品市场的规模有限，竞争威胁不大；

② 目标市场顾客已经知晓该产品；

③ 适当的高价更容易为目标市场顾客所接受。

(3) 快速渗透策略(rapid-penetration strategy)。是指以低价和高促销费用推出新产品。厂商采取低价是为了先发制人，以最快的速度打入市场；花费巨额的促销费用是为了加快市场渗透。两者结合以占有最大的市场份额。

采取快速渗透策略的假设条件是：

① 产品市场的规模很大；

② 潜在消费者大多对该产品不知晓，且对价格十分敏感；

③ 潜在竞争比较激烈；

④ 产品的单位成本可以随着生产规模和销售量的扩大而迅速下降。

(4) 缓慢渗透策略(slow-penetration strategy)。是指以低价和低促销费用推出新产品。厂商确信市场需求对价格弹性很高，而对促销弹性很小。采取低价是为了让市场更迅速地接受该产品；低促销费用是为了降低成本以实现更多的净利润。

采取缓慢渗透策略的假设条件是：

① 市场规模较大；

② 潜在消费者容易或已经知晓该产品，但对价格十分敏感；

③ 有相当的潜在竞争者加入。

案例 8-4 小米手机导入期的营销策略

小米手机起步较晚，面对已经在市场上占据稳固地位的龙头，小米的目标客户必须更为精准、独特。小米公司认为，随着社会的发展，现代社会的人，特别是年轻人，在追求高品质的同时，更追求时尚、个性，同时，他们热衷于交流，喜欢被尊重。为迎合这一群体的消费特征，小米公司将营销口号定为“为发烧而生”，这一理念将小米与市场上的其他手机很快区分开来，受到手机“发烧友”的追捧。这也是小米手机能够在短时期内受到热捧的重要原因。

小米手机的定价处于中低端，其初期的发行价为 1 999 元，相较于同时期发行的新型机而言，是真正的低价销售。同时，小米手机采取尾价定价策略，也为其产品的销售发行增色不少。这种低价渗透和尾价定价的销售策略，很快得到消费者青睐。随着时间的推移，小米公司在发展过程中，不断改进生产技术，提高生产效率，降低成本，使得小米手机的每一代新产品问世，都处于高质量的低价格段位，进而快速地占领市场。

小米手机在发行之前，就采取限量销售的网上订购策略，先是进行大规模宣传，为新品发布赚足噱头，引起消费者兴趣，之后却告诉消费者产品发行数量有限，让消费者苦苦等待，这种饥饿式营销策略从一开始就吊足了消费者的胃口，使得产品上线初期就取得良好的口碑。这种营销模式，在产品生命周期的导入期是个不错的吸引眼球的营销策略。

（二）成长阶段的市场特点与市场营销策略

1. 成长期市场特点

（1）消费者对新产品已经熟悉，销售增长迅速。

（2）大批竞争者加入，市场竞争加剧。

（3）产品已经定型，技术工艺比较成熟。

（4）厂商已建立了比较理想的营销渠道。

（5）产品市场价格开始下降。

（6）厂商的促销费用基本稳定或略有提高，但占销售额的比重下降。

（7）单位产品成本迅速下降，厂商利润迅速上升。

2. 成长期市场营销策略

厂商在该阶段的市场营销策略的核心在于尽可能地延长产品的成长期。

（1）提高产品质量，发展产品的新款式、新型号，增加产品用途。

（2）加强促销环节，树立强有力的产品形象，促成品牌偏好，争取新的顾客。

（3）巩固原有的分销渠道，增加新的销售渠道，开拓新的市场。

（4）适时调整价格，争取更多顾客。

案例 8-5　迪莉法兰西"咖啡面包"的营销策略

迪莉法兰西的"咖啡面包"在亚洲刮起了风暴。迪莉法兰西出售糕饼三明治和饮料，它的环境像法国报纸所描述的咖啡馆。它应用法国经典的方式生产它的大多数产品，从法国进口面粉和黄油，在当地烘烤食品，以保证更好的质量控制。它的菜单根据定期的研发网络提供的信息不断变化。它还在超市连锁店设立微型烘烤，并向亚洲地区的饭店、航空机场和旅馆提供真空包装的食品，这家企业起步于新加坡，现在已扩展到澳大利亚、中国和马来西亚。它的进一步的计划是向菲律宾、印度、印度尼西亚、越南等地进军。

（三）成熟阶段的市场特点与市场营销策略

1. 成熟期市场特点

（1）成长成熟期。此时各销售渠道已经基本呈现饱和状态，销售增长率开始下降。虽然还有少数后续的购买者仍然会进入市场，但已没有新的分销渠道可开辟。

（2）稳定成熟期。由于市场饱和、消费平稳、产品销售稳定，销售增长率一般与人口增长呈同一水平。如无新购买者，增长率则停滞或下降。

（3）衰退成熟期。此时的销售绝对水平开始下降，顾客也开始向其他产品或替代产品转向。一些缺乏竞争力的厂商逐渐退出，新加入的竞争者一般较少。

2. 成熟期市场营销策略

（1）市场改良策略。实行市场多元化策略：开发新市场，寻求新用户。

（2）产品改良策略。产品再推出：改进产品的品质或服务后再投市场。

（3）营销组合改良。通过改变定价、销售渠道和促销方式来延长产品成熟期。

案例 8-6

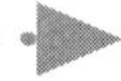

市场改良的例子

亚洲潮湿的天气促使帮宝适改进一种它的产品使父母消除对婴儿暑热和皮疹的担心。它开发了一种"热带的"尿布，尿布有许多微小细孔，这有利于空气流通，并且使婴儿在双腿分开时感觉舒适。

日本手表制造商卡西欧改进了它的"G-Shock"产品线，大大增加了销售额。卡西欧放弃传统的黑色手表，用薄形的橡皮装饰手表，并增加明亮的红色、蓝色和黄色。这条线引起了销售浪潮。卡西欧迅速追随并导入"Baby-G"式样——更小、更明亮、更便捷，它有五种颜色——紫色、蓝色、粉红色、绿色和白色，非常受消费者欢迎。

（四）衰退阶段的市场特点与市场营销策略

1. 衰退期市场特点

（1）产品销售量开始迅速下降，消费者对产品的兴趣已经完全转移。

(2) 产品价格已经下降到最低水平。

(3) 厂商已经无利可图。

(4) 残留在市场上的厂商逐渐减少产品附带服务，削减促销费用，以维持最低水平的经营。

2. 衰退期市场营销策略

(1) 留在市场上继续生产和经营的策略。①集中策略。即把资源集中使用在最有利的细分市场、最有效的销售渠道和最易销售的品种、款式上，以最有利的市场赢得尽可能多的利润。②维持策略。即保持原有的细分市场和经营营销组合，把销售维持在一个较低的水平上。在竞争者减少的情况下，厂商可根据情况继续保持，甚至增加一定的销售量。③榨取策略。即大幅度降低销售费用。虽然此时销售量迅速下降，但仍然可以维持，甚至增加利润。

(2) 放弃在市场上继续生产、经营的策略。①立即停产，将产品的生产技术、设备等出售、转让给其他厂商，或对原有设备进行调整、改进，以适应新产品的生产需要。②采用逐步减产、逐步淘汰的方法，使厂商的资源有次序地转向新的生产项目。

四、判断企业产品生命周期的方法

在实际营销活动中，企业常常通过以下方法进行产品生命周期的经验判断。

(一) 定性分析

1. 特征分析

根据产品上市之后在不同的周期阶段中的一般特征，同企业现在市场上的产品比较。如本企业经营的某产品现有特征与某阶段一般特征相似，可以认定此种产品大致处于其生命周期的哪个阶段。此方法经常使用，其使用效果和主管人员的经验、判断能力有很大关系。

2. 类比分析

根据类似产品的发展情况作对比分析。如参照某牌号洗衣机的销售资料来判断本企业洗衣机的经济生命周期可能发生的变化。采用此方法要注意，选择的商品在投入市场后的状况要相似。

(二) 定量分析

1. 产品的普及率法

用产品的饱和普及率与当时实际的普及率相比较判定其生命周期阶段。饱和普及率是产品销售潜力的最大实现。使用此方法，一要正确估计抽样调查的准确度，二要确定客观饱和普及率。如进行洗衣机、微波炉的分析，抽样调查的结果是洗衣机目前的普及率是70%，而微波炉的普及率只有25%，得出的结论是洗衣机仍处畅销阶段，因为其饱和普及率可达95%以上，而家用微波炉已处于饱和期了，因为它的饱和普及率不到30%。

2. 销售增长率比值法

销售增长率比值法是用产品销售增长率的数据制定定量标准，划分产品生命周期的各个阶段，即用 $\Delta Y/\Delta X$ 之值判定(ΔY 表示销量的增量，ΔX 表示时间的增量)。

当 $\Delta Y/\Delta X$ 之值大于10%者，产品属于畅销阶段；

当 $\Delta Y/\Delta X$ 之值在1%～10%之间，产品属于饱和阶段；

当 $\Delta Y/\Delta X$ 之值小于0.1%，或出现负值时，产品已进入滞销阶段。

以上方法各自有其局限性，企业在运用时要注意到这一点，只能作为经验判断的依据。

案例 8-7　J 牌小麦啤酒生命周期延长策略

国内某知名啤酒集团针对啤酒消费者对啤酒口味需求日益趋于柔和、淡爽特点的现状，积极利用公司的人才、市场、技术、品牌优势，进行小麦啤酒研究。2000 年利用其专利科技成果开发出具有国内领先水平的 J 牌小麦啤酒。这种产品泡沫更加洁白细腻、口味更加淡爽柔和，更加迎合啤酒消费者的口味需求，一经上市在低迷的啤酒市场上掀起一场规模宏大的 J 牌小麦啤酒消费的概念消费热潮。

一、J 牌小麦啤酒的基本状况

J 牌集团当初认为，J 牌小麦啤酒作为一个概念产品和高新产品，要想很快获得大份额的市场，迅速取得市场优势，就必须对产品进行一个准确的定位。J 牌集团把小麦啤酒定位于零售价2 元/瓶的中档产品，包装为销往城市市场的 500 mL 专利异型瓶装和销往农村、乡镇市场的 630 mL 普通瓶装两种。合理的价位、精美的包装、全新的口味、高频度的宣传使 J 牌小麦啤酒 2000 年 5 月上市后，迅速风靡本省及周边市场，并且远销到江苏、吉林、河北等外省市场，当年销量超过 10 万吨，成为 J 牌集团一个新的经济增长点。

由于上市初期准确的市场定位使 J 牌小麦啤酒迅速从诞生期过渡到高速成长期。高涨的市场需求和可观的利润回报使竞争者也随之发现了这座金矿，本省的一些中小啤酒企业不顾自身的生产能力，纷纷上马生产小麦啤酒。一时间市场上出现了五六个品牌的小麦啤酒，而且基本上都是外包装抄袭 J 牌小麦啤酒，酒体仍然是普通啤酒，口感较差，但凭借 1 元左右的超低价格，在农村及乡镇市场迅速铺开，这很快造成小麦啤酒市场竞争秩序严重混乱，J 牌小麦啤酒的形象遭到严重损害，市场份额也严重下滑，形势非常严峻。J 牌小麦啤酒因此从高速成长期，一部分市场迅速进入了成熟期，销量止步不前，而一部分市场由于杂牌小麦啤酒低劣质量的严重影响，消费者对小麦啤酒不再信任，J 牌小麦啤酒销量也急剧下滑，产品提前进入了衰退期。

二、J 牌小麦啤酒的战略抉择

面对严峻的市场形势，是依据波士顿理论选择维持策略，尽量延长产品的成熟期和衰退期最后被市场的自然淘汰，还是选择放弃小麦啤酒市场策略，开发新产品投放其他的目标市场？决策者经过冷静的思考和深入的市场调查后认为：小麦啤酒是一个技术壁垒非常强的高新产品，竞争对手在短期内很难掌握此项技术，也就无法缩短与 J 牌小麦啤酒之间的质量差异；小麦啤酒的口味迎合了当今啤酒消费者的流行口味，整个市场有较强的成长性，市场前景是非常广阔的。所以选择维持与放弃策略都是一种退缩和逃避，失去自己投入巨大的心血打下的市场实在可惜，而且研发新产品开发其他的目标市场，研发和市场投入成本很高，市场风险性很大，如果积极采取有效措施，调整营销策略，提升 J 牌小麦啤酒的品牌形象和活力，使其获得新生，重新退回到成长期或直接过渡到新一轮的生命周期，自己将重新成为小麦啤酒的市场引领者。

事实上，通过该公司准确的市场判断和快速有效的资源整合，使得 J 牌小麦啤酒化险为夷，夺回了失去的市场，焕发出强大的生命活力，进入高速成长期，开始了新一轮的生命周期循环。

第三节　产品组合策略

一、产品组合的概念与变数

（一）产品组合的概念

产品组合，也称产品品种配备，是指一个企业提供给市场的全部产品线和产品项目的组合或结构，即企业的业务经营范围。

产品线是指产品组合中的某一产品大类，是一组密切相关的产品。这些产品以类似的方式发挥功能，售给同类顾客群，通过同一种类的渠道销售出去，售价在一定的幅度内变动。

产品项目是指产品线中不同品种、规格、质量和价格的特定产品。

例如，某一商场，经营的百货、家电、鞋帽、化妆品等产品就是该商场的产品组合，而其中"百货"或"家电"或"化妆品"等大类就是产品线，每一大类中包括的具体品牌、品种即为产品项目。

（二）产品组合的变数

产品组合包括四个变数（尺度），即宽度、长度、深度和关联度。

(1) 宽度，是指产品组合中所拥有的产品线的数目。

(2) 长度，是指产品组合中产品项目的总数。

(3) 深度，是指一条产品线中的每一产品的品种总数。

(4) 关联度，是指各条产品线在最终用途、生产条件、分销渠道或其他方面相互关联的程度。

上述产品组合的四种尺度，为厂商确定产品战略提供了依据。厂商可以采用四种方法发展其经营业务：

(1) 增加新的产品线，扩大产品组合的宽度，实行多样化经营，分散投资风险。

(2) 延长现有的产品线，增加产品组合的长度，使产品线丰满充裕，成为更完全的产品线厂商。

(3) 增加每一产品的品种，加强产品组合的深度，以占领同类产品的更多细分市场，满足更广泛的市场需求，增强行业竞争力。

(4) 加强或降低产品组合的一致性，增加或减少产品组合的黏度，使厂商在某一特定领域或若干个领域内加强竞争和赢得良好的声誉。

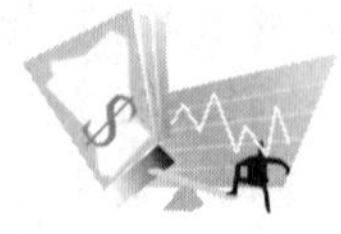

案例 8-8

东风日产乘用车产品组合

汽车产品组合是指一个企业生产全部汽车产品的总称，通常它由若干汽车产品线和汽车产品品种组成，汽车产品组合可以从其广度、深度、长度和相关性来说明。我们可以将乘用车企业的产品线做如下的定义：

产品线宽度：可以理解为本企业拥有的乘用车分布的区隔，中国乘用车市场信息联席会将其分为 A\B\C\D\SUV\MPV\Primum，对应国家 2005 年汽车统计分类标准（GB/

T3730.1-2001)，各区隔的对应关系如下表。

表 8-1 乘用车分类对比表

序号	中国乘用车联席会区隔	国标分类 (GB/T3730.1-2001)	备注
1	A 区隔	微型基本型轿车	
2	B 区隔	普通型基本型轿车	
3	C 区隔	中级基本型轿车	
4	D 区隔	中高级、高级基本型轿车	不含豪华品牌
5	SUV 区隔	运动型多功能车	
6	MPV 区隔	多用途乘用车	
7	Primum 区隔	豪华品牌乘用车	包括豪华品牌的轿车、SUV 和 MPV

产品线长度：可以理解为企业所销售的所有的车型种类数量，如东风日产目前拥有天籁、轩逸等共 16 种乘用车，即其产品线长度为 16。

产品线深度：可以理解为每种车型可以提供的款式和颜色的种类，如东风日产楼兰有四驱 2.5 L 自动 S/C HEV XL 四驱混动尊贵版、2.5 L 自动 S/C HEVXL 两驱混动尊锐版、2.5 L 自动 S/C HEV XV 四驱混动旗舰版等 11 个款式可供选择，颜色有钨钢灰、曜石黑、珠光白等 6 种颜色可供选择。东风日产各种车型所提供的配置款式也不一样，少的是 3 种，最多的是新奇骏车型，达到 13 种款式可供选择，平均每种车型有 6.88 个款式可选。颜色在 3～7 种可以选择，普遍集中在 5～6 种，平均达到 5.44 种颜色可选。

产品线关联度：各种车辆在用途上、生产条件和分销渠道方面的关联度是深度、密切关联的，甚至基本上是一致，所以是具备高关联度。

二、优化产品组合的分析

(一) 产品线组合的评估分析方法

对产品线组合进行评价的方法有若干种，这里只介绍比较简便和常用的两种方法。

1. 波士顿矩阵法

波士顿矩阵法由波士顿咨询公司首创。如图 8-7 所示，以市场占有率为横坐标，以市场增长率为纵坐标，20％和 10％作为区分高、低的中点，每一坐标从低到高分成两部分，就形成四个象限，每一象限中可放入不同的产品线，然后加以分类评价。

(1) 问题类。这类产品线具有高的市场增长率和低的市场占有率，需要企业投入大量资金，以提高其市场占有率，但有较大风险，须慎重选择。

(2) 明星类。这类产品线市场占有率和市场增长率都很高，具有一定的竞争优势。但是由于市场增长率很高、竞争激烈，为了保持优势地位需要许多资金，因而并不能为企业带来丰厚的利润。但当市场增长率放慢后，它就转变为金牛类，可为企业创造大量利润。

(3) 金牛类。这类产品线有低的市场增长率和高的市场占有率，收入多、利润大，是企业利润的源泉。企业常要用金牛类产品线的收入来支付账款和支持明星类、问题类和狗类产品线。

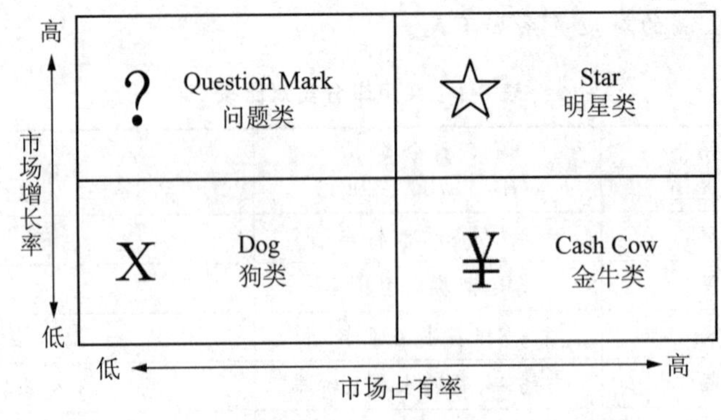

图 8-7 波士顿矩阵

(4) 狗类。这类产品线的市场增长率和市场占有率都很低,在竞争中处于劣势,是没有发展前途的,应逐步被淘汰。

对产品线进行这样的分类评价后,企业可以确定产品线组合是否健康。如果问题类和狗类产品线较多,而明星类和金牛类较少,则应当对不合理的组合进行调整:那些很有发展前途的问题类产品线应予以发展,努力提高其市场占有率,增强其竞争能力,使其尽快成为明星类;金牛类产品线要尽量维持其市场份额,以继续提供大量的资金收入;处境不佳、竞争力小的金牛类产品线和一些问题类、狗类产品线应实行收缩策略,尽量减少投资,争取短期内较多的收益;没有发展前途又不能盈利的那些狗类和问题类产品线应放弃,进行清理、淘汰,以便把资金转移到更有利的产品线上。

2. GE 矩阵法

由通用电气公司首创。GE 矩阵法较之波士顿矩阵法,综合考虑了更多的重要因素,而不只局限于市场增长率和市场占有率,所以更加切合实际。

如图 8-8 所示,该方法对每一产品线从行业吸引力和产品线实力两方面予以衡量。行业吸引力主要根据该行业的市场规模、市场增长率、历史毛利率、竞争强度、技术要求、通货膨胀、能源要求、环境影响以及社会、政治、法律因素等加权评分得出,分为高、中、低三档。产品线实力主要根据企业该产品线的市场份额、市场增长率、产品质量、品牌信誉、分销网、促销效率、生产能力与效率、单位成本、物资供应、研究与开发实绩及管理人员等加权评分得出,分为强、中、弱三档。于是,在 GE 矩阵中有九个区域。

行业吸引力 \ 产品实力线	强	中	弱
高	(1)	(2)	(3)
中	(4)	(5)	(6)
低	(7)	(8)	(9)

图 8-8 GE 矩阵

GE 矩阵可以分为三大部分:左上角部分,包括(1)(2)(4)三个区域,表示最强的产品线,行业吸引力和产品线实力都较好,企业应采取增加投资积极扩展的策略;左下角到右上角的对角线部分,包括(3)(5)(7)三个区域,表示产品线的总体吸引力处于中等状态,企业一般应维持投资保持盈利；右下角部分，包括(6)(8)(9)三个区域，表示总体吸引力很低的产品线，企业一般应采取收缩和放弃策略。

（二）产品线中各品种的分析评价

要实现产品组合的动态优化，不仅需要对各条产品线进行分析评价然后予以调整，还要对每一条产品线中的每一个产品品种的销售、盈利情况逐一分析评价，并且还要分析产品线中产品定位与竞争者的对比情况。

1. 产品品种贡献大小分析

产品线上的每一个产品品种对总销售额和利润所作的贡献是不同的。如图 8-9 所示，某条产品线有 5 个产品品种，其中，第一个品种占有总销售额的 50％和总利润的 30％，第二个品种占有总销售额的 30％和利润额的 30％，两者共占有总销售额的 80％和总利润的 60％。如果这两个品种遇到强烈的竞争，整条产品线的销售额和利润额将会急剧下降。把销售高度集中于少数几个品种之上，产品线往往具有较大的脆弱性。另一方面，对于最后一个品种，它的销售额和利润只占到整条产品线的 5％，管理者应考虑是否停止生产这一品种，以便抽出资源来加强其他品种或开发新产品。

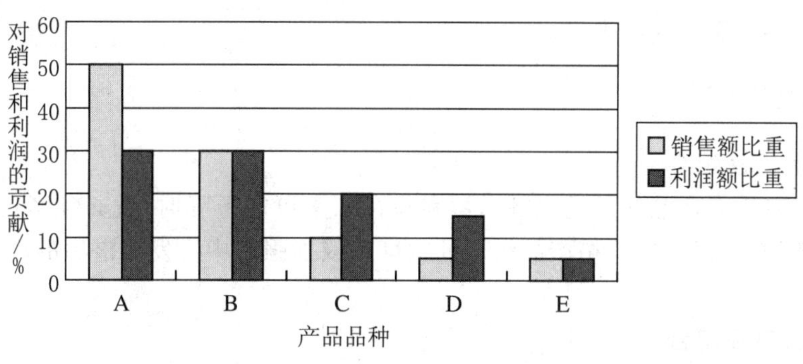

图 8-9　产品品种贡献大小分析图

2. 产品线品种定位图

产品线品种定位图是一种有效的分析工具，有助于企业了解自己的产品线与竞争者产品线的对比情况，明确竞争形势。现举例说明如下。

H 造纸公司有一纸板产品线。纸板的两大属性是纸张重量和成品质量。纸重一般分为 90、120、150、180 四个级别，质量则有高、中、低三个水准。图 8-10 为纸板产品线的品种定位图，表明 H 公司与 A，B，C，D 四个竞争者的纸板产品线中各产品品种的定位情况。如 A 公司的两个产品品种都为超重级，质量一个中等偏上，一个低等；H 公司在轻、中、重三个级别各有一品种，质量在低等和中等间变动。

产品线品种定位图有如下作用：

(1) 它可以明确显示出互相竞争的产品品种。如 H 公司轻量级、中等质量的纸板与 D 公司的纸板相竞争，而重量级、中等质量的纸板没有直接的竞争对手。

(2) 它能提示新产品品种的开发方向。图中表明重量级、低质量的纸板无人生产，如果这种纸板确实有一定的市场需求，企业有能力生产并能合理定价，那么它就应积极开发这一新的产品品种。

(3) 产品线品种定位图还有助于企业根据各类用户的购买兴趣和需要来识别细分市场。

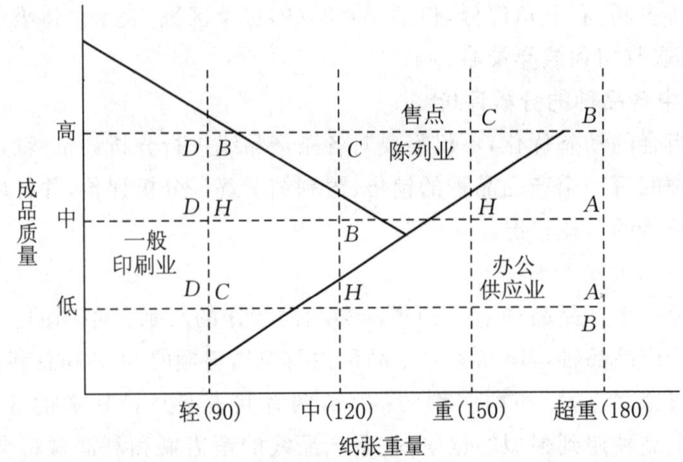

图 8-10 纸板产品线的品种定位图

H公司的产品定位较适合于一般印刷业的需要，但其他两种只定位在办公品供应业的边界上，可见对售点陈列业、办公品供应业的满足程度较差，如果H公司有能力的话，应考虑生产更多品种以满足这些需要。

三、产品组合决策

(一) 扩大产品组合

当厂商预测现有产品线的销售额和盈利率在未来可能下降时，就必须考虑在现有产品组合中增加新的产品线(即开拓产品组合的宽度)，或加强其中有发展潜力的产品线(即加强产品组合的深度)。

(二) 缩减产品组合

在市场不景气或原料、能源供应紧张时期，厂商剔除那些获利甚小甚至亏损的产品线或产品项目，而集中力量发展获利多的产品线或产品项目，反而可使利润上升。

(三) 产品线扩展

每一厂商的产品线是该行业整个范围的一部分，一般都有其特定的市场定位。如美国的“林肯”牌汽车定位在高档市场。如果厂商超出现有的范围增加它的产品线长度，就是产品线扩展(line stretching)。具体有向下扩展、向上扩展和双向扩展三种实现方式。

1. 向下扩展

向下扩展，是指厂商在高档产品线中增加低档产品项目。

厂商向下扩展其产品线，可能基于以下原因：①厂商在高档产品市场方面受到攻击，于是就决定以拓展低档产品市场作为反击；②厂商发现其高档产品市场增长缓慢；③厂商最初步入高档市场是为了树立质量形象，以便往后向下扩展；④厂商增加一个低档的产品项目，是为了填补市场空白，否则其竞争对手会乘虚而入。

厂商采取向下扩展策略时，也会存在一些风险。厂商扩展低档产品项目可能会激发竞争者将产品项目相应地转移到高档类产品方面，从而蚕食掉较高档的产品项目，反而使厂商的局面变得糟糕。

2. 向上扩展

向上扩展，是指厂商在原有低档产品线中增加高档产品项目。

厂商选择向上扩展其产品线，主要会基于以下方面考虑：①高档产品市场具有较大的潜在成长率和较高利润率的吸引；②厂商的技术设备和营销能力已具备进入高档产品市场的条件。

厂商采取向上扩展策略，同样存在风险。市场上高档产品的竞争对手不仅会固守已取得的阵地，而且还会反过来进入低档产品市场；同时，要改变顾客心目中的地位是相当困难的，处理不慎，还会影响原有产品的市场声誉。

3. 双向扩展

双向扩展，是指定位于市场中端的厂商决定朝上、下两个方向扩展其产品线。如丰田公司在它的中档产品“花冠(Corolla)”的基础上，为高档市场增加了“凯美瑞(Camry)”，为低档市场增加了“小明星(Starlet)”，还为豪华汽车市场推出了凌志轿车。

4. 产品线填补

在现有产品线的范围内增加一些产品项目，拉长产品线，即产品线填补(line filling)。

厂商采取产品线填补策略，可能主要基于以下动机：①获取增量利润；②满足那些经常抱怨由于产品线不足而使销售额下降的经销商；③充分利用剩余的生产能力；④争取成为领先的产品线完整的厂商；⑤设法填补市场空隙，防止竞争者的侵入。

案例 8-9

马应龙产品线扩展

马应龙是一家历史悠久的百年老字号医药企业，积累了丰富的历史文化底蕴。诚然马应龙继承了前辈们在治痔领域研发出的核心配方，但在弱肉强食的市场环境下，企业的发展不能故步自封，一味地靠过去的资本积累。

马应龙最初的核心产品是马应龙麝香膏、马应龙痔炎消片等，产品定位为低端市场，虽然疗效好、口碑佳，但是由于品牌形象低端，致使销售增长乏力，目标顾客的拓展空间受限。并且由于马应龙作为治痔圣药的固有形象深入人心，导致马应龙品牌缺乏强有力的可塑性，难以在激烈的市场环境中产生持续吸引力，企业需要通过变革来发挥品牌优势，提升企业绩效。

在马应龙发展疲软阶段，需要转变经营观念，以肛肠治痔核心能力为中心，通过完善产品线、构建多层次销售渠道等方式来延伸产业链，拉动市场需求，即通过纵向一体化进而提高销售业绩。而马应龙在治痔领域的核心地位与马应龙产品消除黑眼圈的功能又为大健康产品种类的扩展提供了发展方向。

作为中医药企业的马应龙在新时期通过纵向一体化进行转型：依托肛肠领域的品牌影响力，结合产品产业的结构优势和肛肠市场资源的掌控能力，实施了向肛肠健康方案提供商的转型升级。通过大力发展互联网医疗，并围绕大健康领域积极寻求发展机会，形成了医药制造、医药流通、诊疗服务的一体化产业链。

当前马应龙肛肠及下消化道类产品生产剂型范围涵盖膏、栓、中药饮片、口服、片剂、洗剂等。除了生产传统的肛肠类药物，马应龙还开发了多类型大健康产品，这些产品主要包括功能性化妆品、功能性护肤品、功能性食品和中药饮片等，种类丰富。

第四节 新产品研发策略

市场营销学中使用的新产品概念不是从纯技术角度理解的。一般地，新产品是指在一定空间首次生产和销售的某些具有新特点、新功能、新效用的产品，它具有创新性、实用性、先进性和可推广性等特点。

一、新产品的种类

新产品的种类，从市场营销学角度可分为以下四种：

（一）全新产品

全新产品是指运用新理论、新技术、新结构、新材料等发明、制造而成的新产品。

（二）换代新产品

换代新产品是指在原有产品基础上，部分采用新材料、新技术等制成的性能有显著提高的新产品，也称革新产品。如将黑白电视机到彩色电视机等。

（三）改进新产品

改进新产品是指采用各种新技术，改进现有产品的性能，提高质量、增加款式和花式品种等制成的新产品。如从普通牙膏到药物牙膏等。

（四）仿制新产品

仿制新产品是指市场上已有其他品牌的同类产品，生产技术已公开，厂商生产出自己品牌的新产品。

随着科学技术的进步，根据消费者的需求，新产品的发展呈现出以下趋势：

(1) 多功能化和功能自动化。

(2) 外形美观化。

(3) 微型化和高能化。

(4) 节能化。

(5) 标准化、系列化和通用化。

(6) 保护自然环境，维护生态平衡。

对于大多数厂商而言，新产品开发的实质是推出原有产品在内涵与外延上拓展的新产品。

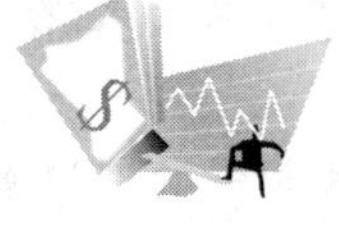

案例 8-10 手一挥办公桌就能升降，打电话走进“太空舱”

2021 年 3 月 15 日，在圣奥钱塘新区智造基地的车间，圣奥一口气发布了几大系列 2021 年度新品，聚焦未来健康办公。

“忙碌的时候，有时根本腾不出手来去找办公桌的升降按钮，昂蒂那办公桌能实现人、物、空间交互的新突破，轻轻一挥，就可以实现桌面升降。”圣奥中央研究院总经理张叙俊告诉记者，升降的高度能实时显示，得益于数显科技，目前在全球办公家具行业尚属首次应用。看似平平无奇的桌面，手一挥，出现了一个数字，这个数字就是桌面实时高度。再往右一挥，桌面开始缓缓上升,数字也随之不断增大,再隔空一挥,桌面就停止不动。反之,桌面则会下降。

“在共享的办公空间里,年轻人对隔音私密的空间需求不断增加。所以我们设计了太空舱造型的私密空间NASA,将办公空间的噪声直降20 db.”这个占地1平方米的“电话亭”其实是一个静音仓,采用波音飞机、复兴号高铁同选的航空铝材,里面不仅隔音,照明、新风、换气、开关、万能小桌板一应俱全,可以说是一个无醛静音的私享空间。底部还装有万向脚轮,即便是一个小女生也能轻松实现整体移动。

二、新产品开发的组织

成功的新产品开发,要求厂商建立一个高效的组织。

(一) 公司高层管理者

一个组织是否有效,首先取决于公司高层管理者能力的大小和水平的高低。新产品的开发工作要求高层管理者必须规定公司需要涉及的业务领域和产品种类,决定新产品开发的预算,对可接受的新产品构思建立明确的标准。公司高层管理者对新产品的成功负有最终的责任。

(二) 组织机构

新产品的开发需要由具体的组织机构来实施。新产品开发的组织机构形式,不同时期、不同情况、不同性质的厂商有不同的选择。如产品经理、新产品经理、新产品委员会、新产品部门、新产品研制小组等。

(三) 团队导向的“同时型产品开发”组织

传统的产品开发组织模式,属于“序列化的产品开发”,虽然每个环节的管理责任分明,但彼此缺乏有组织的团队工作精神。“同时型产品开发”相对于“序列化产品开发”,是指在整个产品开发的过程中,研究、设计、技术、生产、采购、营销和财务部门自始至终通力合作,各种职能的交叉管理始终贯穿于整个产品的开发过程。

三、新产品开发的过程

新产品开发过程一般分为八个阶段,即创意产生、创意筛选、产品概念形成和测试、营销战略计划、商业分析、产品研制、市场试销、商品化,如图8-11所示。

(一) 创意产生

寻找创意,也就是新产品的构思,是指为满足一种需求而提出的新设想,是新产品开发过程的第一个阶段。高层管理者要确定着重研究的产品与市场范围,并指出新产品开发的目标。

1. 新产品创意的来源

(1) 顾客。依照市场营销学理论,顾客的需求和欲望是寻找新产品创意合乎逻辑的起点。大量产品的新创意起源于顾客的需求和欲望。

(2) 竞争者。一个厂商应该对谁购买和为什么购买竞争者的新产品作出评估,并找出本厂商或竞争者产品的优点、缺点,进而开发出具有竞争力的新产品。

(3) 市场营销人员。市场营销人员直接接触市场、用户、中间商,他们对顾客的需求和欲望及竞争者的情况有更直接的认识。

(4) 科技人员。科技人员在科技试验中的新产品、新工艺、新技术、新原理等,往往能为创造和改进产品提供广阔的前景。

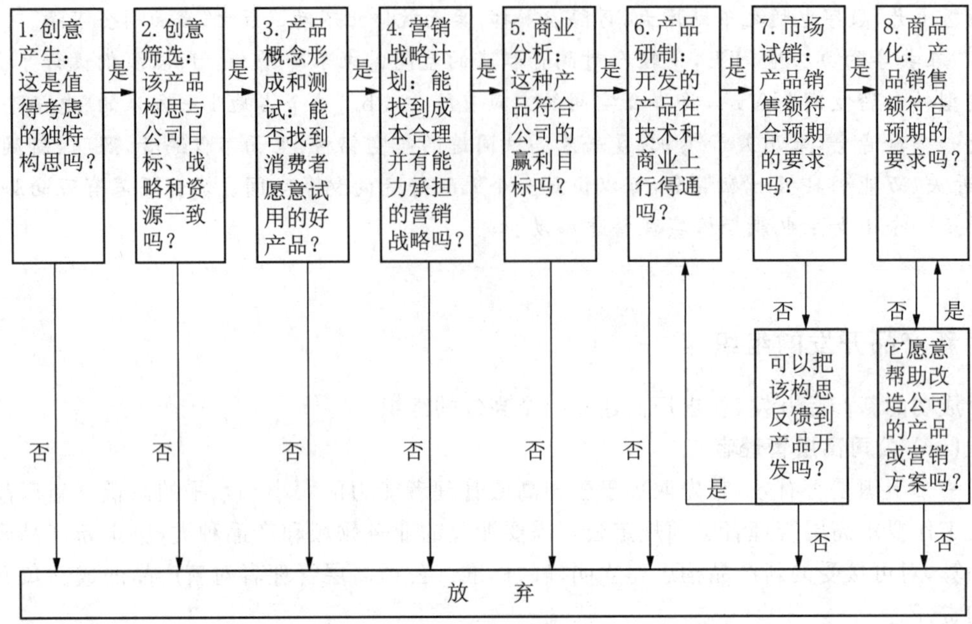

图 8-11　新产品开发过程

(5) 中间商。厂商的销售代表和经销商掌握着顾客需求和抱怨的第一手资料，也是第一个知道竞争者发展情况的人。通过他们，能更好地了解本公司产品的市场处境，进而分析老产品，产生新创意。

(6) 高层管理者。高层管理者在新产品的创意上有着非常重要的影响。

(7) 发明家、专利代理人、大学、行业顾问、广告代理商和一些出版机构等，也是重要的新产品创意来源。

2. 搜寻新产品创意的主要方法

(1) 产品属性排列法。通过列举现有产品的所有属性，然后尝试改良每一种属性，以此形成新的产品创意。

(2) 强行关系法。先列举若干不同的产品，然后把某一种与另一种产品或几种产品强行联系起来，产生一种新的创意。

(3) 消费者问题分析法。通过各种途径征集消费者意见，加以分析，从中找出具有共性的问题，形成新的产品创意。

(4) 头脑风暴法。通过召开专家座谈会，集中专家意见，产生新的创意。

(5) 提喻法。通过组织专家，对若干具体问题有针对性地进行讨论，由表及里，提出种种设想和建议，再经过分析研究，产生新的创意。

(二) 创意筛选

在产生新产品的创意后，就必须对其进行筛选(screening)。筛选的目的是摈弃那些可行性小或获利较少的产品创意，选出符合本公司发展目标和长远利益、并与公司资源相协调的产品创意。

1. 筛选新产品创意应遵循的标准

(1) 市场成功条件。包括产品的潜在市场成长率，竞争程度及前景，公司能否获得理想的收益等。

(2) 内部条件。即公司的人、财、物资源，技术条件及管理水平是否适合生产这种产品。

(3) 销售条件。即现有的销售能力是否适合销售该产品或是否可以重构企业销售能力。

(4) 利润收益条件。该产品是否能实现公司的营销目标和获利水平，对原有产品销售的影响如何等。

2. 筛选新产品创意的方法

筛选新产品创意可通过新产品构思评审表进行，即针对公司内部的情况对公司实力进行恰当的分析，并结合一些评价指标，用加权法算出该评价产品创意的得分。一份比较典型的新产品构思评审表，如表 8-2 所示。

表 8-2　新产品构思评审表

产品成功的必要条件	权重(A)	生产能力水平(B)											评分A×B
		0.0	0.1	0.2	0.3	0.4	0.5	0.6	0.7	0.8	0.9	1.0	
企业信誉	0.2							✓					0.120
营销能力	0.2										✓		0.180
研究开发	0.2								✓				0.140
人　　力	0.15							✓					0.090
财　　力	0.10										✓		0.090
生产能力	0.05									✓			0.040
位置和设备	0.05				✓								0.015
原材料供应	0.05										✓		0.045
合　　计	1.00												0.720

评分等级：0.00～0.40 为差；0.41～0.75 为尚佳；0.76～1.00 为佳

3. 筛选新产品创意时应避免的两种错误

(1) 误舍错误(drop-error)。是指公司对某一存在的缺点的改进创意轻易放弃。对他人的创意挑错是很容易的事，但如果一个公司犯了太多的误舍错误，那么，它的标准可能定得太保守了。

(2) 误用错误(go-error)。是指公司允许一个错误的创意投入开发和商品化阶段。这样的结局可能有三种结果，即产品的绝对失败、产品的部分失败和产品的相对失败。

(三) 产品概念的形成和测试

1. 产品概念的形成

新产品创意经过筛选后，需要进一步发展成为更具体、明确的产品概念(product concept)。产品概念是指已经成型的产品创意或构思，即用文字、图像、模型等予以清晰阐述，使之在顾客心目中形成一种潜在的产品形象。

任何一个产品构思都能够转化为一种产品概念。谁使用这种产品，这种产品的主要益处是什么，这种产品主要适合什么场合，每一个产品概念都要进行产品定位，以了解同类产品的竞争情况，优选最佳的产品概念。

2. 产品概念的测试

概念测试是指将形成的产品概念提请目标市场有代表性的消费者进行测试、评估，以收集消费者的反应。

测试的产品概念与最后的产品形状越相似，这概念测试的可靠性越高。在当今社会，借助计算机辅助设计和制造程序制成的实体模型，或应用虚拟现实程序，可以使消费者在测试时更真实、更直观。概念测试的一个重要内容是把精心制作的概念说明书呈现在消费者面前，然后用问卷调查等方式收集消费者的反应。

公司通过总结被调查的消费者的回答，来判断该概念对消费者是否具有足够充分的吸引力。消费者对不同产品概念的偏好必须进行排序，以确定最佳吸引力的供应物、估计市场份额和公司可以获得的利润等一系列管理工作。

（四）营销战略计划

公司经过测试确定了最佳产品概念以后，就必须提出一个把这种产品引入市场的初步营销战略计划，并在未来的发展阶段中不断完善。

初拟的营销战略计划包括三个部分：

(1) 描述目标市场的规模、结构，消费者的购买行为，产品的市场定位以及短期的销售量、市场占有率、利润率预期等。

(2) 概述产品预期价格、分配渠道及第一年的营销预算。

(3) 发表阐述较长期的销售额和投资收益率，以及不同时期的市场营销组合。

（五）商业分析

公司在发展了它的产品概念、拟订了一个营销战略计划后，就必须对这个建议的商业吸引力作出评价，判断它是否符合公司目标。如果符合，那么产品概念就能进入产品开发阶段。

商业分析着重在于五方面：①估计总销售量；②估计首次销售量；③估计更新销售量；④估计重购销售量；⑤估计成本和利润。

（六）产品研制

产品研制是指将通过商业分析的新产品概念移交研究开发部门或工程部门试制，形成实体产品，同时进行包装的研制和品牌的设计。

一个成功的产品原型需符合下列标准：

(1) 消费者觉得它是产品概念说明书中关键属性的具体体现。

(2) 在正常使用和正常条件下，该原型能安全地执行其功能。

(3) 该原型能够在预算的制造成本下产生出来。

对于产品原型制造，目前比较先进、科学的方法是运用计算机技术，如计算机辅助设计（computer-aided design，CAD）和计算机辅助制造（computer-aided manufacturing，CAM）。

（七）市场试销

新产品的市场试销主要考虑以下几个问题并做出相应的决策：①试销的地区范围；②试销时间的长短；③试销中所要取得的资料（试用率、再购率）；④试销的费用开支；⑤试销的营销策略及试销成功后所采取的进一步营销战略行动。

（八）商品化

新产品试销成功后，就可以正式批量生产，全面推向市场，进行产品的商品化。新产品投放市场的初期成本往往较高，赢利水平不高，甚至亏损。

为此，新产品的商品化必须在以下几个方面慎重决策：

(1) 时间策略。在新产品正式上市时，进入市场时机的选择是个关键问题。此时如竞争对手也接近完成其新产品的开发工作，企业则必须根据实际情况进行选择：①首先进入；②平行进入；③后期进入。

(2) 地理战略。即企业必须根据具体情况就新产品是否推向单一的地区、一个区域或几个区域、全国市场或国际市场等做出决定。

(3) 目标市场策略。在拓展市场时，企业必须把它的分销和促销目标对准最有希望的购买群体。

(4) 导入市场策略。即制订一个把新产品引入市场的实施计划。

案例 8-11

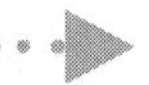

花西子产品开发过程

2017 年成立，2020 年的销售额突破了 33.5 亿元，2021 年上半年销售额达到 26 亿……花西子用了 4 年的时间，成长成为国货彩妆里的佼佼者。

花西子创始人花满天给自家产品的开发和测试流程制定了近乎偏执的要求和标准。特别是定下了“产品成本不设上限”“研发周期不设上限”这两条规矩，才真正开始突破了行业加价率与产品开发的传统桎梏。据了解，花满天曾告诉每一个产品经理，忘记成本预算这件事——真正把世界上所有品牌评价最好的眉笔都找回来做内部测评对比，经历内部漫长的匠心研发，然后去找供应链做出世界上最好的眉笔，先做出来再算成本。资料显示，花西子的产品研发周期平均 1 年 9 个月，在产品研发、产品设计、配方调试、原料安全风险评估、稳定性测试、防腐挑战测试、包材功能测试、运输测试、丢包测试、用户调研等每一个模块都追求做到极致。极致的追求，让花西子在产品的研发和品质上一直有着极高的追求和标准。据天眼查显示，截止到 2021 年 8 月 1 日，成立仅 4 年的花西子母公司已申请 55 项专利，其中 44 项已公开发表，位居国货彩妆之首。另一方面，这也让花西子的产品力受到了消费者的高度认可。

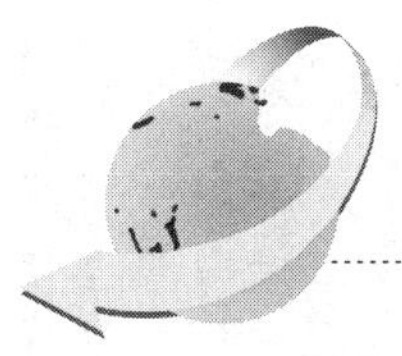

本章小结

1. 产品策略是营销组合策略的首要因素，营销的其他策略都是围绕产品策略展开的，产品策略在很大程度上决定着市场营销的成败。产品是包含若干属性的复合整体，完整意义上的产品既包含了满足消费者需要的有形物质，也包含了一系列无形的服务，对于任何一个想在市场中取胜的企业都必须树立产品整体的概念，重视产品的质量、包装，树立起品牌经营的大旗。

2. 任何一个产品在市场上都会进入一个从进入市场到退出市场的过程，这就是产品的生命周期，可将其分为导入、成长、成熟、衰退四个阶段。产品在各个阶段的销售、成本、利润等都有所不同。企业必须及时判断其产品所处的生命周期阶段，根据各阶段不同的特点制定适宜的营销策略。

3. 产品组合是指一个企业提供给市场的全部产品线和产品项目的组合，对产品组合的衡量，一般用宽度、长度、深度、关联度来衡量。产品组合也直接关系到企业的获利水平，企业必须对现行产品组合做出系统的分析和评价，考虑企业的实际情况，制定正确的产品组合决策。

4. 研发新产品是企业有力的竞争武器，企业必须充分认识新产品研发的重要意义。新产品研发成功的关键在于发展较好的组织安排，在新产品研发的各个阶段，做好每一个环节的科学决策，尽可能避免在技术研发和市场开发上的风险，使企业不断涌现活力。

关键概念

营销组合　产品整体概念　品牌　产品生命周期　产品组合　新产品

复习思考题

1. 试述产品整体概念对企业营销工作的指导作用。
2. 简述品牌策略的主要内容。
3. 结合产品生命周期各阶段的特点谈企业相应营销策略。
4. 产品组合一般应考虑哪些因素？
5. 开发新产品的程序包含哪几个阶段？

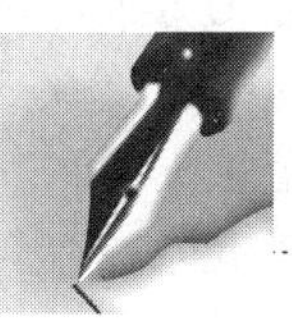

案例分析

开发狩猎靴：了解顾客需求

L.L.Bean公司位于美国缅因州，是美国著名的生产和销售服装以及户外运动装备的公司，于1912年开始生产狩猎靴。到20世纪90年代，公司已经发展到10亿美元资产，持续三十多年年增长率都超过20%。为顾客着想这一理念始终贯穿于新产品开发的过程中。

了解顾客的真实感受

针对公司的狩猎靴，产品开发小组就要选定那些经常狩猎的人，设计一些问题，使其能够详细描述狩猎活动的感觉和环境，进而了解其对狩猎靴的感觉和希望。在访谈中，面谈者的工作就是要有一种非引导的方法来提出开放性的问题。

"你能给我讲述一下最近狩猎的一次经历、一个故事吗？"

"告诉我你最好的狩猎故事，它是怎样的经历？"然后是非常安静地听顾客尽情讲述。两人小组的另外一位负责记录，一字一句地记录，不加过滤，不做猜测。

通过这些在狩猎者家中或者具体的狩猎场所访谈，可以获得狩猎者的真实想法，而不是提问者的想法。小组人员的工作更多的是聆听。当结束一次面谈的时候，小组尽快详细回顾并整理面谈内容，因为这时会谈的场景和内容在脑海还保存着清晰的记忆，能很快找出那些关键的印象深刻地描述出来。这样面谈20位狩猎者，产品开发小组获得了丰富的狩猎者的狩猎经历资料。

转化为产品需求和设计思想

所有的面谈结束后，整个开发团队进入隔离阶段，集中精力研究顾客需求，努力将顾客的语言翻译成一连串关于新的狩猎长靴要满足的需求。由于收集了丰富的材料，队员们在白板上贴了数百个即时贴的便条，每个便条都是一个需求陈述。他们必须将所有的这些需求浓缩成更加易于管理、便于利用的需求数目。团队采取投票的方式来将需求按重要性排列，每一个投票都代表了他们面谈的猎人的需求。几个回合的投票逐渐地减少需求的数目。然后，团队成员将剩下的需求进行分组排列、再排列，形成更小的需求组。大家在归纳需求组的过程中并不相互讨论，这就迫使队员对自己所想不到的一些相互关联进行思考，而这种关联是别人正在思考而自己看来可能并不明显的。所以，这时候队员都在进行学习，团队逐渐地达成了一种共识。

最后，数量有限的几个需求组形成了，团队成员讨论关于每一组需求的新的陈述。作为一个团体，大家必须清楚这些小小的即时贴上的意见，是否完全抓住了队员思考的问题，描述是否准确。通过大量细致的工作，团队将每组的内容转化为一个陈述。这个流程进一步将需求的数目减少到大约12个。三天封闭会议结束的时候，L.L.Bean的产品开发团队开发出了一份列有最终顾客需求的总结报告。此后便是将需求转化为设计思想的过程，头脑风暴会议是主要的讨论形式。比如“在靴子里装一个动物气味的发散装置，每走一步都会散发出一点点气味。像一个小型火车一样，气味从靴子里出来如同火车两侧的气体一股股喷出，只不过是无形的”。这样反复讨论，各种疯狂的主意中能得到产品最具创新变化的核心思想。

对新产品测试

这种新的狩猎长靴设计原型生产出来后，被送往所有 L.L.Bean 公司希望改进其产品的地方——顾客，在产品最终要使用的环境中进行实际测试。为保证开发人员能够近距离地看到和听到这些顾客专家的意见，L.L.Bean 安排了一次实地旅行。在新罕布什尔的品可汉峡谷地区，L.L.Bean 集合了一组实地测试者来评审，包括有导游、山顶装袋工、徒步旅行者、大农场管理员、滑雪巡逻队员等，这些顾客大部分是 L.L.Bean 公司好几个季节的测试者。会议的第一天花费在一次精力充沛的徒步旅行上，按每个人所穿的靴子的尺寸进行分组，每个人的包里都有两到三双靴子，几乎每个小时都要更换所穿的靴子产品，如穿 9 号的要与一个穿 8 号的靴子交换靴子，有 L.L.Bean 生产的，也有竞争对手生产的。大家在各种环境里实验，及时记下对适应性、稳定性的评价，以便于公司及时做出调整。经过几个月的试用，公司获得了所有的改进建议。

在产品上市时的目录介绍中，公司能够通过测试期间的照片来说明种种问题，在推广产品时可以宣传整个测试过程，以便获得顾客的信赖。该种类型靴子在市场中很快获得认可，供不应求。

思考题：

试分析该公司开发狩猎的过程中的产品策略。

第九章　价格策略

学习目标

1. 了解影响产品定价的主要因素
2. 掌握产品定价方法
3. 掌握产品定价策略
4. 理解价格调整对策

引导案例

如何让滞销品变得畅销?

一个周六的上午,8 点 30 分,阳光斜射到清华园的教室里。我在给大约 60 名来自全国各地的企业高层管理人员讲课。也许是因为连续多天高强度学习,很多学员看起来有点晨困。为了振作一下大家的精神,给一天的课程一个好的开始,我抛给全体学员这样一个看起来不难的小问题:“如果你开了一家服装店,有一件男士夹克,质量不错,价格 1 000 元,但是卖得不好,有什么好办法能让这个滞销品更容易卖出去?”这时全班学员都开始思考起来,困意消失了。

有个学员第一个发言:“打 5 折销售,降价为 500 元。消费者都喜欢打折。”我追问:“这个方法确实可以更容易卖出去,但是企业损失了利润。这件夹克的成本可能就有 700 元,那降价为 500 元就亏本了。如何既能不降价,又更容易卖出去呢?”另外一个学员说:“那就将价格标为 2 000 元,然后打 5 折以 1 000 元的特殊优惠价格销售。”我再追问:“这个方法确实不错,很多商店都用打折吸引顾客。然而,在中国,如果原价是 1 000 元,而促销时说成原价是 2 000 元,然后打 5 折销售,这种方法涉嫌违法。”这时,又有另外的学员说:“俗话说,只买贵的,不买对的。干脆直接涨价,将价格加一个零,标为 10 000 元。”我又追问:“确实可能有个别顾客会这样。但是,大多数顾客不会这么不理性。而且,一般只有在对产品质量非常不了解的情况下,消费者才会根据价格的高低来判断产品档次。如果这件夹克只是一般品牌,消费者对它的质量较容易判断,那么标价为 10 000 元估计只会永远卖不出去。不信的话,你让原价 3 万元左右的奇瑞 QQ 汽车,加一个零为 30 万元卖,能卖得出去吗?”这时不少学员都笑了起来,更多的学员则陷入了沉思。最后,有个学员举起了手:“那这样如何? 这件夹克仍然标价 1 000 元,但是在它的旁边挂上另外一件质量较差的夹克,标价却是 1 500 元。”我会心地笑了:“不错,这正是我今天想告诉大家的如何让滞销品畅销的一个方法。”这位学员赢得了全班同学热烈的掌声!

为什么这个方法不错?

价格影响着行业市场发展的走势,影响着竞争态势,影响着消费者的购买力和购买意愿,它的复杂性、综合性和敏感性使价格策略成为营销中最为微妙的操作领域。它的制定涉及生产者、经营者、消费者等各方面的利益。定价策略,是企业市场营销组合策略中一个极其重要的组成部分。但问题和难点在于:部门之间协调定价决策难度较大,组织内也缺乏对价格和定价政策的经常性监督和调整。

第一节 影响产品定价的主要因素

影响定价的因素是多方面的,包括定价目标、成本、市场需求、竞争者的产品和价格等。一般地,产品定价的上限通常取决于市场需求,下限取决于该产品的成本、费用等。在上限和下限内如何确定价格水平,则取决于企业的定价目标、政府的政策、法规和竞争者同类产品的价格。

一、产品定价目标

每一个生产者或企业,在具体定价时都要明确其目标。就定价目的而言有追求长期利润的最大化、追求短期利润的最大化、追求销售量的增长、追求市场的稳定性、维持其价格领袖地位、阻止潜在竞争者的进入、保持经销商的忠诚度与进货支持、提升企业的形象与地位、引导顾客的兴趣、加速产品的周转等各种目的。但归纳起来,可主要分为利润目标和市场目标。

(一) 利润目标

1. 获取预期收益目标

预期收益目标是指企业以预期利润(包括预缴税金)为定价基点,并以利润加上商品的完全成本构成价格出售商品,从而获取预期收益的一种定价目标。预期收益目标有长期和短期之分,大多数企业都采用长期目标。预期收益高低的确定,应当考虑商品的质量与功能、同期的银行利率、消费者对价格的反应以及企业在同类企业中的地位和在市场竞争中的实力等因素。预期收益定得过高,企业会处于市场竞争的不利地位;定得过低,又会影响企业投资的回收。一般情况下,预期收益适中,可能获得长期稳定的收益。

2. 获取最大利润目标

最大利润目标是指企业在一定时期内综合考虑各种因素后,以总收入减去总成本的最大差额为基点,确定单位商品的价格,以取得最大利润的一种定价目标。最大利润是企业在一定时期内可能并准备实现的最大利润总额,而不是单位商品的最高价格,最高价格不一定能获取最大利润。当企业的产品在市场上处于绝对有利地位时,往往采取这种定价目标,它能够使企业在短期内获得高额利润。

3. 获取合理利润目标

合理利润目标是指企业在补偿正常情况下的社会平均成本基础上,适当地加上一定量的利润作为商品价格,以获取正常情况下合理利润的一种定价目标。企业在自身力量不足,不能实行最大利润目标或预期收益目标时,往往采取这一定价目标。这种定价目标以稳定市场价格、避免不必要的竞争、获取长期利润为前提,因而商品价格适中,顾客乐于接受,政府积极鼓励。

(二) 市场目标

1. 以低价占领市场

以低价占领市场是指在提高产品质量,降低产品成本的前提下,使商品的价格低于主要竞争者的价格，以低价迅速打开销路，挤占市场，从而提高企业商品的市场占有率。待占领市场后，再通过增加和提高某些功能的方式逐步提高商品价格。

2. 以高价占领市场

以高价占领市场为目标是指在产品上市初期，以高于竞争对手的商品价格，利用消费者的求新、求名心理，尽可能在短期内获取最大利润。待竞争激烈时，以先期获得的超额利润为后盾，调低价格，从而扩大销售，占领市场，击败竞争对手。

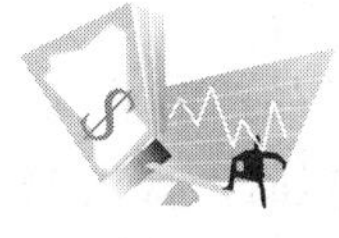

案例 9-1　奢侈品牌 LV，天价依然有人买？

LOUIS VUITTON（简称 LV）这个法国奢侈品牌进入世界最有价值的奢侈品牌 TOP10 已有十多年，它始建于 1854 年，是奢侈、高端、上流社会的代名词。2019 年，LVMH 集团老板贝尔纳·阿尔诺净资产增加到 1 076 亿美元，正式超越了比尔·盖茨，成为全球第二大超级富豪。即便经历了疫情，在 2020 年他的身价重返 1 000 亿美元以上，依然在全球顶级富豪行列。LV 是如何获取成功，成为全球最有价值奢侈品品牌的呢？

其一是定高价。一款 LV 包最高可卖到 55 000 美元，大概是美国普通品牌包的 175 倍！奢侈品本身就是流行于上流社会，高价也迎合了这些站在金字塔尖里人的炫耀心理。当然，LV 包由经验丰富的工匠手工打造，结合昂贵的材料以及先进的技术，其制作成本也是高昂的。

其二是展示稀缺。奢侈品之所以奢侈，就是价高且供应少，稀缺。其生产的少，供应的少，买得起的人少，能经常买的人更少。如果市场上有太多商品，即使是优质商品也可能会失去价值，如果你是 LV 的高端潜在客户，看到普通人都在背 LV，那么你就会不再购买这款包，这就是限量的魅力。

其三是致力经典款。LV 经典的 Monogram 老花基本上百年来没变过，无一不出现在服饰、球鞋、饰品等类目上，不仅没有产生审美疲劳，反而更有辨识度，让人一眼就能认得出这是奢侈品 LV。

其四是注重吸引新兴消费群体。随着中国慢慢成为经济大国，成为了奢侈品利润丰厚的主要市场，在 2018 年中国消费奢侈品金额占全球的三分之一，而且在中国，LV 的售价要比在其他国家高出 21%，但依然无法阻挡中国人购买 LV 的脚步。近年来，LV 关注年轻的购买力，开始和 supreme 等街头潮牌开启联名，并选择高流量的明星艺人作为代言人，更是吸引了一大批中国年轻消费者，如今的 LV 更是结合了口碑、风格、定位以及价值，在奢侈品界风生水起。

3. 以竞争价格占领市场

以竞争价格占领市场为目标是指在制定商品价格之前，认真研究竞争对手的营销策略，根据企业自身实力，用针锋相对的方式与对手抗衡，以便占领市场或保护既得市场。这种价格目标易导致价格大战，风险较大。

二、产品市场需求

市场营销理论认为,产品的最高价格取决于产品的市场需求,最低价格取决于该产品的成本费用。在最高价格和最低价格的幅度内,企业能把这种产品价格定多高,则取决于竞争者同种产品的价格水平,可见,市场需求、成本费用、竞争者产品价格对企业定价有着重要影响。而需求又受价格和收入变动的影响,因价格与收入等因素而引起的需求的相应的变动率,就叫作需求弹性。需求弹性分为需求的收入弹性、价格弹性和交叉弹性。

(一) 需求的收入弹性

需求的收入弹性是指因收入变动而引起的需求的相应的变动率。有些产品的需求收入弹性大,意味着消费者货币收入的增加导致该产品的需求量有更大幅度的增加,一般说来,高档食品、耐用消费品、娱乐支出的情况就是如此。有些产品的需求量的增加幅度较小,这意味着消费者货币收入的增加导致该产品的需求量的增加幅度较小,一般说来,生活必需品的情况就是如此。也有的产品的需求收入弹性是负值,这意味着消费者货币收入的增加将导致该产品的需求量下降,例如,某些低档食品、低档服装就是负的需求收入弹性。因为消费者收入增加后,对这类产品的需求量将减少,甚至不再购买这些低档产品,而转向高档产品。

(二) 需求的价格弹性

在正常情况下,市场需求会按照和价格相反的方向变动。价格提高,市场需求就会减少;价格降低,市场需求就会增加。所以,需求曲线是向下倾斜的。这是供求规律发生作用的表现。但是也有例外情况。菲利普·科特勒指出,显示出消费者身份地位的商品的需求曲线有时是向上倾斜的。例如,香水提价后,其销售量却有可能增加。当然,如果香水的价格提得太高,其需求和销售量将会减少。

正因为价格会影响市场需求,所以企业所制定的价格高低会影响企业产品的销售,因而会影响企业市场营销目标的实现。因此,企业的市场营销人员定价时必须知道需求的价格弹性,即了解市场需求对价格变动的反应。换言之,需求的价格弹性反映需求量对价格的敏感程度,以需求变动的百分比与价格变动的百分比之比值来计算,即价格变动百分之一会使需求变动百分之几。这个“几”越大,其弹性越大;这个“几”越小,其弹性越小。

(三) 需求的交叉弹性

在为产品线定价时还必须考虑各产品项目之间相互影响的程度。产品线中的某一个产品项目很可能是其他产品的替代品或互补品,同时,一项产品的价格变动往往会影响其他产品项目销售量的变动,两者之间存在着需求的交叉价格弹性。交叉弹性可以是正值,也可以是负值。如为正值,则此二项产品为替代品,表明一旦产品 A 的价格上涨,则产品 B 的需求量必然增加。相反,如果交叉弹性为负值,则此二项产品为互补品,也就是说,当产品 A 的价格上涨时,产品 B 的需求量会下降。在市场经济条件下,市场供求决定市场价格,因此,制定商品营销价格时必须考虑市场的供求状况。而商品价格,除了受成本和价值、市场供求等因素影响外,在很大程度上还受商品本身的特性的影响与制约。

案例 9-2 共享经济中的动态定价

动态定价策略并没有一个严格的定义，但是它体现了一个经济学中的核心概念就是：供需平衡。动态定价策略是在一定的市场环境中，供需双方为达到平衡点而做出的价格调整。动态定价不是新概念，但加上了算法、智能、大数据等一堆词以后，显得有些惊艳了而已，日常生活中动态定价使用非常广泛，且影响着每个人。举个简单例子，过年的时候，蔬菜普遍贵了，原因就是供应少了，所以蔬菜价格上升，只是在互联网情况下，这种变动会更加快，更加敏捷。

为什么使用动态定价策略？Uber 要解决的问题是在高峰或者异常天气情况下，司机少，乘客打不到车的问题。Uber 通过一定的调度策略来驱使自己平台上的司机来应对。当遇上高峰或打不到车的时候，通知打车人现在没车，你可以加点钱，"或许"就有人来拉你了。至于这种方案是否是合理的，又有什么利弊呢？有利的是：平台通过技术手段自动调控，能够最大限度地调动供给方积极性，提升达成率；用户了解了规则以后，会自发调节出行时间，避开高峰，从而服务双方更合理平滑；实现自调度，降低了平台的调度和维护成本，每一个个体都会为整个系统贡献自己的力量。弊端是因为要付出更高的价格，部分用户选择不打车，而改用其他方式造成平台用户的流失。

动态定价策略适用于几个典型的案例和实用场景：

1. 共享单车。共享单车跟共享经济还是有很大差异性，多数共享单车是自己购买车辆，部分几乎很少的车辆为 C 端用户共享的车辆，所以这类完全是重资产 B2C 企业。

2. 快递跑腿服务平台。如人人快递，校内达和达达等，这类供需双方都是普通 C 端用户，这一类共享经济体都可以采取动态定价策略，以校内达为例，先以一个合理定价在 3 元左右的客单价，然后基于单个学校小范围内供需关系调整价格，从而也实现双方平衡。

3. 任务众包平台。猪八戒、码市等任务众包平台目前多采取的是竞价模式，其实在竞价模式的基础上，也可以引入动态定价策略，但是这类平台考量因素比较多，比如团队经验、能力等这些在价格方面占比较大。

三、成本结构

在一定时期内，价格与价值并不总是相一致的，但价格会围绕着价值上下波动，当商品供过于求时，价格就会下降；当商品供不应求时，价格就会上升。而商品价值量的大小决定着商品价格高低。价值反映社会必要劳动消耗，而社会必要劳动消耗是由生产资料消耗价值(C)、活劳动消耗的补偿价值(V)、剩余产品价值(M)所组成，即：

$$商品价值 = C + V + M$$

因此，企业制定营销价格时必须首先考虑商品价值的三个组成因素。

（一）商品成本

成本是商品价格构成中最基本、最重要的因素，也是商品价格的最低经济界限。在一般情况下，商品的成本高，其价格也高，反之亦然。商品的成本因素主要包括生产成本、销售成本、储运成本和机会成本。

1. 生产成本

生产成本是指企业生产过程中所支出的全部生产费用，是从已经消耗的生产资料的价值和生产者所耗费的劳动的价值转化而来。当企业具有适当的规模时，产品的成本最低。但不同的商品，在不同的条件下，各有自己理想的批量限度，若其生产超过了这个规模和限度，成本反而要增加。

2. 销售成本

销售成本是指商品销售过程中发生的费用，如推销人员的工资和广告费等。在市场经济体制下，广告、推销等是商品实现其价值的重要手段，用于广告、推销的费用在商品成本中所占的比重也日益增加。

3. 储运成本

储运成本是指商品从生产者向消费者手中转移所必需的运输和储存费用。商品畅销时，储运成本较少，商品滞销时，储运成本较多。

（二）税金

税金是商品价格的重要组成部分，配合价格政策，影响不同产品的利润水平，对生产和消费起着调节作用。国家通过税种、税率等税收政策，对应该鼓励生产的产品，税率定得低一些，而对于应该限制生产的产品，税率定得高一些，以减少其纳税后的利润。

（三）利润

利润也是产品价格中重要的组成部分，工业利润就是产品出厂价减去全部成本和上缴税金后的余额。如何确定利润，应该解决两个主要问题：一是以什么利润水平确定利润额，加到各种产品价格之中去；二是以什么比率计算利润水平。

四、市场结构

价格是在市场竞争中形成的，不同的市场结构会影响产品价格的运作空间。按市场竞争的程度，市场可分为完全竞争市场、完全垄断市场和不完全竞争市场（含垄断竞争市场、寡头市场）。不同的市场结构状况对市场价格会产生不同的影响，在定价时要看清行业市场的结构状态，使定价符合市场结构的客观规律。

（一）完全竞争市场对制定价格的影响

完全竞争是指市场上没有任何垄断因素，同一种商品有多个卖主和买主，任何一个卖主和买主都不能单独左右该种商品价格，价格是在市场交换中自然形成的。在完全竞争市场中，企业可以采取随行就市定价策略。

（二）完全垄断对制定价格的影响

完全垄断是指一种商品完全由一家企业所控制的市场状况。垄断企业在市场上没有竞争对手，可以独家或少数几家企业联合控制市场价格，主要通过市场供给量调节市场价格。完全垄断使企业缺乏降低成本的外部压力，结果是生产效率低下。

（三）不完全竞争对制定价格的影响

不完全竞争介于完全竞争与完全垄断之间，是现代市场经济中普遍存在的典型竞争状况。在这种情况下，多数经营者都能积极主动地影响市场价格，企业制定价格时，应当认真分析研究各种竞争力量和垄断力量的强弱，制定适合自身发展的价格。

五、国家政策法规

多数国家对企业定价都有程度不同的约束。国家指导性定价是指国家物价部门和业务主管部门规定定价权限与范围，指导价格制订和调整的企业定价方式。随着我国社会主义市场经济制度的不断完善，国家指导定价的商品种类愈来愈少。其定价方式有以下三种：

(1) 浮动定价。是指国家规定商品的基准价格、浮动幅度和方向，由企业在规定的范围内自主作价。

(2) 比率控制定价。是指国家规定商品的差价率、利润率与最高限价范围，由企业自行灵活地确定价格。企业商品价格可采用高进高出，低进低出或高进低出等形式，但不得超过规定的控制比率。

(3) 行业定价。是指为了避免同行业企业在生产和流通中盲目竞争，国家采取计划指导，由同行营销者协商制定商品的统一价格，并由协商者共同遵守执行。这能防止价格向垄断转化，有利于市场竞争。

六、商品差价与商品比价

(一) 商品差价因素

商品差价是指同一商品由于销售地区、流转环节、销售季节、质量高低、用途等不同而形成的价格差额。商品差价形成的主要理论依据是上述各种情况下耗用的劳动量不同。其形式有：地区差价、季节差价、质量差价、平议差价、用途差价等。

(二) 商品比价因素

商品比价是指在同一条件下不同商品价格的比例。它由不同商品之间价格量的比值和不同商品的供求状况所决定。比价形式主要有制成品与投入要素比价、替代品比价、连带品比价等。

七、消费者行为与心理因素

消费者行为，尤其是心理行为，是影响企业定价的一个重要因素。无论哪一种消费者，在消费过程中，必然会产生种种复杂的心理活动，并支配消费者的消费过程，表现为冲动和情感型、理智和经济型、习惯型行为的消费。

因此，企业制定商品价格时，不仅应迎合不同消费者的心理，还应促使或改变消费者行为，使其向有利于自身营销的方向转化。同时，要主动积极地考虑消费者的长远利益和社会整体利益。

第二节 产品定价的基本方法

一、企业定价的程序

企业确定了营销价格目标以后，还必须按照商品价格制定的一般程序，估算销售潜量，预测竞争反应，选择定价方式，唯有如此，才能制定出适合自身发展的价格。

(一) 确定营销价格目标

企业应根据自身的经营目标，确定相应的定价目标。

(二) 估算市场销售潜量

市场销售量大小的估算关系到新产品投放市场和老商品拓宽市场的成败。企业一是要了解市场预期价格；二是要估算不同价格下的销售量；三是要根据情况计算各种销售价格的均衡点，并测算在何种价格水平上最为有利。

(三) 分析竞争对手反应

现实的和潜在的竞争对手对于商品价格的影响极大，特别是那些容易经营、利润可观的产品，潜在的竞争威胁最大。

(四) 预计市场占有率

市场占有率反映企业在市场上所处的地位，市场占有率不同，则营销价格策略和方法也不同。因此，企业在定价之前，应准确测定现有市场占有率，预计、推测产品上市后的市场占有程度。

(五) 考虑企业经营活动的有关计划

企业在定价之前要综合、全面地考察企业整个的市场营销计划，如产品开发计划、商品推销计划以及分配渠道的选择。

(六) 选择定价方法

经过以上诸程序的分析、研究，企业最后选择具体的定价方法来确定商品的价格。

二、产品定价导向与方法

成本、需求、竞争是影响企业定价的最基本因素，因此，与之相对应，就形成了以成本、需求、竞争为导向的三大类基本定价方法。

(一) 成本导向定价法

成本导向定价法，又叫成本加成定价法，是指企业以产品的成本为基础，再加上一定的利润和税金而形成价格的一种定价方法。成本导向定价法简便易行，是我国现阶段最基本、最普遍的定价方法。实际工作中，作为定价基础的成本，其分类繁多。因此，以成本为基础的定价方法也多种多样。

1. 完全成本导向定价法

完全成本导向定价法是将产品的完全成本(固定成本＋变动成本＋销售费用)，加上一定的利润和税金，然后除以产品产量，从而得出单位产品的价格。其计算公式如下：

$$单位产品价格=\frac{总成本+利润+税金}{产品产量}$$

完全成本导向定价法计算简单，可以预先了解利润的数量，有利于核算、补偿劳动消耗，在正常的情况下，能够获得预期收益。但这种定价方法以企业个别成本为基础，忽视产品市场供求状况，缺乏灵活性，通常不适应复杂多变的市场供求。当利润不变时，如果企业个别成本高于社会平均成本，商品价格就会高于市场平均价格，势必影响其销售；如果企业个别成本低于社会平均成本，则商品价格低于市场平均价格，又无形中抛弃了部分可以实现的利润。

2. 边际成本导向定价法

边际成本导向定价法，又叫边际贡献导向定价法，是指抛开固定成本，仅计算变动成本，并以预期的边际贡献补偿固定成本以获得收益的定价方式。边际贡献是指企业增加一个产品的销售，所获得的收入减去边际成本后的数值。如果边际贡献不足以补偿固定成本，则出现亏损。基本公式是：

$$价格 = 变动成本 + 边际贡献$$

$$边际贡献 = 价格 - 变动成本$$

边际成本导向定价法适用于竞争十分激烈、市场形势严重恶化的情况，目的是减少企业损失。在供过于求时，若坚持以完全成本价格出售，可能难以为消费者所接受，会出现滞销、积压的情况，甚至导致停产、减产，不仅固定成本无法补偿，就连变动成本也难以收回；若舍去固定成本（固定成本是已经支出的历史成本，在后期的经营决策中是可以不必考虑的），尽力维持生产，以高于变动成本的价格出售商品，则可用边际贡献来补偿固定成本。

3. 目标成本导向定价法

目标成本是指企业依据自身条件，在考察市场营销环境，分析并测算有关因素对成本的影响程度的基础上，为实现目标利润而规划的未来某一时间的成本。目标成本加上目标利润和税金，然后除以产品产量便是目标成本导向定价法的产品单价。其计算公式是：

$$单位产品价格 = \frac{目标成本 + 目标利润 + 税金}{产品产量}$$

目标成本是企业在一定时期内需经过努力才能实现的成本。因此，以此为导向的定价方法有助于企业以积极的综合措施控制并降低成本，比较符合企业的长远利益。但目标成本是预测出来的，在具体实施过程中，若对影响成本的目标因素预测不准，极易导致定价工作失败。

案例 9-3　温迪快餐厅的成本加成定价

彼得·萨尔格在科罗拉多有好几家温迪快餐厅。为了确定菜单中各种菜肴的价格，萨尔格要计算他的食品成本。他的“目标食品成本”约为一餐零售价格的30%～31%。萨尔格定的价格，务必使食品成本在价格中所占的百分比不超过目标。饮料成本在价格中的比重只有20%。汉堡包成本约为销售价格一半。成本在就餐价格中的比例平均保持在30%～31%的范围内。如果他发现食品成本在销售额中的比例超过31%就提价。

“除非不得已，我是不会提价的”，萨尔格说：“我每次涨价，都会丢失顾客。”他期望只失去少量顾客，所以价格只做少量变动，如一个汉堡包只加5美分。“如果一个汉堡包提价15美分，就会使生意大大减少。”但萨尔格注意到，他的沙拉柜台的需求对价格并没有如此敏感。“生菜的价格波动很大，以致有时候不得不把沙拉的价格提高30美分。但即使这样涨价，我的沙拉的销售量也没有减少多少。”

（二）需求导向定价法

需求导向定价法又称顾客导向定价法，是指企业根据市场需求状况和消费者的不同反应分别确定产品价格的一种定价方式。其特点是：平均成本相同的同一产品价格随需求变化而变化。

需求导向定价法一般是以该产品的历史价格为基础，根据市场需求变化情况，在一定的幅度内变动价格，以致同一商品可以按两种或两种以上价格销售。这种差价可以因顾客的购买能力、对产品的需求情况、产生的型号和式样以及时空等因素的不同而采用不同的形式。如以产品式样为基础的差别定价，同一产品因花色款式不同而售价不同，但与改变式样所花费的成本并不成比例；以场所为基础的差别定价，虽然成本相同，但具体地点不同，价格也有差别。

案例 9-4 感知价值定价——ABC公司的定价法则

化妆品公司身处“出售美丽”的行业，成本并不是竞争者们克敌制胜的法宝，因此企业中以控制成本为首要任务的生产制造部门在各化妆品公司中往往居于从属的地位。对股东价值和顾客价值贡献最大的是营销部。营销部最主要的任务是提高顾客对产品价值的感知，让顾客感到企业生产出来的产品质量好、功能强、价值高，为企业的高价格战略提供支持。

ABC公司是一家多品牌战略实施得非常成功的化妆品跨国公司，该公司在全球通货膨胀、成本上涨、本币持续升值的大环境下能够保持其销售额和营运利润率的双重增长，与注重产品价值的提升密切相关。这些因素结合起来，使得该公司能够抵消原材料和能源价格的上涨所带来的负面冲击。

先定位，再定价，而后定成本

ABC公司的定价方法从表面上看并没有与众不同的奥妙，同样遵从如下公式：产品价格＝制造成本＋研发成本＋市场推广费用＋销售费用＋管理费用＋汇兑损益＋合理利润＋品牌溢价。乍一看这种定价方法似乎也是在遵从成本加成原则，但实际上并非如此。由于这是一家涵盖高中档品牌的全系列化妆品公司，因此不管是采用成本加成定价还是价值定价，在定价之前首先要对各个产品线进行清晰的定位，然后根据这些定位来确定各品牌产品的大致价格。ABC公司的全部产品可以归入美容店专用产品、普通化妆品、高级化妆品和生物类化妆品四大业务部门。在为产品线和产品划出清晰的定位范围之后，还要考察外部竞争对手的产品定价情况。ABC公司的业务地区副总裁说：“依据顾客对我们的品牌价值和质量的认可，我们一贯的做法是，让各个系列的产品价格比市场上其他同档次的品牌都高出20％。”

因此，ABC公司的定价过程和政策可以概述为：根据某个产品的定位来确定市场上它的同类或同档次产品；然后根据同类产品的价格，将其上浮20％，便是该产品的定价。根据市场定位来定价，而后再根据定价考虑该产品的各项成本分布，最终控制一个合理的利润率，是罗伯特·多兰和赫尔曼·西蒙在《定价圣经》中阐述的价值定价法的核心要义：价格决定成本，而非成本决定价格。这一方法也在ABC公司的定价实践中得到了体现。先定价格再考虑成本，是一种实现利润最大化的定价方法，在这种方法中，由于成本所占的比例不大，因此即使面临成本的剧烈变动，企业也不会受到很大的影响。

不过，采用价值定价的企业虽然更重视顾客价值，但这些企业也并不完全忽视成本控制。譬如，ABC公司在压缩采购成本方面就做出了较大努力，很多原本在欧美、日本地区采购的产品都转移到了中国和亚洲国家，同时他们还在缩减供应商数量，以便通过集中采购获得更优惠的价格，并节省更多的物流及人工费用。当然，成本压力实在无法消化的时候，也会提价，只是方法更为巧妙。Z副总裁表示，ABC公司很少针对某个特定品种进行"硬涨价"——硬性提高产品售价，而是通过推出新品，在这个产品上"赋予消费者更多价值"来提高价格。也就是说，即使涨价也是基于价值的提升上。比如，为了将一款高档护肤品的价格提升100元，ABC公司在配方中加入了新的活性成分，并且推出了新包装。大众品牌也可以这样做，比如，在一款大众品牌的粉底中加入"植物""天然"等价值概念之后，其价格上升了不少。此外，为了更好地控制顾客的价值感知，避免他们的感知发生混乱，ABC公司在推出新品的同时，老的产品会退出柜台。这样，消费者由于无从购买和比较，"涨价"的概念也就被淡化，而新的价值概念则得到加强。

感知价值定价的关键在于准确计算产品提供的全部市场感知价值。如果企业过高估计感知价值，便会出现偏高的价格；过低地估计，则会定出偏低的价格。如果价格大大高于感知价值，消费者会感到难以接受；如果价格大大低于感知价值，也会影响消费者心目中的形象。

掌握感知价值定价法的另一前提在于准确把握消费者的从价格信号到价值认知的行为基础。消费者的价格感受如何形成呢？一方面，消费者的价格感受同范畴化——倾向于将新经验纳入既有熟悉经验的分类中，当购买者发觉一个定价偏离他们视为理所当然的价格时，他们必然判断新旧价格之间的差异是否显著。如果他们认为价格差异并不显著，就会将其归类为相似定价，然后一切照旧。如果他们认为两种替代产品的价格可以比较的，尽管并不相同，他们会根据价格之外的差别做出购买决策。另一方面，如果购买者认为价格差异是显著的，他们就有可能将其归类为不同的商品，并以价格为依据做出反应。在这一感受范畴化的过程中，购买者极度依赖信息线索的提示。任何同产品、情境有关的信息刺激都会影响到消费者的价格判断。

感受价值在购买者认知价格信号与产生购买意愿之间扮演着重要的中间作用。但价格、感受价值与购买意愿之间的关系也表明价格对购买者感受的影响是多重的。购买者可能将较高的价格作为感受产品高品质的指标，同时也是购买产品和服务时感受较大货币牺牲的指标。二者所形成的感受价值代表了购买者在感受品质和感受牺牲之间的权衡，当感受品质大于感受牺牲时，感知价值为正值，购买意愿与感受价值正相关。可见，价格对于购买者兼有吸引和排斥的双重属性，在分析价格对购买意愿的作用时，价格的双重性和矛盾性令定价变得复杂。

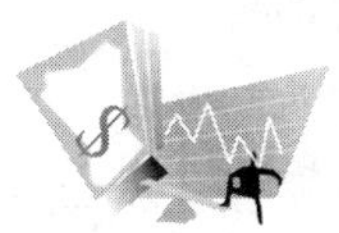

案例 9-5

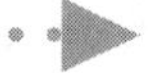

低定价会吃亏吗?

一家大型的连锁超市Pathmark推出了自己的特惠装全效清洁剂。这一产品的化学成分几乎和最畅销品牌Fantastik完全一样。不仅如此，它们在包装上也非常接近。最后，Fantastik的定价是1.79美元，而Pathmark特惠装的价格是0.89美元。无论怎样卖力地向消费者证明特惠装的产品和Fantastik一样好，消费者就是无动于衷。最后Pathmark不得不将这个特惠装产品撤下柜台。该公司的一名发言人说："在成分上分析，这一产品在任何方面都是非常出色的。我们认为由于定价太低反而损害了产品的内在价值"。一家市场调研公司的经理补充道："两者的价格相差越大，消费者对产品的疑问越强烈。一旦你脱离了消费者感到舒适的区域，消费者的心理必定会是：哈哈，他们肯定偷工减料了。"

(三) 竞争导向定价法

竞争导向定价法是企业根据市场竞争状况确定商品价格的一种定价方式。其特点是：价格与成本和需求不发生直接关系。

企业在制定价格时，主要以竞争对手的价格为基础，与竞争品价格保持一定的比例，即当竞争品价格未变，即使产品成本或市场需求变动了，也应维持原价；而当竞争品价格变动，即使产品成本和市场需求未变，也要相应调整价格，具体来说这种方法主要有以下两种定价方法。

1. 随行就市定价法

随行就市定价法，是指企业按照行业的现行价格水平来定价。这种定价法多用在：难以估算成本；企业打算与同行和平共处；如果另行定价，很难了解购买者和竞争者对本企业的价格的反应情况时。另外，不论市场结构是完全竞争的市场，还是寡头竞争的市场，随行就市定价都是同质产品市场的惯用定价方法。

案例 9-6

竞争对手给你帮忙

一家包装消费品生产商对同一产品的两个品种 A 和 B 进行了开发和营销。这两个品种非常相似，只不过品种 B 的标签和包装看起来更好一些。最初，A 和 B 是市场上仅有的两个品种，定价分别是 A 产品 14.95 美元、B 产品 18.95 美元。正如我们预料的，低价的品牌 A 成为这条产品线中最畅销的产品。然而，过了一段时间，竞争对手推出了另一个品种，产品 C，定位为高价高品质的产品。现在这三个产品的价格分别是 A 产品 14.95 美元、B 产品 18.95 美元、C 产品 34.95 美元。有趣的是，在很短的时间里，产品 B 成了前面那家公司最畅销的产品。产品经理非常困惑，希望能找出原因。

要解释案例 9-6 中的问题，首先应该考虑的是在货架上只有产品 A 和 B 的时候，购买者如何看待 A 和 B 之间的关系。在主观的价格高低判定过程中，B 被看成是一种更贵的或定价高的品种。然而当竞争对手推出产品 C 之后，B 就变成了不那么贵或定价适中的产品了，一项研究发现，当购买者有选项选择时，他们的选择会引向"适中定价"的品牌。

2. 密封投票定价法

密封投票定价法通常采用公开招标的办法。即采购方(买方)在报刊上登广告或发出函件，说明拟采购商品的品种、规格、数量等具体要求，邀请供应商(卖方)在规定的期限内投标。采购方(如政府采购机构)在规定的日期内开标，选择报价最低、最有利的供应商签订采购合同。某供货企业如果想做这笔生意，就要在规定的期限内填写标单，上面填明可供商品的名称、品种、规格、价格、数量、交货日期等，密封送给招标人(政府采购机构)，这叫作投标。

这种价格是供货企业根据对竞争者的报价的估计制定的，而不是按照供货企业自己的成本费用或市场需求来制定的。供货企业的目的在于赢得合同，所以它的报价应低于竞争对手(其他投标人)的报价。

然而，企业不能将其报价定得低于某种水平。确切地讲，它不会将报价定得低于边际成本，以免使其经营状况恶化。如果企业报价远远高出边际成本，虽然潜在利润增加了，但却减少了取得合同的机会。

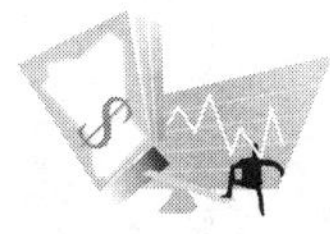

案例 9-7

手机厂商的定价模式

2015 年 5 月 29 日，雷军为小米 4 出货量过千万开了香槟，这也是小米第五款出货量破千万的手机单品。小米产品的热销带动一批手机厂家竞相模仿，“小米模式”“互联网营销”都遭热捧，在手机价格制定上，更是以小米产品为竞品，“低 1 元”策略屡见不鲜。以 OPPO、ViVo 为代表的传统手机厂家，通过在国内三四级市场的攻城略地，以并不突出的手机性价比在市场上取得了不俗的成绩；与此同时，以高昂的价格横扫全球市场的苹果手机业绩也再创新高。那么，手机厂商究竟是基于哪些因素进行产品定价的？他们如何定价才更合理、更合乎市场需求呢？作为手机厂商，在对上市手机进行定价时不仅需要考虑诸多现实因素，还需要采用一定的科学手段，目前常见的手段有 3 种。

第一，成本定价策略。成本定价是手机厂家最经常采用的定价策略：根据产品成本预留一定利润空间后上市销售，后续随着销售规模的扩大、硬件成本的下降，产品生产成本逐步降低，手机生产厂家从提高产品竞争力角度考虑，对手机销售价格进行调整。该模式下需要特别关注手机调价对厂家利润、渠道秩序带来的可能影响：一是手机调价造成现有渠道库存产品成本过高，需手机厂家进行综合平衡，比如通过渠道返利的形式弥补现有库存产品的成本差异等；二是调价政策分区域实施时间存在差异，可能造成不同地区之间的价格差，从而造成产品的非正常流动，影响整体销售秩序；三是返利政策的不一致性，手机厂家通常会针对不同规模渠道商提供不同的价格策略、返利政策，造成不同渠道之间的价格差，从而导致产品在不同渠道之间的非正常流动。

第二，利润定价策略。强势品牌手机厂商因产品品牌积淀，在市场上有极强竞争力，且所处市场区间的竞争相对缓和，厂家常通过高定价方式，维持产品较长的生命周期及较高的利润水平。仅在其新替代产品上市后，为给后续产品腾出市场空间，才对产品价格进行调整，快速进行清尾。该策略一般为市场领先品牌所采用，如苹果因其产品机型较少、市场接受度高，就采用了这种定价策略。

以苹果 12(128 G 蓝色)为例，自进入中国市场以来，一直维持高价进行销售，直至 2021 年 9 月 15 日苹果公司发布 iPhone13 新品，其中 iPhone13(128 G)售价 5 999 元，苹果公司才逐渐下调该款手机定价以 4 448 元销售，并通过提供渠道库存价保费用的形式，帮助渠道快速清理原有库存产品。

第三，锚定定价策略。该策略主要是针对市场上竞争对手的某一款机型，制定针对性的价格策略，并按照一定的价差进行价格绑定，根据竞品价格随时调整产品价格。以小米手机为例，小米手机在上市前通常会锚定某一市场热销的手机型号，并宣称小米在产品性能方面与锚定产品的一致甚至优势，而在价格上则采用远低于锚定产品的策略，形成产品性价比非常突出的印象，从而赢得市场竞争优势。在产品上市后，价格却不会随着原料成本价格降低、规模成本降低等进行调整，而是维持上市价格不变的策略，从而在后期获得销售利润，弥补前期低价上市损失，获得销量与利润的共赢。

第三节　产品定价的策略

一、折扣定价策略

折扣定价策略是指企业为了鼓励、报答顾客特定的行为而做出的价格折扣和折让。此策略主要机理就是，在顾客心目中已存在产品参照价格的同时，通过价格折扣形成顾客实际的支付价格。支付价格和参照价格的价格差，将会形成顾客产生特定购买行为的动力。由此可见折扣价格策略的运作十分灵活，可以根据营销需要设计顾客特定行为（如提前购买、大量购买、现金购买、反季节购买），并以价格差为诱因使顾客产生特定条件下的购买行为，以满足实际的营销需要，在现实生活中应用十分广泛。

案例 9-8

“美佳”西服店的定价策略

日本东京银座“美佳”西服店为了销售商品采用了一种折扣销售方法，颇获成功。具体方法是这样：先发一个公告，介绍某商品品质性能等一般情况，再宣布打折扣的销售天数及具体日期，最后说明打折方法：第一天打九折，第二天打八折，第三、四天打七折，第五、六天打六折，以此类推，到第十五、十六天打一折，这个销售方法的实践结果是，第一、二天顾客不多，来者多半是来探听虚实和看热闹的。第三、四天人渐渐多起来，第五、六天打六折时，顾客像洪水般地涌向柜台争购。以后连日爆满，没到一折售货日期，商品早已售罄。这是一则成功的折扣定价策略。妙在准确地抓住顾客购买心理，有效地运用折扣售货方法销售。人们当然希望买质量好又便宜的货，最好能买到二折、一折价格出售的货，但是有谁能保证到你想买时还有货呢？于是顾客出现了头几天犹豫，中间几天抢购，最后几天因买不着而惋惜的情景。

（一）数量折扣策略

数量折扣策略是指根据代理商、中间商或顾客购买货物的数量多少，分别给予不同折扣的一种定价方法。数量越大，折扣越多。其实质是将销售费用节约额的一部分，以价格折扣方式分配给买方。目的是鼓励和吸引顾客长期、大量或集中购买本企业的商品。累计数量折扣是指代理商、中间商或顾客在规定的时间内，当购买总量累计达到折扣标准时，给予一定折扣的形式。如现在一些商场、超市推出的会员卡积分优惠政策就是累计数量折扣的一种表现形式。累计数量折扣定价法可以鼓励购买者经常购买本企业的产品，成为企业忠实的长期客户；企业可据此掌握产品的销售规律，预测市场需求，合理安排生产。运用累计数量折扣定价法时，应注意购买者为争取较高折扣率在短期内大批进货对企业生产的影响。

（二）现金折扣策略

现金折扣策略，又称付款期限折扣策略，是在“信用购货”的特定条件下发展起来的一种优惠策略，即对按约定日期付款的顾客给予不同的折扣优待。现金折扣实质上是一种变相降价赊销，鼓励提早付款的办法。如付款期限一个月，立即付现折扣 5%，10 天内付现折扣 3%，20 天内付现折扣 2%，最后十天内付款无折扣。有些零售企业往往利用这种折扣，节约开支，扩大经营；卖方可据此及时回收资金，扩大商品经营。

（三）功能折扣策略

功能折扣策略是企业根据各类中间商在市场营销中担负的不同功能所给予的不同折扣，又称商业折扣。企业采取这种策略的目的是扩大生产，争取更多的利润，或为了占领更广泛的市场，利用中间商努力推销产品。交易折扣的多少，随行业与产品的不同而不同；相同的行业与产品，又要看中间商所承担的商业责任的多少而定。如果中间商提供运输、促销、资金融通等功能，对其折扣就较多；否则，折扣将随功能的减少而减少。一般地，给予批发商的折扣较大，给予零售商的折扣较少。

（四）季节性折扣策略

季节性折扣策略有两种类型：一种是针对生产性行业，对销售淡季来采购的买主所给予的一种折扣优待。季节性折扣的目的是鼓励购买者提早进货或淡季采购，以减轻企业仓储压力，并且合理安排生产，做到“淡季不淡”，充分发挥生产能力。另一种针对服务性行业，这种折扣方式也能起到调节淡旺季、均衡服务和消费能力的作用，在机票、酒店、旅游票价等方面多有应用。

二、心理定价策略

心理定价策略是针对消费者的不同消费心理，制定相应的商品价格，以满足不同类型消费者需求的策略。心理定价策略一般包括尾数定价、整数定价、习惯定价、声望定价、招徕定价和最小单位定价等具体形式。

（一）尾数定价

尾数定价又称零头定价，是指企业针对消费者的求廉心理，在商品定价时有意定一个与整数有一定差额的价格。这是一种具有强烈刺激作用的心理定价策略。

案例 9-9

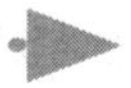

尾数定价策略

心理学家的研究表明，价格尾数的微小差别，能够明显影响消费者的购买行为。一般认为，5 元以下的商品，末位数为 9 最受欢迎；5 元以上的商品末位数为 95 效果最佳；100 元以上的商品，末位数为 98、99 最为畅销。尾数定价法会给消费者一种经过精确计算的、最低价格的心理感觉；有时也可以给消费者一种是原价打了折扣、商品便宜的感觉。同时，顾客在等候找零期间，也可能会发现并选购其他商品。如某品牌的 54 英寸彩电标价 998 元，给人以便宜的感觉。认为只要几百元就能买一台彩电，其实它比 1 000 元只少了 2 元。

尾数定价法在欧美及我国常以奇数为尾数，如 0.99，9.95 等，这主要是因为消费者对奇数有好感，容易产生一种价格低廉的感觉。但由于"8"与"发"谐音，"6"有"顺利"的含义，在我国，定价中"8"和"6"的采用率也较高。奇数定价有可能传递低价格和低品质的印象。当销售商在战略上向市场传递低价(低品质)形象时常采用奇数定价战术。不恰当的尾数定价在消费者感觉中可能导致比整数定价更低的总体价值。

(二) 整数定价

整数定价与尾数定价相反，它针对的是消费者的求名、求方便心理，将商品价格有意定为整数。由于同类型产品生产者众多、花色品种各异，在许多交易中，消费者往往只能将价格作为判别产品质量、性能的"指示器"。同时，在众多尾数定价的商品中，整数能给人一种方便、简洁的印象。

(三) 习惯性定价

某些商品需要经常、重复地购买，因此这类商品的价格在消费者心理上已经"定格"，成为一种习惯性的价格。

许多商品尤其是家庭生活日常用品，在市场上已经形成了一个习惯价格。消费者已经习惯于消费这种商品时，只愿付出这么大的代价，如买一块肥皂、一瓶洗发水等。对这些商品的定价，一般应依照习惯确定，不要随便改变价格，以免引起顾客的反感，如果因为成本增加等因素致使企业不得不调整价格时，可以考虑通过改变产品的包装、数量等形式来变相调整价格，比较容易被接受。善于遵循人们习惯确定产品价格者往往得益匪浅。

(四) 声望定价

这是整数定价策略的进一步发展。消费者一般都有求名望的心理，根据这种心理行为，企业将有声望的商品制订比市场同类商品价高的价格，即为声望性定价策略。它能有效地消除购买心理障碍，使顾客对商品或零售商产生信任感和安全感，顾客也从中得到荣誉感。声望定价往往采用整数定价方式，其高昂的价格能使顾客产生"一分价格一分货"的感觉，从而在购买过程中得到精神的享受。

小资料

定价策略中的数字心理学

消费者日常采购决策通常受到紧张的时间和精力的约束，绝大多数决策是在不到 5 秒钟的时间内做出的，而在扫视货架时，消费者对每个产品的注视时间只有 1/25 秒或者 1/50 秒。

数字 5 在计数体系中占有特别的地位。数字 2、3、4 被编码为小数，而 6、7、8 被编码为大数，也就是说，10 以下的数字在头脑中标记被分为大于 5 和小于 5 两类。因此，在价格对比分析中，人们会自动将两类价格进行编码，分为"低价"和"高价"。人们在从处理整数(偶数)更为自在，而且更容易记起来。人们可能将价格按照近似价格而不是准确价格进行编码，23.99 元可能被编码为 20 元的近似，而 27.99 元则被编码为 30 元的近似。

(五) 招徕定价

招徕定价又称特价商品定价，是一种有意将少数商品降价以吸引顾客的定价方式。商品的价格低于市价，一般都能引起消费者的注意，这是符合消费者“求廉”心理的。

案例 9-10

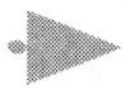

招徕定价策略

北京地铁有家每日商场，每逢节假日都要举办“一元拍卖活动”，所有拍卖商品均以 1 元起价，报价每次增加 5 元，直至最后定夺。但这种由每日商场举办的拍卖活动由于基价定得过低，最后的成交价就比市场价低得多，因此会给人们产生一种“卖得越多，赔得越多”的感觉。其实不然，该商场用的是招徕定价术，它以低廉的拍卖品活跃商场气氛，增大客流量，带动了整个商场的销售额上升，这里需要说明的是，应用此术所选的降价商品，必须是顾客都需要，而且市场价为人们所熟知的商品。

采用招徕定价策略时，必须注意：①降价的商品应是消费者常用的，最好是适合每一个家庭使用的物品，否则就缺乏了吸引力；②实行招徕定价的商品，经营的品种要多，以便使顾客有较多的选购机会；③降价商品的降低幅度要大，一般应接近成本或者低于成本。只有这样，才能引起消费者的注意和兴趣，才能激起消费者的购买动机；④降价品的数量要适当，数量太多商店亏损太大，数量太少容易引起消费者的反感；⑤降价品应与因残次而削价的商品明显区别开来。

（六）最小单位定价

最小单位定价策略是指企业把同种商品按不同的数量包装，以最小包装单位数量制定基数价格，销售时，参考最小包装单位的基数价格与所购数量收取款项。一般情况下，包装越小，实际的单位数量商品的价格越高，包装越大，实际的单位数量商品的价格越低。最小单位定价策略能满足消费者在不同场合下的不同需要，如便于携带的小包装食品、小包装饮料等，利用了消费者的心理错觉，因为小包装的价格容易使消费者误以为廉，而实际生活中消费者很难也不愿意换算出实际重量单位或数量单位商品的价格。

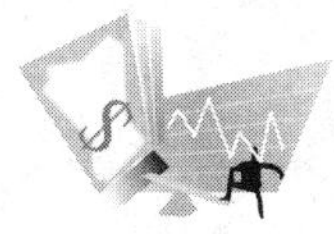

案例 9-11

最小单位定价策略实例

对于质量较高的茶叶，可以采用这种定价方法，如果某种茶叶定价为每 500 克 150 元，消费者就会觉得价格太高而放弃购买。如果缩小定价单位，采用每 50 克为 15 元的定价方法，消费者就会觉得可以买来试一试。如果再将这种茶叶以 125 克来进行包装与定价，则消费者就会嫌麻烦而不愿意去换算出每 500 克应该是多少钱，从而也就无从比较这种茶叶的定价究竟是偏高还是偏低。

三、差别定价策略

差别定价策略,运用得好就叫差异定价,运用得不好,可能被人控告价格歧视,其实质就是企业为某种产品制定两种或两种以上的价格,而定价的依据不是因为产品成本的不同而是因为市场环境要素的不同。

(一) 顾客差别定价

顾客差别定价即企业按照不同的价格把同一种产品或劳务卖给不同的顾客。例如,武汉东湖沙滩浴场票价为:大人 15 元/人,儿童 8 元/人。其中价格的不同,不是因为沙滩浴场因为儿童而产生的成本小于因为大人而产生的成本,而是因为儿童和大人这两个顾客群体需求和社会认可度的不同。这种价格策略表明,顾客的差异决定了他们可以认可价格的差异,如果巧妙运用了其中的组合,就可以产生良好的营销效果。

案例 9-12 航空公司寻找"闲人"的线索

美国的机票价格变化多端,不要说头等舱、商务舱经济舱座位标价悬殊,就是相邻的两个座位也照样可以相差一倍,有时候经济舱的座位就比头等舱的还贵。航空公司根据各种"线索",将乘客加以甄别,根据乘客对飞行服务的不同需求,制定完全不同的价格,从而在不同类别的乘客身上分别实现收益的最大化。对于那些不仅临时更改机票,而且不愿意等待后续航班的空位,说走就要走的"要人"们,航空公司还会增收一笔可观的罚款。有些"线索"是顾客不由自主表现出来的,比如顾客是否愿意花更多的时间在报纸和旅行社之间搜寻,是否愿意提前两个星期甚至半年预订机票,是否愿意耐心填写"里程奖励"的表格并随时留意各种优惠活动等。航空公司根据这些线索,把"闲人"(也就是时间成本较低的乘客)甄别出来,用低得多的价格吸引他们,从而创造本来不会发生的营业额,增加公司的总收益。航空公司的产量管理系统可以根据历史数据估计某航班空座卖出的可能性,如一个月前航班座位全部空闲,根据历史数据估计飞机起飞前至少有一个空座的可能性为 70%,全价为 500 元,则此时折扣票的机会成本是 150 元(0.3×500),之后随着空座的情况和距离起飞时间的变化随时调整折扣票价。

(二) 形式差别定价

形式差别定价即企业对不同型号或形式的产品分别制定不同的价格,但是,不同型号或形式产品的价格之间的差额和成本费用之间的差额并不成比例。如服装,流行的式样或者颜色可以在市场上获得更高的价格认可度。

(三) 部位差别定价

部位差别定价即企业对于处在不同位置的产品或服务分别制定不同的价格,即使这些产品或服务的成本费用没有任何差异。如剧院,虽然不同座位的成本费用都一样,但是不同座位的票价有所不同,这是因为人们对剧院的不同座位的偏好有所不同。再如人们购买鸡肉时,习惯上鸡翅的价格总是比鸡腿的价格要高,同样是因为人们的偏好不同所致。

（四）时间差别定价

时间差别定价是指企业对于不同季节、不同时期甚至不同钟点的产品或服务也分别制定不同的价格。这是一种季节折扣，如红眼航班价格、酒店淡季折扣价格。

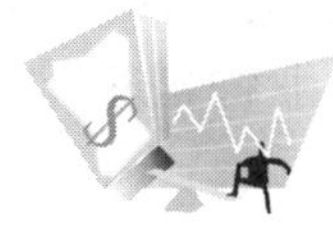

案例 9-13

蒙玛企业的定价策略

蒙玛企业在意大利以“无积压商品”而闻名，其秘诀之一就是对时装分多段定价。它规定新时装上市，以 3 天为一轮，凡一套时装以定价卖出，每隔一轮按原价削减 10%，以此类推，那么到 10 轮（一个月）之后，蒙玛企业的时装价就削到了只剩 35%左右的成本价了。这时的时装，蒙玛企业就以成本价售出。因为时装上市还仅一个月，价格已跌到 1/3，谁还不来买？所以一卖即空。蒙玛企业最后结算，赚钱比其他时装企业多，又没有积货的损失。国内也有不少类似范例。杭州一家新开张的商店，挂出“日价商场”的招牌，对店内出售的时装价格每日递减，直到销完。哈尔滨市洗衣机商场则规定，商场的商品从早上 9 点开始，每一小时降价 10%。特别在午休时间及晚上下班时间商品降价幅度较大，吸引了大量上班族消费者，在未延长商场营业时间的情况下，带来了销售额大幅度增加的好效果。

四、地区定价策略

随着一个企业的市场区域不断扩大，生产地和销售地之间的物流费用，不同销售区域的不同市场状态就要求为该企业对不同地区定价进行策略安排。

（一）原产地定价

原产地定价，就是顾客按照出厂价购买某种产品，企业（卖方）只负责将这种产品运到产地某种运输工具（如卡车、火车、船舶、飞机等）上交货。交货后，从产地到目的地的一切风险和费用概由顾客承担。如果按产地某种运输工具上交货定价，那么每一个顾客都各自负担从产地到目的地的运费，这是很合理的。但是，这样定价对企业也有不利之处，即该产品在远方市场上可能造成价格劣势。这种策略不利于远方市场的开拓和发展。

（二）统一交货定价

这种形式和前者正好相反。统一交货定价是指企业对于卖给不同地区顾客的某种产品，都按照相同的出厂价加相同的运费（按平均运费计算）定价，也就是说，对全国不同地区的顾客，不论远近，都实行一个价。如邮资定价，在我国，不论收发信人距离远近，平信邮资都是 0.8 元。

（三）分区定价

这种形式介于前两者之间。分区定价是指企业把全国（或某些地区）分为若干价格区，对于不同价格区的顾客，分别采用不同的价格。距离企业远的价格区，价格定得较高；距离企业近的价格区，价格定得较低。在每个价格区范围内实行一个价。这样的定价便于按销售区域进行管理的公司在各销售区域分别制定不同的价格策略。

企业采用分区定价需要注意：在同一价格区内，距离企业较近的顾客就不合算；处在两个相邻价格区界两边的顾客,他们相距不远,但是要按高低不同的价格购买同一种产品,对中间商来说,也有可能会产生窜货现象。

(四) 基点定价

基点定价是指企业选定某些城市作为基点,然后按一定的厂价加上从基点城市到顾客所在地的运费来定价(不管产品实际上是哪个城市起运的)。有些企业为了提高灵活性,选定许多个基点城市,按照距离顾客最近的基点计算运费。基点定价有利于企业快速进行市场布局,占领中心城市,以获取最大的销售回报。

(五) 运费免收定价

有些企业因为急于和某些地区做生意,负担全部或部分实际运费。这些卖主认为,如果生意做大,其平均成本就会降低,足以抵偿这些费用开支。采取运费免收定价,可以使企业加深市场渗透,并且能在竞争日益激烈的市场上站得住脚。

五、组合定价策略

当某种产品成为产品组合的一部分时,企业必须对定价的方法进行调整。在这种情况下,企业要寻找一组在整个产品组合方面能获得最大利润的共同价格。

(一) 产品线定价法

多数企业通常宁愿发展产品线而不愿搞单件产品。在许多商业行业中,卖主为他们行业的产品使用众所周知的价格点。如男子服装店可以将男式西装的价格制定在三种价格水平上:300 元、500 元、1 000 元。有了这三个价格“点”,顾客就会联想到这是低质量、中等质量和高质量的西装。即使 3 种价格都被适当调高了,男人们通常仍会以他们更喜爱的价格点来选购套装。卖方的任务就是建立能向价格差异提供证据的认知质量差异。

(二) 任选产品定价法

企业在提供满足消费者需要的主体产品之外,还可能提供多种可选择的附带产品以满足消费者特别的或者进一步的需要。对于这类产品而言,不选购它们并不会影响主体产品的使用,这是与附带产品不同的地方。由于主体产品与任选产品之间不像主体产品与附带产品之间存在强制共存性,任选产品的定价相对具有更自由的策略空间。如餐馆,顾客可能在饭菜以外买些酒或者饮料。许多餐馆将酒的价格定得高,食品的价格定得低,食品收入用于弥补餐馆的费用,而靠酒类商品获得利润,当然这样可能会引起顾客自带酒水的纷争。另外一些餐馆则会将它们酒类的价格定得低而食品价格定得高,以引来一大群好喝酒的人。

在服务领域,这样的理念也可能引起服务价格模式,也就是盈利模式的改变。服务领域称之为两段定价法。如公园的门票收入可称为固定费用,而公园内的游玩、餐饮、娱乐可称为可变费用。于是公园的价格策略中出现了香港海洋公园式的通票方案和武汉东湖的免门票方案两种类型。靠主体产品赢利还是任选产品赢利,这是值得分析和探讨的价格策略。

(三) 附带产品定价法

某些行业的企业生产必须与它的主要产品一起使用的产品。附带产品的例子有剃须刀片和打印机墨盒。主要产品的制造厂商常常将附带产品的价格定得很高,因为他们把应赚的钱放在销售剃须刀和打印机墨盒上。而不制造销售墨盒的打印机制造商为了能获得利润,不得不将他们的打印机价格定得高些,而过高的价格常为这些企业带来风险。

(四) 副产品定价法

在生产加工食用肉类、石油产品和其他化学产品中,常常有副产品。如果这些副产品对某些顾客群具有价值,必须根据其价值定价。副产品的收入多,都将使企业更易于为其主要产品制定较低价格,以便在市场上增加竞争力。

(五) 产品组合定价法

销售商常常将一组产品组合在一起,降价销售。如汽车生产商可将一整套任选品一揽子销售,售价比分别购买这些产品的总价要低。剧场企业可出售季度预订票,票价可低于分别购买每一场演出的费用之和。由于顾客本来无意购买全部产品,在这个价格数上节约的金额必须相当可观,这就吸引了顾客购买。

某些顾客并不需要成组产品的全部内容。假定一个医用设备供应商的供应品中包括免费送货和培训。一位特定顾客可能要求放弃免费的送货和培训,以得到较低的价格。顾客要求的是“非组合”供应物。如果顾客取消某些项目,企业在成本上减少的开支比价格减少更多,则销售者将实际增加利润。例如,供应商不送货节约了 100 美元,而顾客价格减少 80 美元,则供应商增加了 20 美元的利润。

第四节　企业变价策略

一、主动变价

(一) 主动变价的原因

主动变价,不管是主动提价还是主动降价,究其根源主要是三种,即成本、需求和竞争。

1. 成本因素

因为成本提高而提价的情况比较多,虽然大部分企业在成本提高时会采取内部消化或变相提价的方法,但是当成本提高到无法接受时,提价就不可避免了。如果是完全竞争市场和垄断竞争市场,提价的时机和方式,都会影响到提价的效果。单纯因成本下降而降价的情况比较少,通常会与竞争态势和竞争策略综合起来,才会形成降价行动。因成本而提价或降价,往往是由市场领导者率先发起的。

2. 市场需求

当市场需求增加或者减少而导致供不应求或者供过于求时,除了通过控制生产来调整供给量来满足市场需求外,企业还可以采用提价或者降价的方式来平衡市场供需求矛盾。当然由于价格在营销组合中的定位和杠杆作用,很多时候,因市场需求而产生的主动变价,如果不涉及战略意图,会以间接变价的方式显现出来。如新车如果供不应求,则以提前交车费用的方式提价。如果涉及公司的战略意图,如试图通过部分产品调价来为新产品让路,则可能会采取直接变价的方式。

3. 竞争

因竞争原因而主动变价,当某一家企业意图采取总成本领先策略,或者针对竞争对手的新产品而采取对抗策略等,或者为本企业都会以价格为武器拉开市场竞争的序幕。这样的主动变价更容易激起竞争对手的价格应对策略,也是本节要讨论的重点。

(二) 主动变价要考虑的问题

1. 顾客的反应

相对于营销组合中其他策略的变动,价格的变动,对于顾客的刺激作用相当明显。顾客对于变价的反应与价格需求曲线并不会完全吻合,消费者买涨不买落的现象源于其对变价的理解。所以主动变价者如何给消费者一个合理的理解，以达成自己的营销目标，是主动变价前应该重点考虑的问题。另外，不同的产品对于顾客的影响也会不同，购买者对于那些价值高、经常购买的产品的价格变动较敏感，而对于那些价值低、不经常购买的小商品，即使单位价格较高，购买者也不太注意。此外，购买者虽然关心产品价格变动，但是通常更为关心取得、使用和维修产品的总费用。因此，如果卖主能使顾客相信某种产品取得、使用和维修的总费用较低，那么，他就可以把这种产品的价格定得比竞争者高，取得较多的利润。

2. 竞争者的反应

企业在考虑改变价格时，不仅要考虑到购买者的反应，而且还必须考虑竞争对手对企业的产品价格的反应。当某一行业中企业数目很少、提供同质的产品、购买者颇具辨别力与知识时，竞争者的反应就愈显重要。

企业如何去估计竞争者的可能反应呢？首先，假设企业只面临一家大的竞争者，竞争者的可能反应可从两个不同的出发点加以理解。其一是假设竞争者有一组适应价格变化的政策，另一个假设是竞争者把每一次价格变动都当作单一挑战。每一假设在研究上均有不同的含义。

假设竞争者有一组价格反应政策，至少有两种方法了解它们，即通过内部资料和借助统计分析。内部情报的取得方法有好几种，有些是可以接受的，有些则近乎刺探。有一种方法是从竞争者那里挖来经理，以获得竞争者考虑程序及反应形式等重要情报。此外，还可以雇用竞争者以前的职员专门建立一个单位，其工作任务就是模仿竞争者的立场、观点、方法思考问题。关于竞争者想法的情报，也可以由其他渠道如顾客、金融机构、供应商、代理商等获得。

3. 主动变价的策略

母婴电商价格战

主动变价又可分为长期变价和临时变价，公开变价和隐蔽变价，全面变价和部分变价。如决定在通货膨胀情况下采取隐蔽变价的方式，可以采取减少单位包装容量的方法和降低产品质量与服务的方法；供不应求的时候采取取消折扣方法，或利用产品组合价格策略，取消低利产品，增加高价位产品的方法。

4. 变价后市场态势的变化

变价后市场态势的变化是主动变价时所应考虑的最重要的问题，不管是基于成本因素、需求因素和竞争因素所产生的价格变化，都会影响到行业市场的走势和竞争格局的变化，主动变价会引发众多的不确定因素，因此对走势的正确判断，如竞争对手的反应速度、市场格局的变化、消费者的心态等，是主动变价至关重要的问题。

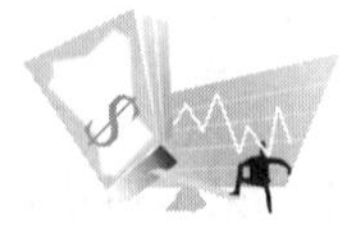

案例 9-14 丰巢快递柜是否应收费？

近日，有杭州市民发现在丰巢取快递的时候屏幕上多了一则消息。从 2020 年 4 月 30 日开始，丰巢快递柜将推出会员制，以前免费使用的快递柜今后要收费了。在丰巢快递柜上，用户使用操作界面已经出现了会员制的通知。新制度分为两个方面：①普通用户：可免费保管用户包裹 12 小时，超时后，每 12 小时收取 0.5 元，3 元封顶。②丰巢会员：月卡 5 元/月，不限保管次数，当月任意收件，每件可享 7 天长时存放，有效时长 30 天；季卡 12

元/3个月，不限保管次数，7天长时存放，90天有效。其实原来丰巢推出过一个赞赏制度，就是用户在取超时件时，系统会跳出一个打赏的页面，要你微信支付1元钱再取件，但是赞赏页面可以点击跳过，大家依旧可以免费取件。而新推出的这个会员制，规定的是今后假如用户多次取超时件，仍不愿意支付费用的，丰巢将不再允许他的快递入柜。这也意味着丰巢在倒逼用户，如果不想交钱，就把货物快点拿走，以此提高快递柜使用率。

最后一个免费的快递柜也要收费了，消费者是否买账？有市民认为，虽然只收5毛钱，但感觉这是对常年加班"社畜"的另一种伤害。"早上八九点投件，晚上随随便便加个班回家就超过12小时了。现实是，有次我半夜12点回家，小区里还有2个人在拿快递，我还排了个队，12小时太少了。""快递员投递时已经向丰巢付费了，不应该再向客户收取，寄快递时寄件人付快递费，到货快递又向收件人收取费用，吃相太难看吧。"调查中，也有用户明确给收费点了赞。"天下没有免费的午餐，12小时免费已经很不错了，很多人动不动就两三天不取。"相比市民，快递柜会员制可能会对快递员的影响更大。原本快递小哥可能会直接把快递放在丰巢，但今后，收件人既不能按时取件，又不肯付费的，快递小哥就只能送件上门了。

针对快递柜会员制，有律师认为，如果快递柜一开始就收费，那么纯粹就是市场行为，可以由用户自主选择是不是去用它。丰巢柜一开始免费，意味着企业是想以此来吸引大量客户。等到现在客户习惯了使用，并且某一片区域可能只有丰巢这一种快递柜时，企业突然说要收费，属于改变既有服务规则的行为，涉嫌侵犯消费者自主选择权。

二、企业应对变价的策略

（一）不同市场结构对应对变价策略的影响

在异质产品市场上，企业对竞争者的价格变动的反应有更多的自由。在这种市场上，购买者选择卖主时不仅考虑产品价格高低，而且考虑产品质量、服务、可靠性等因素，因而在这种产品市场上，购买者对于较小的价格差额无反应或不敏感。

在同质产品市场上，如果竞争者削价，企业也应该随之削价，否则顾客就会购买竞争者的产品。如果某些企业提价，而且提价使整个行业有利，其他企业也可能会随之提价；但是如果一个企业不随之提价，那么最先发动提价的企业和其他企业也不得不取消提价。

（二）企业应对变价应考虑的问题

企业在对竞争者价格变动做出适当反应之前，须调查研究和考虑以下问题：

（1）为什么竞争者要变价？

（2）竞争者打算暂时变价还是永久变价？

（3）如果对竞争者的变价置之不理，竞争者价格变动将对企业的市场占有率和利润有何影响？其他企业是否会有反应？竞争者和其他企业对于本企业的每一个可能的反应又会有什么反应？

（4）本企业不同的应变速度与应变的效果之间的关系？

（三）常见的应变策略（以应变降价为例）

在现代市场经济条件下，市场领导者往往遇到一些较小的企业进攻。这些较小企业的产品比不上市场领导者的产品，它们往往通过"侵略性地削价"和市场领先者争夺市场阵地，提高市场占有率。在这种情况下，市场领导者可以选择：

（1）维持价格。因为市场领先者认为：如果降价就会使利润减少过多；保持价格不变，市场占有率不会下降太多，以后能恢复市场阵地。

（2）保持价格不变，同时改进产品、服务、沟通等，运用非价格手段来反攻。采取这种策略比削价和低价经营更合算。

（3）降价。市场领先者之所以采取这种策略，那是因为他认为：①降价可以使销售量和产量增加，从而使成本费用下降；②市场对价格很敏感，不降价就会使市场占有率下降；③市场占有率一旦下降，以后就难以恢复。但是企业降价后，应当尽力保持产品质量和服务水平，而不应降低产品质量和服务水平。

（4）提价。与竞争对手形成不同的价格定位区域，强调本产品与竞争产品品质上的不同。

（5）推出低价格的“战斗品牌”，以产品组合形式围攻竞争对手的品牌。受到竞争对手进攻的企业必须考虑：产品在其生命周期中所处的阶段、它在企业产品组合中的重要性、竞争者的意图和资源、市场对价格的敏感性、成本费用随着销售量和产量的变化的情况。

在变动价格时，花很多时间分析企业的选择是不可能的。竞争者可能花了大量时间来准备变价，而企业可能必须在数小时或几天内明确果断地做出适当的反应。缩短价格反应决策时间的唯一途径是：预料竞争者的可能价格变化，并预先准备适当的对策，如图 9-1 所示。

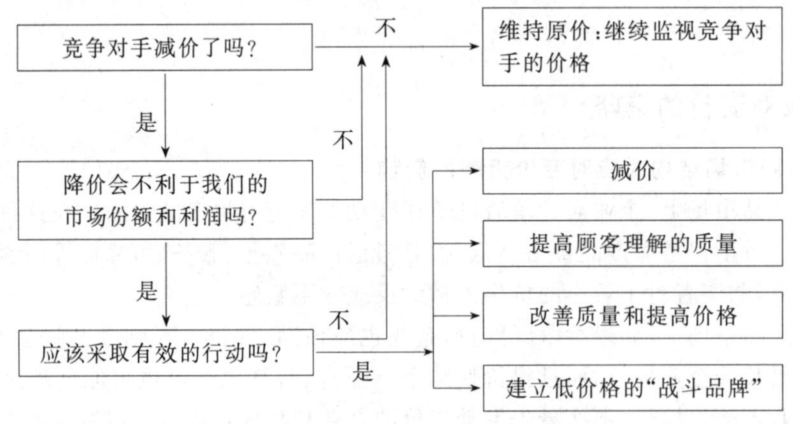

图 9-1　企业应对竞争对手降价的方法

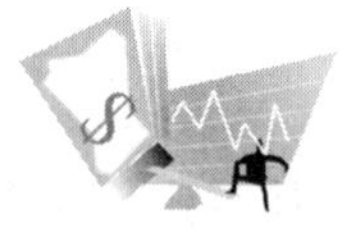

案例 9-15　如何应对竞争对手的价格变化？

休布雷企业在美国伏特加酒的市场上属于营销出色的企业，其生产的史密诺夫酒，在伏特加酒的市场占有率达 23%。另一家企业推出一种新型伏特加酒，其质量不比史密诺夫酒低，每瓶价格却比它低 1 美元。

按照惯例，休布雷企业有 3 条对策可选择：

（1）降价 1 美元，以保住市场占有率。

（2）维持原价，通过增加广告费用和推销支出来与对手竞争。

（3）维持原价，听任其市场占有率降低。

不论该企业采取上述哪种策略，休布雷企业都处于市场的被动地位。

但是，该企业的市场营销人员经过深思熟虑后，却采取了对方意想不到的第4种策略。那就是，将史密诺夫酒的价格再提高1美元，同时推出一种与竞争对手新伏特加酒价格一样的瑞色加酒和另一种价格更低的波波酒。

这一策略，一方面提高了史密诺夫酒的地位，同时使竞争对手新产品沦为一种普通的品牌。结果，休布雷企业不仅渡过了难关，而且利润大增。实际上，休布雷企业的上述3种产品的味道和成分几乎相同，只是该企业懂得以不同的价格来销售相同的产品的策略而已。

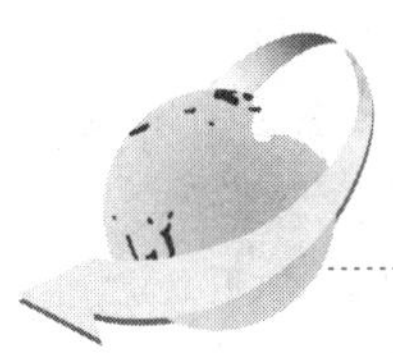

本章小结

1. 价格是营销组合中唯一能创造收益的因素，也是营销组合中最敏感和难以控制的因素，它直接关系着市场对产品的接受程度，影响着市场需求和企业利润，涉及生产者、经营者、消费者等各方面的利益。

2. 产品价格的制定要受定价目标、产品成本、市场状况、市场需求、市场结构、消费者行为、竞争产品价格以及国家的政策、法令等因素的影响。

3. 产品定价的方法有成本导向定价法、需求导向定价法和竞争导向定价法三大类。

4. 产品定价的策略多种多样，主要有折扣定价策略、心理定价策略、差别定价策略、地区定价策略、组合定价策略。

5. 企业在制定了定价策略后，往往又面临修改价格的局面，企业调整产品的价格有主动变价和应对变价两种情况。企业主动变价时要注意消费者和竞争者对企业变价的反应；应对变价进行竞争调整时，则要分析竞争者变价的原因及对本企业的影响，并要对竞争者对于本企业价格调整的反应加以分析。

关键概念

成本导向定价法　需求导向定价法　竞争导向定价法　折扣定价策略　心理定价策略　差别定价策略　组合定价策略　应对变价策略

复习思考题

1. 某服装品牌拟从高端渠道进入某省会城市市场，请从产品折扣定价策略和心理定价的角度进行思考，提出该产品定价思路。

2. 对于目前在国内很多行业存在的价格战，有人认为能够通过价格竞争促进行业的快速发展，并且最终使消费者受益，有人则认为价格战不利于行业的健康发展。分析企业应如何理智地进行价格调整。

3. 夏季来临，某化妆品生产企业推出一系列包括高、中、低档水平在内的香水，为使系列产品盈利达到最大，该企业在定价时应考虑哪些因素？

4. 从差别定价的角度考虑，一个企业可以以较高的价格把某商品卖给顾客A，同时以较低的价格把同一商品卖给顾客B。有没有可能顾客A以高价把买得的商品卖给顾客B呢？如果竞争者在同一市场上以低价来竞销同种商品该企业又该怎么办呢？试分析差别定价实施的条件。

5. 一企业推出自动洗碗机。这种洗碗机可使玻璃杯和碗碟在冷水中洗得“干净发亮”。该企业想评估处于产品引入阶段的撇脂定价法和渗透定价法的优缺点。论述这两种定价策略的利弊。该企业须将它的决定建立在哪些因素的基础之上？

案例分析

（一）成本抬高，啤酒行业掀起提价风潮！

为了应对麦芽、包材等原材料成本上涨，啤酒企业陆续发布提价计划。因为，啤酒通过提价缓解短期成本压力是非常奏效的，并且不会破坏其长期高端发展的逻辑。

原材料上涨，成本提高

对啤酒企业而言，成本主要分为大麦等原材料和玻璃、瓦楞纸等包材两部分，但近两年处于大幅波动中。据了解，一吨啤酒需要100～140公斤的大麦，占到生产成本的15%～30%，大麦的价格就成为决定啤酒成本的重要因素之一。2021年6月进口大麦平均价为294.74美元/吨，涨幅5.2%。对于包装材料方面，2020年下半年以来，玻璃价格最高涨幅超110%。全国高强瓦楞纸的市场价四个多月涨幅超42%。随着原材料和包材成本上升，导致本就微利的产品变成负毛利，即使有利润的产品利润空间也受到挤压，使得部分啤酒企业处于旺季不旺状态。

头部品牌纷纷提价

受原料成本不断增加，啤酒涨价显然已经成定局，目前部分企业早就开始了一波甚至几波涨价的操作。经查询发现，华润啤酒勇闯天涯启用全新包装，同时出厂箱价提升4元左右，提价幅度10%左右。百威亚太在2021年第一季度业绩交流会上表示，自4月起旗下产品根据当地的通胀水平而提价，但不同品牌的具体涨幅不同。嘉士伯目标则是提价或销售更高价的产品，利用啤酒获取更高收入，以弥补成本上升。面对原材料上涨，企业都不约而同地选择提价来缓解成本压力。面对啤酒涨价，大多数经销商表示，对于零售价只有几元钱的啤酒来说，包材成本的增加带来的影响则是巨大的。

高价啤酒利润高

高档啤酒往往能带来更丰厚的利润，各企业纷纷推出中高端产品，布局中高端啤酒市场。自2019年后，华润啤酒确定了“4＋4”产品组合的策略，通过四大本土品牌(SuperX、马尔斯绿、匠心营造、脸谱)和四大国际品牌(喜力、红爵、苏尔等)的共同发力，打造华润啤酒的高端化发展之路。总的来说，高价啤酒与普通啤酒相比更能为厂家、酒商带来更丰厚的利润，也有利于提升经销商积极性。同时，企业布局高端新品相比于老品直接提价更容易使消费者接受。不过，高端产品得物有所值，因为消费者愿意为之买单以及帮助企业提高盈利能力，不切实际的抬高产品物价只会起到反面作用。

精酿啤酒脱颖而出

啤酒高端化成为企业拉动业绩的利器，使得精酿啤酒成为一个不错的突破口。精酿啤酒具备高品质、多品种、个性化和社交属性等特点，似乎天生就自带高端啤酒属性。有研报指出测算精酿啤酒产品毛利率可达70%以上，远高于啤酒行业整体约40%的毛利率，预计精酿放量可拉动整体啤酒行业ASP和盈利能力提升。由于精酿啤酒利润较高，目前百威亚太、喜力、华润啤酒、青岛啤酒都在布局自己的精酿啤酒市场。新型品牌高大师、猴子精酿、熊猫精酿等都在积极布局该品类，并且都完成了B轮融资。可见，精酿啤酒作为市场的补充，具有更高的市场竞争力和广阔的发展空间。不过，精酿啤酒是一个崭新的赛道，使得厂商在精酿市场培育初期没有太多的甜头可以收割。同时，精酿市场还未出现主导行业的高端品牌。

案例思考：

1. 你认为啤酒企业在进行价格策略调整时考虑了哪些方面因素？
2. 此次啤酒行业的整体提价会对行业带来怎样的长期影响？

(二) 品牌与价格的选择

如何提高高端产品的市场份额，即使不加入“托”？

假设你去家附近的超市买橙汁，有下面两种价格和品牌的橙汁可供选择，你会倾向于选择哪一种？

A. 大湖牌橙汁，600毫升，12元

B. 都乐牌橙汁,600 毫升,25 元

想一想,然后把你的选择写在一张纸上。现在,换一种情况,如果你家附近的超市有下面三种橙汁可供选择,这时你会选择哪一种呢?

A. 大湖牌橙汁,600 毫升,12 元

B. 都乐牌橙汁,600 毫升,25 元

C. 佛罗里达阳光牌有机橙汁,600 毫升,58 元

你的回答会与第一种情况下的回答相同吗?

第十章　分销渠道策略

学习目标

1. 了解分销渠道的概念与职能
2. 了解分销渠道的流程与类型
3. 了解分销渠道各节点的特点
4. 掌握分销渠道的设计与管理
5. 了解分销渠道的冲突和控制

引导案例

农夫山泉是怎么做渠道的?

与娃哈哈一样,农夫山泉采用的是强势的“先款后货”模式:除了个别特批客户和KA通路之外,经销商只有付款后,农夫山泉才会发货。那么,没有联销体保证的农夫山泉凭什么可以推动“先款后货”?同样是大单品的终端拉动效应。从农夫山泉包装水开始,农夫山泉不断推出爆款新品,比如农夫果园(2003)、尖叫(2004)、水溶C100(2008)、茶π(2016)、100%NFC果汁(2016)等。

大单品拉动终端销售,同时给渠道足够利润,“先款后货”才走得通推得动。然而,在刚开始,农夫山泉没有形成经销商管理和利润分配体系,导致渠道价格混乱。为了更好地控制终端,农夫山泉没有走娃哈哈联销体的路子,而是通过搭建信息系统来解决这个问题。2008年,农夫山泉搭建了办公系统(NCP)、财务核算系统(IMS)、业代终端机系统(MMS)以及内部即时通信系统。农夫山泉要求经销商必须通过NCP下单,沉淀进销存和价格信息,鼓励一线业务员用NCP实现终端门店管理。在IMS中,产品在终端的陈列位置、排面大小、费用多少等信息一目了然。信息系统的搭建让渠道管理更加可视化、透明化,使农夫山泉稳住了渠道体系。

2016年,农夫山泉实行大客户制度,重组经销商体系。对经销商的考核项目具体包括:销量规划、人员管理规划、线路规划、市场规划、资金仓储车辆五项合计100分,运输模式、现有经销商转型两项合计20分。更具体的指标包括:目标增长率、人员规划、激励方案、网点覆盖率、自有渠道等多个细则。每年,农夫山泉都会派出由企划、行政、专属业代、主任和经理组成的评审团,严格评估渠道,违反协议或业绩不好便会终止合作。在这样的考核制度下,2017—2019年,三年内农夫山泉共削减了近3 000名经销商。

在大客户制度下,农夫山泉仅与一级经销商签订合同。大幅削减经销商会带来两个问题:一是大客户的任务加重,退出的经销商空出来的市场,大客户是否有能力覆盖到,考验大客户的资金、仓储、运输和人力资源。二是被削减的经销商的不满情绪,可能会转化为报复性销售库存,影响市场的价格体系。为了解决第一个问题,农夫山泉加强对大客户的扶持。大客户享受产品裸价出厂的优惠,农夫山泉负责所有运作费用;在第二个问题上,几年前就建立的信息系统起到了关键作用,相对完整和及时更新的终端数据使农夫山泉可以及时了解市场情况。2020年,为了进一步推动市场下沉,农夫山泉与一级经销商和在乡镇市场有潜力的次级经销商签订三方协议。

目前,软饮料主力市场仍在线下,但是渠道有往线上走的趋势。近年来由于电商、快递、外卖服务的持续发展,实体零售渠道占比下降,只有便利店渠道略有上升。在非实体零售中,电商渠道和贩卖机渠道增长较快。农夫山泉在电商和贩卖机渠道均有动作,且取得了不俗战绩。

另外早在2015年,农夫山泉就进军贩卖机渠道。值得注意的是,与其他贩卖机主要投放在商场等人流量大的地方不同,农夫山泉的设备大多投放在居民社区中,甚至位于小区地下停车场,高度依赖小区居民的复购。

分销渠道执行的工作是把商品从生产者那里转移到消费者手中,它弥合了产品、服务的生产者(提供者)和其使用者之间的缺口。正像需要先造路、后养路、再用路一样,每个企业对营销渠道必须倾注一定的精力和心血。分销渠道是企业管理者面临的最重要的决策之一,因为企业所选择的分销渠道不仅直接影响到产品销路的通畅程度,而且还会对其他营销决策产生影响。

第一节 分销渠道及其结构类型

一、分销渠道的相关概念

(一) 分销渠道的概念

企业的分销活动包含了产品从制造商到消费者的传递过程中所涉及的一系列活动。分销活动的载体即分销渠道(distribution channel),也称销售通路、配销渠道。对于具体的分销渠道的定义,业内人士仁者见仁、智者见智,有多种不同的看法。下面借用三种影响较大的定义来加以分析。

(1) 美国市场营销协会的定义委员会在1960年给分销渠道下的定义是:“企业内部和外部的代理商和经销商(批发和零售)的组织机构,通过这些组织,商品(产品和劳务)才得以上市行销”。

(2) 肯迪夫和斯蒂尔给分销下的定义是:“产品或劳务从生产者向消费者移动的过程中,直接或间接转移所有权所经过的途径”。

(3) 美国著名营销学家菲利普·科特勒教授在《市场营销管理》一书中对分销渠道下的定义是:“分销渠道是使产品或服务能被使用或消费而配合起来的一系列相对独立的组织的集合”。

以上三种定义的侧重点各有不同,其中:定义一侧重反映分销渠道的组织结构,而缺乏对商品流通过程结构的反映;定义二强调了商品流通过程中所有权的转移,但对渠道的组织结构却没有反映;定义三则全面地反映了分销渠道的组织结构和商品流通过程结构,比较科学地概括了分销渠道的实质。

通俗地讲,分销渠道就是产品从制造商传至消费者的过程中所经过的由制造商、各种分销商(经销商和代理商)、消费者所连接起来的通道,通过这条途径实现商品的流通。许多文献书籍中出现的“营销渠道”与本章中所研究的分销渠道是不同的,营销渠道除了包含分销渠道以外,还涵盖了企业的供应渠道。

另外需要强调的一点是:分销渠道中除了生产者和消费者之外的所有成员统称为分销商,在目前的营销资料中出现的分销商、经销商、代理商均在分销商范畴之内。本章所谈到的分销渠道以菲利普·科特勒的定义为准,并遵守以上界定。

(二)分销渠道的特点

(1)分销渠道主要是由参与商品流通过程的各种类型的机构组成的。通过这些机构,产品才能从生产者流向最终消费者或用户,实现其价值。

(2)分销渠道的起点是生产者,终点是通过生产消费和个人生活消费能实质上改变商品形态、使用价值的最终消费者和用户。

(3)在商品从生产者流向最终消费者或用户的流通过程中,最少要经过一次商品所有权的转移。

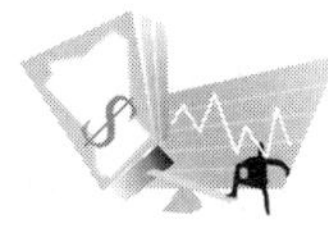

案例 10-1　可口可乐"无处不在"的分销渠道

可口可乐公司20世纪70年代重入中国,五十多年来,一直在分销渠道方面探寻自己的本土化开拓方式:从1979年重返中国时只进入的高档饭店渠道,到一步步将玻璃瓶可口可乐进入街头巷尾,到后来的批发集贸市场全面流通,到现在的几乎所有学校、饭店、公园、机关团体、机场、车站,甚至到美容院、加油站、修车铺。可口可乐公司让业务员和渠道系统渗透到每个角落的策略,让其产品真正地做到无处不在。到现在,可口可乐产品在中国有些城市已经达到了铺货率100%。因为有些点并不是销售其产品的售点,而这些地方恰恰又在销售可口可乐的系列产品。可口可乐将4P策略非常灵活地在渠道上应用,将客户和售点牢牢地掌握在自己手中。同时也运用世界上最伟大的思想——平衡术,将所有渠道的所有客户都服务好。

(4)分销渠道并不是生产者和中间商之间相互联系的简单结合,而是企业之间为达到各自或共同目标而进行交易的复杂行为体系和过程。

(三)分销渠道的职能

对生产企业来讲,分销渠道的主要职能有如下几种:

(1)市场调研,即收集制订营销计划和进行交换所必需的信息。

(2)联系业务,洽谈生意,即为了实现商品所有权的转移,寻找可能的购买者并与之沟通。

(3)促进销售,即通过沟通,帮助企业促进产品的销售。

(4)编配分装,即想办法使生产者所供应的货物符合购买者的需要,包括制造、装配、包装等活动。

(5)实体储运,即从事商品的运输和储存等。

(6)融通资金,即为补偿渠道工作的成本费用而对资金的取得与使用。

(7)转移风险,即通过分销渠道来转移企业在经营过程中的部分风险。

生产者将这些职能交给中间商来执行比自己承担可节省很多费用，亦能提高效率和效益，更好地满足目标市场的需要。但生产者同时也要保持一部分自销，以利于直接掌握市场动态。

（四）分销渠道流程的类型

分销渠道是指实体原料及成品从制造商转移到最终顾客的过程。渠道成员的活动主要包括所有权转移、实体转移、促销、谈判、资金、风险、订货和付款等。渠道成员的上述活动在运行中形成各种不同种类的流程，这些流程将组成渠道的各类组织机构贯穿起来。分销渠道主要由 5 种流程构成，即所有权流程、实体流程、付款流程、信息流程、促销流程、谈判流程。

1. 所有权流程

所有权流程是指货物所有权从一个市场营销机构到另一个市场营销机构的转移过程，如图 10-1 所示。

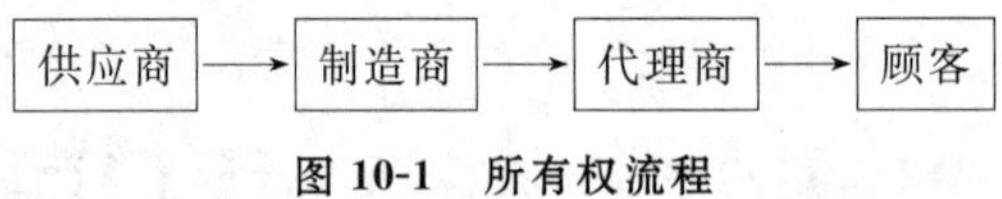

图 10-1　所有权流程

2. 实体流程

实体流程是指实体产品及劳务从制造商转移到最终消费者和用户的过程。例如，汽车厂在汽车成品出厂后，必须根据代理商的订单交付产品至代理商，再运交顾客。若遇到大笔订单的情况，也可由仓库或工厂直接供应。在这一过程中，须至少用到两种的运输方式，如铁路、公路、水运等，如图 10-2 所示。

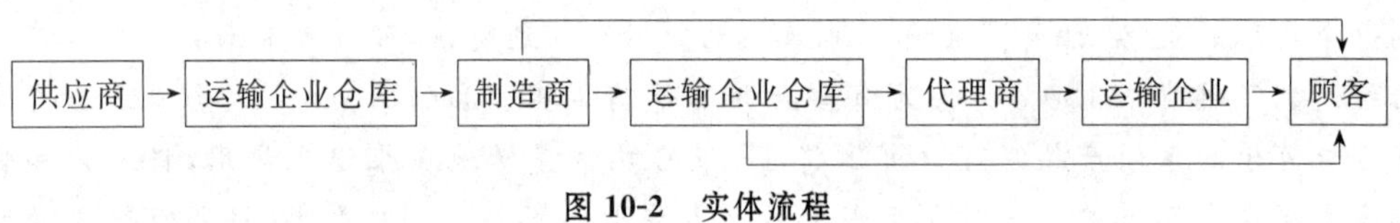

图 10-2　实体流程

3. 付款流程

付款流程是指在分销渠道各成员间伴随所有权转移所形成的资金交付流程。即顾客通过银行和其他金融机构将货款付给经销商，再由经销商转交给制造商（扣除佣金），而制造商把货款支付给不同的供应商，如图 10-3 所示。

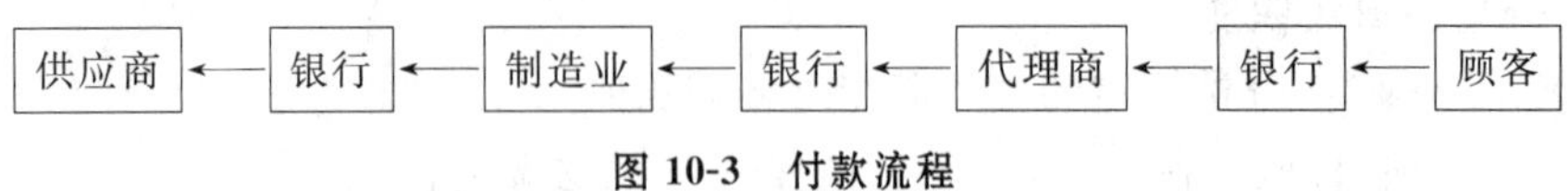

图 10-3　付款流程

4. 融资流程

融资流程是指在分销渠道各成员间伴随所有权转移所形成的资金融通的活动和过程。渠道成员可以相互之间提供资金融通，如销售商在货物售出后，再向制造商支付货款，就是制造商为销售商提供了资金融通服务，如图 10-4 所示。

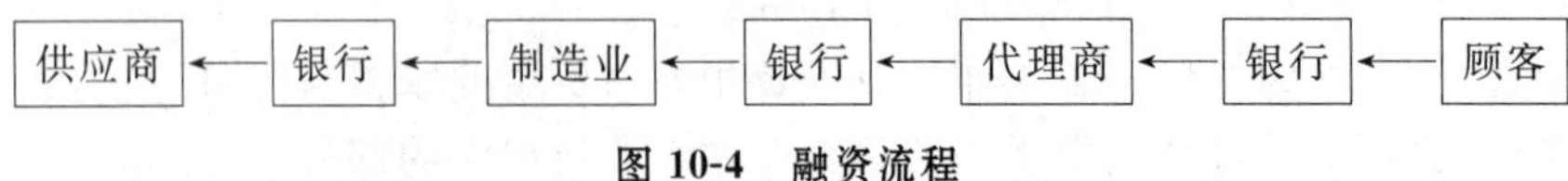

图 10-4　融资流程

5. 信息流程

信息流程是指在分销渠道中，各营销中间机构相互传递信息的过程。通常渠道中每一相邻的机构间会进行双向的信息交流，而互不相邻的机构间也会有各自的信息流程，如图10-5所示。

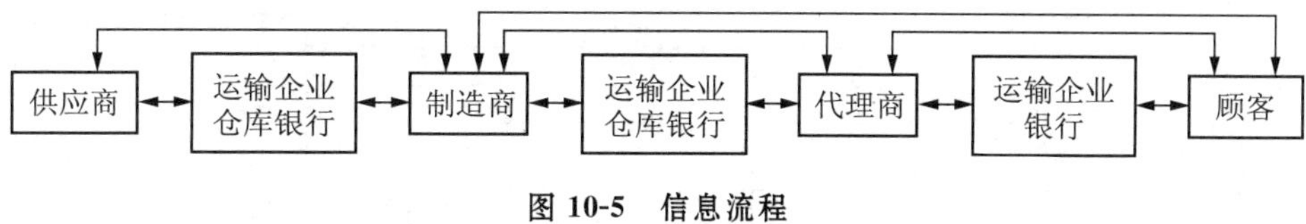

图 10-5　信息流程

6. 促销流程

促销流程是指广告、人员推销、宣传报道、公关等活动由一个渠道成员对另一个渠道成员施加影响的过程。促销流程从制造商流向代理商称为贸易促销，直接流向最终顾客的话则称为最终使用者促销。所有的渠道成员都有对顾客促销的职责，既可以采用广告、公共关系和销售促进等针对大量顾客的促销方法，也可以采用人员推销这一针对个人的促销方法，如图10-6所示。

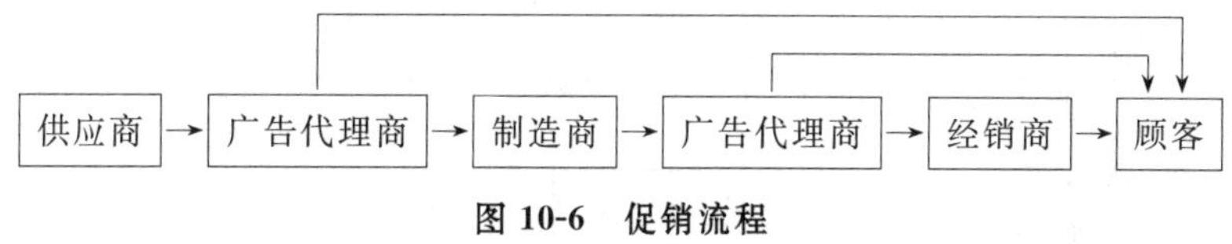

图 10-6　促销流程

7. 谈判流程

谈判流程是指产品实体和所有权在各渠道成员之间进行流转时，对价格和交易条件所进行的谈判活动和过程。

不同流程的流向也有很大区别，像实物流、所有权流、促销流在渠道中的流向是从生产者指向最终消费者或用户；付款流和订货流则是从消费者或用户指向制造商；而资金流、谈判流、信息流及风险流则是双向的，因为一旦不同成员之间达成交易，其谈判、信息、风险承担及资金往来均是双向的。

（五）分销渠道的经济效果

通过中间商来销售商品意味着生产者放弃对于推销产品等方面的某些控制，那么，生产者为何愿意把部分销售工作委托给中间机构呢？

(1) 许多生产者缺乏进行直接营销的财力资源。例如，通用汽车公司在北美通过8 100多个独立经销商出售它的汽车。要买下这些经销商的全部产权，即使是通用汽车公司也很难筹集到这批现金。

(2) 在某些情况下，直接营销并不可行。例如，双汇火腿肠不可能在全国各地都建立火腿肠小零售店，或挨家挨户去出售；生产口香糖的企业也不可能在全国建立口香糖小零售店或挨家挨户出售口香糖，这些都是不现实的。

(3) 有能力建立自己的销售渠道的生产者常能通过增加其主要业务的投资而获得更大的利益。如果一个公司在制造业上的投资报酬率是20%，而零售业务的投资报酬率只有10%，那么它就不会自己经营零售业务。

生产者利用中间商的目的就在于它们能够更加有效地推动商品进入目标市场。营销中间机构凭借自己的各种联系、经验、专业知识以及活动规模，将比生产企业自己干得更加出色。

二、分销渠道的模式

(一) 生活资料的分销渠道

生活资料分销渠道的结构，主要有以下五种形式，如图 10-7 所示。

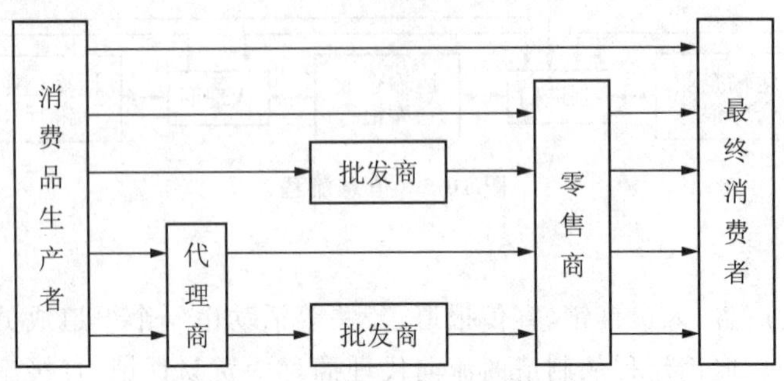

图 10-7　生活资料分销渠道的形式

(二) 生产资料的分销渠道

生产资料分销渠道的结构，一般包括以下四种分销形式，如图 10-8 所示。

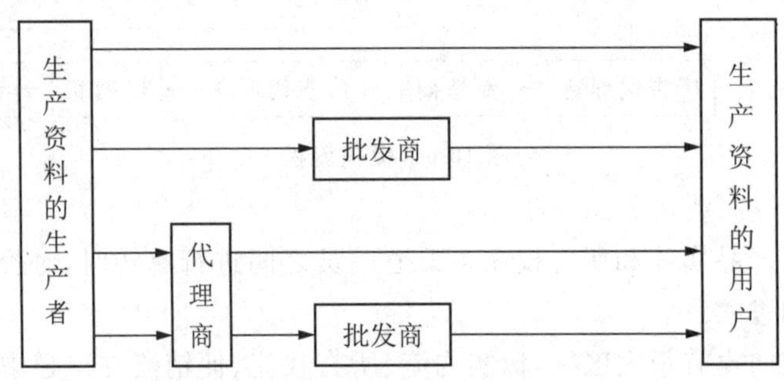

图 10-8　生产资料分销渠道的形式

(三) 服务产品的分销渠道

服务分销渠道的结构，一般包括以下四种分销形式，如图 10-9 所示。

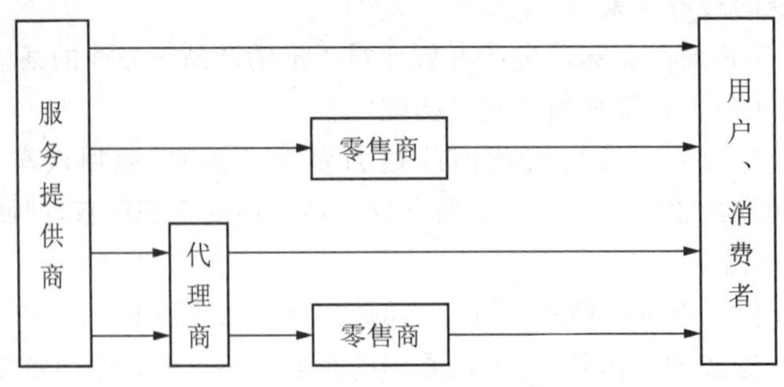

图 10-9　服务产品分销渠道的形式

三、分销渠道的结构类型

(一) 分销渠道的长度结构

1. 渠道的级数

分销渠道可以根据中间商的数目来分类，分为零级渠道、一级、二级和三级渠道等。一般地，对于制造商来说，渠道级数越高，获得最终用户信息和控制营销渠道也越困难；对于消费者来说，渠道级数越高，商品的价格也越高。分销渠道的级数结构，如图 10-10 所示。

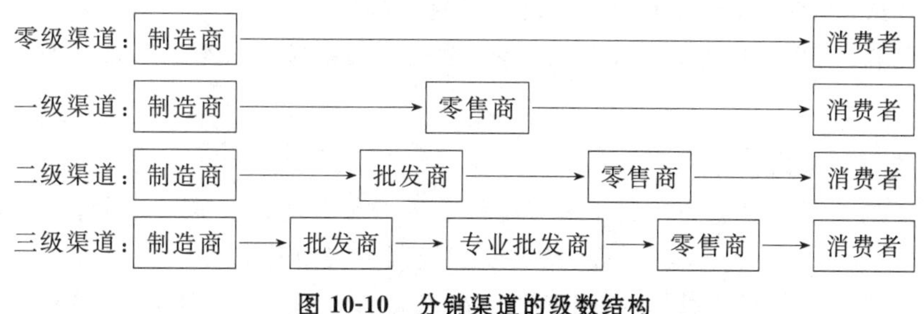

图 10-10　分销渠道的级数结构

2. 直接渠道与间接渠道

直接渠道也称为零级渠道，是指生产企业不通过中间商环节，直接将产品销售给消费者，如图 10-11 所示。直接营销的主要方式是上门推销、展示会、邮购、电子营销、电视直销和制造商自设商店等形式。直接渠道是工业品分销的主要类型。如大型设备、专用工具及技术复杂需要提供专门服务的产品，都采用直接分销。有些消费品也采用直接分销类型，如鲜活商品等。

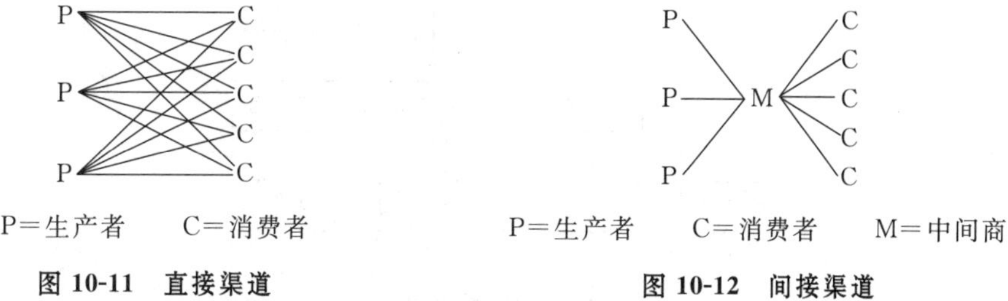

图 10-11　直接渠道　　**图 10-12　间接渠道**

间接渠道，是指生产企业通过中间商环节把产品传送到消费者手中，如图 10-12 所示。间接渠道是包含两个层次（环节）以上的渠道。间接分销渠道是消费品营销途径的主要类型，大多数消费品从生产者流向最后消费者的过程中都是经过若干中间商转手的。有些生产资料（如单价较低的次要设备、零件、原材料等）也采用间接分销类型。

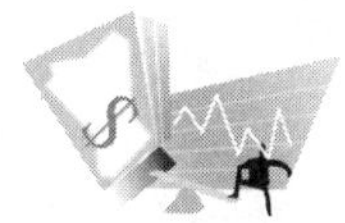

案例 10-2

戴尔公司的直销经验

尽管迈克·戴尔被誉为华尔街的赚钱机器，但他从来不被认为是一名技术先锋，其成功大半归结为给计算机业带来翻天覆地变化的“直销飓风”——越过零售商，将产品直接销售给终端用户。戴尔最爱说的一句话就是：“两点之间，直线最短。”他认为：远离顾客无异于自取灭亡。

戴尔公司为何能独领风骚，其经验可归纳为五点：

（1）为客户提供“量体裁衣”式服务。

（2）采用零库存运行模式。

(3) 速度最快，应用最新的零件技术，快速组装。

(4) 销售渠道最短，消费者通过免费直拨电话定制。

(5) 网络销售，80%的新客户都通过这一渠道。

依靠直销模式，戴尔公司取得了巨大成功，创造了网络时代一个让人热血沸腾的神话。

3. 长渠道与短渠道

分销渠道的长短一般是按产品在销售过程中流经环节的多少来划分的，一般将零级渠道、一级渠道定义为短渠道，而将二级、三级或三级以上渠道称为长渠道。短渠道较适合在小地区范围销售产品和服务；长渠道则能适应在较大范围和更多细分市场销售产品和服务。

分销渠道的长度结构可以用图 10-13、图 10-14 来说明。

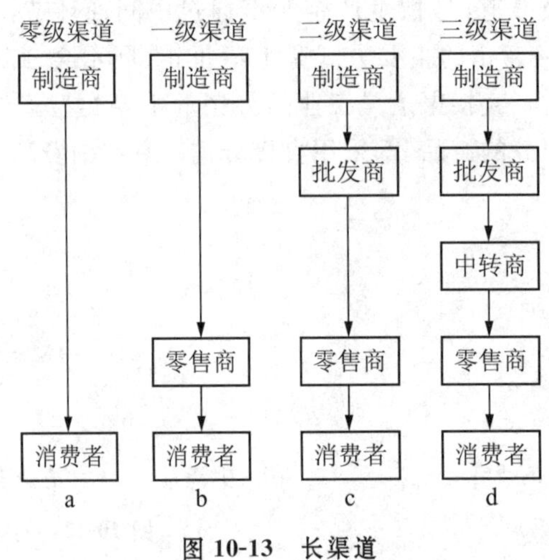

图 10-13　长渠道

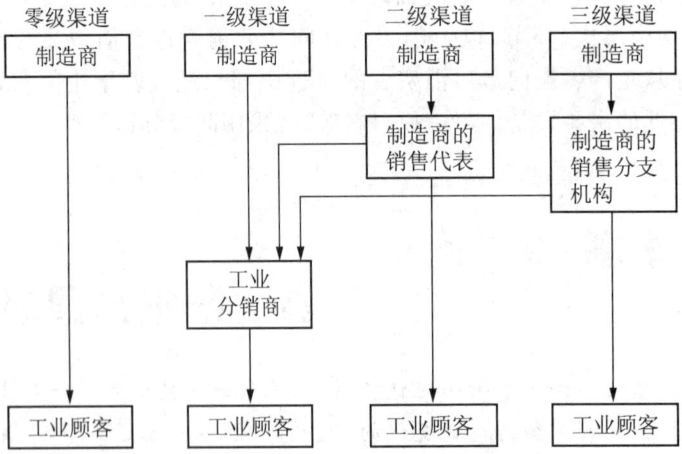

图 10-14　短渠道

(二) 分销渠道的宽度结构

分销渠道的宽度结构是指制造商在每一渠道层次里使用分销商的数目。一般渠道的宽窄取决于渠道的每个环节中使用同类中间商数目的多少。企业使用的同类中间商越多，产品的分销渠道越宽。如一般的日用消费品(毛巾、牙刷、开水瓶等),由多家批发商经销,又转卖给更多的零售商,能大面积接触消费者,大量地销售产品。企业使用的同类中间商越少,分销渠道越窄,它一般适用于专业性强的产品,或贵重耐用消费品,由一家中间商统包、几家经销。它使生产企业容易控制分销渠道,但市场分销面受到限制。

1. 宽渠道

宽渠道是指在渠道的每一个层次中使用同种类型中间商的数目较多,如图 10-15 所示。如卷烟厂通过许多批发商、零售商将其生产的香烟推销到广大地区和广大消费者手中。

宽渠道由于中间商的数目较多,广大消费者可以随时、随地买到企业的产品,而且可以造成中间商之间的竞争。但由于同类型的中间商数目多,使中间商推销企业的产品不专一,不愿为企业付出更多的费用;而且,由于生产企业和中间商之间的关系松散,在交易中中间商会不断变化。

2. 窄渠道

窄渠道是指在渠道的每一个层次中使用同种类型中间商的数目较少,如图 10-16 所示。如摩托车生产企业只通过少数批发商或零售商推销其产品,或在某一地区只授权某一批发企业或零售企业经销其产品,这种分销渠道就比较窄。

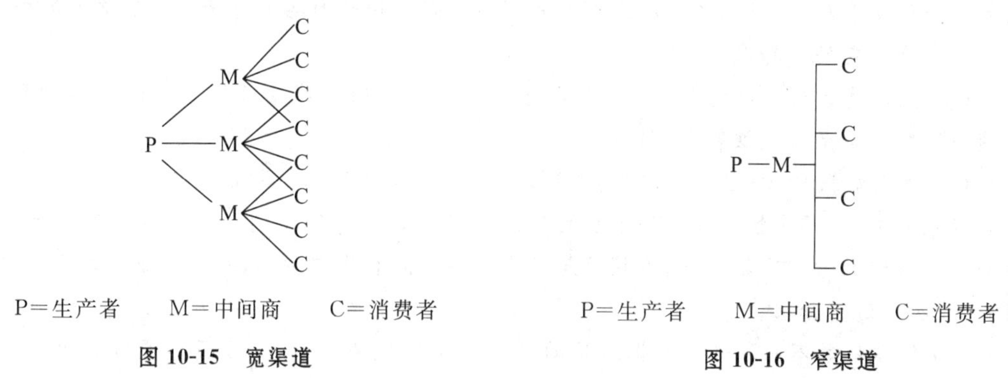

图 10-15　宽渠道

图 10-16　窄渠道

窄渠道由于中间商的数目较少,适用于销售技术性强、生产批量小的商品,生产企业只选择那些熟悉本企业产品技术性能的中间商经销自己的产品。其优点是生产企业和中间商之间的关系密切,相互间有较强的依附关系,销售和生产相互促进。不足的是风险较大,一旦双方关系出现变化,便会影响生产或销售。

3. 分销渠道的宽度策略

分销渠道的宽度策略可分为三种类型:

(1) 广泛式(密集)分销渠道。是指制造商在一个销售地区直接动用尽可能多的分销商销售自己的产品。消费品中的日用品、鲜活商品,工业品中的一般原料、小工具、标准件等无品牌要求的产品多采用这种形式的渠道。它的优点是可以广泛占领市场、方便购买,及时销售商品;缺点是市场分散、难于控制。

(2) 选择式(精选)分销渠道。是指制造商在特定的市场内有选择地直接动用一部分分销商销售自己的产品。一般品牌质量要求较高的商品要用这种渠道,例如:可口可乐、百事可乐、联邦家私、福特、麦当劳等优秀企业的渠道均为这种。它的优点是企业对市场的控制较强、成本较低,既可获得适当的市场覆盖面又保留了渠道成员的竞争,防止分销商的怠惰。缺点是分销商之间的冲突错综复杂,渠道内耗严重,加大了企业管理难度。

(3) 独家式分销渠道，是指制造商在一定的地区、一定的时间只选择一家分销商销售自己的产品。这种策略适用于购买者十分重视品牌的消费品，如家电、高档服装、化妆品及工业品中技术性强、售后服务要求较高的商品。它的优点是对渠道的控制力最强、有助于维持品牌形象，且渠道成本较低；缺点是渠道内部缺乏竞争、企业对分销商的依赖过强、市场覆盖面小、分销商选择不当会贻误商机。

小资料

单层次直销(直销)与多层次直销(传销)的区别

目前，为了加以区分，一些国家和地区习惯上把“单层次直销”称为“直销”，而将“多层次直销”称为“传销”。

多层次直销(传销)是通过直销商建立的由多层次直销员组成的网络来销售产品或提供服务，并依据直销员本人的销售额和其组织下线人员的销售额来对其进行奖励的一种无店铺销售方式。两者的区别：

(1) 传销的产品有限。适合传销的产品一般与消费者的生活密切相关，多为易耗品，而且是一些没有什么品牌，属于质次价高的商品。而直销的商品大都为一些著名的品牌，在国内外有一定的认知度。

(2) 直销员加入的方式不同。传销要求直销员加入时上线要收取下线的商品押金，一般以购物或资金形式收取“入门费”。

(3) 直销员报酬来源的多样性。传销采用“复式计酬”方式，即销售报酬并非仅仅来自商品利润本身，而是按发展传销人员的“人头”计算提成。传销的奖金制度具有巨大激励效应。直销的管理比较严格，直销员是不直接跟商品和钱接触的，自己的业绩由公司来考核，由公司进行分配。

(4) 根本目的不同。传销的根本目的是无限制地发展下线，千方百计通过扩大下线来赚钱。而直销最终面对的终端用户是客户，进行商品交易。

我国明令禁止传销，因此多层次直销(传销)在我国是非法的。而在允许传销的国家中，传销有合法传销与非法传销之分。非法传销与合法传销相比，有以下区别：

区别一：有无入门费。非法传销一般都会直接收取或变相收取较高入门费用，而正规传销公司没有。

区别二：有无依托优质产品。这也是非法传销公司和直销企业的一个根本区别，非法传销公司往往依托的产品是无价值但价格高的产品，一套只值几十块钱的化妆品可以标价为几百甚至上千元。或者根本就没有正式的产品销售。而规范直销企业的产品标价则物有所值。

区别三：产品是否流通。非法传销企业不过是个“聚众融资”游戏，高额的入门费加上无法在市场中流通的低质高价产品，不会维持太长时间。他们的销售方式是采取让入门的所有销售代表都要认购产品，但这些产品不在市场上流通，只作为拉进下一个销售人员的样本或者宣传品。因为产品不流通，组织者多半利用后参加者所缴付的部分费用支付先参加者的报酬维持运作。但直销企业则完全相反，对于直销企业而言，产品优良与否是决定产品销量的根本原因，因为产品的流通渠道是由生产厂家通过营销代表到顾客手中的,中间没有其他环节,并且少有广告。

区别四:有无退货保障制度。非法传销公司的产品一旦销售就无法退换,或者想方设法给退货顾客设置障碍。这一点在直销企业中完全不同。凡是正规的直销企业都会为顾客提供完善的购货保障。

区别五:销售人员结构有无超越性。以拉人头来获取收益的非法传销公司,在销售人员的结构上往往呈现为"金字塔"式,这样的销售结构导致谁先进来谁在上,同时先参加者从发展下线成员所缴纳的入门费中获取收益,且收益数额由其加入的先后顺序决定,其后果是先加入者永远领先于后来者。这种不可超越性在直销公司就不存在,在直销企业中无论参与者加入先后在收益上表现为"多劳多得"。

(三)分销渠道的系统结构

按渠道成员相互联系的紧密程度,分销渠道还可以分为传统渠道系统和整合渠道系统两大类型。

1. 传统渠道系统

传统渠道系统又称松散型的渠道系统,是指由独立的制造商、批发商、零售商和消费者组成的分销渠道。传统渠道的成员间的系统结构是松散的。由于这种渠道的每一个成员均是独立的,他们往往各自为政、各行其是,都为追求其自身利益的最大化而激烈竞争,即使为此牺牲整个渠道系统的利益也在所不惜。在传统渠道中,几乎没有一个成员能完全控制或基本控制其他成员。随着市场环境的变迁,传统渠道正面临着严峻的挑战。

2. 整合渠道系统

整合渠道系统是指在传统渠道中,渠道成员通过不同程度的一体化经营系统整合形成的分销渠道。整合渠道系统主要包括以下三种类型:

(1) 垂直渠道系统。历史上,分销渠道是指对总渠道功能并不关心的独立企业的松散集合。这些传统分销渠道缺乏较强的领导作用,因此,常陷于冲突和低效的困境。最近渠道发展的一大进步便是垂直渠道系统的出现,该系统的出现是对传统营销渠道的一大挑战,如图 10-17 所示。

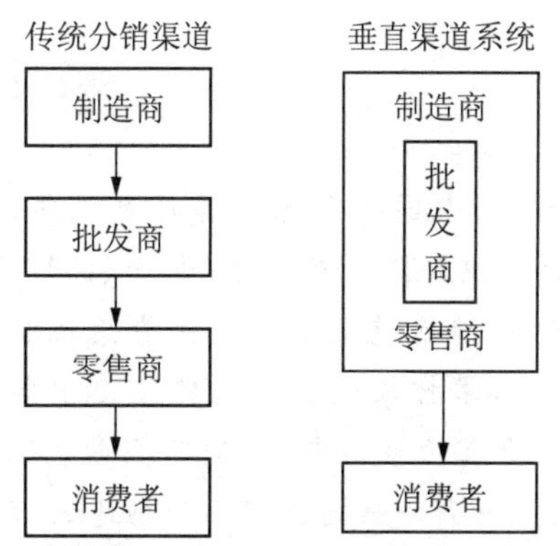

图 10-17 传统分销渠道和垂直渠道系统的比较

传统分销渠道中包含一个或多个独立的生产商、批发商和零售商。它们都是寻求自身利润最大化的独立企业。为了实现自身利润最大化,它们甚至会不惜牺牲掉整个分销系统的利润。没有哪个渠道成员能够控制其他成员，也没有正规的方法来分配职责和解决渠道冲突。垂直营销系统是由生产者、批发商和零售商所组成的一种统一的联合体。一个渠道成员作为渠道领袖拥有其他成员的产权，或者是一种特许经营关系，或者这个渠道成员拥有相当实力，其他成员愿意合作。垂直渠道系统有利于控制渠道行动，消除渠道成员为追求各自利益而造成的冲突。它们能够通过其规模、实力和减少重复服务而获得效益。垂直分销渠道的特点是专业化管理、集中计划，销售系统中的各成员为共同的利益目标，都采用不同程度的一体化经营或联合经营。当前，垂直渠道系统已经成为一种占主导地位的分销形式，在市场中占有较大的比重。

垂直渠道系统的三种类型是统一式、管理式和契约式，如图 10-18 所示。

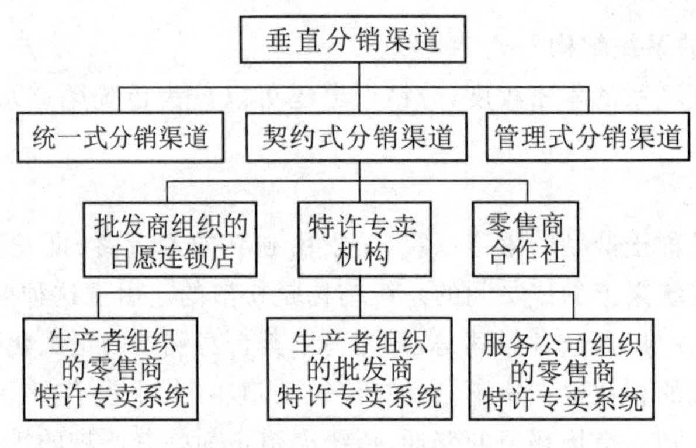

图 10-18 垂直分销系统

① 统一式垂直分销系统。统一式垂直营销系统是指一家公司拥有和统一管理若干工厂、批发机构和零售机构，控制分销渠道的若干层次甚至整个分销渠道，综合经营生产、批发、零售业务，即由同一个所有者名下的相关的生产部门和分销部门组合而成。这种渠道系统包括工商一体化经营和商工一体化经营两类。

案例 10-3

海尔的营销渠道模式

伴随着中国经济的快速增长，中国的家电市场日渐成熟，产品的同质化现象进一步加剧。企业之间的竞争已经不再仅仅局限于在技术、制造、品牌之间的竞争，越来越多的企业已把竞争的重点转移到企业的营销渠道上来。企业要想在激烈的市场竞争中立于不败之地，就必须加强自己的渠道建设，掌控渠道。营销渠道是中国家电企业至关重要的外部资源，尤其是在产品同质化、供大于求的市场中，谁拥有高效、畅通的渠道，谁就在较大程度上拥有了市场，就能赢得了先机。一个企业拥有完善而畅通的可控分销渠道体系，能把产品快速、高效、低耗地从工厂分销到全国各地乃至世界，这不仅是企业核心竞争力的体现，也关系到了企业的兴衰与成败。

海尔集团是全球领先的整套家电解决方案提供商和虚实融合渠道商。公司于 1984 年创立于青岛。创业以来，海尔坚持以用户需求为中心的创新体系驱动企业持续健康发展，从一家资不抵债、濒临倒闭的集体小厂发展成为全球最大的家用电器制造商之一。2019 年 4 月 30 日，海尔披露 2018 年年报，公司超越行业实现稳健增长。具体来看，公司全年实现营业收入 1 833 亿元，增长 12.17%；归母净利润为 74.4 亿元，增长 7.71%。海尔同时披露的 2019 年一季报显示，2019 年第一季度收入增长 10.17%，在行业下行背景下连续五个季度收入增速超 10%。

海尔营销渠道模式最大的特点就在于海尔几乎在全国每个省建立了自己的销售分公司——海尔工贸公司，同时不论在省会城市还是县级城市海尔公司都建设有自己的分支机构，建立销售渠道与网络。海尔工贸公司直接向零售商供货并提供相应支持，并且将很多零售商改造成了海尔专卖店。在海尔模式中，百货店和零售店是主要的分销力量，海尔工贸公司就相当于总代理商，所以批发商的作用很小。同时，海尔的销售政策倾向于零售商，不但向他们提供更多的服务和支持，而且保证零售商可以获得更高的毛利率。除此之外，海尔模式的批发商不掌握分销权力，留给他们的利润空间十分有限，批发毛利率一般仅有 3%～5%，在海尔公司设有分支机构的地方批发商活动余地更小。不过海尔销量大、价格稳定，批发商最终利润仍可得到保证。在海尔模式中，制造商承担了大部分工作职责，而零售商基本依从于制造商。

② 契约式(合同式)垂直分销系统。合同式垂直分销系统是由各自独立的公司在不同的生产和分配水平上组成，它们以合同为基础来统一它们的行动，以求获得比其独立行动时所能得到的更大的经济和销售效果。合同式垂直分销系统近年来获得了很大的发展，成为经济生活中最引人瞩目的发展之一。合同式垂直分销系统包括以批发商为核心的自愿连锁销售网络、零售商自愿合作销售网络及特许经营销售网络三种形式。

③ 管理式垂直分销系统。管理式垂直分销系统的生产和分销是由一家规模大、实力强的企业出面组织的。名牌制造商有能力从再售者那里得到强有力的贸易合作和支持。例如，可口可乐、柯达、宝洁公司等，能够在有关商品展销、货柜位置、促销活动和定价政策等方面取得其再售者的非同寻常的合作。

(2) 水平式渠道系统。水平式渠道系统是指由同一层次上的两家以上的公司联合起来开拓新出现的营销机会的渠道系统。通过共同合作，企业可以联合资金、生产力或营销资源来实现一个企业不能单独完成的工作。企业可以和竞争对手或非竞争对手联合，也可实行暂时或永久的合作，或者单独建立一个公司。这种系统可发挥群体作用，共担风险，获取最佳效益。

案例 10-4　信阳毛尖“牵手”安溪铁观音

中国最大的铁观音企业——福建安溪铁观音集团同中国最大的信阳毛尖茶企业——河南信阳五云茶叶(集团)有限公司，正式签约结成战略合作伙伴，“凤山”安溪铁观音和“龙潭”信阳毛尖将分别进入对方销售渠道上架销售，进铁观音专卖店可买到信阳毛尖，双方将合力做大做强中国传统茶产业。

随着双方的“牵手”，今后消费者在两家的任何一个店里，都能买到“凤山”安溪铁观音和“龙潭”信阳毛尖、信阳红。同时，双方还将在茶产品研发、产业链条拉长、茶企业管理和品牌化运作等方面加强合作。

据了解，安溪铁观音集团前身是1952年创建的国营福建省安溪茶厂，在中国茶叶界有着重要影响，一直是国家农业产业化龙头企业，旗下“凤山牌”铁观音一直占据中国半发酵茶的半壁江山。2006年以来，集团实施连锁加盟模式，现已在全国开设数百家终端连锁店，并在马来西亚、中国香港等国家和地区开店，从一个区域性的市场逐步发展成全国性市场，并加紧向国际市场拓展。2019年12月21日，第二届中国茶产业T20峰会暨中国茶产业创新模式高峰论坛对外公布，“中国乌龙茶之乡”安溪县铁观音2018年的销售额已达70多亿元。目前安溪县已在全球40余个国家和地区注册了“安溪铁观音”品牌。河南五云茶叶集团是河南省农业产业化重点龙头企业，公司销售网络遍及全国各地，仅直营专卖店就有100多家，2010年成功研制出“信阳红”，使信阳毛尖焕发蓬勃生机。在2020年中国茶叶区域公用品牌价值评估中，信阳毛尖的区域公用品牌价值为68.86亿元。

面对国内两大茶叶巨头的强强合作，河南省政府有关负责人表示，此次与福建知名茶企联姻，必将进一步推动河南茶产业健康发展，也能快速扩大双方市场份额、壮大销售渠道、提高品牌影响力、丰富产品线，协力推进两家茶叶巨头的市场化，对于品牌化战略具有重要意义。

---

(3) 多渠道分销系统。多渠道分销系统是指对同一或不同的细分市场采用多条分销渠道系统分销其产品，如图10-19所示。

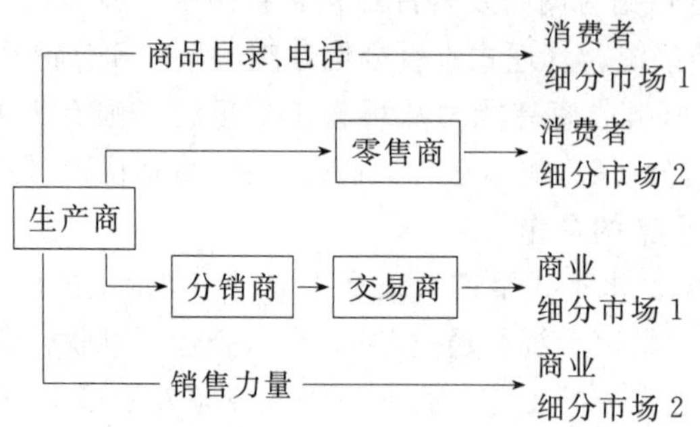

图10-19　多渠道分销系统

四、新兴分销渠道模式

近年来，随着市场环境的变化和竞争的加剧，以及客户需求的多样性和多变性，企业都在积极寻找和探索更为高效、更为便利、更为经济的渠道模式，为此，出现了一些新兴的渠道模式，如第三方渠道、渠道联盟、新媒渠等，打破了传统的渠道管理和渠道合作模式，获得了较为理想的效果。

（一）第三方渠道

所谓第三方渠道，是相对现行运作的渠道而言的。就制造商而言，主要指的是来自其他制造商的渠道；对渠道商来说，则指的是来自其他渠道商甚至是制造商的渠道。因此，对于制造商而言，第三方渠道是自营渠道、传统的中间商渠道和现代强势终端渠道以外的一种新的渠道模式。它们通常由某个关联行业内的全国或区域性的强势企业所构建，并具有品牌影响力强、渠道完善、网点渗透能力强，渠道队伍精干，配送体系健全，并与自己现行渠道有着极强的互补性等特征。

在与传统渠道商、现代渠道商的角逐和博弈之中，强势制造商们都倾向于构筑起庞大的自营渠道，从而自握命运。但是，自营渠道构建和维系的成本不断高涨、渠道效益日渐低下，于是，一个又一个的制造商在渠道扩张之后，又开始了渠道瘦身；在渠道自营之后，又开始发展独立的渠道商来接管自己的渠道。在这种背景下另一种渠道变革开始蔓延：那就是有些制造商已经或正在把自己的渠道拿出来与其他企业进行“共享”，将自己的渠道当作独立的盈利中心进行运作，迫使自己向第三方渠道商进行转变。其原因主要是：①分担成本。制造企业希望通过搭载销售其他企业产品分担广告、公共关系、促销等费用，降低成本负担。②丰富产品线，方便顾客选择。如果单一品牌销售，顾客的选择性差，而且销售增长总量有限，影响渠道效益。

对于中小企业来说，在一定时期一定条件下，能借用大企业的分销渠道不失为好的选择，可利用大企业固定的客户群，帮助其在花费较小的情况下大量地卖出自己的商品。但是企业和企业合作是互利的，中小企业在借用大企业渠道时必须满足一些条件，才能排除较大风险和达到预期效果。即：①中小企业的产品对于大企业产品是个良好补充的配套产品，或是关联产品，能满足同一消费群体的多种需求。②中小企业生产的产品是大企业不感兴趣或不愿生产的。③中小企业的产品在生产方面具有技术壁垒，竞争对手无法模仿。④中小企业的产品在同类产品中具有较强市场竞争力和声誉。⑤在与第三方渠道商寻求合作的过程中，一定要注意给自己的产品争取到分享其有限营销资源的合理位置，并加强督导及销售执行，以确保这种“位置”得以良好地维系及强化，防止第三方渠道商把其当作可有可无的产品进行运作。在中国，越来越多的企业成为第三方渠道商。

（二）新媒渠

由于行业边界的模糊以及顾客价值的凸显，加上互联网为消费者的互动及社会化网络的快速建立提供了充实的技术基础，营销从关注供应链转变为关注整合的需求链，尤其在分销渠道的创新方面，出现了一种日益强盛的企业媒体化、媒体渠道化、渠道平台化的转型风潮。企业媒体化的浪潮正在兴起，媒体渠道化、渠道平台化的内涵正在扩大，一种新的信息流、商流、物流、资金流四流合一的经营形态以及与之相适应的商业模式方兴未艾，那就是“新媒体渠道”，简称“新媒渠”。

何谓新媒渠？就是借力传统媒体、移动通信、互联网及服务业媒介，低成本获取客户资源，从而节省实体网络构建成本。媒体利用其庞大的信息受众规模和稳定便捷的渠道网络，充分发挥产品销售渠道集信息流、商流、物流和资金流四流合一的功能，在第三方企业（广告商）和消费者客户之间搭建沟通和贸易桥梁，为第三方企业（广告商）提供市场分析、客户选择、营销策划、活动实施、产品代理、信息告知、交易谈判、货物配送、资金回笼、服务延伸、顾客维护等系列化、专业化渠道服务的新型业务形态。

在中国市场，商业信息的发布，以及传播载体和方式日益丰富，传统的信息传播媒体如广播、电视和报刊、互联网、移动通信平台以及服务业都成为了企业广告信息发布的工具。在信息爆炸的时代，消费者不再仅仅满足于通过媒体获得一般的信息，而是希望“所见所闻即所得”，能便捷地通过媒体传播的信息买到所见到的商品。比如，通过电视台、通过报社、通过互联网、通过手机、通过银行以及邮政等。于是，从营销者驱动的信息传递，转变为关注受众如何消费媒体信息。中国的媒体单位不再满足于信息的单向传播，而是真正搭建了企业（广告商）与消费者之间的信息传播、物流传递以及资金交割的直接而便捷的通道，为企业（广告商）开拓市场提供整体的市场规划和产品销售服务，真正实现了媒体的渠道化，使传统媒体完成了由信息发布者向交易中介方再向全面营销服务商的转型。

这里的媒体有以下四种类型，即：一是传统媒体，如报纸、电视、广播、杂志等。二是互联网。三是移动通信。四是传统的服务行业，如邮政、银行、机场、学校、电影院、酒店等。这些媒体的核心资源是媒体界面、顾客资源和遍及全国的销售网络。新媒渠的特点是企业媒体化、媒体渠道化、渠道媒体化、渠道平台化。企业媒体化是指企业本来需要借助媒体推广产品及品牌，而企业在运作过程中本身变成了一种媒介，承担着接受信息和传递信息的功能。媒体渠道化是指原来的一些纯粹媒体，现在已演化为既是媒体，又是有力的销售渠道，如电话推销、电视购物、电子商务、3G 手机、携程旅行网等，都是一渠道多用。科技的发展使得媒体渠道化成为潮流，成为新的销售平台。同时，很多知名的销售渠道也逐渐媒体化，形成产品销售和信息集聚的综合平台，承担着信息的接收与传递功能，如沃尔玛、苏宁等渠道。

新媒渠充当的是一个资源整合者的角色，采用的是“资源整合型的平台化运营的模式”，构建了一种低成本高效率的交易平台。这种基于客户体验和便利性的新型服务业态，是一种全新的商业模式，对传统的渠道是一种革命性的冲击。对于大量想快速拓展国内市场的企业而言，商业模式向新媒渠转型将是一个大好的机遇。必须充分利用媒体的优质资源，与媒体单位一起构建多赢的运营体系，并由此带动整体的商业模式转型，快速抢占市场先机。

（三）全渠道零售

伴随着移动网络技术和人工智能技术的快速发展，人们消费方式和消费习惯发生了巨大改变，传统零售模式已经无法满足新的消费需求，消费者不再仅仅局限于单一渠道，而是根据自身消费的需要交替使用多种渠道，我国企业营销渠道逐渐从单渠道、多渠道向全渠道转变。越来越多的消费者会利用碎片化时间完成购物，同时他们也不再满足于单一渠道的一站式购买，而是更注重感知效用的跨渠道购买和与其他顾客的沟通、交流、分享、互动等。随着这种销售方式的演变，一种结合线下实体渠道、电商平台渠道，以及社交平台等信息媒体渠道的全渠道零售模式（omni-channel retailing）逐渐发展起来并成扩展之势。据 2021 年中国即时零售行业研究报告显示，中国网络零售由以 B2C 电商平台为主，发展至 B2C、O2O 平台多业态并存局面。2020 年年初新冠肺炎疫情暴发，线上消费展现出强劲的活力和韧性，成为消费市场的稳定器，网上零售规模持续增长，消费场景加速向线上转移，门店到家业务、数字化零售迎来发展新机遇。零售行业发展成面向线上线下全客群，提供全渠道、全品类、全时段、全体验的新型零售模式。全渠道营销已经成为企业未来发展的必然趋势。

京东通过线下实体零售和线上网络零售深度融合的全渠道业务的开展，促进线下渠道与线上渠道之间的互动与转化，并带动线上消费持续高增长；亚马逊打通线上线下的订单、库存、支付系统，并提供智能配送服务；盒马鲜生通过线上 App、线下门店等，提供生鲜食品和餐饮服务；百胜、海底捞、金拱门等知名连锁餐饮企业，以及全聚德、上海老城隍庙、广州酒家等餐饮老字号，包括深受年轻人喜爱的一些新锐餐饮企业也可利用手机 App 下单，店内取单，条形码快捷支付等。在全渠道零售中，消费者不会偏好于某一渠道，而是根据自身需求在实体店、手机终端、网点等渠道自由转换。因此，企业如何将多种渠道进行整合、并通过加强与顾客的互动、构建全渠道模式，为消费者提供线上线下一体化服务，进而实现企业与顾客价值共创，已成为企业界和学术界关注的重要领域。

小资料

"O2O"电子商务

"O2O"电子商务即"线上网店,线下消费",商家通过免费开网店将商家信息、商品信息等展现给消费者,消费者在线上进行筛选服务,并支付,线下进行消费验证和消费体验。这样既能极大地满足消费者个性化的需求,也节省了消费者的费用。商家通过网店将信息传播得更快、更远、更广,可以瞬间聚集强大的消费能力。该模式的主要特点是商家和消费者都通过"O2O"电子商务满足了双方的需要。

第二节　分销渠道的节点

一、批发商的概念与类型

(一) 批发商的概念

批发是指一切将物品或服务销售给为了转卖或商业用途而进行购买的人的活动。批发商处于商品流通起点和中间阶段,交易对象是生产企业和零售商,一方面它向生产企业收购商品,另一方面它又向零售商业批销商品,并且是按批发价格经营大宗商品。其业务活动结束后,商品仍处于流通领域中,并不直接服务于最终消费者。

批发商处于流通过程的中间阶段,是连接生产企业和商业零售企业的枢纽,是商品流通的大动脉,是调节商品供求的蓄水池。在分销渠道结构中,它扮演着重要角色,对企业改善经营管理及提高经济效益、满足市场需求、稳定市场具有重要作用。

(二) 批发商的类型

依据批发商是否拥有商品所有权及其功能发挥程度,可将其分为经销批发商、代理商及居间经纪商、厂家的分销机构及销售办事处。

1. 经销批发商

经销批发商亦称独立批发商。他们对其经营的商品有所有权,即买下所经销的商品,然后转售出去。经销批发商是批发商最主要的类型。依其发挥功能及专业化程度的不同,经销批发商又可分为全套服务批发商和有限服务批发商。

(1) 全套服务批发商。提供几乎所有的批发服务功能,包括持有存货,有固定销售人员,提供信贷、送货、协助管理等服务。

① 综合批发商。经销的产品范围非常广泛,涉及不同行业互不关联的产品。通常面向人口分散的边远地区的零售商,提供日用百货、五金交电、文化用品、医疗保健用品、农业生产资料等商品的购销服务。

② 专业批发商。其经销的产品是行业专业化的,完全属于某一行业大类。如五金批发商经销的商品,包括五金零售商需要的所有商品;杂货批发商经销各类罐头食品、谷类、茶叶、咖啡、香料、面粉、糖、清洁剂等,有些还供应冷冻食品、肉类、水果等,只要是一般杂货店所出售的商品,他们都组织供应。

③ 专用品批发商。以很大深度专门经销某条产品线上的产品(或部分产品),如杂货业

中的冷冻食品批发商,服装业中的纽扣批发商等。他们为客户提供选择更充分的花色品种、更快速的交货服务和更专门的产品信息。

(2) 有限服务批发商。他们向其零售商和顾客提供较少服务。

① 现金交易批发商。该批发商经销有限的周转快的产品,主要为小型零售商服务。一般不提供送货服务,顾客必须登门购货;无赊销功能,交易时银货两讫;很少使用推销员去与客户接触,亦不大做广告,因而销售费用较低。

② 承销批发商。此类批发商通常经营木材、建材、煤炭、重型设备等体粗量重商品。他们并不持有存货,亦不实际负责产品运输,仅负责接单,联系制造商,商定交货条件,取得这批货物的所有权,然后将订货单交给制造商,由制造商负责将货物直接发运给用户,而由承销批发商承担全部风险。由于承销批发商不持存货,仅组织厂家将产品直接运送到零售商或用户,所以可以减少产品的储运、编配和损耗成本。

③ 货运批发商。这是将销售与货运功能结合在一起的中间商类型。他们通常经营易腐易耗商品(如牛奶、面包和点心等一般批发商不愿经营的产品),将这些商品装载于货车之上,送到超级市场、小杂货店、医院、餐馆、工厂自助餐厅等巡回销售,收取现金,有时也会采取赊销方式。

④ 邮购批发商。其一般经营方式是将产品目录寄给零售店、企业及机关团体客户,在接到邮寄或电话订单后,再通过邮寄、卡车或其他高效运输工具按订单要求交送订货。主要经营的品种有:汽车用品、化妆品、专用食品和其他小品种商品。

⑤ 生产者合作社。这主要是农民(农场)组建的负责组织农产品到当地市场销售的批发商类型。

⑥ 寄售批发商。一种专为杂货和药品零售商服务的中间商类型。主要经营零售商不愿订购的玩具、简装书、小五金、保健美容用品等物品。寄售批发商将这些商品运送到零售商店,并负责上架陈列、自行定价、不断更新陈列商品,待商品销售出去后才向零售商收款。

另外,经销批发商按经营商品的范围来分类,可分为一般商品批发商、单一种类或整类商品批发商、专业批发商;按服务地区范围大小来分类,可分为全国批发商、区域批发商、地方批发商;按照和厂家的关系来分类,可分为一级批发商、二级批发商,目前这样的分类方法在实践中较为流行。

2. 代理商和居间经纪商

代理商和居间经纪商与经销批发商不同,代理商和居间经纪商对经营的商品没有所有权,而是为买卖双方提供交易服务,收取一定的佣金。代理商和居间经纪商一般都是专业化的,专门经营某一方面的业务。具体形式有以下几种:

(1) 制造商的代理。这种代理商为互不竞争的制造商销售类似产品,并从中获取佣金。他们扮演的角色类似企业销售人员,但却是独立的经销商,而且在销售之前就拥有一些顾客群;并可以在相对低廉的成本下增加经营的产品线。那些无力聘用外勤销售人员的小公司,以及希望开拓特定新市场的公司,或某些难以雇用专职销售人员的地区,常常可以通过制造商的代理进行销售工作,以节约费用,提高效率。

(2) 经纪人。其主要作用是为买卖双方牵线搭桥,协助谈判。他们向雇主一方收取费用,不参与融资与承担风险。他们较多活跃在食品、不动产、保险和证券市场。

(3) 委托商。其功能是在收到寄售品后,提供储存设备,为制造商(货主)寻找买主,议价，送货，提供信用和收款，并在扣除佣金之后将货款余额汇给寄售商。委托商在农产品销售市场最为普遍。随着大规模零售商店和连锁商店的发展，委托商的地位在逐渐下降。

（4）拍卖公司。其功能在于提供一个买卖双方可聚集并完成交易的场所。拍卖公司可拍卖的商品种类很多，如古董、名画、房屋等，成交价格由买卖双方自行决定，拍卖公司并不参与定价。

（5）销售代理商。销售代理商依据合同代理制造商的整个销售业务，并有权决定货物价格及销售方式，其扮演的角色俨然是制造商的销售经理。一般地，制造商选择销售代理商，主要依据代理商的实力、商业信誉和其拥有的销售渠道网络。

（6）采购代理商。一种与购买方有长期关系，代其采购的代理商类型。他们消息灵通，可向客户提供有用的市场信息，并受托负责为客户收货、验货、储运，将货物运交买主。

3. 厂家的分销机构

厂家的分销机构有两种形式，即销售分部和营业所、采购办事处。销售分部和营业所是制造商开设的。销售分部备有存货，常见于木材、汽车设备和配件等行业；营业所不存货，主要用于织物和小商品等行业。采购办事处的作用与采购经纪人和代理商的作用相似，但前者是卖方组织的组成部分。

案例 10-5　“娃哈哈”的“联销体”渠道模式

娃哈哈有今天的骄人业绩，与其重视渠道建设及管理是分不开的。娃哈哈堪称是渠道创新战略的典范。公司创立之初，限于人力和财力，主要通过糖烟酒、副食品、医药三大国有商业主渠道内的一批大型批发企业，销售公司第一个产品儿童营养液。随着公司的稳健发展和产品多元化，其单一渠道模式很快成为企业的销售瓶颈，娃哈哈开始基于“联销体”制度进行渠道再设计。这种“联销体”制度是娃哈哈和代理商之间建立的一个共同经营产品的渠道体制，从厂家、经销商到终端每个环节的利益和义务都会得到明确。娃哈哈的“联销体”模式是这样的：总部—各省区分公司—特约一级批发商—（特约二级批发商）二级批发商—三级批发商—零售终端。具体的运作模式是：每年开始，特约一级批发商按经销额的一定比例先给娃哈哈一笔预付款，娃哈哈会支付与银行相当的利息；然后，每次提货时，结清上一批次的货款。一级批发商在自己的势力区域内发展特约二级批发商或者二级批发商。特约二级批发商和二级批发商的差别是，前者将要先付预付款给一级批发商以争取到更优惠的政策。娃哈哈保证在一定区域内只发展一家一级批发商。同时，公司还常年派出一到若干名销售经理和理货员帮助经销商开展各种铺货、理货和促销工作。在某些县区，甚至出现这样的情况：当地的一级批发商仅仅提供了资金、仓库和一些搬运工，其余的所有营销工作都由娃哈哈派出的人员具体完成。

任何营销都是建立在信用基础上的危险游戏。相对于生产商自己招聘人马、全资组织市场网络，娃哈哈的联销体模式似乎更为经济和高效。各级大大小小的经销商一方面可以使娃哈哈迅速地进入一个陌生的市场，大大降低市场的导入成本，更重要的还在于，这些与娃哈哈既为一体又非同根的经销商团队，是保证市场创新、增长和降低风险的重要力量。娃哈哈其实通过这种“制度建设”,实现了市场的制衡。与别的企业往往把促销措施直接针对终端消费者不同,娃哈哈的促销重点是经销商,公司会根据一定阶段的市场变动、竞争对手的异动以及自身产品的配备,推出各种各样的促销政策。针对经销商的促销政策,既可以激发其积极性,又保证了各层销售商的利润,因而可以做到促进销售而不扰乱整个市场的价格体系。

在“联销体”制度下,娃哈哈的渠道设计工作包括:首先,自建销售队伍,娃哈哈拥有一支约 2 000 人的销售大军,隶属公司总部并派驻各地,负责厂商联络,为经销商提供服务并负责开发市场、甄选经销商;其次,娃哈哈在全国各地开发 1 000 多家业绩优异、信誉较好的一级代理商,以及数量众多的二级代理商,确保娃哈哈渠道重心下移到二、三线市场。这充分保证了娃哈哈渠道多元化战略的实施。娃哈哈针对多种零售业态,分别设计开发不同的渠道模式:对于机关、学校、大型企业等集团顾客,厂家上门直销;对于大型零售卖场及规模较大的连锁超市,采用直接供货;对于一般超市、酒店餐厅以及数量众多的小店,由分销商密集辐射。这种“复合”结构,既能够有效覆盖,又能够分类管理,有利于在每种零售业态中都取得一定的竞争优势。

二、零售商的含义和类型

(一) 零售商的含义

零售是指直接为最终消费者服务的贩卖行为。广义的零售包括一切向最终消费者直接销售商品和服务,以供应个人和组织及非商业性用途的活动。狭义的零售商是指将商品直接销售给最终消费者的中间商,处于商品流通的最终阶段。零售商的基本任务是直接为最终消费者服务,它的职能包括购、销、调、存、加工、分包、传递信息、提供销售服务等。在地点、时间与服务方面,方便消费者购买,它又是联系生产企业、批发商与消费者的桥梁,在分销途径中具有重要作用。

(二) 零售商的类型

零售商种类极为复杂、变化也快。从总的趋势上看,我国零售商类型正在向国际靠拢。随着零售经营的对外开放,许多国外行之有效的零售方式和机构,正与我国传统的零售类型融合起来,引起了从沿海到内陆商业类型的急速变化。

1. 按经营商品范围划分

(1) 专业商店。专门经营一类商品或某一类商品中的某种商品,如盛锡福、亨达利等。其经营特点是品种、规格齐全。

(2) 百货商店。这是指经营的商品类别多样,每一类别的商品品种齐全,经营部门是按商品的大类进行设立,是多个专业店集中在一个屋檐下。经营特点是类别多、品种规格全,服务程度高。百货商店出现一百多年来获得迅速发展,于 20 世纪中期达到顶峰。而后由于百货商店之间的激烈竞争,以及来自其他零售商的挑战,加上城市商业中心区交通拥挤等问题,发展速度明显放慢。目前,许多发达国家的百货商店,正在采取设立分店、改变经营方式和加强服务等措施,以求东山再起。而在发展中国家,百货商店仍在迅速发展。

(3) 超级市场。这是一种经营规模大、成本低、毛利低、销售量大的自助式服务,为满足消费者对食品、洗衣和家庭常用产品的种种需求服务的零售组织。

(4) 方便品商店。主要为设在居民区附近的小型商店。营业面积小,营业时间长,经营品种多为周转率高的方便品，因其方便顾客的特点，价格通常要高一些。

2. 按商品相对价格的重要性划分

（1）廉价商店，亦称折扣商店。是一种以较低价格销售标准商品的商店类型。这类商店通常设在租金低的地段，并能吸引较远的顾客；突出销售全国性品牌商品；销价比传统商店低，而商品质量并不低；多采用自动式售货，设备费用较低。近年来，受竞争影响，折扣商店与百货商店的差距日益缩小，其经营的商品已从普通商品发展为专门商品，如折扣体育用品商店、折扣电子产品商店等。

（2）仓库商店。是一种没有虚饰、给顾客折扣优惠、服务项目少的商店类型。其特点是低价销售大量商品。仓库商店的形式极多，其中一种是家具展览仓库。商店在低租金地区建立大型销售展示仓库，展销各式家具。顾客进场挑选、订货、交款后，即可提货或要求商店送货。

（3）样品目录陈列室（产品陈列推销店）。这类商店采用产品目录推销和折扣销售各类品种繁多、加成高、周转快、有厂牌的商品。这些产品包括首饰、动力工具、提包、照相机等。这种商店散发彩印目录，增发季节性小型增补版，上面标有每一项商品的定价和折扣价。顾客可用电话订货，商店送货上门，收取货款及运费，顾客亦可来店验货自提商品。

3. 按是否连锁划分

连锁商店是指由一家大型商店控制的，许多家经营相同商品或业务相似的分店共同形成的商业销售网。其主要特征是：总店集中采购，分店联购分销。其优点主要表现在：①由于规模较大（连锁店数超过 10 家），可以大量进货获得最大数量折扣及较低的运输成本；②有条件雇用优秀管理人员，在销售预测、存货控制、定价和促销等方面制定、实施科学的管理程序；③可以综合批发与零售功能，无须像独立商店那样应付许多不同的批发商；④能以同一广告使全部连锁店受益，使各店分摊的促销费用降低；⑤各分店享有某种程度的自由，可以适应消费者的不同偏好和当地市场的竞争特点，提高应对环境变化能力。它出现在 19 世纪末到 20 世纪初的美国，到 1930 年，连锁商店的销售额已占全美销售总额的 30%，20 世纪 50 年代末、60 年代初以来，欧洲、日本也逐渐出现了连锁商店，并得到迅速发展，70 年代后全面普及，逐步演化为主要的一种商业零售企业的组织形式。

（1）正规连锁店。正规连锁店同属于某一个总部或总公司，统一经营，所有权、经营权、监督权三权集中，也称联号商店、公司连锁、直营连锁、总体式连锁店。分店的数目各国规定不一，美国定为 12 个或更多；日本定义为 2 个以上；英国是 10 个以上分店。其共同特点是：所有成员归一个公司、一个联合组织或单一个人所有；由总公司或总部集中统一领导，包括统一人事、采购、计划、广告、会计等；成员店铺不具企业资格，其经理是总部或总店委派的雇员而非所有者；各连锁店经营的产品种类由总部控制；成员店标准经营，商店规模、外貌、经营品种、商品档次、陈列位置、促销及其他主要销售政策都采用统一的标准。

（2）自愿连锁和零售店合作社。自愿连锁多见于中小企业。各店铺保留单个资本所有权的联合经营形式。正规连锁是大企业扩张的结果，目的是形成垄断；自愿连锁是小企业的联合，抵制大企业的垄断。自愿连锁的最大特点是成员店铺是独立的，成员店经理是该店所有者。零售店合作社是由一群独立零售商店组成的一种集中采购与联合促销组织。

自愿连锁总部的职能一般为：确定组织大规模销售计划；共同进货；联合开展广告等促销活动；业务指导、店堂装修、商品陈列；组织物流；教育培训；信息利用；资金融通；开发店铺；财务管理；劳保福利；帮助劳务管理；等等。

(3) 特许连锁。也称合同连锁、契约连锁。它是由拥有特许权的特许人(制造商、批发商或服务机构)与接受特许权者(购买某种特许权而营业的独立商人)之间订立契约的关系所形成的组织。它由特许人把自己开发的商品、服务和营业系统(包括商标、商号等企业象征的使用,经营技术等)以营业合同的形式给规定区域的加盟店授予统销权和营业权。加盟店则须交纳一定的营业权使用费、承担规定的义务。特点是:经营商品时,受许人必须购买特许经营权;经营管理高度统一化、标准化。麦当劳连锁店一般要求特许经营店在开业后,每月按销售总额的3%支付特许经营使用费。肯德基连锁店的这一比例一般在5%左右。

案例 10-6

日本 7-11 连锁便利店

日本 7-11 连锁店(以下简称日本 7-11)是有着先进物流系统的连锁便利店集团。7-11 在美国成名之后(这里的 7-11 是指商店营业时间统一为上午 7 点至晚上 11 点),被日本的主要零售商伊藤洋华堂引入,日本 7-11 作为下属公司成立于 1973 年,后由中国台湾统一集团代理。

日本 7-11 把各单体商店按 7-11 的统一模式管理。自营的小型零售业,如小杂货店或小酒店在经日本 7-11 许可后,按日本 7-11 的指导原则改建为 7-11 门店,日本 7-11 随之提供独特的标准化销售技术给各门店,并决定每个门店的销售品类。7-11 连锁店作为新兴零售商特别受到年轻一代的欢迎,从而急速扩张。全日本有 16 000 多家 7-11 商店。

便利店依靠的是小批量的频繁进货,只有利用先进的物流系统才有可能发展连锁便利店,因为它使小批量的频繁进货得以实现。

典型的 7-11 便利店非常小,场地面积平均仅 100 平方米左右,但就是这样的门店提供的日常生活用品达 3 000 多种。虽然便利店供应的商品品种广泛,通常却没有储存场所,为提高商品销量,售卖场地原则上应尽量大。这样,所有商品必须能通过配送中心得到及时补充。如果一个消费者光顾商店时不能买到本应有的商品,商店就会失去一次销售机会,并使便利店的形象受损。所有的零售企业都认为这是必须首先避免的事情。

为了保证有效率地供应商品,日本 7-11 对旧有分销渠道进行合理化改造。许多日本批发商过去常常把自己定性为某特定制造商的专门代理商,只允许经营一家制造商的产品。在这种体系下,零售商要经营一系列商品的话,就必须和许多不同的批发商打交道,每个批发商都要单独用卡车向零售商送货,送货效率极低,而且送货时间不确定,但人们往往忽视了配送系统的低效率。

日本 7-11 在整合及重组分销渠道上进行改革。在新的分销系统下,一个受委托的批发商被指定负责若干销售活动区域,授权经营来自不同制造商的产品。此外,7-11 通过和批发商、制造商签署销售协议,能够开发有效率的分销渠道与所有门店连接。

批发商是配送中心的管理者,为便利店的门店送货。而日本 7-11 本身并没在配送中心上投资,即使他们成为了分销渠道的核心。批发商自筹资金建设配送中心,然后在日本 7-11 的指导下进行管理。通过这种协议,日本 7-11 无须承受任何沉重的投资负担就能为其门店建立一个有效率的分销系统。为了与日本 7-11 合作,许多批发商也愿意在配送中心上做必要的投资；作为回报，批发商得以进入一个广阔的市场。

日本7-11重组了批发商与零售商，改变了原有的分销渠道，由此，配合先进的物流系统，使各种各样的商品库存适当，保管良好，并有效率地配送到所有的连锁门店。

4. 无店铺零售业

无店铺零售业是一种不设店堂的零售商类型。非商店零售在近年来得到迅速发展。到20世纪末，一些发达国家的社会商品零售额中，有三分之一通过非商店渠道实现。

(1) 直复市场营销。直复市场营销是经营者使用一种或多种广告媒体，以求在一定地区范围产生积极反应，达到交易目的的市场营销体系。顾客可用函电或电话订货，经营者组织送货或邮寄交货。目前，直复营销的形式主要有商品目录直销、邮寄直销、电话直销、电视直销、电脑购物、电子购货机等。

(2) 直接销售。它是指直销公司通过销售人员上门直接向顾客推销产品。其方法有挨家挨户、逐个办公室推销、家庭聚会及销售俱乐部推销等。

(3) 自动售货。它是指使用硬币控制的机器自动销售商品。自动售货已被应用于许多商品上，包括嗜好性商品（如香烟）、冲动型购买品（如软饮料、糖果、报纸等）和其他产品（化妆品、点心等）。自动售货机向顾客提供24小时售货、自助服务和无须搬运商品的便利条件，但其销售商品的价格稍高。

(4) 购物服务公司。它是指一种为特定委托人服务的无店零售方式，这些委托人通常是一些大型组织（如学校、医院、工会和政府机关）的雇员。这些组织的成员就是购物服务组织的成员，有权向一组选定的零售商购买，这些零售商同意给予购物服务组织的成员一定的折扣。如一个顾客要一台录像机，可以到购物服务组织处拿一张表格，然后把它带到一家与该组织约定的零售商那儿，就能买到一台给予折扣的录像机。零售商再付给购物服务组织一些小额费用，酬谢其提供的购物服务。

小资料

智慧云商

智慧云商是云商模式的践行者和领先者，云商模式，通俗说就是“腾云驾物”。“云”就是云商平台，以电商集群的方式，通过供应链有效连接组成“商务云”生态系统，在产品、服务、营销推广等方面实现资源共享。“物”就是线下实体店网络，以众包模式，将行业制造商、分销商、零售商，和提供本土化设计、物流、安装的优质服务商，纳入统一的云制造服务体系，实现真正的社会化服务。智慧云商可轻松实现平台的构筑与管理及运营与服务。平台应用组件涵盖了管理云平台、服务云平台、营销云平台等应用服务，还有配套的云端智慧库，并依托强大的后端广告联盟及第三方市场，能为用户端提供丰富的平台推广及运营收益途径。作为国家“十二五”规划大力推进的应用云计算、物联网产业，获得了巨大的产业发展机遇，随着国家相关产业政策的深入实施，以及移动智能终端的广泛应用，移动应用服务、云应用服务都将获得广阔的市场发展空间。

第三节 分销渠道的设计与管理

一、分销渠道的设计与选择

(一) 影响分销渠道选择的因素

1. 市场因素

市场因素主要包括:①目标市场的大小。如果目标市场范围大,渠道则较长,反之,渠道则短些。②目标顾客的集中程度,如果顾客分散,宜采用长而宽的渠道,反之,宜用短而窄的渠道。

2. 产品因素

产品不同,适应的渠道特性不同。每种产品都有自己的自然属性和社会属性,这些都会影响分销渠道的长短与宽窄。具体来说主要有:①产品的易毁性或易腐性。如果产品易毁或易腐,则宜采用直接或较短的分销渠道。②产品单价。如果产品单价高,宜采用短渠道或直接渠道,反之,则应采用间接分销渠道。③产品的体积与重量,体积大而重的产品应选择短渠道;体积小而轻的产品可采用间接销售。④产品的技术性。技术复杂,需要安装及维修服务的产品,宜采用直接销售,反之,则宜选择间接销售。⑤产品的成熟度。新产品需要大规模、强有力的促销和客户培养,短渠道容易达到目的,成熟产品渠道的适应性较强。⑥产品的替代性。产品的替代性程度高,容易被其他产品替代,中间商对产品的重视程度差,中间商渠道就不够稳固,则需要控制性强的渠道,如直接渠道。不可替代的产品可以依赖中间商渠道。⑦产品的识别程度。对于高识别度产品,产品很容易被辨认,有明确的使用范围和收益,可通过任何渠道销售。对于难以识别的产品,需要通过专业人员参与销售过程,因此,需要设计短渠道。

3. 顾客购买行为因素

渠道的直接服务对象是顾客,因此对顾客购买行为的研究是进行渠道设计的基础。对于顾客购买行为的分析可以从以下方面进行:①购买时间。顾客对产品的购买有其时间性和周期性,如许多产品销售有淡季和旺季之分,生产者常常希望淡季保持生产,希望渠道成员能够在淡季保持一定的存货。因此,是否能够保持存货,成为生产商挑选渠道成员的一个标准。②购买地点。顾客喜欢在什么样类型的销售点购物及销售点的位置决定了购物地点。一般顾客会选择最方便的购物地点和店家的形象较好的购物地点。③购买方式。顾客在购买过程中的喜好,表明了市场购买方式。渠道的设计要考虑到目标顾客的主要购物方式,例如,目前消费者越来越习惯在家中购物,企业需要建立网上销售、电视销售、电话销售等方式来适应消费者购物方式的这个变化。④购买人。渠道设计要了解购买人是谁。消费者按在家庭购买决策过程中所起作用的不同,可分为:发起者、影响者、决定者、购买者和使用者。渠道必须要找到真正的购买人和决策人,然后研究其行为,才能获得良好的销售效果。

4. 企业因素

生产企业是转移产品所有权和实体的发起者,通常处于分销起点。由于企业本身负责分销渠道的设计,同时又负责分销活动,其特征与状况必然影响分销渠道的设计。

① 企业实力强弱。主要体现在人力、物力、财力方面,如果企业实力强可建立自己的分销网络,实行直接销售,反之,应选用中间商推销产品。

② 企业的管理能力强弱。如果企业管理能力强，又有丰富的营销经验，可选择直接销售渠道，反之，应采用中间商。

③ 企业控制渠道的能力。企业为了有效地控制分销渠道，多半选择短渠道，反之，如果企业不希望控制渠道，则可选择长渠道。

④ 企业营销目标。企业营销目标不同，要求不同的分销渠道与之配合。如，追求市场占有率的提高则要求选择更为密集的网络化战略。

5. 中间商特性

渠道设计的任务之一就是选择合适的中间商，影响渠道各类各家中间商的实力、特点均不同，诸如广告、运输、储存、信用、训练人员、送货频率方面具有不同的特点，从而影响生产企业对分销渠道的选择。

中间商对企业营销渠道的影响主要有：

① 中间商的不同对生产企业分销渠道的影响。企业在挑选中间商时，应该评估每个渠道成员的从业年限、经营的其他产品、发展和利润、协作性和声誉等；如果中间商是代理商，就要评估他经营的其他产品的数量和行政以及销售人员的规模和素质；如果中间商是一家要求独家或精选销售的零售商，企业应该评估其拥有的顾客、所在区位和将来的发展潜力等。

② 中间商的数目不同的影响。按中间商数目多少的不同情况，可选择密集分销、选择分销、独家分销。

③ 中间商的可获得性。能否获得适宜的中间商会影响渠道结构，如果没有适合的中间商，企业常常要被迫选择直销方式。

④ 成本。中间商成本包括中间商的服务效率决定的经营成本，以及与中间商合作的谈判、矛盾协调等的交易成本。如果中间商成本过高，将影响渠道选择。

6. 其他环境因素

更宏观的一些环境因素，也是进行营销渠道战略规划所不能忽视的因素，包括经济环境、竞争环境、人口环境、社会文化环境、政治法律环境、技术环境等。专卖制度、反垄断法、进出口规定、税法等都影响企业对分销渠道的选择；新技术带来了新的分销方式和手段，如自动售货机、邮购、电话订货、电视购物、网上商店等，这些都是进行渠道设计不容忽视的问题。

（二）分销渠道设计的步骤

分销渠道的设计包括在公司创立之时设计全新的渠道以及改变或再设计已存在的渠道。斯科恩等学者总结出“用户导向分销系统”设计模型，将渠道战略设计过程划分为当前环境分析、制定短期的渠道对策、渠道系统优化设计、限制条件与鸿沟分析和渠道战略方案决策 5 个阶段，共 14 个步骤。

第一步：审视公司渠道现状；

第二步：了解目前的渠道系统；

第三步：收集渠道信息；

第四步：分析竞争者渠道；

第五步：评估渠道的近期机会；

第六步：制订近期进攻计划；

第七步：终端用户需求定性分析；

第八步：最终用户需求定量分析；

第九步：行业模拟分析；

第十步：设计"理想"的渠道系统；

第十一步：设计管理限制；

第十二步：鸿沟分析；

第十三步：制定战略性选择方案；

第十四步：最佳渠道系统决策。

（三）评估选择分销方案

分销渠道方案确定后，生产厂家就要根据各种备选方案，进行评价，找出最优的渠道路线，通常渠道评估的标准有三个，即经济性、可控性和适应性，其中最重要的是经济标准。

1. 经济性

经济性主要是比较每个方案可能达到的销售额及费用水平。①比较由本企业推销人员直接推销与使用销售代理商分销哪种方式销售额更高。②比较由本企业设立销售网点直接销售所花费用与使用销售代理商所花费用，看哪种方式支出的费用大，企业对上述情况进行权衡，从中选择最佳分销方式。

2. 可控性

一般地，采用中间商可控性小些，企业直接销售可控性大；分销渠道长，可控性难度大；渠道短越容易控制。企业必须进行全面比较、权衡，选择最优方案。

3. 适应性

如果生产企业同所选择的中间商的合约时间长，而在此期间，其他销售方法如直接邮购更有效，但生产企业不能随便解除合同，这样企业选择分销渠道便缺乏灵活性。因此，生产企业必须考虑选择策略的灵活性，不签订时间过长的合约，除非在经济或控制方面具有十分优越的条件下。

案例 10-7

王老吉的销售渠道建设

王老吉凉茶创立于1828年，至今近两百年历史，采用草本植物材料配制而成，有"凉茶王"之称。在众多老字号凉茶中，又以王老吉较为著名。下面一起看下王老吉的销售渠道建设方案。

现行渠道存在的问题

1. 大部分区域整体渠道(含商业、终端)利润比较低，渠道积极性受到影响。

2. 对经销商没有明确定义，经销商比较小而散，并且由于流通经销商的存在并占有较大比例，导致渠道价格混乱，而且渠道窜货现象严重。

3. 部分地区为了维护本地区商业销售，采用终端进货返利的政策，进一步加大了渠道流通成本。

4. 企业政策缺乏统一性，经销商协议比较单纯，返利政策与销售量和返款挂钩，忽略了销售区域、价格维护、终端纯销的约束，部分区域的营销人员滥用资源，贴补销售，没有明确的奖惩政策，致使价格体系更加混乱。

5. 公司缺乏对单一产品充足的资源投入，包括日益增长的广告投放费用和终端费用，导致价格对竞争产品的反拦截缺乏力度。

6. 公司的价格体系有待明确，终端没有统一的零售价，价格维护成为弱项，终端价格竞争比拼，无法确保渠道，尤其是终端获得稳定的利润。

建立渠道目标

1. 从终端用户来讲，王老吉分销渠道的目标就是为顾客提供全面的购买信息、便利的购买过程及其他相关的服务如健康下火饮料、饮料质量评估等。

2. 从生产商和经销商的角度来讲，目前我国的饮料市场已经从卖方市场转向买方市场，经销商不再是厂家摆布的一颗棋子，厂家应该从长远的利益考虑，应和经销商建立一种相互依存的家庭式关系，通过这种关系能够提高产品质量，降低系统的成本，增加双方的利润空间。

确定渠道的长度和宽度

确定渠道的长度需要考虑的一个重要的问题就是资源运用和渠道控制的关系。一般来说，便利品通常采用长而宽的渠道，特殊品采用短而窄的渠道。现阶段，王老吉的分销渠道主要以长而宽的渠道为主，原因有：

1. 王老吉饮料是一种低价位的产品，采用长而宽的渠道有助于产品的广泛分销。通过经销商的桥梁，使产品更好地与消费者相连，从而有利于调节生产和消费在品种、数量、时间和空间等方面的矛盾。既能有利于满足生产厂家目标顾客的需求，也有利于生产企业产品价值的实现，更能使产品广泛地分销，巩固已有的目标市场，扩大新的市场。

2. 长渠道耗费较少的财务资源，缓解王老吉生产商在广泛分销方面人、财、物等费用的不足。

3. 间接促销。消费者往往喜欢货比数家，而一位经销商通常经销众多厂家的同类产品，中间商对不同产品的介绍和宣传，对产品的影响甚大。所以，生产者若能取得与中间商的良好协作，就能促进产品的销售，并从中间商那里及时获取市场信息。

渠道模式的选择

1. 总经销制的模式。一个总经销商负责一个区域，经销商下面可发展多家分销商，如批发分销商、餐饮分销商、便利店分销商、夜场分销商、商场分销商、综合分销商等。这种营销模式有利于厂家很好地控制整个价格体系，也保证各个分销环节的高利润，提高销售商的积极性。但是在资金运作上有一定的风险，如果在某一个环节出现了问题就可能会导致整个价值链的崩溃。只是在金融业如此发达的今天，这种风险概率比较小，而且若要厂家在这种风险和长期的巨额利润之间做出选择的话，厂家一定会选择后者。

2. 混合分销渠道的模式。在销售渠道上，王老吉大胆创新，开辟销售渠道的蓝海。王老吉在开辟销售渠道时，寻求新的突破口，不仅进入传统的商场超市，还进入餐饮店、酒吧、网吧等场所。在一些地区，王老吉还选择火锅店、湘菜馆、川菜馆作为“王老吉诚意合作店”，提供产品，搞公关营销，拓展自己的销售市场空间。

3. 特殊的分销渠道。与酒楼、宾馆甚至加油站、车站、列车、飞机等特殊销售通路建立合作关系，利用促销、无孔不入的终端宣传或其他手段，使王老吉选择分销渠道的结构是渠道设计的一项重要内容，涉及的主要内容包括：分销渠道层级的设计、区域网点的设置、渠道功能在渠道成员间的分配，以及分销渠道的集中度设计等。通常在确定了渠道目标及任务之后，就需要对影响渠道结构的相关因素进行分析和评价，并据此选择出最佳的渠道结构模式。

二、分销渠道的管理

（一）选择渠道成员

选择渠道成员，是指从众多的同类渠道成员中，选择出适合公司渠道系统的，能够有效地帮助公司完成分销任务的渠道合作伙伴的过程。选择中间商一般要从以下方面加以考察。

1. 中间商的市场范围

中间商的市场范围首先要考察中间商经营的地理范围与本企业产品规划中的销售区域是否一致；其次要看分销商在销售区域范围内对市场的覆盖率如何，覆盖率越高，就越能够实现厂家的分销目标；最后要看分销商的销售对象是否与厂家的目标市场一致。

2. 中间商的区位优势

位置优势对于零售商来说，就是占有客流量大的地理位置；对于批发商来说，就是其所处的位置有利于产品的批量储存和运输，通常以交通枢纽为宜。

3. 中间商的分销网络情况

分销商常常要负责其责任区域范围内的市场开拓工作和网络建设工作，如果分销商已经拥有了现存的分销网络或者有较强的网络开拓能力，就是厂家所乐意寻找的中间商。

4. 中间商销售人员的数量和质量

中间商所拥有的销售人员的数量和质量，也是其分销能力的集中表现。

5. 中间商对产品的知识和经验

中间商销售同类产品的知识和经验，有利于中间商打开市场，尤其是销售该类产品时间较长的经销商，已经为周围的顾客所熟悉，拥有一定的市场影响力和忠诚的顾客，应该是选择中间商时的首选。

6. 中间商的经营实力

经营实力强的经销商对商品的吞吐规模大、销售流量大、物流配送能力强，对网络零售商的综合服务能力强；对市场开发的投入大，市场开拓能力强。

7. 中间商的财务能力及管理水平

中间商的财务能力强、回款及时，能够降低资金风险；中间商的管理能力强、管理成本低、竞争力强，能够降低经营风险。

8. 中间商的产品政策

中间商的产品政策主要看其产品的供应来源、其各种产品组合的关系以及对销售本公司产品的重视程度和投入情况。一般如本公司产品与竞争者产品相比处于弱势地位，要尽量避免与经营竞争者产品的中间商合作，而如果中间商经营的产品组合属于互补类产品，则对本公司的产品销售较为有利。

9. 中间商的道德水准和信誉能力

中间商的信誉能力主要体现在两个方面：一是在顾客中的信誉度；二是在合作中的守信程度。生产商总是期望与实力雄厚、有良好口碑的中间商进行合作，这不仅是因为这样的中间商值得信赖，而且因为生产商可以利用中间商的良好形象促进产品的销售。

10. 中间商的综合服务能力

选择中间商还要看其综合服务能力。如有些产品提供售后服务，有些产品在销售中要提供技术指导或财务帮助（如赊销或分期付款），还有些产品需要专门的运输存储设备。生产商应该选择那些能提供综合服务、服务能力符合企业产品销售要求的中间商。

11. 中间商的合作意愿

生产商希望自己分销渠道中的中间商能与自己密切协作,配合自己将商品送至最终顾客手中。只顾及自身利益而不愿配合生产商的中间商是不受欢迎的。

(二) 培训渠道成员

渠道成员确定后,厂家需要对渠道成员进行培训,才能够使渠道成员按照厂家所设计的任务去完成工作,也才能增强中间商整体对用户的亲和力和吸引力。而中间商也常常将接受厂家的培训看成是其成长的一个过程,因此对渠道成员的培训也成为培养渠道成员忠诚度的一项重要内容。对渠道成员的培训内容主要包括以下几方面:

1. 产品技术培训

产品技术培训主要是要提高渠道的专业化水平。专业化的渠道可以对内提高企业素质,对外提高服务质量,提高用户对厂商的信任度。渠道商是厂商产品在市场销售这个过程的执行者,所以渠道商是厂家的形象代表,其服务质量所产生的影响对厂家至关重要。因此,关于产品技术的培训一直是渠道培训的重点内容,厂家应向渠道商提供相关产品的专业技术、服务支持,以及相关的业务运作,以实现厂家与渠道商之间在产品技术、服务体系、业务模型、管理模式等方面的同步。

2. 销售培训

对于任何一个用户来说,中间商对产品的理解程度的深浅,将对销售的成功与否起决定作用。销售培训的重点在于介绍产品的功能、竞争优势、竞争对手分析、成功案例分析、产品报价方法及其销售技巧等。

3. 管理培训

管理培训主要集中在企业文化、营销战略、战术及围绕厂商经营理念方面的培训,使渠道成员对厂家的经营理念、发展目标等有深刻的认识和认同,把厂家的思维方式、经营理念及科学的销售、服务理念和技能传递给渠道商。

对渠道成员进行培训,一般可采用以下几种培训方式:①建立专门的培训学院,如惠普公司的经销商大学、联想公司的大联想学院、清华同方的经销商大学等,以承担对渠道成员及其员工培训的职能。②公开课培训。公开课培训是最为常见的培训方式,主要由培训师介绍实践经验,面对面授课,互动性强,培训效果好。③项目现场培训。④送经销商到高校参加培训。⑤网上培训。网上培训具有突破时间和空间的限制、节约成本、互动性强、实施方式灵活便捷等特点。

(三) 激励渠道成员

激励渠道成员,使其出色地完成销售任务。要激励渠道成员,必须先了解中间商的需要与愿望,同时要处理好与渠道成员的关系。

1. 合作

生产企业应当得到中间商的合作。为此,采用积极的激励手段,如给予较高利润、交易中给予特殊照顾、给予促销津贴、放宽回款条件、给予补贴政策等。偶尔可采用消极的制裁办法,如表示要减少利润、推迟交货、终止关系等。但对这种方法的负面影响要加以重视。

2. 合伙

生产者与中间商在销售区域、产品供应、市场开发、财务要求、市场信息、技术指导、售后服务等方面彼此合作,按中间商遵守合同程度给予激励。

3. 经销规划

这是最先进的方法。这应由有计划地实行专业化管理的垂直市场营销系统,将生产者与中间商的需要结合起来，在企业营销部门内设一个分销规划部，同分销商共同规划营销目标、存货水平、场地及形象化管理计划、人员推销、广告及促销计划等。

案例 10-8 百事可乐的返利政策

百事可乐公司对返利政策的规定细分为五个部分，即年扣、季度奖励、年度奖励、专卖奖励和下年度支持奖励，除年扣为“明返”外（在合同上明确规定为 1%），其余四项奖励为“暗返”，事前无约定的执行标准，事后才告知经销商。

1. 季度奖励

季度奖励既是对经销商前三个月销售情况的肯定，也是对经销商后三个月销售活动的支持，这样就促使厂家和经销商在每个季度合作完后，对前三个月合作的情况进行反省和总结，相互沟通，共同研究市场情况。且百事可乐公司在每季度末派销售主管对经销商业务代表培训指导，帮助落实下一季度销售量及实施办法，增强相互之间的信任，兑现相互之间的承诺。季度奖励在每一季度结束后的两个月内，按一定比例以产品形式给予。

2. 年扣和年度奖励

年扣和年度奖励是对经销商当年完成销售情况的肯定和奖励。年扣和年度奖励在次年的一季度内，按进货数的一定比例以产品形式给予。

3. 专卖奖励

专卖奖励是经销商在合同期内，在碳酸饮料中专卖百事可乐系列产品，在合同结束后，厂方根据经销商销量，市场占有情况以及与厂家合作情况给予的奖励。在合同执行过程中，厂家将检查经销商是否执行专卖约定。专卖约定由经销商自愿确定，并以文字形式填写在合同文本上。

4. 下年度支持奖励

下年度支持奖励是对当年完成销量目标，继续和百事可乐公司合作，且已续签销售合同的经销商的次年销售活动的支持，此奖励在经销商完成次年第一季度销量的前提下，在第二季度的第一个月以产品形式给予。

因为以上奖励政策事前的“杀价”空间太小，经销商如果低价抛售造成的损失和风险，厂家是不会考虑的。且百事可乐公司在合同文本上还规定每季度对经销商进行如下项目的考评：

（1）考评期经销商实际销售量。

（2）经销商销售区域的市场占有率情况。

（3）经销商是否维护百事产品销售市场及销售价格的稳定。

（4）经销商是否在碳酸饮料中专卖百事可乐系列产品。

（5）经销商是否执行厂家的销售政策及策略。

（6）季度奖励发放之前，经销商必须落实下一季度销售量及实施办法。

为防止销售部门弄虚作假，公司规定考评由市场部、计划部抽调人员组成联合小组不定期进行检查，确保评分结果的准确性、真实性，做到真正奖励与厂家共同维护、拓展市场的经销商。

第四节　分销渠道的控制与冲突管理

渠道管理中的一个重要任务是对渠道进行有效的控制和对渠道冲突的管理。而这两个任务又是密切联系的，如果能够对渠道进行有效的控制，就能够减少渠道冲突的发生，一旦发生了渠道冲突，也能够较好地处理和解决冲突，并且通过对冲突的处理来优化渠道工作。

一、分销渠道的控制

（一）渠道控制的出发点

制造商不应仅从生产者自己的观点出发，还要站在中间商的立场上纵观全局。通常生产者抱怨中间商不重视某些特定品牌的销售、缺乏产品知识、不认真使用生产厂商的广告资料、不能准确地保存销售记录。

但从中间商角度，认为自己不是厂商雇用的分销链中的一环，而是独立机构，自定政策不受他人干涉；他卖得起劲的产品都是顾客愿意买的，不一定是生产者让他卖的，也就是说，它的第一项职能是顾客购买代理商，第二项职能才是制造商销售代理商；制造商若不给中间商特别奖励，中间商不会保存销售各种品牌的记录。所以，制造商要考虑中间商的利益，通过协调进行有效的控制。

（二）渠道控制的内容

渠道控制的内容非常广泛，如根据控制的程度来划分，可分为绝对控制和低度控制；根据控制的对象来划分，可分为对分销商的控制和对终端的控制；根据渠道功能来划分，可分为对渠道信息的控制、对所有权转移过程的控制、对资金流的控制和对物流的控制；根据控制的主体来划分，可分为制造商的渠道控制、分销商的渠道控制和零售商的渠道控制。这里重点来分析一下制造商的渠道控制内容。

1. 对产品和服务的控制

对产品和服务的控制指控制产品的生产制造过程，保证产品质量的落实。保证企业的产品相关策略在渠道中得到实现。如培养渠道成员对新产品的认识、产品的品牌管理和品牌形象能够在渠道中得到贯彻、在产品生命周期的不同阶段对渠道进行必要的调整等。通过对中间商的监督和管理，保证能够为产品提供各种服务的数量和质量。通过与中间商的合作和监督，不使与本企业产品有关的假冒伪劣产品通过中间商入市。

2. 对价格的控制

制造商监督和控制自己产品的批发价格和零售价格。确保企业的定价策略在渠道中得到贯彻落实。监督和控制中间商对于企业折价政策的落实情况。

3. 对促销的控制

制造商对促销活动的计划、实施过程和实施结果进行控制，以保证促销活动完成预定的目标。监督中间商对自己产品的促销活动和促销方式，保证制造商的促销活动得到中间商的贯彻和落实。对中间商自主安排的本产品促销活动进行监督，尽量避免自己的产品成为商家打折的牺牲品。打折的结果一是导致终端价格混乱，二是影响产品的形象。

4. 对分销过程和分销区域的控制

制造商控制分销区域，避免不同区域渠道成员之间跨区域销售，发生窜货等冲突。控制分销过程，避免不同渠道成员之间发生冲突。控制物流过程，保证物流通畅。

（三）渠道控制的程序

1. 设计渠道控制标准

渠道控制标准的设计与渠道控制目标和内容密切相连，也与渠道成员的评价标准相关。

2. 对渠道运营情况的检测和评价

通过收集资料，对渠道运营情况进行了解、把握，并对收集的渠道运营资料和渠道检测的情况进行分析和评价，如果出现渠道的实际运营情况与控制标准不一致，要判断这种不一致的程度和性质，同时要分析原因，并且制定解决问题的方法。

3. 纠正偏差

针对渠道运行中存在的问题，进行渠道修正，包括①修改渠道控制标准，②改进渠道工作，指导渠道成员改变某些不当的行为，③提高渠道工作效率，努力使渠道工作达到控制标准。

二、渠道冲突的管理

（一）渠道冲突的概念

对渠道冲突管理的研究属于渠道行为学研究的范畴，而且其理论基础是社会学、心理学以及组织行为学中对"冲突"的本质的分析。从心理学角度看，冲突是指个体由于不兼容的目标认识或情感而引起的相互作用的一种紧张状态。行为学则把冲突定义为一种过程，这种过程始于一方感觉到另一方对自己关心的事情产生或将要产生消极影响。基于此，渠道冲突常常被认为是一个渠道成员意识到另一个渠道成员正在阻挠或干扰自己实现目标或有效运作，或一个渠道成员意识到另一个渠道成员正在从事某种伤害、威胁己方利益，抑或以损害己方利益为代价获取稀缺资源的活动。简言之，渠道冲突就是市场营销中分销渠道成员之间的冲突。

（二）渠道冲突的类型

1. 按渠道成员的关系类型分类

按渠道成员的关系类型分类，渠道冲突可分为水平渠道冲突、垂直渠道冲突、多渠道冲突。

水平渠道冲突，也称横向渠道冲突，是指同一渠道中，同一层次中间商之间的矛盾与冲突，主要是分销商之间、批发商之间及零售终端之间的冲突。垂直渠道冲突，也称纵向渠道冲突，是指同一渠道中不同层次渠道成员之间的冲突，主要表现为生产厂家和分销商、分销商与零售终端之间的冲突。多渠道冲突，也称交叉冲突，是指在同一市场区域内，制造商采用多种分销渠道销售商品，发生在不同渠道结构的冲突，其本质是几种分销渠道在同一个市场内争夺同一种客户群而引起的利益冲突。

2. 按渠道产生原因的不同分类

按渠道产生原因的不同分类，渠道冲突可分为竞争性冲突、非竞争性冲突。

竞争性冲突是指两个或多个渠道成员在同类或类似的市场上竞争时发生的冲突；非竞争性冲突是指渠道成员在目标、角色、政策及利润分配方面存在不一致而引发的冲突。

3. 按渠道冲突显现程度的不同分类

按渠道冲突显现程度的不同分类，渠道冲突可分为潜在冲突、现实冲突。

潜在的冲突是指渠道成员由于目标、角色、观念和资源分配等方面存在利益上的差异和矛盾，但这些差异和矛盾尚未产生对抗行为的一种冲突状态；现实冲突是指渠道成员彼此之间出现相互诋毁、报复等对抗行为的冲突状态。

4. 按渠道冲突的性质的不同分类

按渠道冲突的性质的不同分类，渠道冲突可分为功能性（或称建设性）渠道冲突、病态性（或称破坏性）渠道冲突。

功能性（或称建设性）渠道冲突是指渠道成员把对抗行为作为消除渠道伙伴之间潜在的、有害的紧张气氛和病态动机的一种方法时的冲突状态；病态性（或称破坏性）渠道冲突是指渠道成员间敌对情绪和对抗行为超过了一定限度并影响到渠道关系和渠道绩效，产生破坏性影响时的冲突状态。

案例 10-9

相宜本草：线下线上两相宜

2006 年，中国电子商务进入快车道，并开始成为主流销售方式，C2C 网购模式也日益获得网民的广泛认可，越来越多的人习惯在网上购物。在线下已有一定知名度的相宜本草产品也开始在网上热卖，但那些卖家跟相宜本草没有任何关系，不仅进货渠道混乱，终端定价也五花八门。坚持品牌长期价值的相宜本草决定正式进入网络渠道。

它确定了几条基本原则：第一，不直接开店，因为电子商务不是公司的强项，会牵扯很多资源和人力，而且渠道不确定，风险未知；第二，以品牌推广为主，销售为辅，避免一味做大、做强，杜绝圈钱和冒进；第三，不下放定价权，避免线上终端价格混乱，预防价格战，以及对线下渠道造成冲击；第四，线上线下经销体系分开，便于管控，并防止出现窜货。

相宜本草在电子商务领域的稳步成长，在很大程度上要归功于对网络经销体系的严格管理。公司规定，任何经销商只能选择一个渠道。如果你原来做现代渠道（大卖场、大型超市等）或专营店渠道的，现在想做网络渠道，就必须放弃现代渠道或专营店渠道。如果你做了网络渠道.就不能再染指现代渠道或专营店渠道。这样做显然有助于对各个渠道分别管理，同时能有效防止线上线下渠道之间的违规窜货。另外，相宜本草对终端零售商实行直接管理，而不是全权交给经销商。

对网络渠道进行严格管控，除了建立体系框架，还需要制定必要的规则加以约束。相宜本草明确规定了经销商和零售商什么可以做，什么不可以做。比如，B2C 经销商只负责给 B2C 零售商发货，不能到零售终端开店，但他们可以给不同平台的 B2C 零售商发货；B2C 零售商也只能通过 B2C 经销商拿货，不能从其他任何渠道组织货源；零售商必须按照相宜本草确定的终端价格进行销售，不能自行定价；等等。

（三）渠道冲突产生的原因

1. 目标差异

虽然渠道中每个成员公司的管理层都希望通过结成的渠道共同体来加速其目标的实现，但每个公司事实上都是一个独立的法人，均有自己的目标，各成员的目标可能会部分重叠，也可能与其他成员的目标相反。当渠道中相互依赖的成员间各自的目标不一致，存在一定的差异，便会导致冲突的产生。

2. 认知差异

即使各方收集的信息完全相同，渠道成员由于自身背景、公司文化、地位及其所持观念的不同也会有不同的结论。因为成员之间存在认识上的差异，这些认识上的差异性必然伴随的结论分歧导致渠道中矛盾冲突的发生。一般地，认识的差异往往来自大小公司对于管理的不同理解。一个大的制造商要进入新的领域进一步扩展业务，而对于小的批发商，扩张意味着其当前控制权的丧失，往往会拒绝扩张业务。在这种情况下大小公司的管理层将难以达成共识，冲突也在所难免。

3. 信息差异

信息差异是指渠道成员所获得的信息及了解的事实之间的差异。任何一项决策或选择活动都要经过信息的收集、可行性方案的设计和方案的选择几个阶段。其中信息的收集是决策活动的第一步，它将为整个决策活动提供各种有用的信息。整个决策活动就是建立在信息收集的基础上的，但由于信息来源的渠道不同、信息的非对称性、传递过程中的偏差遗漏以及处理方式的不同，渠道成员之间所获得的信息可能存在差异。

4. 沟通不善

在相互依赖的渠道成员之间，彼此间存在差异，如果能够顺利地进行信息交流，相互理解，那么相互冲突的机会就比较少，然而，在任何渠道中都存在大量的不利于信息沟通的因素，如成员对于信息选择性的关注，信息在传递中被过分扭曲、成员间参考背景的差异、在渠道中成员所处地位的差异成员间沟通技巧的贫乏等，这些因素无形中增加了渠道各成员之间产生冲突的可能性。

5. 角色差异

渠道中的每个成员都充当着不同的角色，并按照角色的要求而行动，但是不同成员的角色差异也会引起冲突。例如，角色期望与成员的角色定位不明、角色期望与成员的行为相矛盾、角色期望不相容等。

6. 资源的稀缺性

任何渠道都是依靠渠道内外环境所提供的资源而存在的，由于资源具有稀缺性的特点，所以渠道的活动必然会受到其制约。当两个或两个以上的渠道成员同时依赖于渠道的稀缺资源时，成员之间极有可能因为资源分配而发生冲突。

7. 竞争机制管理不当

很多管理者认为，作为激励手段，在渠道管理中必须引入大量的竞争机制。成员在有压力时会有更高的工作效率，促使业绩提升，只有这样才能刺激成员进步，从而使得渠道整体效率提高。在渠道里，几乎每个渠道成员都感到了一定的竞争压力和其自身生存的危机感。但是，渠道成员之间的竞争常常导致成员间的冲突增加，而其工作效率却并未明显上升，反之，渠道中相互依赖的成员之间的不良竞争却使得工作效率下降了。在同一地区内的分销同一家生产商产品的经销商之间，竞争是无法避免的，协调各分销商的竞争关系有利于在这一地区渠道的有序发展，但如果竞争机制管理不善，反而会加剧各分销商的不良竞争行为，尤其是当他们为争取同一家大型目标客户时，相互之间的出现破坏性竞争行为的趋势就更加明显，分销商竞相压价，甚至不惜相互诋毁对方，不仅降低了产品形象也损害了渠道成员间的关系，对这一地区渠道的健康发展极为不利。

（四）渠道冲突的危害

1. 破坏渠道成员间的关系，损害双方的利益

许多渠道成员间的冲突都是从一些局部利益摩擦或认知误差产生的，如果协调不力，将

可能使得冲突一方针对另一方采取严重的报复行为，如此不仅会导致冲突双方的关系由互相依存的合作伙伴变成势不两立的竞争对手，而且会使其出现的目标偏移，将提升渠道业绩和获取企业利益的营销目标抛于脑后，甚至可能做出不顾一切打击对方的非理智行为，最终将损害双方甚至整个渠道的整体利益。

2. 降低整个渠道的销售业绩

在充分竞争的市场环境中，产品销售的成功需要整个渠道成员的共同努力，任何一个环节的冲突都会导致销售业绩的下降。例如，联想一直以渠道网络见长。为了在客户的个性化服务和快速响应上有所改进，联想于 2004 年年初开始通过电话访问、登门拜访等手段直接了解大客户的需求，同时继续加强直销力度。由于缺乏必要、及时的沟通，许多中间商认为自己的客户资源正在被厂商蚕食，利润空间也被挤压，从而产生了不信任和危机感，丧失了经销积极性，最终使得当年第一季度联想的市场份额迅速由 28%左右跌至 24%，甚至引发了业界对联想的质疑。

3. 使整个渠道的规则体系受到破坏

在渠道建设初期，制造商通常都会制定一整套渠道成员的行为规范，借以规定中间商的权利和义务，并以此为标准对中间商予以检查和评价。规则的主要内容包括价格政策、付款方式、中间商的区域范围以及双方应提供的特定服务内容等方面。某些中间商为了获取更大的利润，常常超越规定区域进行销售或擅自压低商品价格，如果不能及时发现并制止这种行为，必将使得渠道其他成员由于担心利益受到损害而纷纷效仿，最终导致原有的价格体系、经销商区域划分规则完全崩溃。

4. 影响产品品牌在消费者心目中的地位

对消费者来说，判断一个产品品牌价值的高低，最直观的标准应该是具备可靠的质量、稳定的价格、放心的服务、良好的口碑，而渠道成员间的恶性冲突则常常将其毁于一旦。如渠道管理中常常存在窜货现象，许多业界人士都在感叹："货一窜，辛辛苦苦打下来的市场就被冲得七零八落。"

（五）解决渠道冲突的典型方法

渠道冲突的存在可能威胁到渠道体系甚至整个企业的生存，必须进行正确严格的管理和协调，通过对渠道冲突原因的分析，可将解决冲突的典型方法归纳为以下几种。

1. 在渠道成员的选择上要进行严格的评估和审核

作为渠道体系的基本组成元素，每个渠道成员的行动常常会对增进或阻碍其他成员达到目标产生很大的影响，因此必须严格按照选择原则和标准进行，把好第一关。

2. 在管理上要建立完善的沟通及预警系统

应及时了解和反馈渠道成员间的动态和信息，争取在冲突发生之前予以控制。如通过渠道成员之间的相互交往，可以随时了解产生诸如相互抱怨、延时付款，或推迟完成订货计划等矛盾的线索；通过对对方的观察，也可以衡量出他们的满意程度并收集到有益的建议。

3. 在战略上要建立共同的愿景和发展目标

建立共同的愿景和发展目标，有了共同的发展目标，当渠道面临外部威胁时，渠道成员将迅速分清矛盾的主次，自动联合起来排除威胁。

4. 鼓励冲突双方进行自我协商调解

谈判是解决冲突的有效方式，只要双方都有解决问题的诚意，往往能达到理想的效果，也可由冲突双方合作进行渠道到内部人员的互换，促使双方进行换位思考，从而更多地接触和理解对方，也有助于冲突的解决。

5. 由第三方（如制造商、其他中间商或专门的仲裁机构）出面调解和仲裁

采取这种方式需要调解方具有较高的地位或威信，冲突双方都比较信服，调解的效果才会较为理想，仲裁方案才可能得到执行。

6. 退出

解决冲突的最后一种方法就是让冲突成员退出该分销渠道。当冲突影响到整体渠道的效率而又无法解决时，让冲突成员的一方或多方退出也不失为一种解决方法。但这种方式不宜多用。

小资料

窜　　货

窜货是商业行为，其目的是盈利。经销商跨过自身覆盖的销售区域而进行的有意识的销售就是窜货，也称为冲货，是经商网络中的公司分支机构或中间商受利益驱动，把所经销的产品跨区域销售，造成市场倾轧、价格混乱，严重影响厂商声誉的恶性营销现象。

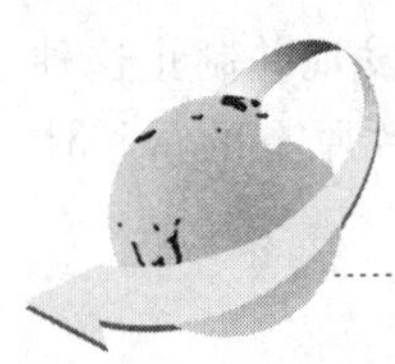

本章小结

1. 分销渠道是指某种货物和劳务从生产者向消费者移动时取得这种货物和劳务的所有权或帮助转移其所有权的所有企业和个人。

2. 分销渠道有直接渠道、间接渠道、长渠道、短渠道、宽渠道、窄渠道之分。

3. 批发是指供转售、进一步加工或变化商业用途而销售商品的各种交易活动；批发商处于商品流通起点和中间阶段，交易对象是生产企业和零售商；零售包括一切向最终消费者直接销售商品和服务，以供应个人和组织及非商业性用途的活动，零售商是指将商品直接销售给最终消费者的中间商，处于商品流通的最终阶段。

4. 企业需要综合考虑各种影响因素和限制条件来选择合适的分销渠道，并运用经济性、控制性、适应性等标准对分销渠道进行评价。企业在选择分销渠道后，要对中间商进行有效地培训和激励。

5. 渠道管理中的一个重要任务是对渠道进行有效的控制和对渠道冲突的管理。制造商的渠道控制内容主要包括：对产品和服务的控制、对价格的控制、对促销的控制、对分销过程和分销区域的控制。

6. 渠道冲突就是市场营销中分销渠道成员之间的冲突。渠道冲突主要可分为水平渠道冲突、垂直渠道冲突、多渠道冲突。渠道冲突的存在可能威胁到渠道体系甚至整个企业的生存，必须进行正确严格的管理和协调。

关键概念

分销渠道　直接渠道　间接渠道　长渠道　宽渠道　垂直渠道　水平渠道　批发商　零售商　渠道冲突

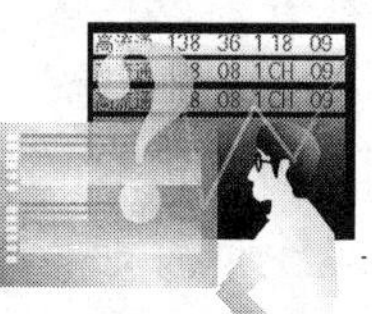

复习思考题

1. 分销渠道的含义和作用是什么?
2. 简析分销渠道的基本模式。
3. 分销渠道具有哪些特点?
4. 直接销售渠道与间接销售渠道的概念、方式、优缺点各是什么?
5. 批发商和零售商在商品流通领域中的作用各是什么?
6. 分析影响分销渠道选择的因素。
7. 选择渠道成员的标准有哪些?
8. 企业可以从哪些方面对渠道成员进行培训?
9. 如何有效地激励渠道成员?
10. 制造商的渠道控制主要包括哪些内容?
11. 什么是渠道冲突? 它有哪些类型?
12. 渠道冲突产生的原因是什么?
13. 渠道冲突有什么危害?
14. 解决渠道冲突有什么办法?

案例分析

小米新零售分销渠道

2018年5月3日,小米集团正式向香港交易所递交招股书。

招股书中披露了小米新零售的分销渠道，其全渠道零售战略包括线上和线下零售渠道，其中线上零售部分包括小米商城、有品平台及第三方线上分销，线下零售部分包括小米之家、第三方分销网络销售。

从线上和线下分销商的数量变化来看，2015—2017 年，线上分销商一直处于稳步增长的态势，线下分销商在 2016 年、2017 年出现了较大的增幅，2016 年线下分销商净增加 206 家，2017 年净增加 804 家。在 2015 年第三季度，美国道琼斯曾报道，小米智能手机发货量首次出现同比下滑，而外界分析其下滑的原因之一在于长期以来依赖线上渠道，线下渠道缺失。随后的小米开始在线下布局。

2017 年，雷军在内部谈话中强调了渠道建设，小米手机未来的销售渠道重心，将从线上营销转向实体门店，当年 5 月，小米正式开设第 100 家小米之家，小米公司官微称这是小米新零售道路上一个新的里程碑。小米表示，全渠道新零售分销平台是其增长策略的核心组成部分，成立以来，一直专注于产品的在线直销，以达到最大效率，2015 年以来，通过自营的小米之家门店扩大了线下零售直销网络，通过新零售策略，减少中间商层数、实现更高的效率、以统一的厚道价格向用户提供相同的产品。运营初期，小米通过自营线上分销渠道独家销售产品，后期与第三方线上电商伙伴合作获取更多客户，从而扩展线上分销渠道。

招股书中提到了有品商城，据介绍，这是小米新创建的电商市场，不仅销售小米或米家品牌的产品，也出售精选的其他品牌产品。2018 年第一季度，有品销售超过 2 700 种 SKU。平台目前有逾 15 个类目，包括家居、出行、电子、娱乐、服饰、运动及个人护理。

第三方线上分销合作方方面，在中国大陆，与主要电商公司京东及苏宁等合作，在印度及世界其他地区，主要通过 Flipkart、TVS Electronics 及亚马逊等第三方电商实现线上销售。第三方线下分销网络主要包括中国大陆电信运营商、中国大陆零售连锁店及直供点及国际分销商。

思考题：

试分析小米新零售分销渠道的分销渠道策略。

第十一章　促 销 策 略

学习目标

1. 掌握促销与促销组合的概念和影响促销组合的因素
2. 了解广告的概念与如何进行广告决策
3. 了解人员推销的概念与原则，如何进行人员推销
4. 掌握营业推广的概念与如何进行营业推广
5. 掌握公共关系的概念与如何开展公共关系活动

引导案例

蜜雪冰城的促销策划

2021年6月蜜雪冰城在其各阵地官方账号上陆续发布了一支“魔性洗脑”的宣传歌曲MV，在随后的一个多月时间内，在各大社交媒体持续发酵。在B站，以“蜜雪冰城”为关键词搜索到，排名前20与主题曲有关的热门视频累计相加，播放量高达6 000万。在微博，“蜜雪冰城新歌”和“这是蜜雪冰城新歌吗”，两个话题的阅读量破6亿。

在抖音，关于“蜜雪冰城”的抖音话题播放量高达55亿，累计话题量近百亿。仅仅6月，蜜雪冰城的话题在抖音热搜榜中已经出现了六七次。首先，“你爱我，我爱你，蜜雪冰城甜蜜蜜”让人无限上头的主题曲与品牌“亲民、大众”的调性高度契合，且主题曲节奏欢快，歌词简单重复，极具魔性，歌曲本身这三大要素为年轻人玩梗奠定了良好基础。其次，得益于蜜雪冰城庞大且广泛的下线渠道优势，15 000＋线下门店成为蜜雪冰城线上传播的KOC自有资产，而无限裂变的线上流量又为线下带去高人气，这种线下、线上彼此相互促进的模式，共同推动事件持续爆发。另外，最为重要的是，蜜雪冰城在主题曲事件中，将短视频平台作为主要的传播媒介，通过B站、抖音、快手等平台与年轻人深度链接，实现社交媒体全网引爆。

蜜雪冰城主题曲播放看似只是一次简单的话题事件，但实际上各大社交媒体都在暗自发挥各自的营销优势，彼此关联，合力将品牌快速引爆。依托社交媒体，找到属于自己的话题营销密码。

从理论上讲，只要产品适销对路，价格合理，销售渠道畅通，就不需要促销。所以，促销在企业营销活动中并不重要。但是，在营销实战中，企业往往把促销策略看作是市场营销策略中最重要的部分。因为在激烈的市场竞争中，即使企业向消费者提供优质的产品，制定合理的价格，建立畅通的销售渠道，但如果不进行促销，就不可能有效地与消费者进行有效的信息沟通，不可能使消费者对自己的产品产生好感和偏爱，也就不可能在激烈的市场竞争中战胜竞争对手，有效地开拓和占领市场。

第一节　促销与促销组合

一、促销与信息沟通

企业在开展促销活动时,通过制作和发布销售信息与目标顾客沟通来影响顾客的心理和行为,从而达到扩大销售和提高市场占有率等促销目的。

(一) 促销的概念

促销是“促进销售”的简称,也称为销售推广,是指营销者运用一定的方式和手段,向目标顾客传递与商品销售相关的信息,使目标顾客认识、了解、信任和购买商品,以达到促进产品销售目的的一系列活动。促销的内涵有以下几个方面:

1. 促销的目的在于扩大销售量,获取理想的利润

企业通过各种促销方法和手段,刺激顾客对企业所提供的商品产生兴趣,激发其购买欲望,促使其购买,扩大购买数量,增加购买次数,开拓新的市场和消费者,最大限度地扩大销售量,从而获取理想的利润。

2. 促销的实质是沟通和传递销售信息

促销是商流、物流和信息流的统一,而商品销售信息的交流是商流和物流的基础。营销者把商品销售信息及时地、准确地、有针对性地传递给目标顾客,使目标顾客对商品产生好感和信任,从而促使消费者购买。同时,营销者也可在向目标顾客传递信息的过程中得到顾客的一些反馈信息,可以使营销者有针对性地满足顾客的需要。

3. 促销的手段是帮助和说服顾客

顾客认识能力的局限性和市场的竞争性,要求企业通过宣传、广告、人员推销、营业推广等手段去诱导、说服顾客购买。

4. 促销的基本方式

促销的方式有两大类,即人员促销和非人员促销。人员促销有上门推销、柜台推销(门市销售)、会议推销、电话推销、互联网推销等。非人员促销有广告、宣传、营业推广、公共关系等促销方式,如图 11-1 所示。

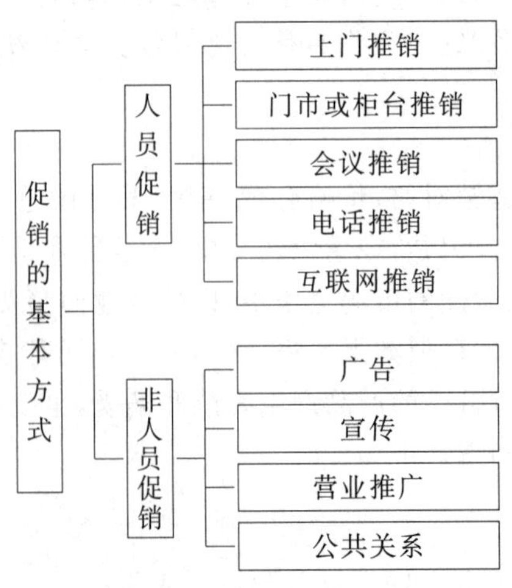

图 11-1　促销的基本方式

(二)促销的作用

促销在企业营销策略中占有极其重要的地位,发挥着重要的作用。

1. 传递和沟通销售信息,让更多的目标受众知道和认识商品

促销的实质是传递商品信息,通过信息传递,使目标消费者知道和认识商品的效果、功能及给顾客带来的利益。

2. 诱导和刺激顾客的需求,使其产生购买欲望,增加销售量

顾客购买欲望的产生是有一定条件的:首先是顾客要有可支配的收入,其次是顾客要有需求。营销人员要善于诱导和刺激顾客产生需求,在此基础上使顾客产生购买欲望。

3. 突出商品特点,强化企业的优势

通过促销活动,宣传企业产品的差别优势,加深顾客对产品的认识和了解,使顾客心甘情愿地接受企业的产品。

4. 提高企业声誉,稳定和增加市场销售

通过促销活动,可以使更多的消费者对本企业和本产品产生偏爱,形成稳定的市场。可以说,促销的最重要的使命是稳定企业产品的市场地位。

二、促销组合与促销策略

企业的促销活动往往不是单一的手段,而是多种手段和策略的组合运用,要综合考虑多种因素选择促销组合,才能达到理想的促销效果。

案例 11-1 五菱宏光 MINI EV 马卡龙的年轻化营销

自从 2020 年 7 月上市起以来,五菱宏光推出的 MINI EV 车型创造了一个销量神话。在一年的时间里累计销量已突破 37 万台,并连续 12 个月稳居中国新能源销量榜冠军。目前,宏光 MINI EV 已覆盖 330 个城市,为车主提供超过 1.4 亿次的便捷出行,20 公里内短途出行占比高达 95%。

作为一个传统汽车品牌,五菱在过去的一年里急速出圈,不断进行着年轻化的尝试,也让"人民需要什么,五菱就造什么"的宣传语深入人心。五菱是如何一步一步走入了年轻人圈子的呢?

一、深刻洞察与精准定位

根据五菱官方数据显示,宏光 MINI EV 的 90 后用户占比达到 72%,年轻化趋势十分显著,且女性车主占比超过 60%,可以说是备受女生喜欢。因此五菱与世界权威色彩机构 PANTONE UNIVERSE(潘通)来了一次跨界合作!全新推出春夏马卡龙新车——"宏光 MINI EV 马卡龙"。

宏光 MINI EV 马卡龙正是瞄准了现在年轻化的个性市场,对这一细分市场作出了尝试。

二、善于借势,大胆跨界

去年五菱频繁借势社会热点,树立了良好的品牌形象。在疫情席卷全球,防疫物资短缺时期,五菱率先复工复产,在短时间内实现跨界转产,仅用了 3 天时间便制造出了一条口罩

生产线，日产过百万只，令万千网友感动，纷纷称赞其为良心企业、国民品牌。

三、主动融入年轻文化

现在的年轻人对车的要求与上一辈不同，车不仅仅是代步工具，还是彰显个性与审美的装备。于是，入手价格不高、可塑性强的宏光 MINI EV 以硬核改装文化为契机，跨界了不少活动，主动拥抱年轻人热衷的潮改文化，引发国民改装热潮。让宏光 MINI EV 除了日常代步之外，还成为年轻人出行的潮创单品，重塑了五菱多元、年轻的品牌形象。

新车上市后，用户在官方指定线上渠道 9.9 元下单，即享价值 1 000 元的“春日缤纷礼”，包括 3 年免费道路救援、充电插座(符合安装条件)。而菱菱邦商城前 2 888 名预订用户，还可享受宏光 MINI EV 马卡龙与《ELLE 世界时装之苑杂志》联名推出的春日炫彩礼盒，内含与 ELLE 彩妆惊喜跨界的“甜心红颜十二色眼影盘”及马卡龙色系定制眼影刷，五菱宏光拥抱年轻用户的举动，以彩妆产品作为营销切入点，吸引年轻用户的目光，五菱宏光一次次地跨界，精准玩转粉丝营销。大众需要什么，五菱就造什么。得年轻人者得天下，五菱抓住用户的心，也就抓住了用户的钱包，五菱拥抱年轻、突破创新的年轻化营销策略值得我们借鉴!

(一) 促销组合

1. 促销组合的概念

促销组合是指为实现一定的促销目标，在促销活动中使用的各种促销方式和工具的有机结合。它包括广告、宣传、人员推销、营业推广、公共关系等促销方式。这几种方式各有特点，企业要根据具体情况，制定出合理的促销策略组合。促销组合策略，如图 11-2 所示。

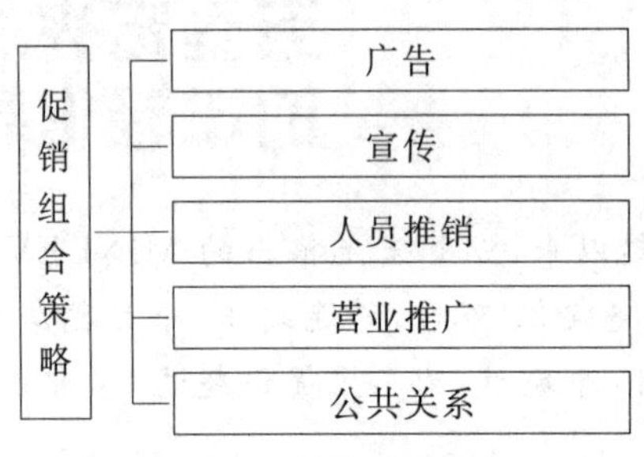

图 11-2 促销组合策略

2. 各种促销方式的特点

采用正确有效的促销组合，需要了解各种促销方式的特点。各种主要促销方式的特点如表 11-1 所示。

表 11-1 各种主要促销方式的特点

促销方式	优 点	缺点与局限性
广告	省时省力，形象生动，表现力强；传播面广，渗透力强，对人的影响力大	必须使用媒体；费用高；不能进行及时的双向沟通
宣传	真实性强、可信度高；见效快；传播范围广；成本低；有利于产品和企业形象塑造，促进顾客的“形象购买”	局限于要用权威性的大众媒体

续 表

促销方式	优 点	缺点与局限性
人员推销	直接地沟通，反馈及时；便于培养与顾客的友谊，建立良好的客户关系；成交率较高	对人员的素质要求高；费用高；影响面小；需要其他促销方式加以配合
营业推广	能快速激发顾客购买欲望，提高短期内的销售额	只是辅助形式；会影响产品和企业形象
公共关系	有利于产品和企业良好形象的塑造和巩固；提高顾客对企业的忠诚度	见效慢

3. 整合营销传播

如今的营销沟通受到几个重要因素的影响。

首先消费者正在发生变化，在数字和互联网时代，消费者的信息掌握和沟通能力更加强大。不只依赖营销者提供的信息，消费者可以使用网络和其他技术来自主搜寻信息。他们可以很容易地同其他消费者联系以交换品牌相关的信息，甚至可以自主创造营销信息。

其次，营销战略也在发生变化。随着大众市场逐渐地分化，消费者也从大众市场转移出来，他们越来越倾向于在更狭窄的细分市场中与顾客建立紧密的联系。

最后，沟通技术上的巨大进步，使公司和顾客的沟通正在发生显著变化，数字时代产生了一系列新的信息和沟通工具，从智能电话，iPad 到卫星电视，再到网络技术的方方面面（电子邮件、社交网络、博客、品牌网站等），这些爆炸性的发明对营销沟通产生了革命性的影响。新兴媒体也催生了新的营销沟通模式，越来越多的公司采用了整合营销传播的方式，如图 11-3 所示。

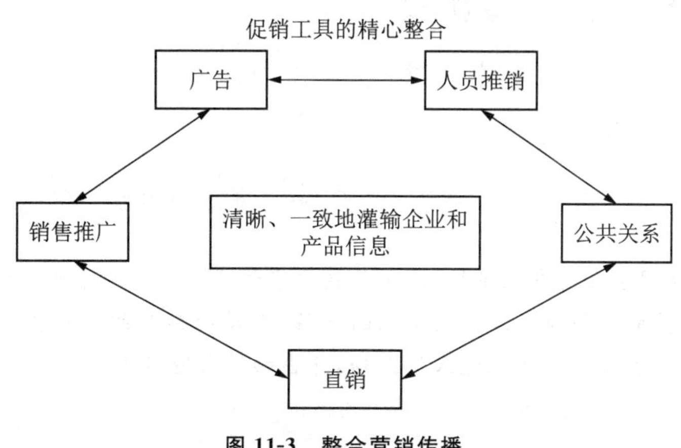

图 11-3 整合营销传播

在这种方式下，企业会整合各种沟通渠道，以传达一种清晰、一致、具有说服力的企业形象和产品信息。整合营销传播，要求明确消费者可能与企业产品和品牌接触的所有关系点。每次品牌接触都会传达一种信息，或好或坏，也可能无关紧要，企业的目标应该是在每一次接触中传递一致的积极信息。整合营销传播通过证明企业及其产品如何能够帮助消费者解决实际问题，从而形成全面的营销沟通战略。该战略旨在建立强大的顾客关系。整合营销传播，将企业所有的形象与信息结合在一起，企业的媒体广告、印刷品广告、电子邮件和人员推销要传递同样的信息、外观和感觉，企业的公共关系材料与企业网站及社交媒体网络的内容要一致。一般地，不同的媒体在吸引、告知、劝说消费者方面发挥着独特的角色，这些角色必须在企业整体营销沟通计划之下进行仔细的协助和配合。

（二）促销策略

企业促销的基本策略有两种：一是“推动”策略；二是“拉引”策略，如图 11-4 所示。这两种策略都可以用，但在具体运用上会因产品不同、企业营销资源不同和企业营销经验与能力的不同而有不同的选择。

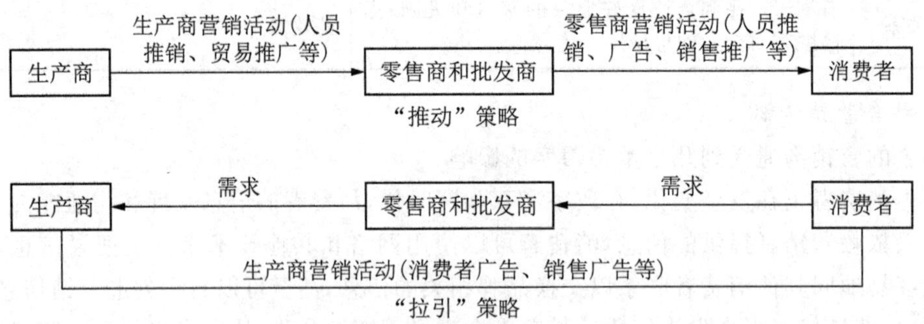

图 11-4　人员推销的“推动”策略与“拉引”策略

1.“推动”策略

“推动”策略是指企业主要运用人员推销和强化服务把产品推向市场。即生产商积极地向批发商推销，生产商和批发商积极地向零售商推销，生产商、批发商和零售商积极地向消费者推销。企业常用的“推动”方式有：通过推销人员直接向批发商、零售商和消费者推销；扩大和健全销售网络进行促销；通过加强售前、售中和售后服务促进销售；举办各种会议和讲座向消费者灌输观念并进行实物推销。

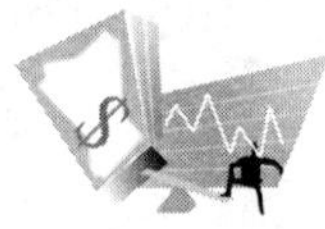

案例 11-2

伊利集团开辟东北市场策略

内蒙古伊利集团在开发东北市场时，企业就派了许多业务员到东北市场，业务员到了市场上后，就挨家挨户向经销商介绍他们企业的产品，调动经销商的积极性，当经销商的积极性调动起来后，伊利集团的产品就进入了市场，并占领了当地市场。

2.“拉引”策略

CIS

“拉引”策略是指企业把营销费用集中用于广告、公共关系和营业推广方面，向消费者积极推销，直接激发消费者的购买欲望，拉动市场需求。“拉引”的结果是批发商积极要求向生产商进货，零售商积极要求向批发商进货。企业常用的“拉引”方式有：通过广告、宣传、公共关系和营业推广进行促销；通过导入 CIS（corporrate identity system，企业识别系统），塑造良好的企业和产品形象来吸引消费者；通过产品展销会、订货会、记者招待会、新闻发布会来吸引消费者和社会公众；通过代销和试销等方式吸引中间商和消费者。

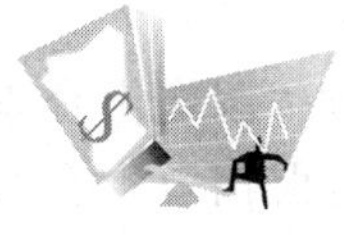

案例 11-3 花点时间——颠覆以往销售模式，打造一条独特的电商销售之路

“花点时间”品牌成立于2015年，一直致力于通过“预购＋周期购”的每周一花的模式，每周为用户提供一束不同主题鲜花，新用户还送了一个花瓶。和传统鲜花行业以“贵价礼品鲜花婚庆鲜花”不同，“花点时间”开辟了日常鲜花消费的新场景、新需求。现在已经从鲜花电商品牌升级为生活方式品牌，为消费者提供线上＋线下全渠道的“鲜花生活美学”。月定制的鲜花销售模式简洁易懂，用户只需每月定制好鲜花，付完款后即可在家里坐等鲜花的到来。颠覆了以往鲜花的销售模式，合理地适应了当代年轻人的购物习惯。也解决购买鲜花不便利的问题。在“花点时间”多渠道购买鲜花的销售模式下，消费者的购花渠道开始变得更丰富、更便捷。“花点时间”的用户的黏性也得到了进一步的提升，从而吸引到了更多的潜在新用户。

三、影响促销组合的因素

影响促销组合的因素主要有以下几个方面。

(一) 促销目标

促销目标是制定促销策略应考虑的最重要的、最基本的因素。通过向目标消费者诱导和提示，以影响消费者的购买行为是促进销售的一般目的。

(二) 产品的性质与特点

产品性质不同，消费者的行为往往存在很大的差异，这制约和影响着企业对促销组合的选择。一般来说，工业品具有技术性强、价格高、批量大等特征，购买时一般要经过研究、磋商、审批等手续，因此促销组合应以人员推销为主，配以广告与公共关系；消费品供个人或家庭生活使用，面广量大，促销组合，应以广告宣传为主，结合营业推广，辅以人员推销和公共关系。

(三) 产品生命周期阶段

在导入期较多用广告；在成长和成熟期也用广告，但广告的形式要富于创新和变化；在衰退期，则以营业推广为主。对于在各阶段顾客所出现的不满，则要以公共关系为主加以处理。

(四) 市场特点

不同的市场要采用不同的促销策略。市场范围小，要以人员推销为主，市场范围大，则以广告和公共关系为主；消费品市场要以广告为主，工业品市场要以人员推销为主。

(五) 促销策略

促销策略有“推动”策略和“拉引”策略。若企业采用推动策略，则用人员推销和营业推广；若企业使用拉引策略，则要用广告和宣传。

(六) 竞争

企业的促销策略要随竞争对手的策略变化而变化，一般采用针锋相对策略。

(七) 宏观经济环境

在经济周期的不同阶段要有不同的促销组合。在经济衰退时，要以营业推广和人员推销为主；在经济高涨时，要以广告为主。

（八）促销费用预算

企业根据自身的实力大小、市场竞争状况、产品的特点和目标顾客的特点，制定出合理的促销预算。不同的促销预算及促销预算在各种促销方式上的不同分配，对促销效果会有不同的影响。在促销费用一定的情况下，要把资金分配到最有效的促销工具上面。从理论上讲，应使边际促销成本等于边际促销收益。

（九）营销组合中的其他营销因素

促销组合还受营销组合中其他因素的影响，如在渠道策略、价格策略既定的情况下，促销组合要与它们相适应。比如，如果企业用的是直接渠道，则主要是利用推销人员和营业推广。如果是间接销售，则以广告作为主要的促销手段。

案例 11-4　在线游戏《绝地求生：大逃杀》——大吉大利，晚上吃鸡！

“大吉大利，晚上吃鸡！”近期，这个网络游戏短句红遍全网、游戏模式在中国爆红，《绝地求生：大逃杀》在 Steam 平台的销售排名，已成功排名六连冠。每当玩家赢得一局游戏后，屏幕左上角都会显示“大吉大利，晚上吃鸡！”这句听起来奇怪且又难以解释的话语来源于《绝地求生》英文原版的游戏中，这句话的英文是“Winner Winner Chicken Dinner！”，而这句话其实是一句英文俚语，用 Chicken Dinner 来替代 Winner 的意思。久而久之，在各种语言表达场合中引用这句话。“吃鸡”也成为了《绝地求生》的代名词。因此拥有高传播度的口号或语句往往会让品牌本体获得引爆性的营销效果让推广效果升级。

第二节　广 告 策 略

广告是唤起大众对某事物的注意并进行诱导的一种手段。盈利性的商业广告对于宣传商品、树立商品和企业形象、强化顾客的商品信念、提高顾客对商品的忠诚度、激发顾客的购买欲望都有重要的作用。它是促销组合中的一项重要的促销策略。

一、广告的概念

广义的广告即广泛地告知公众某种事物的一种宣传活动。

狭义的广告即盈利性的商业广告。美国市场营销协会对其定义为：“广告是由明确的发起者以公开支付费用的做法，以非人员的任何形式，对产品、服务或某些行动的意见和想法等的介绍。”

二、广告的特点与作用

（一）广告的特点

（1）公众性。广告是面向公众，采用公众能接受的信息和手段影响公众购买大众化产品的宣传活动。

(2) 传播渗透性。广告能将企业有利于商品销售的信息反复地传播,渗透到各个角落,使消费者接受和比较企业传播的信息。

(3) 表现性。通过各种表现手法将广告信息引人入胜地表现出来,激发消费者的购买欲望。

(4) 非人格性。广告主与广告受众不能及时进行双向沟通。

(5) 要利用一定的媒体。广告发布的任何信息都需要利用一定的媒体作为物质载体。

(6) 要付费用。企业要发布广告,必须向媒体支付一定的费用。

(二) 广告的作用

(1) 传播信息,沟通产销。通过广告,把产品和劳务的信息传递给可能的顾客,沟通销售者与消费者的联系。

(2) 刺激需求,促进销售。通过广告,可以刺激顾客产生购买欲望,进而促进顾客购买。

(3) 指导消费,满足人们需求。通过广告,介绍产品知识、使用和维修方法,以指导消费。

(4) 加速商品流通,促进社会再生产。通过广告,促进产品销售,可以快速实现商品的价值,促进再生产顺利进行。

(5) 鼓励竞争,促使企业不断地提高产品质量。通过广告,可以使企业间加强竞争或合作,不断地提高产品的质量。

(6) 提高企业的知名度。通过广告,可以宣传企业,树立企业形象,扩大企业的社会影响。

三、广告媒体

广告媒体也叫广告媒介,是广告主与广告接受者之间连接广告信息的必不可少的物质条件。不同的媒介有不同的特点,不同的广告目标要选择不同的媒介。

(一) 广告媒体的优缺点

广告媒体的种类繁多,凡是可以传播广告信息的物体都可以作为广告媒体,但主要的媒体有以下几种,各种媒体有各自的优点和缺点,如表 11-2 所示。

表 11-2 主要广告媒体的优缺点

媒 体	优 点	缺 点
报 纸	发行量大,影响广泛;传播速度快;制作简便,费用较低;便于消费者保存备查;可信度较高	内容杂,不易引人注意;不精美,吸引力不大;时效性不高
杂 志	宣传对象明确,针对性强;消费者可以反复查看;有较大的发行面;能引人注意,有较大的吸引力	发行周期长,传播不及时;灵活性不高;读者范围小
广 播	传播快;制作简单,费用较低;有较高的灵活性;受众广泛	时间短,不便于记忆;印象不深;不便保存备查
电 视	形象生动,感染力强;传播面广,影响面大	不易存查;制作复杂;费用较高
互联网	不受时间限制;速度快;信息容量大;传播范围广;可检索;可复查;交互性强;成本低廉;针对性强;受众数量可准确统计	受互联网用户限制;传播面有限

(二) 广告媒体的选择

选择有效的广告媒体,要考虑以下因素:

(1) 产品的性质。不同的商品宜采用不同的媒体,一般地,专业性较强的商品宜采用报纸和杂志;高科技商品和新产品宜采用电视和互联网;生活消费品宜采用电视和广播。

(2) 消费者习惯。不同的人群宜采用不同的能适应其特点的媒体,一般地,妇女儿童用品宜采用电视或杂志;男性用品宜采用报纸和互联网。

(3) 媒体的传播范围。企业要根据目标市场情况对媒体进行选择,全国性的市场宜采用全国性的媒体,地方性的市场宜采用地方性的媒体。

(4) 媒体的费用。不同的媒体费用不同,企业要考虑其实力有效地选择适宜的媒体。实力强则可选择电视;反之,则选择广播、报纸等媒体。

(5) 媒体的新颖性。凡是能传播信息的任何物体或渠道都可以作为广告媒体。如果广告能采用新颖的媒体,一定能提高广告的效果。

(6) 广告的目的。广告的目的主要有提高知名度、扩大销售量、树立形象、转变消费者观念等,不同的广告目的,采用的媒体会有所不同。

案例 11-5

农夫山泉的广告营销

"农夫山泉有点甜""我们不生产水,我们只是大自然的搬运工",一直以来,人们对于农夫山泉最深的印象莫过于这些广告语。用广告语建立情感链接一直是农夫山泉所擅长的,创意,就是农夫山泉广告的秘诀!

1998 年,农夫山泉在央视播出第一条广告,看似重点突出表现"甜",实则是想展示其水源优质,观众在记住了农夫山泉的同时,还让"甜"设定为了自己的标签。

"我们不生产水,我们只是大自然的搬运工"

2008 年,农夫山泉抓住人们注重健康的生活理念,将会天然水的健康理念进一步深化,并在最近几年将这一健康理念一直坚持。

"每一滴水都有它的源头""什么样的水源孕育什么样的生命"

这两句广告语是最近几年农夫山广告 slogan,广告语刻意描述优质的水源,并用视频短片的形式将好山好水好环境表现得淋漓尽致。

对于农夫山泉而言,通过一系列富有创意的广告营销手段,不仅吸引了自己的目标用户,还获得了品牌的美誉,最终实现销量的转化,巩固了其国内瓶装水市场的地位。

四、广告决策

(一) 在广告调查的基础上确定广告目标

广告调查是企业做广告的基础工作,要对市场(销售区域内的社会基本情况、目标消费者、竞争对手)和企业的品牌与企业形象进行调查。在调查分析的基础上,确定广告的目标。广告目标有三种:一是提高认知度与美誉度的创牌目标;二是争夺顾客和市场的竞争目标;

三是稳定市场占有率的保牌目标。

(二) 广告定位决策

广告定位是用广告来明确产品在市场上或在消费者心目中的位置,一般与产品定位一致。广告定位主要是通过广告主题、广告口号、广告标题等来表现的。

(三) 广告创意与构思

广告创意与构思要求用创造性思维将广告主题引人入胜地表现出来,创意与构思的好坏是决定广告效果好坏的关键。

(四) 广告诉求与表现

广告创意与构思要通过准确的诉求点(卖点)、恰当的诉求方法和表现手法来表达。诉求点有两类:一是情感诉求;二是理智诉求。诉求方法常用的有实证法、证据法、论证法。表现手法常见的有悬念法、对比法、反衬法、夸张法、幽默法、委婉法等。

(五) 选择广告媒体

本节已述,此处略。

(六) 广告费用预算

广告费用主要有制作费、模特费、媒体使用与发布费、广告方案策划费等。预算方法主要有销售量或销售额百分比法、参考竞争对手法、负担能力法、因循往例法、目标及任务法。

(七) 广告效果评估

广告能引起产品销售量的增加,引起产品与企业知名度和美誉度的提高,所以,广告效果有经济效果和社会心理效果。广告效果评估应对沟通效果直接进行测量才比较准确。

(1) 直接评估法。即用广告评分表进行测评,从五个方面设置一些问题向广告受众进行调查,根据得分多少来判断广告的效果,如表 11-3 所示。

表 11-3 广告评分表

吸引力	吸引顾客的注意力如何(20 分)
可读性	使顾客进一步视听的可能性如何(20 分)
认识力	中心内容和利益是否交代清楚(20 分)
影响力	特定诉求的产效性如何(20 分)
行为力	激起购买行为的可能性如何(20 分)

(2) 组合测试法。让消费者观看一组广告,事后让其回忆能记住的内容。根据消费者回忆的内容的多少和记忆的准确度来判断广告的效果。

(3) 实验室测试法。先让消费者看广告,然后用仪器测量顾客的心理反应。根据顾客的反应来判断广告的效果。这种方法不能全面测出广告的效果,只能测出广告对消费者的吸引力大小。

如果单纯从经济效果上来评估的话,可以计算出每元广告费用收益,计算公式如下:

$$R=(S_2-S_1)P_1/P_2$$

式中,R:每元广告费用收益;S_1:广告发布之前的平均销售量;S_2:广告发布之后的平均销售量;P_1:产品单位售价;P_2:一定时期的广告总费用。

R 值越高,广告效果越好。

小资料

电商行业的GMV/C2C/B2C/B2B

一、GMV

GMV 即 Gross Merchandise Volume 的缩写，是指网站的成交金额，而这里的成交金额包括了付款金额和未付款。用公式来表达就是：

GMV＝销售额＋取消订单金额＋拒收订单金额＋退货订单金额

案例示意：2020 年 4 月阿里巴巴全网化妆品线上线下销售数据

2020 年 4 月中，阿里巴巴全网护肤产品的成交金额为 139 亿元，而在这之中，成交金额增速 TOP3 是洁面、面部精华和化妆水，销售同比分别增长 106%、85%、75%。

二、C2C

C2C 即 Consumer to Customer 的缩写，是指客对客的电商模式，意思是指个人与个人之间的电子商务模式。而 C2C 商务平台就是通过为买卖双方提供一个在线交易平台，使卖方可以主动提供商品上网拍卖，而买方可以自行选择商品进行竞价。比如一个消费者有一台电脑，通过网络进行交易，把它出售给另外一个消费者，此种交易类型就称为 C2C。

案例示意：2014—2020 年中国网购 B2C 和 C2C 平台交易规模占比及预测

在中国网购的平台中，C2C 平台的交易规模占比为 35.8%，远低于 B2C 平台的交易规模。

三、B2C

B2C 即 Business to Consumer 的缩写，是指商家直接面向消费者销售产品和服务。这种形式的电子商务一般以网络零售业为主，主要借助于互联网开展在线销售活动。

案例示意：2020 年全球跨境电商 B2C 交易额预测及区域分析

2020 年全球商家对消费者电商模式下的交易额为 9 940 万亿美元，而分地区来看，亚太地区的交易总额最高，拉美地区的年均复合增长率则居于第一位。

四、B2B

B2B 即 Business to Business 的缩写，是指企业与企业之间通过专用网络或国际互联网，进行数据信息的交换、传递，开展交易活动的商业模式。它将企业内部网和企业的产品及服务，通过 B2B 网站或移动客户端与客户紧密结合起来，通过网络的快速反应，为客户提供更好的服务，从而促进企业的业务发展。

第三节 人员推销策略

推销是一种普遍的社会经济现象。人员推销策略是促销策略中重要的组成部分，与其他促销形式相比，人员推销具有不可替代的作用。

一、人员推销的概念与形式

（一）人员推销的概念

1. 广义的人员推销

人员推销是指人们在社会生活中，通过一定的手段和方法向既定对象传递信息，使自己的意愿、观念和要求得到他人接受的活动。当今的社会是一个充满推销的社会，无时无处不存在着推销。

2. 狭义的人员推销

人员推销是指商品或劳务推销，是企业利用人员，在一定的环境下、运用一定的技术和手段，说服消费者接受产品或劳务，实现满足顾客需求与促进产品销售双重目的的活动。

现代人员推销的内涵包括以下几点：

(1) 推销主体。推销主体不再只是指专门从事产品推销的推销人员，而是所有参与影响顾客购买的人员。企业的所有人员都可能是推销人员。它包括：专职推销人员、送货人员、寻找和接受订单的人员、宣传人员、服务人员、接待人员等。

(2) 推销职能。推销的职能不再只是推销产品，扩大销售，而是还要了解市场，开拓市场，与顾客建立和谐的关系，树立个人和企业良好形象。这就要求推销人员有很高的业务素质。

(3) 推销出发点。推销的出发点不再只是企业生产出的现有产品，而是市场上消费者的需求和未能被满足的需求以及消费者没有能认识到的需求。

(4) 推销目的。推销的目的不再只是把产品销售出去，而是让顾客满意，以谋取企业长期、合理的利益。

（二）人员推销的形式

人员推销有以下几种基本形式：

1. 上门推销

上门推销是最常见的人员推销形式。是指推销人员携带推销用品上门直接与顾客面对面地针对顾客的需求进行双向沟通的推销方式。

2. 柜台推销

柜台推销又称为门市销售，是指推销人员（营业员）在固定的门市接待来客并向顾客推销产品。它能满足顾客多方面的需求，是顾客较容易接受的推销方式。

3. 会议推销

会议推销是指推销人员利用各种会议向顾客介绍、宣传和推销商品。它能集中向多个顾客推销，成交金额大，效果比较好。

4. 电话推销

电话推销是推销人员利用电话等通信手段向顾客传递销售信息进行的推销。

5. 互联网推销

互联网推销是推销人员利用互联网手段向顾客传递销售信息进行的推销。

案例 11-6

乔伊·吉拉德的经典推销术

乔伊·吉拉德是世界上最伟大的销售员，他连续 12 年荣登吉斯尼纪录大全"全球销售第一"的宝座，"连续 12 年平均每天销售 6 辆车"的汽车销售纪录至今无人能破。

他认为在推销中重要的是"要给顾客放一点感情债。"他的办公室通常放着各种牌子的烟，当顾客来到他的办公室忘记带烟又想抽一支时，他不会让顾客跑到车上去拿，而是问："你抽什么牌子的香烟？"听到答案后，就拿出来递给他。这就是主动放债，一笔小债，一笔感情债。一般顾客会感谢他，从而建立友好洽商的气氛。有时，来的顾客会带来孩子。这时，推销大王就拿出专门为孩子们准备的漂亮的气球和味道不错的棒棒糖。他还为顾客的家里人每人准备好了一个精致的胸章，上面写道："我爱你"。他知道，顾客会喜欢这些精心准备的小礼物，也会记住他的这一片心意。他说，我交到他手里的任何一样小东西，我交到他家人手里的任何一样小玩意儿，都会使他觉得对我有所亏欠，他欠下了我的一份情。这就是我给他的感情债，不太多，可是有这么一点点就足够了。

乔伊·吉拉德的经验证明了这样一个道理：顾客不仅来买车辆，而且还买态度，买感情。只要你给顾客放出一笔感情债，他就欠你一份情，以后有机会他可能会来还这笔债，而最好的还债方法就是购买你推销的产品。

二、人员推销的任务与特点

（一）人员推销的任务

要做好推销工作，推销人员必须要完成以下任务。

1. 收集市场情报，服务企业营销决策

推销员要了解市场供求情况，了解竞争对手的营销策略，为本企业制定正确的营销策略提供依据。

2. 传播和沟通信息

AIDA 模式

把推销信息有效地传向顾客，同时把顾客的意见及时反馈给企业。

3. 发现市场

不断地寻找既有购买意愿又有购买能力的准顾客，不断地变换推销条件来开拓新的市场和顾客。

4. 推销产品

推销员要努力说服顾客，促成交易的实现，这是推销员最根本的任务。

5. 收取货款

商品出售出去以后，若不能足额地收回货款，这将是推销工作的最大失败。推销员一定要千方百计及时、足额地收回货款。

6. 建立良好的人际关系和企业形象

推销工作，没有良好的人际关系就寸步难行，推销成功的前提是推销员要能给顾客一个好的印象，良好的人际关系和良好的企业形象易于取得顾客的信任和理解。

7. 为推销对象提供最佳服务

服务是整体产品的一个重要组成部分，它是树立企业形象的一种重要手段，是取得顾客信任的基础，服务是推销成功的一大法宝。

8. 为推销对象提供产品知识

向顾客提供产品的购买、使用和维护知识，是现代推销的一个基本特征。推销知识，可以使顾客的无需求变为有需求，潜在需求变为现实需求，负需求变为正需求。

（二）人员推销的特点

1. 推销人员与顾客可以进行面对面的交流

通过面对面地交流，可以根据顾客的心理变化调整推销的方法和技巧，增强工作的针对性，减少无效劳动。

2. 便于推销人员与顾客培养良好的人际关系和友谊

代表着企业和顾客利益的推销人员可以通过公平、公正的交易和诚实的态度与顾客建立起友谊关系，有利于发展长期合作关系。

3. 推销员反应及时，便于提高推销效率

推销是一种双向沟通，对于顾客的意见和不满，推销员可及时地做出反应，有针对性地消除顾客的疑惑和偏见，从而能提高推销的效率。

4. 费用开支较大

人员推销的费用比其他促销方式的费用都大，它一般要占销售额的8%～15%。

5. 对推销人员的素质要求较高

推销人员的素质直接影响着顾客对企业和产品的印象，并且不同的顾客对推销人员的评价又不一致，推销员若无较强的素质，就不可能使顾客产生信任。

6. 宜于进行专业性强、性能复杂的工业用品的推销

人员推销更适用于具有一定的专业性，或性能较复杂的工业用品的推销工作。

7. 须用广告等非人员推销（间接推销）加以配合

人员推销不是万能的，不能单兵独进，需要非人员推销方式加以配合。

三、人员推销策略

（一）试探性策略

试探性策略是指推销员在不了解顾客情况时，同顾客进行试探性接触，观察顾客的反映，有针对性地根据顾客的反应采取一定的方法激发顾客的购买欲望，促使顾客购买产品。

（二）针对性策略

针对性策略是指推销员在基本掌握和了解顾客的情况时，有针对性地根据顾客的需求进行宣传、介绍和劝购。

（三）诱导性策略

诱导性策略是指推销员从顾客的角度分析产品能给顾客带来的利益和好处，当好顾客的参谋，诱导顾客的需求并满足顾客的需要。

（四）公式性策略

公式性策略是指推销员用公式化的语言，指导和吸引顾客购买产品。

四、推销团队的建设与管理

(一) 推销人员的选聘、规模确定、分工和培训

1. 推销人员的选聘

要拥有优秀的推销员，必须做好选聘工作。一是向社会招聘，二是从企业内部筛选。从社会招聘，主要是从学校、竞争对手和其他社会人员中招聘。

招聘的程序是：①先让招聘人填写人事资料卡；②核实资料卡；③个别谈话；④录用。

从企业内部筛选，主要是从愿意从事推销工作并具备推销素质和潜能的员工中选拔。

2. 推销人员的规模确定

推销人员的数量往往决定着推销的力量，而推销力量往往又决定着企业的销售额，但是，推销人员的增加又会增加推销费用。所以，要确定适宜的推销员规模。一般是采用工作负荷量法来确定。计算公式为：

$$S=[(C_1V_1L_1)+(C_2V_2L_2)]/T$$

式中：C_1：企业现有顾客数量。V_1：每年现有顾客平均访问次数。L_1：现有顾客每次访问时间。C_2：潜在顾客数量。V_2：潜在顾客每年访问次数。L_2：潜在顾客每次访问时间。T：每个推销员的全年有效访问时间，大约占推销员全年工作量的70%。

3. 推销人员的分工

为提高推销的效率，要对推销人员的工作进行合理的分工。分工的方法一般是以下三种：

(1) 按区域分工。按区域分工是指根据推销人员的工作能力、能推动多少顾客和能负荷多大的地区工作量，分配其所管辖的地域。这是一种常用的方法，用这种方法可以使推销人员与顾客建立深厚的联系，巩固好已开发的市场。对于产品类别较少的企业可以采用这种方法。

(2) 按产品类别分工。按产品类别分工是指按照企业的不同产品，让推销人员从事不同产品的推销。这种方法，便于推销人员熟练地针对某种产品采用特殊的推销技巧。对于生产多种产品，并且产品在技术上有较大差别的企业可以采用这种方法。

(3) 按用户类型分工。按用户类型分工是指按照产品的使用者的不同来分工。这种方法便于推销人员根据顾客的特点进行有针对性的推销。对于生产某一种类型的产品，而用户不同的企业可以采用这种方法。

4. 推销人员的培训

推销人员是专门从事推销工作的人员，在市场经济条件下，推销人员是企业极为重要的工作人员，其重要性取决于推销工作的重要性。在激烈的市场竞争中，企业对推销人员的素质要求越来越高，因此，企业必须对推销人员进行培养和训练，使其更好地胜任推销工作。推销人员的培训分为企业培训和自我培训。

(1) 企业培训。企业培训是指由企业根据推销人员的特点和工作中存在的问题，制定培训目标、培训项目、培训内容、培训步骤和培训计划，采用一定的方法对推销人员进行系统的培训。

(2) 自我培训。这是推销人员要经常使用的方法。推销人员要掌握正确的学习方法，提高自己的意志力和自控力，正确理解推销工作的意义和价值，树立正确的工作态度。

（二）对推销人员的评价与激励

1. 推销人员的评价

（1）绩效评定，是指评价推销计划的执行和完成情况、新增顾客的数目。

（2）绩效比较，是指对推销人员的过去与现在的绩效进行比较，对推销人员之间的工作绩效进行比较。

（3）素养评估，是指对推销员的风度、气质、言谈、仪表进行评估，对推销员进行产品、企业、客户、竞争对手和职责了解状况的考核评估。

2. 推销人员的激励

（1）奖励。对推销人员进行物质和精神两个方面的奖励。物质奖励是对推销工作圆满完成者给予相应的经济报酬。精神奖励是给予表扬、晋升、荣誉或放权压责。

（2）监督。通过严格的规章制度、推销计划和推销人员工作报告等对推销人员进行及时有效的监督和控制。

案例 11-7 打造美团地推铁军

2013 年，美团 COO 干嘉伟带领美团赢得了“千团大战”，并且赢得了团购市场 60% 的市场份额，让仍然处于亏损状态的团购行业看到了曙光。同年 11 月美团首次实现全年盈利，美团能迅速从千团大战中脱颖而出，与干嘉伟（人称阿干）—原阿里巴巴副总裁，有很大的关系。

干嘉伟的加盟让美团对庞大的扫街团队的管理精细化和规范化起来，他让美团早早从草莽阶段进入野战军作战时代，迅速甩开竞争对手，那么美团是如何打造地推铁军团队的呢？

1. 改善现有销售组织架构

2011 年年底干嘉伟来到美团后，就着手改善现有销售组织架构，美团地推团队原有的架构是 1 个销售副总裁，两个大区经理，下辖 50 个城市经理、77 个站点和一千多名销售。每个大区经理要分管三四十个城市经理，远超有效的管理半径，信息传导不畅。干嘉伟将大区经理增设至 8 名，同时增设区域经理岗位。区域经理和大城市的城市经理直接向大区经理汇报，中小城市的城市经理向区域经理汇报。这样的架构更为科学。

2. 梳理业务、制定规章和组织培训

干嘉伟把 1 000 多名销售中业绩最好的一批找来交流，分析他们的方法，看看有哪些可以推广复制，也就是制定标准作业流程 SOP。例如，SOP 其中一项是“早启动、晚分享、中间抓拜访”。销售人员每天要开晨会布置计划，晚上一起开会分享今天做得最好和最差的事，中间由老人带新人拜访客户。这是在阿里积累下来的经验，出发点是让销售人员每天养成思考总结的习惯。其他规章制度包括违规行为的惩罚申诉机制、激励制度体系、信息化管控手段（CRM）等。培训按照高一级的人员去对标，比如一般的销售按照城市经理的标准培训。开展包括销售话术、如何挑选商家、如何制定产品方案、如何管理销售等培训活动。对于高层，则启动“领导梯队培养计划”，用轮岗、继任者、人才盘点等方式完善高层的人才梯队。这样一来，美团的地推团队搭建了完整的体系，而且在员工心中埋下了向上发展的种子。

3."狂拜访、狂上单"的打法,夺得团购市场第一

2012年年初,其他团购公司都在休春节假期,美团的销售团队继续加班,拜访商家、加快上线新的团购产品。春节过后,美团的市占率提升了3个点。干嘉伟就这一现象开始追根究底地分析。在此前,美团做的是有限供给,平台只提供一定数量的团购产品,让用户去抢购。每天上几单、每个单子上几天都严格控制。这样可以把流量导入少数的SKU里打造爆款,能拿到商家的超低折扣,也让用户有一种尽快下单的心理。所以此前的销售团队认为挖掘爆款产品是销售的核心能力,而如何找到爆款没人能解释透彻。但2012年春节期间的事实说明,增加了线上团购产品的供给后,消费者的积极性和黏性得到了提升,业绩提升明显。干嘉伟和王兴等人反复讨论,最后总结认为上单数量和销售业绩成正比。2012年3月,美团的核心高管到潭柘寺开会,决定增加供给,此外延长每单的运营时间,从以前的有效期7天改为有效期3个月甚至一年。至此,美团已经领先一步改变了团购的商业模式,从以前的闪购模式变为一种线上线下的连接方式和商家的线上展示的流量平台。依据"增加供给"的战略部署,干嘉伟对销售团队提出"狂拜访、狂上单"的要求,实际就是将战略落地拆解为关键的战术动作。2012年,美团从众多团购公司中脱颖而出,市占率从第三跃升至第一,当年交易额55亿元,同比增加了280%。

美团找到合适的销售团队管理者,公司的顶层设计是很重要的,美团核心管理层对互联网行业和服务业理解透彻,并且通过模仿,进行不断思考、改进,才是成功的关键。

第四节　营业推广策略

营业推广策略是促销组合中常用的一种非常有效的促销策略,当企业的产品与竞争对手的差异不大或市场疲软时或销售过时产品时,使用这种策略,可以产生很好的短期促销效果。

一、营业推广的概念与特点

(一)营业推广的概念

营业推广也称为销售促进,是指在目标市场中,为刺激顾客的近期需求而采取的能够对目标顾客快速产生激励作用,以快速促进营业额提高的促销措施。

(二)营业推广的特点

1.促销效果显著

它能在短时间内提高营业额,有立竿见影的促销效果。

2.起促销的辅助作用

人员推销、公共关系和广告宣传是常用的促销方式,其作用是长期的,而营业推广是短期的,只能作为辅助的促销形式。

3.会影响商品和企业形象

频繁使用或不正确使用营业推广,会使顾客对产品质量和价格产生怀疑,会贬低产品的价值,影响企业形象。

二、营业推广的形式

营业推广的形式很多，新的形式在不断地出现。总体上可以分为营业宣传推广和营业销售推广。

（一）营业宣传推广

营业宣传推广是指利用宣传直接促进销售。它包括营业场所的装饰和布置、样品陈列和橱窗布置、商品试验与演示、提供咨询服务、商品知识宣传。

（二）营业销售推广

营业销售推广是指直接刺激和鼓励与产品销售相关的人员，积极地购买或推销产品。根据营业销售推广的对象，可以把它分为三种形式。

1. 对消费者推广的形式

这种形式直接针对最终消费者，企业经常采用的形式有赠送样品、现金折扣、赠送代价券、廉价包装、有奖销售、抽奖、降价销售、消费信贷、旧货折价、集点优待、消费信贷等。

2. 对中间商推广的形式

这种形式直接面对中间商，可以提高他们大量购买和促销的积极性。常用的形式有推广津贴、销售竞赛、合作广告、资助、经销奖励、购买折扣、会议展销、返利、各种折扣、赠送货品等。

3. 对推销人员推广的形式

这种形式直接对企业内部的推销人员，目的是调动推销员提高销售业绩的积极性，提高其推销能力和对企业忠诚的意识等。主要形式有红利、销售提成、奖励、销售竞赛、销售培训等。

案例 11-8　佳妮美容院妙趣红包，吃喝玩乐在其中

佳妮美容院老板通过其出色的社会公关能力，成功地组织了在珠海号称可能是当地有史以来的规模最大的多重组合促销活动：美容院顾客只要在该美容院购买化妆品或做技术护理的所有报销凭据达到规定的数量，即可获赠红包 1 个及贺年礼品 1 份。礼品为“奇巧”巧克力或“酷极”糖果或“台丰”花生或瓜子。

红包中印有幸运号码，可参加每周连环大抽奖，直取现金压岁钱，最高为 5 000 元。另外，在此红包中还有至少 7 张优惠券，涵盖吃、穿、玩、乐等多种休闲娱乐项目，如游乐园门票、电影票、时尚内衣优惠券、服装优惠券、保健优惠券、麦当劳快餐优惠券、新年糖果优惠券等。

随着活动进一步举行，主题改为“吃喝玩乐送不停”，并且消费额标准降低一半，礼品内容改为太阳帽、太阳镜、化妆用品、彩绘玻璃杯，红包内优惠券由原来的至少 7 张改为 4 张，凭红包号码仍可以抽奖。

三、营业推广的策略影响因素及实施

(一) 影响企业营业推广策略的因素

企业在制定和实施营业推广方案时,为确保取得良好的推广效果,一般应考虑如下因素。

1. 推广目标

营业推广的目标是企业制定营业推广方案时首先应考虑的因素,一般有重复购买、大量购买、开拓新市场、抵制竞争对手、建立零售商品牌忠诚度、促销落令商品、鼓励推销员推销。

2. 推广费用

从促销费用中抽出一定的比例用于营业推广,费用多时可多举办一些活动,规模可以大一些。

3. 推广对象

应鼓励现实和可能的顾客加入,限制不会成为企业长期顾客的人加入营业推广活动中去。

4. 媒体工具

要根据推广的目标和目标特点选择适宜的顾客喜爱的或能接受的媒体和工具,力求取得好的效果。

5. 时机与期限

时机要选择在销售不景气的时候或与竞争对手处于僵持阶段时或企业有喜庆之时。推广时间不宜太长或太短,若太长,则无异于长期降价;若太短,则难以达到预期的效果,时间间隔一般以顾客平均购买周期为最佳。

(二) 营业推广策略的实施

1. 确定推广目标、对象、规模和费用

根据企业自身的情况,从众多推广目标中选择一种或几种。根据目标确定营业推广的对象,可以是消费者、中间商或推销人员,也可以通过限制条件只对一部分消费者进行推广。推广费用根据推广的目标和规模来确定。

2. 确定营业推广的方式和工具

根据市场类型、促销目标、竞争环境、各种推广方式的费用和效益、政策法规、道德准则、产品特性、消费者的心理和消费习惯等,选择适宜的方式和工具。

3. 确定最佳的推广途径

不同的推广方式、工具要通过不同的途径才能达到理想的效果。如采用折价券,可以通过四种途径:一是放在包装内;二是向来往的顾客散发;三是邮寄;四是附在广告媒体上。不同的途径针对的人群不同,促销的效果也会有所不同。

4. 确定推广的地点、时机与时间

要根据推广的对象及其心理,选择适宜的地点、时机和时间。

5. 进行营业推广测试

在实施活动前,要进行小范围的可行性和合理性的测试,要注意与宣传相结合,要严格认真、兑现承诺,严格控制费用预算和用途。

6. 营业推广效果评价

活动结束后,要对营业推广的效果进行评价,评价的内容和方法主要是:对目标消费者进行调查，了解顾客的反应和态度；对活动前后的销售额或销售量进行比较；对活动结果与计划的差异程度进行比较等。通过评价，总结经验教训，改进以后的营业推广策略。

案例 11-9

斯沃琪的胜利

20 世纪 80 年代初，瑞士表在廉价的日本“西铁城”“精工”和“卡西欧”等品牌的冲击下，在中低档品市场上领土尽失。为了重振瑞士表的雄风，1981 年，瑞士最大手表公司的子公司 ETA 推出了著名的斯沃琪手表。

为了推销斯沃琪手表，他们做出了一个惊人的举动，设计了一个巨大的斯沃琪手表，直径有 500 英尺长，悬挂在德国商业银行总部大楼，显示如下扼要的信息：“瑞士斯沃琪 60 德国马克”。德国商业银行是法兰克福最高的一幢摩天大厦。此举即刻引起轰动，德国新闻界为斯沃琪免费做了许多广告。在接下来的两个星期内，每个德国人都知道了斯沃琪。斯沃琪还打破人们“便宜没好货”的传统观念。价格虽然只有 40 美元到 100 美元不等，但它具备瑞士表的优秀特质——重量轻、能防水防震、电子模拟，表带是多种颜色的塑料带，各种颜色都很鲜艳，很适合运动。

斯沃琪另类营销还体现在独特的促销技巧——维护高品位、低价位的品牌形象，这需要非常的促销技巧。低价位和高品位似乎难以调和，但斯沃琪却自有一套功夫。所有的斯沃琪手表在推出 5 个月后将停止生产，因此即使最便宜的手表都将是有收藏价值的。而且斯沃琪公司每年分两次推出数目极为有限的时髦手表设计版本。斯沃琪手表的收藏家有特权参与投标，购买其中的一种设计版本。问题是公司可能只生产 4 万只手表，而收藏家的订单却有 10 万份甚至更多。公司只好举行抽签活动来决定可以购买手表的 4 万位幸运收藏家。克里斯蒂(CHRISTIE'S)拍卖行对以前的斯沃琪手表定期举行拍卖。有位收藏家为一只为数不多的斯沃琪手表花了 6 万美元。

斯沃琪的另类营销很快收到高回报，1983 年开始实施的企业设计，使斯沃琪的价值有了巨大增长。到 1992 年，斯沃琪公司的销售额达到 20 亿美元，利润为 2.8 亿美元，公司的市场价值超过了 38 亿美元。

第五节 公共关系策略

公共关系作为一门独立的学科，产生于 20 世纪初的美国，20 世纪 80 年代传入中国大陆。公共关系策略是促销组合策略的重要组成部分。企业采用这种策略，可以树立良好的形象，最大限度地获取社会各界公众的理解和支持，为企业的营销活动营造良好的环境。

一、公共关系的概念与功能

(一) 公共关系的概念

关于公共关系的含义有多种说法，如管理职能论、传播沟通论、社会关系论、现象描述论、表征综合论等对公共关系下了不同的定义。综合各种观点,可以把公共关系概括为:企业在营销活动中,通过一定的方法和手段,正确处理与社会公众的关系,获取公众的信任和支持,树立企业良好的形象,从而促进产品销售的一种传播活动。

公共关系与广告都是一种传播活动,都利用传播活动来促进产品销售,但两者有着明显的不同。

(1) 广告要支付费用,而公共关系不一定支付费用。

(2) 广告注重宣传商品,而公共关系注重宣传企业。

(3) 广告的对象是顾客,而公共关系的对象是社会公众。

(4) 广告是自己宣传自己,而公共关系是让别人宣传自己。

(5) 广告通过向顾客施加影响促使顾客购买产品,而公共关系是通过让顾客喜欢企业,使顾客主动自愿地购买产品。

(6) 广告可以夸张性地宣传,而公共关系是真实地宣传。

(7) 广告是单向传播和沟通,而公共关系是双向传播。

(8) 广告必须选择媒体,而公共关系不一定选择媒体。

(二) 公共关系的功能

1. 为企业的决策提供咨询意见

公共关系工作的主要内容是处理企业的内外部各种关系,为企业营造有利的发展环境。在企业处理各种关系的过程中,可以发现企业面临的机遇和威胁、经营劣势和优势,从而能为企业制定正确的发展战略和营销策略提供有效的咨询意见。

2. 加强与社会公众的联系,树立企业良好的形象

企业在处理各种社会关系的同时,充分地传播企业的经营信息和经营理念,能使社会公众进一步地了解企业的情况,对企业有一个正确的认识和态度,有利于树立企业良好的社会形象。

3. 促进产品销售

公共关系对促进销售的作用是间接的、长期的,是基于顾客对企业的良好的印象,而良好的企业形象正是公共关系活动的主要目的。

4. 内求团结,外求发展

公共关系能通过对内部各部门和员工之间的关系的正确处理,取得团结协作的内部发展环境。同时,公共关系可能通过与外部各个部门和单位的联系,建立广泛的合作关系,求得和谐的外部发展环境。

二、公共关系的特点

(一) 注重长期效应

公共关系的主要目标是树立企业良好的形象,创造良好的社会关系环境。这个目标不是短时间所能达到的,要立足长远,坚持不懈地运用各种公共关系策略,强化消费者对企业的积极认识。

(二) 注重双向沟通

公共关系工作的对象是各种社会关系,包括企业内部和外部的各种关系。要建立良好的内外部关系,必须与公众之间进行真情传播与沟通。

(三) 注重间接促销

公共关系的传播手段不是直接宣传商品信息,而是通过积极参与各种社会活动,宣传企

业的经营宗旨，扩大企业的知名度，加深社会各界对企业的了解和信任，从而达到促进销售的目的。

三、公共关系的原则

（一）必须从社会公众的利益出发

从社会公众的利益出发从事公共关系活动，是公共关系工作的基点，是赢得公众支持的基础。企业为社会提供优良的、适销对路的产品和服务是对社会公众利益的贡献，在处理与外部关系时，能够放弃自己的眼前利益以维护公众的利益也是对社会的一种贡献。只要企业能够做到“不谋私利”，就一定会获取公众的同情、理解和支持，就一定会树立起良好的社会形象。

（二）必须以优良的产品和服务作基础

公共关系是企业开展的“面子”上的工作，企业不能单靠公共关系活动赢得公众的理解和支持，必须要以优良的产品和服务作为公共关系活动的坚实基础，因为顾客最终需要的是企业的产品和服务。

（三）必须坚持信誉至上原则

这个原则是企业从事任何一项活动都应遵从的原则。对于公共关系活动来说，也必须坚持信誉至上的原则。因为公共关系的目的是建立企业良好的形象，而企业形象的建立也是建立在信誉这个基础上的。言而无信的企业是不可能做到对顾客真诚服务的，是不可能对顾客和对社会公众负责的，也不可能塑造良好的企业形象。

（四）务实原则

求真务实是公共关系活动的一个基本特点，这是由公共关系活动的目标所决定的。公共关系若只从事一些虚浮的、华而不实的、哗众取宠的宣传活动，不能给社会公众留下点收益或思索，只会引起公众的反感，是不可能树立良好的企业形象的。

（五）全员公关的原则

企业的每一位员工都是企业的公共关系工作人员，每位员工的言行都会代表着企业的形象。所以，企业的所有人员都要有公共关系意识、真诚合作的意识、塑造企业形象的意识。

（六）互利原则

企业在开展公共关系活动中或者在处理与其他单位的关系时，要坚持互惠互利的原则，不能只考虑自身的利益。否则，就会背离公共关系的目标。

（七）形象目标原则

无论开展什么样的公共关系活动，都要坚持塑造企业良好形象这样一个目标。

四、公共关系的活动方式

企业开展公共关系活动，主要有以下一些方式：

（1）向重要的宣传媒体和社会知名人士传播企业的生产和经营信息。争取利用他们的社会影响来传播企业的产品信息，树立企业的形象。

（2）同政府、中间商建立广泛的联系。向他们介绍企业的情况，展示企业的实力，争取他们的理解和支持。

（3）与有关的公众团体保持密切的联系。向他们宣传本企业的情况，以扩大企业的社会影响。

(4) 同顾客建立密切的联系。正确处理顾客的各种异议，并向他们赠送宣传材料，充分发挥老顾客的特殊宣传作用。

(5) 向本企业的职工宣传企业的经营方针、产品和服务。通过宣传，使本厂的职工对企业的发展有良好的愿景，并通过他们向社会公众传播有利于企业形象塑造的舆论。

(6) 通过对一些特殊事件的处理，以实际行动向社会公众证明企业的经营是符合社会公众利益的。企业要有意识地利用一些社会公益活动或企业的特殊事件，弘扬企业理念，争取社会公众对企业经营活动的认同。

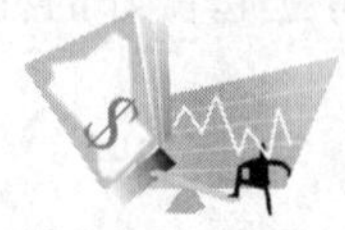

案例 11-10

雅诗兰黛——粉红丝带公益营销

“所有不凡、源于坚持”，雅诗兰黛为粉红丝带注入温柔力量。

粉红丝带作为全球乳腺癌防治活动的公认标识，用于宣传“及早预防，及早发现，及早治疗”这一信息，足迹遍布全球数十个国家，各国政府将每年的 10 月定为“乳腺癌防治月”。1992 年，雅诗兰黛集团粉红丝带乳腺癌防治运动创立，并于 2003 年被带到中国。至今，雅诗兰黛集团在中国累计发放的粉红丝带及乳腺癌防治信息卡已经超过 150 万份，而每年雅诗兰黛都会为乳腺癌防治运动推出粉红丝带纪念款限量产品。

雅诗兰黛集团始终坚持宣传“早预防、早发现、早治疗”的乳腺癌防治理念传递给每一位女性，同时筹集 7 000 万美元资助相关医学研究和医疗服务。目前，粉红丝带运动已成为全球最具影响力的女性健康教育运动之一。据雅诗兰黛集团介绍，自 1992 年，该集团通过旗下雅诗兰黛、魅可、倩碧等各品牌在全球的专柜，累计派发了约 1.6 亿个粉红丝带，通过粉红丝带的传递，让雅诗兰黛集团乳腺癌防治运动成为全球最具影响力的企业公益活动之一。

五、公共关系的主要决策

(一) 确定公共关系目标和主题

1. 进行公共关系调查

公共关系调查的内容主要是公众舆论调查、企业形象调查、社会环境调查、公共关系活动条件调查四个方面，在此基础上分析企业开展公共关系活动要解决的问题和要达到的目标。

2. 确定公共关系目标

公共关系目标有四个方面：一是认知度，即企业被社会公众认识的深度和广度。公众对企业认知度的高低取决于企业信息对外传播的数量和频次的大小以及与公众沟通的质量的高低。二是美誉度，即社会公众对企业的称赞和欣赏的程度。美誉度涉及公众对企业经营道德和社会价值的评判，所以企业的理念和行为要符合公众的价值判断标准和利益要求，才能被公众所认可和称赞。三是和谐度，即在美誉的基础上，企业和社会公众、顾客取得和谐的关系。有了这种关系，企业就能得到顾客和公众的理解、配合、支持和合作。四是忠诚度，即企业在公众心目中有极高的评价和牢固的位置，顾客在购物时会毫不犹豫、不由自主地购买所忠诚的企业的产品。这是高层次的公共关系目标。

企业要在公共关系调查的基础上，在企业发展的不同阶段选择不同的公共关系活动目标。

3. 确定公共关系主题

公共关系主题是对公共关系活动意图的高度概括，对公共关系活动起着指导作用。如伊利集团在开拓武汉市场时，打出“昭君回故里，伊利献真情”的主题。企业要根据公共关系目标，确定公共关系主题。

（二）确定公共关系的对象

企业要在鉴别各类公众（员工、股东、顾客、竞争者、协作者、社区、政府、融资者、媒体公众等）的需要和权益的基础上，选择主要的公众作为公共关系活动的对象。

（三）选择确定公共关系活动的媒体

企业要根据公共关系的目标、对象的特点、活动的内容、企业的经济条件、活动的规模与范围，从个体传媒、群体传媒和大众传媒中选择合适的媒体。

（四）确定公共关系活动的类型、内容、方式与工具

这是公共关系决策的主要内容，它决定着公共关系活动的质量和能否达到预期的目标，需要公共关系人员认真地谋划，制定出科学可行的活动方案。

（五）确定费用预算

公共关系活动费用预算可以用两种方法：一是比例法，按一定比例从销售额中或从促销费用中提取。二是汇总法，把各种可能发生的费用及金额汇总，作为活动费用预算。

（六）公共关系活动的执行与效果评估

在执行活动时，要严格认真地执行公共关系活动的各种决策，需要改变决策时必须向上级主管汇报。另外，要严格控制费用预算和用途。活动结束后，要对公共关系活动信息的展露度、公众态度的转变、公共关系投资收益和美誉度等进行调查分析和对比，以评估公共关系活动的效果和存在的问题与不足。

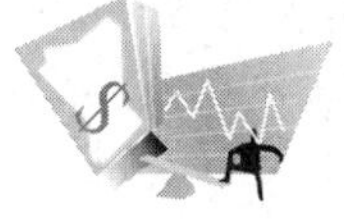

案例 11-11　拼多多启动“寻鲜中国好农货”公益助农活动

2022 年 7 月 13 日，拼多多与农民日报社联合策划的“寻鲜中国好农货”公益助农活动正式推出，项目为期一年，以节令为轴，在全国寻找最新鲜的当季食材，将以尝鲜直播、专区推荐等方式，向平台用户介绍“好农货”特色和标准。据了解，为助力武陵山区巩固脱贫攻坚成果，助推恩施州优质农产品出山，首场公益助农直播“寻鲜恩施　武陵优品”于 7 月 15 日全天上线。

活动期间，拼多多将坚持农产品“零佣金”及“拼购＋产地直发”的模式，针对不同农产品品类制定并完善“好农货”标准，并对符合标准的农产品进行资源倾斜，提升农产品附加值与溢价能力。通过从品牌营销到流量扶持的综合规划，希望能真正为消费者“选好货”，同时为农产区“卖好货”，打造产地名片，助力农特产地和产业带取得销量和品牌声量双赢。通过“寻鲜中国好农货”对脱贫地区和优势产区地标农产品展开公益宣传，提升品牌影响力，助力特色富民产业发展，是一项利业利民的好事。

本章小结

1. 促销是企业营销活动中的重要组成部分，通过促销，可以传递和沟通销售信息，可以诱导和刺激顾客的需要，可以强化企业的优势，提高企业声誉，稳定和增加市场销售。企业促销的主要方式有广告、宣传、人员推销、营业推广、公共关系。

2. 广告是企业促销的重要手段。广告是广泛地告知公众某种事物的一种宣传活动。广告可以传播信息，沟通产销；可以刺激顾客产生购买欲望，进而促进顾客购买；指导消费，满足人们需求；加速商品流通，促进社会再生产；鼓励竞争，促使企业不断地提高产品质量；提高企业的知名度；可以宣传企业，树立企业形象，扩大企业的社会影响。

3. 人员推销是企业利用人员，在一定的环境下、运用一定的技术和手段，说服消费者接受产品或劳务，实现既满足顾客需求又促进产品销售双重目的的活动过程。它有五种基本形式，即上门推销、柜台推销、会议推销、电话推销、互联网推销。人员推销的任务是收集市场情报、服务企业营销决策；传播和沟通信息；发现市场；推销产品；收取货款；建立良好的人际关系和企业形象；为推销对象提供最佳服务；为推销对象提供产品知识。

4. 营业推广指在目标市场中，为刺激顾客的近期需求而采取的能够对目标顾客快速产生激励作用，以快速促进营业额提高的促销措施。它有多种形式，有显著的促销效果，但是只能作为促销的辅助形式。

5. 公共关系是指企业在营销活动中，通过一定的方法和手段，正确处理与社会公众的关系，获取公众的信任和支持，树立企业良好的形象，从而促进产品销售的一种传播活动。采用这种策略，可以为企业的营销活动营造良好的环境，树立企业良好的形象，最大限度地获取社会各界公众的理解和支持；可以为企业的决策提供咨询意见；加强与社会公众的联系，树立企业良好的形象；促进产品销售；内求团结，外求发展。要做好公关活动必须坚持以下原则：从社会公众的利益出发；以优良的产品和服务作基础；信誉至上；务实；全员公关；互利；形象目标。

关键概念

促销　广告　人员推销　营业推广　公共关系

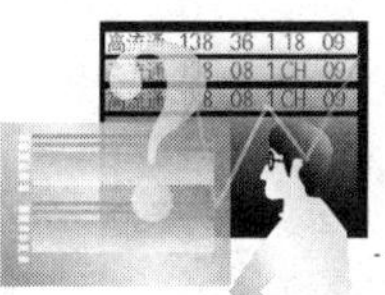

复习思考题

1. 什么是促销和促销组合?
2. 影响促销组合的因素有哪些?
3. 广告、公共关系、公共关系广告和宣传之间的联系和区别是什么?
4. 人员推销的基本原则是什么?
5. 推销人员应具备什么样的素质?
6. 为什么说营业推广只能是促销的辅助形式?
7. 企业如何做广告,才能达到理想的效果?
8. 企业应如何开展公共关系活动?

案例分析

购物中心玩转国潮营销

中华民族上下五千年,形成博大精深的悠久传统文化,弘扬和发展它们是增强中国文化软实力的重要途径,国潮风就此轰轰烈烈地展开。购物中心作为城市的重要元素,在国潮大热的背景下,借势而为,将国潮运用到场景化打造、沉浸式互动等体验中,不仅符合大众审美,获得年轻一代的喜爱追捧,同时还有助于联动商户共创,提升客流转化。

从古风展到复古街,再到汉字艺术展,甚至是航天展,在彰显中华文化和中华精神的元素之中汲取灵感,再适当辅以利用现代科技或思维,通过新潮的方式让大众感受中国文化,以新发现或重塑的方式将国潮呈现在消费者面前,让人啧啧称赞。

1. 北京丰科万达广场:探见博物馆之旅

2021 年 9 月,北京丰科万达广场携手敦煌博物馆,引领消费者开启了一次探寻敦煌博物馆的短途旅行。场内不仅有一大波敦煌流失海外复刻文物和敦煌博物馆馆藏复刻文物加持;还能与敦煌博物馆专家以及传统文化学者直接互动对话,深入了解悠久的大漠文明历史。不止于观展,北京丰科万达广场还举办国风表演、传统文化体验、国潮快闪店等一系列与敦煌文化相关的主题活动,为消费者构建与传统文化深度交流的桥梁。

2. 长沙宁乡吾悦广场：幸福中国家——登悦计划

吾悦广场牵手中国航天神舟传媒共同推广航天文化IP，在全国各地吾悦广场落地航天文化传播站，让消费者在家门口开启“星际航天之旅”。以长沙宁乡吾悦广场为例，于十月份开展“幸福中国家——登悦计划”。通过结合中国航天展、奇妙航天——欢乐家庭跑、逃离地球——平行宇宙音乐节等多个环节互动，近距离输出航天文化，发扬航天精神。

3. 深圳海岸城购物中心：第二届汉服文化节

2021 年 10 月，100 位汉服爱好者在海岸城齐聚一堂，以“致敬经典创作”为名，现场汇聚了众多“仙气飘飘”的动漫人物，一场国风的视觉盛宴呈现眼前。恍惚间，让消费者“穿越”时空，身临其境，感受如梦如画的国风风韵。百人汉服巡游，近距离接触中华文化独具特色的汉服潮流和二次元国风魅力。

4. 中航城君尚购物中心：汉字国潮艺术展

2021 年 12 月，“字在其中”汉字国潮艺术展亮相深圳中航城君尚购物中心，陈列展出了生僻字墙、笔画泳池、活字印刷体验区、人在字中、身临“棋”镜、一字千秋、洒金传扇等展区。汉字展用一种新潮的打卡方式唤起了大家对于汉字的记忆，也通过因地制宜的形式表达深圳年轻人的态度与想法。

5. 北京朝阳大悦城：谭木匠“梳房颜究院”

2021 年 7 月，由谭木匠精心打造的“梳房颜究院”以快闪店的形式，在北京朝阳大悦城惊艳亮相。场景布置和展示产品结合了东方文化与时尚潮流，诠释老品牌中焕发的新活力。以“梳”为媒，谭木匠构建创意潮流互动区域，包括“梳头 SPA”、工艺欣赏、木梳集市、拍照打卡、木梳彩绘体验区、古风舞蹈表演等。除此之外，多位国风达人与消费者进行现场创意互动，让消费者亲身体验文化之美、服饰之美、妆容之美、梳理之美。显而易见，品牌通过国潮营销快闪店的形式，也可提升商场打卡客流，同时精准引流到商家，扩充品牌的私域流量。

思考题：

1. 请问你从这些购物中心的国潮营销中获得了什么启示？
2. 能否为你居住的或者喜欢的城市购物中心设计一款国潮营销？

第四篇

市场营销管理

第十二章　市场营销的管理

学习目标

1. 了解市场营销计划的作用和类型
2. 了解市场营销计划的原则、内容和步骤
3. 了解市场营销组织的主要形式
4. 理解市场营销实施中的问题与原因及实施过程
5. 掌握市场营销控制的主要方法

引导案例

北京大洋节电设备有限公司的营销计划

北京大洋节电设备有限公司是由香港物业发展有限公司和北京供电部门、铁路部门合资兴建的一个外资企业。公司原设想以生产经营节电产品为主，同时辅之以电器产品（电缆、开关、变压器等）营销，通过供电部门将产品推广到各厂矿企业。但结果事与愿违，当时在改革开放、搞活经济的形势下政府不允许以行政手段干预企业的自主权。这条路走不通，只有走市场经济的路子。公司通过组织人员进行广泛的市场调查，收集了在京的各类型企业的用电情况、节电状况、用户关于节电原理，以及市场上各类型节电产品的价格、质量情况，经过认真分析，公司得出以下两个结论：当时的节电产品主要是节能灯，上市厂家有五六十个，普遍问题是寿命太短、节电不节钱，用户不敢用。许多用户有购买心理和需求，也有购买能力，节能灯在某些行业有相当多的需求量，在其他行业也有潜在的需求。

据此，公司管理层初步形成了率先推出节能灯进入市场，并进而带起其他节电产品的发展思路。为此，公司在市场销售部的基础上，又抽调力量专门成立了营销策划部，具体负责企业的战略规划、产品的销售策略及具体销售战术的实施。经过反复考虑，公司形成了一整套的方案和建议，报经公司董事会研究并批准而形成了下列的决策方案：由生产部门把节能灯寿命由5 000小时重新定位为10 000小时，质量标准直接瞄准飞利浦产品。产品质量承诺由保用半年改为保用一年。考核目标：公司要求营销部门在3个月内将2万只节能灯投放市场，并形成一定的经济效益。

管理营销活动，即是对市场营销活动的计划、组织实施和控制。计划、组织实施和控制是“管理营销活动”的三个最基本的职能。其中，计划系统根据企业总的战略规划的要求，制订市场营销计划；通过一定的组织系统实施计划；控制系统考察计划执行结果，诊断产生问题的原因，并根据反馈采取适当纠正措施。本章主要介绍市场营销计划的制订、营销计划的组织与实施，以及如何对营销管理过程进行有效的控制。

第一节　市场营销计划

一、市场营销计划的概念与演变

(一) 市场营销计划的概念

市场营销计划是指在研究目前市场营销状况(包括市场状况、产品状况、竞争状况、分销状况和宏观环境状况等),分析企业所面临的主要机会与威胁、优势与劣势以及存在问题的基础上,对财务目标与市场营销目标、市场营销战略、市场营销行动方案以及预计利润表的确定和控制。

市场营销计划的目标在于识别和创建可持续的竞争优势,它是实现企业既定营销目标的战略与战术形式,以及相关财务成果的逻辑顺序和一系列活动。营销计划通常包括战略营销计划和战术营销计划,战略营销计划一般覆盖 3～5 年的时间,而战术营销计划是为实现战略营销计划中每一年的目标所需要采取行动的具体安排。

营销计划是企业战略管理的最终体现。好的营销计划可以使企业的目标顺利地实现,具体来说,市场营销计划的作用有以下几个方面:有助于协调实现预期目标的各项活动;有助于提高企业系统的综合管理能力;能使企业在各种营销机会之间平衡使用企业资源;能增强开发市场的能力;可促进企业内部交流,减少职能部门间的冲突。

营销战略计划仅仅是其企业营销企划工作的始点,它引导制订更周密完整的具体计划以完成组织的目标。对各部门、各业务单位、各项产品和目标市场都必须制订进一步的策略计划或业务计划。市场营销计划是指导和协调市场营销活动的主要工具,是企业市场营销顺利进行取得良好经济效益的前提。企业要想提高市场营销效能,必须学会正确地制订市场营销计划。

(二) 市场营销计划的演变

从国内外众多企业的经营管理实践来看,企业计划(包括市场营销计划)的演变经历了由无计划到战略计划的发展过程。

1. 无计划阶段

一些新建企业,由于资金的筹措问题、原料设备的采购问题和顾客的招徕问题,顾不上制订详细的计划,企业在短期内处于盲目的发展时期,此时企业市场营销属于无计划状态。也有一些企业虽已成立多年,但经营者认为没有计划照样可以经营,或认为在市场变幻莫测的环境下,计划赶不上变化,因而制订了计划也起不了任何作用,此时,企业同样处于无计划状态。

2. 年度计划阶段

随着经营管理经验的积累,企业的经营者逐渐认识到制订计划的诸多利益。很多企业开始重视计划的制订与实施。这一阶段,企业还只是热衷于年度计划的制订与执行。企业制订年度计划通常有三种方式,即自上而下的方式、自下而上的方式或二者结合的方式。

3. 长期计划阶段

随着市场竞争的加剧和经营管理经验的进一步积累,企业经营者逐渐也认识到,企业面临的营销环境不断变化,企业仅仅只制订和执行好年度计划是不够的。企业必须在此基础上制订 3 年、5 年或者 10 年的长期计划,将企业的目光放长远一些,并根据每一年年度计划的执行情况进行适当调整。

4. 战略计划阶段

20 世纪六七十年代以来，全球形势更加纷繁多变，营销环境也日益复杂，许多企业为了谋求可持续发展，开始站在企业战略的高度，从市场竞争的需要出发，制订企业的战略计划。营销战略计划一般跨越 3 年或者更多的时间，是一种勾画管理者对与其竞争者相关的市场中自己位置的认识的书面文件，包括他们希望实现的目标、如何实现这些目标以及实现这些目标所需要的资源和预算等。

二、市场营销计划的类型、分工和步骤

(一) 市场营销计划的类型

1. 按计划时期的长短划分

按计划时期的长短划分，可分为长期计划、中期计划和短期计划。

(1) 长期计划的期限一般在 5 年以上，主要是确定未来发展方向和奋斗目标的纲领性计划。

(2) 中期计划的期限为 1～5 年。

(3) 短期计划的期限通常为 1 年，如年度计划。

2. 按计划涉及的范围划分

按计划涉及的范围划分，可分为总体营销计划和专项营销计划。

(1) 总体营销计划是企业营销活动的全面、综合性计划。

(2) 专项营销计划是针对某一产品或特殊问题而制订的计划，主要有：

① 产品计划。产品计划是指制定一个特定产品或产品种类的销售目标和指标，由产品经理编制。

② 品牌计划。品牌计划是指制定一个产品类别中某个品牌的销售目标和手段，由品牌经理编制。

③ 市场计划。市场计划是指为某一地区或细分市场制订的经营销售计划，说明在这一市场公司应采取的战略和战术，它由市场经理编制。

④ 渠道计划。渠道计划是指确定公司在某一市场对渠道的选择及扩展方案，渠道的长度、宽度，经销、代理或设立销售公司，此计划包括对中间商的选择和训练计划。

⑤ 定价计划。定价计划是指根据公司的竞争战略和市场战略，确定每个市场是采用高价还是低价，制定价格的调整和变化策略，确定每个市场价格制定的基础和方法。

⑥ 促销计划。促销计划是指制订促销各手段中的广告预算、广告计划、营业推广计划和人员推销计划等。

3. 按计划的程度划分

按计划的程度划分，可分为战略计划、策略计划和作业计划。

(1) 战略性计划需要考虑，哪些因素会成为今后驱动市场的力量，可能发生的不同情境，企业希望在未来市场占有的地位及应当采取的措施。

(2) 策略计划是指对营销活动某一方面所做的策划。

(3) 作业计划是指各项营销活动的具体执行性计划，如某一次具体的促销活动计划，其特点是非常细致和具体，对活动的目的、时间、地点、活动方式、费用预算等都有详细的说明。

(二) 编制市场营销计划的分工

通常编制市场营销计划不宜过长。但有时个别辅助计划可以长一些，例如，广告或促销

计划可以长些。关于个别产品的销售计划，产品结构或服务应当写得非常详细。营销计划必须简明扼要，其关键部分应是怎样实现公司的营销目标。编制市场营销计划的具体分工如下。

(1) 年度营销计划由公司财务部门与营销部门联合制订。

(2) 营销部门按年度计划自行制订月营销计划。

(3) 市场营销计划以年度为单位，由企划部门、财务部门和营销部门联合制订。

(4) 营销部门负责按月落实公司的营销计划。

(5) 在计划控制阶段，营销部门都必须按要求出具书面报告。

(三) 市场营销计划的步骤

市场营销计划一般包括八个步骤。

1. 计划概要

计划概要是对主要营销目标和措施的简短摘要，目的是使高层主管迅速了解该计划的主要内容，抓住计划的要点。例如，某零售商店年度营销计划的内容概要是："本年度计划销售额为5 000万元，利润目标为500万元，比上年增加10%。这个目标经过改进服务、灵活定价、加强广告和促销努力，是能够实现的。为达到这个目标，今年的营销预算要达到100万元，占计划销售额的2%，比上年提高12%。"

2. 目前营销状况

目前营销状况主要提供与市场、产品、竞争、分销以及宏观环境因素有关的背景资料。具体内容有：

(1) 市场状况。列举目标市场的规模及其成长性的有关数据、顾客的需求状况等。如目标市场近年来的年销售量及其增长情况、在整个市场中所占的比例等。

(2) 产品状况。列出企业产品组合中每一个品种的近年来的销售价格、市场占有率、成本、费用、利润率等方面的数据。

(3) 竞争状况。识别出企业的主要竞争者，并列举竞争者的规模、目标、市场份额、产品质量、价格、营销战略及其他的有关特征，以了解竞争者的意图、行为，判断竞争者的变化趋势。

(4) 分销状况。描述公司产品所选择的分销渠道的类型及其在各种分销渠道上的销售数量。如某产品在百货商店、专业商店、折扣商店、邮寄等各种渠道上的分配比例等。

(5) 宏观环境状况。主要对宏观环境的状况及其主要发展趋势做出简要的介绍，包括人口环境、经济环境、技术环境、政治法律环境、社会文化环境，从中判断某种产品的命运。

3. 机会与风险分析

机会与风险分析是指对计划期内企业的某种产品所面临的主要机会和风险、企业的优势和劣势以及主要问题进行系统分析。机会是指企业营销环境中所存在的对企业营销有利的因素，即企业可取得竞争优势和差别利益的市场机会；而风险是指企业营销环境中对企业营销不利的因素。

此外，企业还应辨别其优势和劣势。优势是指企业的目标和资源，包括资金、技术、设备、分销、品牌等在某类产品的生产和经营中所具备的有利的条件；反之，在上述方面不利的条件即为劣势。

在分析了机会与风险、优势与劣势的基础上，企业就可以确定在该计划中所必须注意的主要问题。

在分析中必须把机会与风险的分析与企业的优势与劣势分析结合起来进行，这样才能真正给企业带来赢利的机会，回避可能遇到的风险。一个市场机会能否成为企业的营销机会，关键在于这个机会是否与企业在目标和资源方面的优势相匹配，如果在这方面恰是企业的优势，那么就应当充分发掘和利用这个市场机会，否则就不能贸然上马。因此，在计划中要对市场机会和风险进行科学、详细的预测、分析和判断。

4. 拟定营销目标

拟订企业的目标是市场营销计划的核心内容。企业管理者在分析市场营销活动现状和预测未来的机会与威胁的基础上必须对营销目标做出决策。在这里应建立两种目标，即财务目标和营销目标，这些目标要用数量化指标表达出来，要注意目标的实际、合理，并应有一定的开拓性。

(1) 财务目标。财务目标是指确定每一个战略业务单位的财务报酬目标，包括投资报酬率、利润率、利润额等指标。

(2) 营销目标。财务目标必须转化为营销目标。营销目标可以由以下指标构成，如销售收入、销售增长率、销售量、市场份额、品牌知名度、分销范围等。

5. 营销策略

营销计划的这一部分是表述企业将采用的营销策略，包括目标市场选择和市场定位、营销组合策略等。明确企业营销的目标市场，即企业准备服务于哪个或哪几个细分市场，如何进行市场定位，确定何种市场形象，企业在其目标市场上拟采用什么样的产品、渠道、定价和促销策略。

6. 行动方案

营销策略说明的是企业管理人员为了达到营销目标而将采取的总的营销内容。还必须对各种营销策略具体的实施制定详细的行动方案，即阐述以下问题：将做什么，何时开始，何时完成，谁来做，成本是多少。例如，营销管理人员想通过加强促销活动来提高市场占有率，执行这一策略必须制定相应的促销行动方案，如决定广告题材、确定广告媒体及其费用开支，参加交易会、展销会等。

整个行动计划可以列表加以说明，表中应具体说明每一时期应执行和完成的营销活动的时间安排和费用开支等，如每项营销活动何时开始、何时完成、何时检查、费用多少等，使整个营销战略落实于行动，并能循序渐进地贯彻执行。

7. 营销预算

营销预算即开列一张实质性的预计损益表。在收益的一方要说明预计的销售量及平均实现价格，预计销售收入总额；在支出的一方说明生产成本、实体分销成本和营销费用，以及再细分下去的明细支出，预计支出总额。最后得出预计利润，即收入和支出的差额。企业的各业务单位编制出营销预算后，送上级主管审批，经批准后，该预算就是材料采购、生产调度、劳动人事以及各项营销活动的依据。

8. 营销控制

营销计划的最后一部分是检查和控制，以监督计划的进程。为便于监督检查，具体做法是将计划规定的营销目标和预算按月或季分别制定，营销主管每期都要审查营销各部门的业务实绩，检查是否实现了预期的营销目标。凡未完成计划的部门，应分析问题说明原因，并提出改进措施，以争取实现预期目标，从而使企业营销计划的各个部门的目标任务都能落实，保证整个计划能井然有序并卓有成效地付诸实施。

小资料

营销计划失败的原因

1. 缺乏足够的现状分析，对经营困难预计不足，对产品、服务的前景过分乐观。
2. 战略目标不现实，选择进入的是一个拥塞的市场，企图后来居上。
3. 缺乏落实计划目标的承诺，常常推诿、拖沓，导致计划不能被有效实施。
4. 没有认识到原有计划目标的局限性和前提条件。
5. 导向是产品或服务，而不是市场。
6. 计划目标界定不明或难以衡量目标执行的情况。
7. 对竞争没有清醒的认识，忽视竞争威胁。
8. 缺乏定期评审考核，没有评估战略计划进程。

案例 12-1

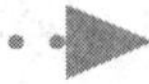

饮料营销计划拟订

A 饮料公司的营业所在 S 区域市场初建之时，做的第一项工作就是市场调查。调查通常雇用学生或专业调查公司来做，此后由业务代表（即业务员）去做。由 A 饮料公司的市场部从民政、规划等政府部门得到该地区的大比例尺地图，按照商业街区疏密度裁剪分割，交由调查员分头按图索骥，深入社区；从大商场超市、宾馆到小杂食商店、小饭店，甚至连学校、机关、医院、车站、娱乐场所等一切可能销售某饮料产品的地方全都包括在内。调查员逐街逐点登门布卷，将调查对象及调查结果标明于图上，记录于问卷上，在规定时间内交回公司汇总。

在问卷调查的同时，A 饮料公司还不时从政府统计部门搜集关于 S 区域人口密度、人均收入等资料。每次调查资料参照期为 2 年。

调查问卷的内容包括销售点名称、地址、规模、特性、人流量及销售方式等若干项目，其中销售方式等大项目下列出若干小项目。为了减少因调查对象不配合而无法取得信息的情况发生，如负责人（或联系人）姓名及有关情况、联系电话、销货量等，在问卷设计和调查任务布置时做了适当放宽考核要求的考虑。

在取得详尽的调查资料以后，对此进行市场分析。按照购买力、营销能力和市场潜力等因素测算出综合指数，区分层次，据此确定工作重点。例如，调查发现该市有饮料销售点 8 000 余个，经过分析，从中选取出 2 500 个作为重点，由各片业务员负责全力攻克。然后再确定各销售点适宜的商品组合，即根据不同地区、不同销售场所、不同消费群体的习惯，分别选择提供大瓶或小瓶、玻璃瓶或塑料瓶、瓶装或罐装、使用现调机或配备冷冻展示柜等。

经过一段时间的运营后，根据目标市场全部售点数量、人口密度及购买力水平等因素，将 A 饮料公司的产品在各区域的最大市场潜力测算出来并加以明示；将已占领的售点及销量也一一对应列示并加以对比，这样市场开拓任务从总体到各区域就都一目了然了。

思考题：

根据上述资料，思考拟订怎样的营销计划书对 A 饮料公司是合理的。

第二节　市场营销组织

一、市场营销部门的演变

市场营销组织是指企业内部涉及市场营销活动的各个职位及其结构。管理离不开组织,市场营销管理自然也离不开特定的组织结构。设计一个适应企业特点和环境变化的营销组织结构,是执行企业营销计划、实现营销目标的前提和基础。

市场营销部门的组织形式,主要受宏观市场营销环境、企业市场营销管理哲学,以及企业自身所处的发展阶段、经营范围、业务特点等因素的影响。现代营销组织是经过长期演变而形成的,其演变过程可分为五个阶段,每个阶段都有不同的组织形态。

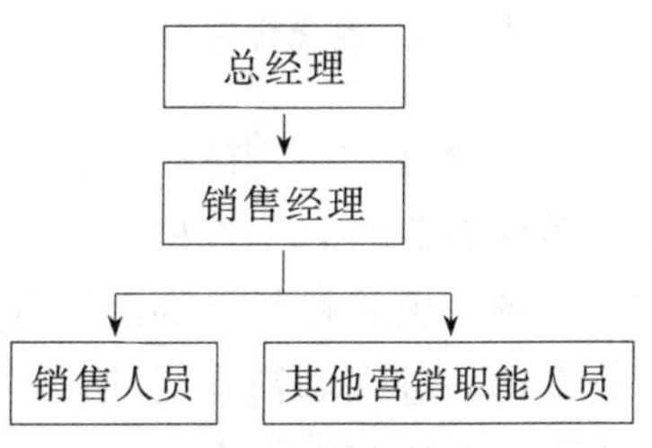

图 12-1　早期的销售部门

第一阶段:早期的销售部门,如图 12-1 所示。

20 世纪 30 年代以前,西方企业以生产观念为指导,大多采用这种组织形式。一般而言,企业建立之初都是从财务、生产、销售、人事和会计五个基本职能部门开始发展的。财务部门负责资金的筹措,生产部门负责产品制造,生产是企业经营管理的重点,生产什么、生产多少以及产品价格主要由生产和财务部门决定。在这个阶段,销售部门负责销售,通常由一位副总经理负责,管理销售人员,促使他们卖出更多的产品,并兼管若干市场营销研究和广告宣传工作。

第二阶段:具有营销职能的销售部门,如图 12-2 所示。

20 世纪 30 年代,市场竞争日益激烈,许多企业以推销观念作为指导思想。此时的组织特点是具有营销职能的销售部门。随着企业业务的扩大,需要增加某些新的营销职能,如开展市场调研、广告宣传等工作,这时,一般聘用一位市场主管作为销售经理来负责这方面工作。

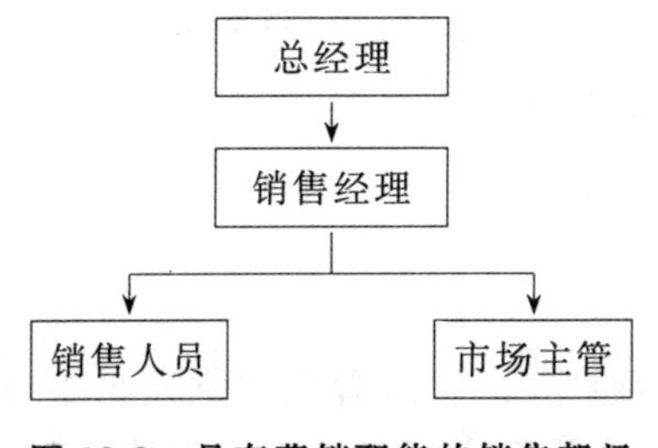

图 12-2　具有营销职能的销售部门

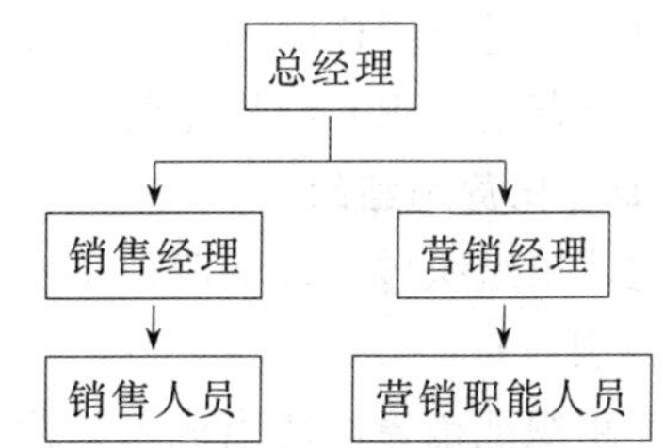

图 12-3　独立的营销部门

第三阶段:独立的营销部门,如图 12-3 所示。

随着企业的持续发展,一些与营销有关的活动如广告宣传、市场调研、新产品开发和售后服务等需要进一步加强。于是,市场营销部门成为一个相对独立的职能部门,作为市场营销部门负责人的市场营销副总经理同销售副总经理一样直接受总经理的领导,销售和市场营销成为既各自独立又紧密联系的两个平行的职能部门。

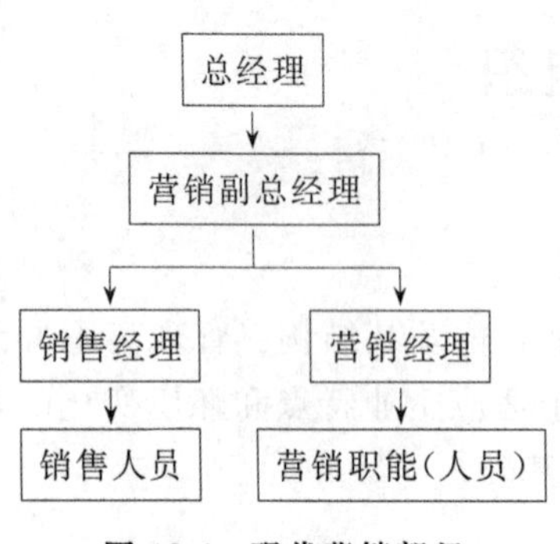

图 12-4　现代营销部门

第四阶段：现代营销部门，如图 12-4 所示。

销售部门与营销部门由于联系紧密，本应协调一致搞好工作，但因各个职能、目标不同，结果往往相互扯皮，导致矛盾日益突出。销售经理往往侧重于短期目标和致力于完成当前的工作任务，而营销经理则注重长期市场营销战略和开发满足消费者长远需要的产品。销售部门和市场营销部门之间矛盾冲突的解决过程，形成了现代市场营销部门的基础，即由市场营销副总经理全面负责，下辖所有市场营销职能部门和销售部门。

值得注意的是，市场营销人员与销售人员是两个不同的群体，虽然很多市场营销人员来自销售人员，但他们的特征和职能是不同的。事实上，在这两种职业之间有着根本的不同。从专业性而言，市场营销经理的任务是确定市场机会、准备市场营销策略并计划组织新产品进入，使销售活动达到预定目标，而销售人员则是负责实施新产品进入和销售活动。在这一过程中常出现两种问题：如果市场营销人员没有征求销售人员对于市场机会和整个计划的看法和见解，那么在实施过程中可能会导致事与愿违，而且，如果在实施后市场营销人员没有收集销售人员对于此次行动计划实施的反馈信息，那么他很难对整个计划进行有效控制。

第五阶段：现代营销公司。

一个企业如果仅有现代营销部门，还不能说它是真正的现代营销公司。现代市场营销企业取决于企业内部各种管理人员对待市场营销职能的态度，这种现代营销公司应当了解一切部门都是“为顾客而工作”的，营销不只是一个部门的名称。不能把营销等同于销售，不能把营销部门仅仅视为市场运作部门。只有把营销作为贯穿公司运营始终的公司哲学，才能成为真正意义的现代营销公司。

二、市场营销部门的组织形式

为了实现企业目标，企业必须选择建立合适的市场营销组织。现代营销部门有许多种组织形式，但所有的市场营销组织都必须与营销活动的领域(职能、区域、产品和消费者)相适应和相对应。对于同样的岗位，不同的组织会有不同的形式。一般来讲，市场营销组织可以分为专业化营销组织与结构化营销组织两大基本形式。

(一) 专业化营销组织

专业化营销组织包括以下四种类型。

1. 职能型组织

职能型组织把销售职能当成市场营销的重点，而广告、产品管理和研究职能则处于次要地位。当企业只有一种或很少几种产品，或者企业产品的市场营销方式大体相同时，按照市场营销职能设置组织结构比较有效。这种组织结构常应用在产品种类有限，市场区域覆盖面较窄的企业中。这种组织形式的优点在于易于管理。但是，由于没有一个部门能对某产品的整个市场营销活动负全部责任，随着产品品种的增多和市场的扩大，这种组织形式就暴露出发展不平衡和难以协调的问题。首先，会出现某些产品或市场的计划工作不完善的状况；其次，各职能单位都争相要求使自己的部门获得比其他部门更重要的地位，可能导致各职能部门之间的协调困难局面出现，其组织示意图如图 12-5 所示。

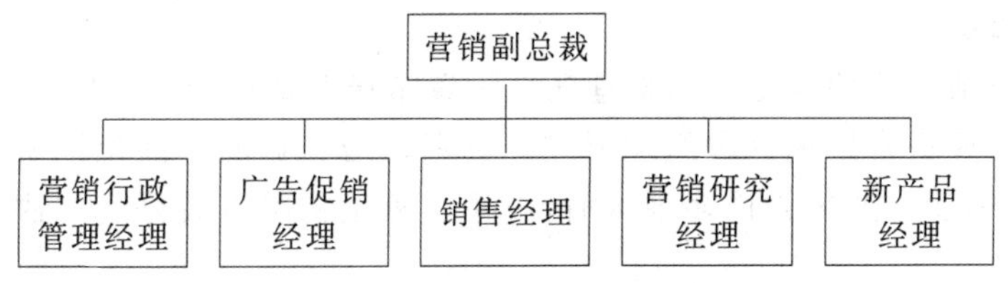

图 12-5　职能型组织示意图

2. 产品型组织

产品型组织是指在企业内部建立产品经理组织制度，以协调职能型组织中的部门冲突。它在企业所生产的各种产品差异很大、产品品种很多时适用，其组织示意图如图 12-6 所示。

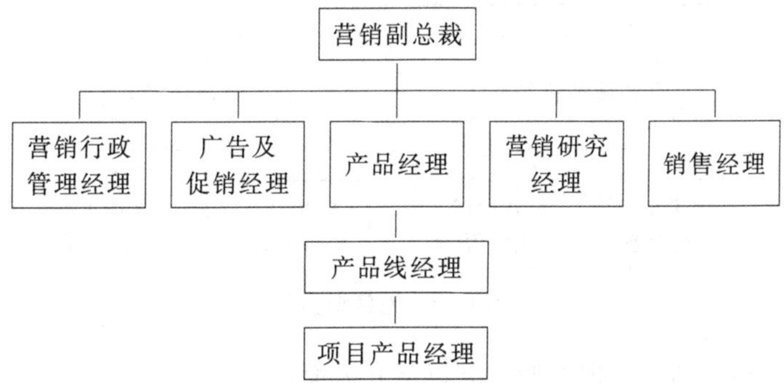

图 12-6　产品型组织示意图

产品经理也是一个从事产品管理的职业经理人。在不同的企业里，由于组织结构的设置不一样，产品管理的内容也不尽相同。一般来讲，产品管理的核心内容就是：设定产品战略目标，制订产品营销计划，进行信息、价格、广告和促销管理及危机处理。

3. 市场型组织

市场型组织结构的特点是按照市场系统安排营销机构。它一般是为了适应细分市场的不同要求而设立的机构。当企业拥有单一的产品线，并且同时具有多个细分市场，实行差异化经营，并且有不同的分销渠道时，应用此种方式。市场型组织的基本形态如图 12-7 所示。

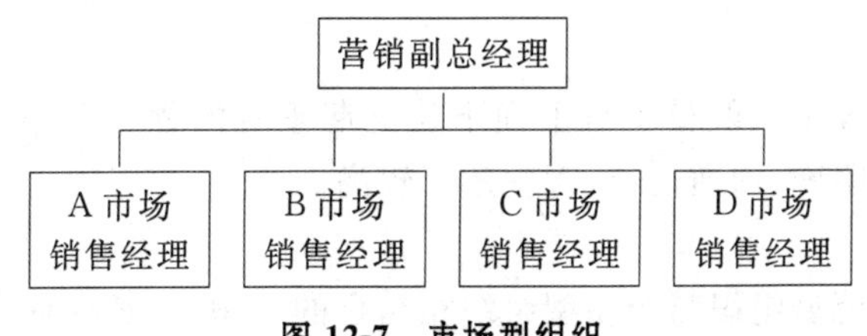

图 12-7　市场型组织

市场型组织的优点在于，企业的市场营销活动是按照满足各类不同顾客的需求来组织和安排的，这有利于企业加强销售和市场开拓。其缺点是，存在权责不清的问题和多头领导的矛盾，同时，随着企业服务的市场和客户越来越多，必须雇用大量的销售人员。

市场经理负责制订主管市场的经营计划、分析主管市场的动向和提出新产品开发建议。他们的工作成绩常用市场份额的增长状况进行判断，而不是看其市场现有的盈利状况。市场经理开展工作所需要的功能性服务由其他功能性组织提供。分管重要市场的市场经理甚至有几名功能性服务的专业人员直接向他负责。

4. 地区型组织

地区型组织结构的特点是按照地理区域设置市场营销机构。在广阔的地理区域开发产品与市场的企业适合采用这种组织形式。特别是当企业的产品范围有限，且产品又具有同质性，并且需要迅速覆盖许多地区时，应用这种结构可以较好地解决问题，其结构如图 12-8 所示。

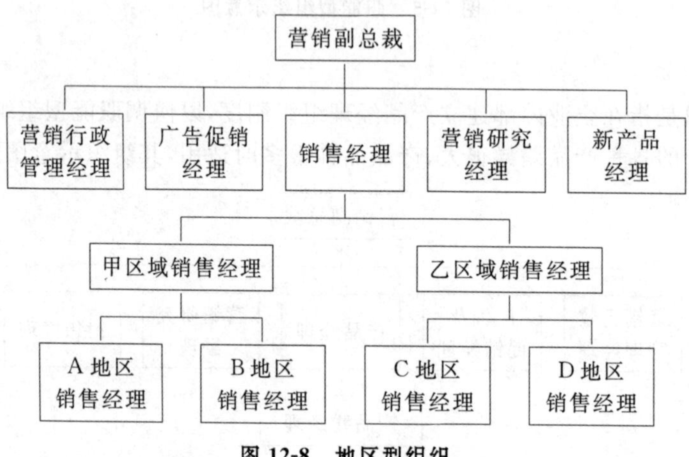

图 12-8　地区型组织

一般情况下，地区销售经理的职责有以下几方面：

(1) 具体负责管理企业指定地区的营销工作。

(2) 掌握所辖地区的市场动态和发展趋势。

(3) 提出具体的区域营销计划方案。

(4) 与该地区的主要经销商、客户建立长期稳定的合作关系。

(5) 负责与相关的调研机构、广告公司、发布媒体保持正常联络。

(6) 根据市场变化对推销人员和营销资源进行动态优化分配。

(二) 结构化组织

结构化组织，是指依据企业内部不同的营销组织与职位之间的相互关系而形成的不同形式的营销组织体系。

1. 金字塔型

金字塔型是由经理至一般员工自上而下建立起垂直的领导关系，管理幅度逐步加宽。其特点是上下级权责明确、沟通迅速、管理效率较高。

2. 矩阵型

矩阵型组织是职能型组织与产品型组织相结合的产物，它是在垂直领导系统的基础上，又建立一种横向的领导系统，两者结合起来就组成一个矩阵。

3. 事业部型

事业部型管理结构是不同产品或地区实行独立核算的组织形式。它是总公司的一级分权化单位，一般可按产品或地区划分成不同的事业部。

4. 项目管理型

项目管理型是指根据具体项目情况设置的由营销经理直接管理的临时性营销组织系统。

三、市场营销部门与其他部门的关系

（一）与研究开发部门的关系

研究开发部门由科技人员组成，他们往往从科学技术角度看待问题，喜欢攻克技术难关，开发技术上领先或超前的新产品，而对新产品能否有市场、获利则不甚关心。营销部门是由具有市场头脑的人员构成的，他们对市场环境比较了解，希望有更多符合消费者需要的新产品问世，注重产品成本和盈利水平。因此，两个部门的人往往容易各自带着偏见来看对方，这样，就会出现三种情况，即偏重技术、偏重市场或二者并重。偏重技术的公司重视技术优势，开发出新产品往往费用高、成功率低。偏重市场的公司，研究开发部门只是奉命为具体市场的需要设计产品，主要是对现有技术加以改进和应用，新产品成功率高，但产品生命周期较短。二者并重的公司，营销部与研究开发部关系密切，能有效地进行合作，合作方式主要有联合举办研讨会、互派人员参与对方活动、共同制订营销计划与目标、矛盾冲突由高层管理部门予以解决等。

（二）与工程部门的关系

工程部门负责运用切实可行的方法，来设计新产品和新的生产程序。工程师们更关心产品的技术质量、成本费用的节约以及制造工艺的简化。如果市场营销人员希望以产品多样化，而不是标准配件来突出产品特色，工程师们便会与之发生冲突。他们认为市场营销人员只要求产品外形美观，而不注重其内在性能，是一群极易改变工作重心且夸夸其谈之辈，不值得加以信任。但在市场营销人员具有工程基础知识并能有效地与工程师沟通的企业中，一般不会出现上述问题。

（三）与采购部门的关系

采购人员负责以最低的成本买进质量、数量都合适的原材料与零配件。通常，他们的购买量大且种类较少。但市场营销经理通常会争取在一条生产线上推出几种型号的产品，这就需要采购数量小而品种多的原材料及配件，而不需要数量大而种类少的配件。因此，采购人员认为市场营销部门对原料及其零配件的质量要求过高，尤其是当市场营销部门的预测发生错误时更为突出，这迫使他们不得不以较高的价格条件购进原材料，有时还会造成库存过多而积压的现象。

（四）与生产部门的关系

生产部门的职责是维持生产的正常运转，用适当的成本，在适当的时间内生产出适当数量的产品。他们往往抱怨营销部门做出不正确的销售预测，推荐难以制造的产品，答应给顾客过多不合理的服务项目。营销部门则对生产部门的困难关心不够，认为生产部门为顾客考虑太少、产品质量控制不严。这样，就会出现三种情况，即以生产为重、以市场为重或两者并重。以生产为重的公司将围绕生产来组织活动，营销往往发挥不了作用。以市场为重的公司，会想尽一切办法来满足顾客需要，营销部门要求生产什么，生产部门就生产什么，从而对产品成本、质量等考虑不够。两者并重的公司，生产部门与营销部门可以共同确定公司追求的最佳利益，采用的方法包括召开联合研讨会、设置联合委员会和联络人员、制订人员交流计划、共同制定最佳的行为方案等。现代公司应逐渐朝两者并重的方向发展。

（五）与财务部门的关系

财务部门认为自己最懂得怎样估算各项业务活动支出的获利能力，而营销部门经常要求为广告、促销等活动提供大量预算，却又不能具体说明这些经费带来多少销售利润。营销部门则认为财务人员控制资金太紧、过于保守、不敢冒险，因拒绝开发投资失去了许多机会。解决这个问题的办法是加强对营销人员的财务训练和财务人员的营销训练。财务人员要善于运用财务工具和理论支持对全局有影响的营销工作。

(六) 与会计部门的关系

会计人员认为市场营销人员不能准时制作销售报表，尤其不喜欢销售人员为顾客达成的特殊交易，因为这些交易需要特殊的会计手续。反之，市场营销人员则不喜欢会计人员把固定成本分摊到不同品牌上去。品牌经理认为，他们主管的品牌比预期的更能盈利，但问题在于分摊给产品的间接费用太多，而使得品牌利润率降低；他们还希望会计部门能按渠道、区域、订货规模等编制各不相同的利润和销售额报表。

企业内部各职能部门应该密切配合以实现企业的整体目标。但实际上，由于种种原因，营销部门与其他部门之间常常存在着各种矛盾。其中有些矛盾是由于部门之间的偏见造成的，有些则是由于部门利益与企业利益相冲突所造成的。

在企业的组织结构中，所有职能部门对顾客的满意程度都有或多或少的影响。正如市场营销部门强调顾客满意这一点一样，其他部门也同样强调它们工作的重要性，因此其他部门经常反对在工作中一切以顾客利益为中心。因此，如何处理好营销部门与其他部门之间的关系对于企业组织来说显得非常重要。

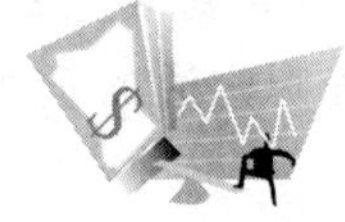

案例 12-2

家居建材 3.0 时代

家居建材 2.0 时代的后期，受资源投入的边际效应递减规律与欧美国家打压扼制的双重影响，国民经济发展速度逐步减缓。家居建材 3.0 时代，国民经济增长速度将回落到 5%～6%，甚至更低。根据瓷砖、定制家居、涂料等家居建材行业的统计数据，发现增长速度不约而同地都在 2018 年前后出现拐点，行业增长速度明显下降，甚至开始出现负增长。其中，瓷砖行业从 2018 年开始出现明显的负增长，2019 年产量跌回十年前水平；2019 年，中国涂料工业主营业务收入呈现负增长；定制家居行业 9 家上市公司，销售增长速度在 2018 年出现断崖式下降。同期，中国的商品住宅销售量增长速度也出现明显下探。这不是巧合，而是市场环境出现拐点的重要信号。

家居建材 2.0 时代的早中期，是大多数城镇居民初次购房装修的刚需爆发时代，消费结构呈现为中档为主的单驼峰正态分布。家居建材 3.0 时代，刚需消费规模萎缩，而家居建材产品的耐用年限及消费更新升级周期长，多数城镇居民尚未进入家居建材消费的二次改善、升级时期，一定时期内会出现“中产阶层消费塌陷”现象。受新冠肺炎疫情影响，若干年限内会加剧上述的“中产阶层消费塌陷”现象。最近，将是中国家居建材行业最严峻的时期。

另外，进入家居建材 3.0 时代以后，刚需消费人群还会由老一代的城镇居民转变为“农转非”人口（新近从农村转入城镇的人口），刚需消费档次不升反降，从而出现刚需消费的“减量降级”现象。基于“成长本能”，头部品牌会进一步加强在大众消费市场的竞争强度。可以说，家居建材 3.0 时代，大众化家居建材产品市场是头部品牌惨烈的战场、中小企业的坟场。

但从长远看，随着中高层阶层陆续进入二次升级消费，将会出现除了初次刚需消费之外的另一个升级消费波峰，从而形成家居建材 3.0 时代家居建材消费的双驼峰消费。

家居建材 2.0 时代的早中期,几乎所有的家居建材企业都处于创业及发展的初中期,彼此之间实力差距不大,市场呈现为完全竞争。而到了家居建材 2.0 时代的后期,家居建材各行业的头部品牌均已成气候,企业之间的规模与实力差距扩大,呈现为头部品牌主导下的寡头竞争,马太效应日趋明显。

到目前为止,家居建材领域的很多行业都已经出现年销售额过百亿元的企业,规模实力远远抛开了众多的二三线品牌,甚至明显超越了同属第一阵营的竞争对手。如电工行业的公牛、瓷砖行业的马可波罗、定制家居行业的欧派、涂料行业的立邦、厨电行业的方太等。由于巨大的实力差距,家居建材 3.0 时代,众多二、三线品牌,再也无法用家居建材 2.0 时代的手法与头部品牌竞争。由于家居建材大都属于半成品,需要经过专业复杂的中间设计、施工、物流环节才能进入最终消费领域,因此具有一定的生产资料特性。此外,家居建材产品的消费周期长、日常关注度低,购买消费过程需要极大依赖线下体验。因此,家居建材 2.0 时代的前中期,互联网对家居建材产品营销的影响并不大。

到了家居建材 2.0 时代的后期,尤其是最近几年,由于第三方大件物流服务的快速发展,互联网及其他的数字化技术如大数据、虚拟体验、云设计等,对家居建材营销发挥着日益重要的作用,尤其深刻影响了家居建材的销售渠道策略与传播推广策略,以及企业的盈利模式。对产品、定价等其他营销策略,也产生了一定的影响。

现如今,大多数家居建材卖场的实体店面,都无法通过卖场的自然客流量谋求赢利生存,反而出现卖场依靠入驻商户的店外推广反引流现象。家居建材 3.0 时代,家居建材企业的销售渠道策略首先需要进行变革。而消费者信息获取方式的数字化,则要求企业的传播推广策略也要进行极大调整。

既然家居建材 3.0 时代已经来临,而且市场环境相比家居建材 2.0 时代发生了巨大变化,那么,广大家居建材企业就应该根据时代特征的变化,及时调整经营策略积极应对。

思考题:

家具企业应该如何改革其营销组织?

第三节 市场营销实施

一、市场营销实施中的问题

(一) 计划与实际相互脱离

市场营销计划通常是由上层的专业管理人员制订的,而执行则需要依靠其他市场营销人员。如果这两类人员之间缺乏必要的沟通和协调,就会导致下列问题的出现:市场营销计划的制订者只考虑到了总体的战略目标而忽略了计划执行过程中的细节问题,使计划过于笼统和流于形式,从而难以实施;市场营销计划的制订者与市场营销计划的执行人员之间缺少必要的交流与沟通,导致市场营销计划的执行人员在没有完全理解营销计划战略的情况下盲目地加以执行;脱离实际的战略导致计划人员和执行人员相互对立和不信任。

因此,企业在制订营销计划时,应该由计划的执行人员协助制订者去制订营销计划,从而使得营销计划更加符合实际情况,有利于市场营销计划的执行。

（二）长期目标和短期目标相互矛盾

市场营销战略计划着眼于企业的中长期目标，通常涉及今后3～5年的经营活动。而具体执行这些战略计划的市场营销人员则通常着眼于短期的目标，如销售量、市场占有率或利润率等。因此，市场营销计划通常存在长期目标与短期目标相互矛盾的问题。企业如果能有效地平衡这两种目标，那么市场营销计划的执行人员就不会选择短期行为，而使得其目标与市场营销计划的制订人员相一致。

（三）因循守旧的惰性

企业当前的经营活动往往是为了实现既定的战略目标，新的战略如果不符合企业的传统和习惯就会遭到抵制，新旧战略的差异越大，实施新战略可能遇到的阻力也就越大。

（四）缺乏具体明确的执行方案

还有一些市场营销战略计划是由于计划人员没有制订明确、具体的执行方案，使得营销计划的执行人员无所适从，导致整个营销计划的失败。

二、市场营销实施过程

（一）制定行动方案

为了有效地实施营销战略，必须制定详细的行动方案，即计划实施具体安排，包括人员配备、目标分解、资源分配、时间要求等关键性决策和任务，并将执行这些决策和任务的责任落实到个人或小组。另外，还应定出行动的确切时间。

（二）建立组织结构

为了有效执行企业的营销计划，企业必须调整和建立相应的组织机构。也就是说，企业的组织结构必须同企业战略相一致，必须同企业面临的营销环境相适应。由于现代企业面临的营销环境变化快速，很多企业选择了更加灵活的组织结构，现代企业的组织结构出现了扁平化和虚拟化的发展趋势。灵捷企业和虚拟企业的出现很好地证明了这一点。

（三）设计决策和报酬制度

为了实施营销战略和营销计划，还必须设计相应的决策和报酬制度。这些制度直接关系到战略实施的成败。制定报酬的原则主要有：制定报酬必须合理以提高人们积极性为前提；报酬制定一定兼顾短期利益与长期利益的关系。

（四）开发人力资源

企业所有的市场营销计划都要靠企业的员工来实施。因此，企业必须合理有效地开发企业的人力资源。人力资本比人力资源更加重要。开发企业的人力资源则包括企业人员的考核、选拔、安置、培训和激励等问题。

（五）建立企业文化和管理风格

现代企业需要解决的三个基本问题是：企业制度的建设、企业战略的选择和企业文化的塑造。企业文化是指一个企业的内部全体人员共同持有和遵循的价值标准、基本信念和行为准则。企业文化对企业经营思想和领导风格、对职工的工作态度和作风均起着决定性的作用。企业文化包括企业环境、价值观念、模范人物、仪式、文化网五个要素。

(1) 企业环境。是指形成企业文化的外界条件，它包括一个国家、民族的传统文化，也包括政府的方针政策以及资源、运输、市场、竞争等环境因素。外部环境还包括供应商、经销商、广告公司、新闻界、竞争对手等。

(2) 价值观念。是指企业员工共同的行为准则和基本信念，是企业文化的核心和灵魂。

(3) 模范人物。是指共同价值观的人格化,是员工行为的楷模和典范,是企业中强有力的激励者。

(4) 仪式。是指企业为树立和强化共同价值观,有计划进行的各种例行活动。

(5) 文化网。是指传播共同价值观和宣传介绍模范人物形象的各种正式和非正式的沟通渠道。

为了有效地实施营销战略和营销计划,企业的行动方案、组织结构、决策和报酬制度、人力资源、企业文化和管理风格这五大要素要与营销战略相协调,各要素之间必须协调一致、相互配合。

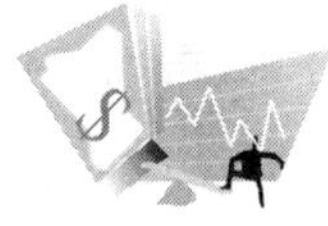

案例 12-3

诺贝尔瓷砖

诺贝尔瓷砖创立于1992年,总部位于中国杭州,在全国拥有53家分公司、1 100余家品牌专卖店,营销网络覆盖全国所有省会城市和主要大、中城市,并与全国大型建材超市建立了良好的合作关系,自2003年起连续十八年单一品牌销售全国领先。

诺贝尔瓷砖旗下包括诺贝尔瓷抛砖、诺贝尔瓷砖、塞尚印象瓷砖、汉为等多个品牌,全系列产品致力于满足人们对高品质居住环境的需求,是人民大会堂、北京奥运会比赛场馆、南极考察中山站等众多知名建筑的选用品牌产品。

业务发展迅速,企业营销管理与挑战

诺贝尔瓷砖的业绩增长离不开销售人员及团队的跟进与配合,随着业务的增长与扩展,如何提升营销管理水平,提升销售团队效能成为诺贝尔瓷砖最大的挑战。

一方面,销售人员长期处于外勤状态,管理者无法清晰了解每个销售的工作状态和进度,销售过程中也无法及时提供辅导。另一方面,诺贝尔瓷砖客户分散在各分公司,各个分公司独立管理客户资源,信息分散,集团总部无法对项目、客户进行统一分析与管理,导致诺贝尔瓷砖无法实现业务相关信息的有效支撑。

问题:诺贝尔瓷砖集团如何进行市场营销管理?

第四节 市场营销控制

一、年度计划控制

任何企业都要制订年度计划,然而,年度市场营销计划的执行能否取得理想的成效,还需要看控制工作进行得如何。年度计划控制是指企业在本年度内采取控制步骤,检查实际绩效与计划之间是否有偏差,并采取改进措施,以确保市场营销计划的实现与完成。许多企业每年都制订有相当周密的计划,但执行的结果却往往与之有一定的差距。事实上,计划的结果不仅取决于计划制订得是否正确,还有赖于计划执行与控制的效率如何。可见,年度计划制订并付诸执行之后,搞好控制工作也是一项极其重要的任务。年度计划控制的主要目的在于以下几方面：

（1）促使年度计划产生连续不断的推动力。

（2）控制的结果可以作为年终绩效评估的依据。

（3）发现企业潜在问题并及时予以妥善解决。

（4）高层管理人员可借此有效地监督各部门的工作。

年度计划控制系统包括四个主要步骤：

（1）制订标准。确定本年度各个季度（或月）的目标，如销售目标、利润目标等。

（2）绩效测量。将实际成果与预期成果相比较。

（3）因果分析。研究发生偏差的原因。

（4）改正行动。采取最佳的改正措施，努力使成果与计划相一致。企业经理人员可运用五种绩效工具以核对年度计划目标的实现程度，即销售分析、市场占有率分析、市场营销费用与销售额比率分析、财务分析、顾客态度追踪。

（一）销售分析

销售分析主要用于衡量和评估经理人员所制定的计划销售目标与实际销售之间的关系。这种关系的衡量和评估有两种主要方法。

1. 销售差异分析

销售差异分析用于决定各个不同的因素对销售绩效的不同作用。例如，假设年度计划要求第一季度销售 4 000 件产品，每件 1 元，即销售额 4 000 元。在该季结束时，只销售了 3 000 件，每件 0.80 元，即实际销售额 2 400 元。那么，这个销售绩效差异为－1 600 元，或预期销售额的－40%。问题是，绩效的降低有多少归因于价格下降？有多少归因于销售数量的下降？可用如下计算来回答：

$$\text{因价格下降的差异} = (1 - 0.80) \times 3\,000 = 600/1\,600 = 37.5\%$$

$$\text{因数量下降的差异} = 1 \times (4\,000 - 3\,000) = 1\,000/1\,600 = 62.5\%$$

可见，约有 2/3 的销售差异归因于未能实现预期的销售数量。由于销售数量通常较价格容易控制，企业应该仔细研究未能达到预期的销售量的原因。

2. 微观销售分析

微观销售分析可以决定未能达到预期销售额的特定产品、地区等。假设企业在三个地区销售，其预期销售额分别为 1 500、500 和 2 000 元，总额 4 000 元。实际销售额分别是 1 400、525、1 075 元。就预期销售额而言，第一个地区有 6.7%的未完成额；第二个地区有 5%的超出额；第三个地区有 46.25%的未完成额。主要问题显然在第三个地区。造成第三个地区不良绩效的原因有如下可能：一是该地区的销售代表工作不努力或有个人问题；二是有主要竞争者进入该地区；三是该地区居民收入下降。

（二）市场占有率分析

企业的销售绩效并未反映出相对于其竞争者而言，企业的经营状况如何。如果企业销售额增加，可能是由于企业所处的整个经济环境的发展，或可能是因为其市场营销工作较其竞争者有相对改善。市场占有率正是剔除了一般的环境影响来考察企业本身的经营工作状况。如果企业的市场占有率升高，表明它较其竞争者的情况更好；如果下降，则说明相对于竞争者其绩效较差。衡量市场占有率的第一个步骤是清楚地定义使用何种度量方法。一般有四种不同的度量方法。

(1) 全部市场占有率,即企业的销售额占全行业销售额的百分比。使用这种测量方法必须作两项决策:第一是要以单位销售量或以销售额来表示市场占有率;第二是正确认定行业范围,即明确本行业所应包括的产品、市场等。

(2) 可达市场占有率,即其销售额占企业所服务市场的百分比。所谓可达市场,一是企业产品最适合的市场;二是企业市场营销努力所及的市场。企业可能有近100%的可达市场占有率,却只有相对较小的全部市场占有率。

(3) 相对市场占有率(相对于三个最大竞争者),即企业销售额对最大的三个竞争者的销售额总和的百分比。如某企业有30%的市场占有率,其最大的三个竞争者的市场占有率分别为20%、10%、10%,则该企业的相对市场占有率是30/40=75%。一般情况下,相对市场占有率高于33%即被认为是强势的。

(4) 相对市场占有率(相对于市场领导竞争者),即企业销售额相对市场领先竞争者的销售额的百分比。相对市场占有率超过100%,表明该企业是市场领导者;相对市场占有率等于100%,表明企业与市场领导竞争者同为市场领导者;相对市场占有率的增加表明企业正接近市场领导竞争者。

了解企业市场占有率之后,尚需正确解释市场占有率变动的原因。企业可从产品大类、顾客类型、地区以及其他方面来考察市场占有率的变动情况。一种有效的分析方法是从顾客渗透率 Cp(customer permeability penetrance)、顾客忠诚度 Cl(customer loyalty)、顾客选择性 Cs(customer selectivity),以及价格选择性 Ps(price selectivity)四因素分析。顾客渗透率,是指从本企业购买某产品的顾客数量占该产品顾客总数的百分比。顾客忠诚度,是指顾客从本企业所购产品与其所购同种产品总量的百分比。顾客选择性,是指本企业一般顾客的购买量相对于其他企业一般顾客的购买量的百分比。价格选择性,是指本企业平均价格同所有其他企业平均价格的百分比。这样,全部市场占有率 T_{ms} 就可表述为:

$$T_{\mathrm{ms}} = C_{\mathrm{p}} \cdot C_{\mathrm{l}} \cdot C_{\mathrm{s}} \cdot P_{\mathrm{s}}$$

(三) 市场营销费用与销售额的比率分析

年度计划控制也需要检查与销售有关的市场营销费用,以确定企业在达到销售目标时的费用支出。市场营销费用对销售额之比是一个主要的检查比率,其中包括销售队伍开支与销售额之比、广告费用与销售额之比、促销费用与销售额之比、销售管理费用与销售额之比等。市场营销管理人员的工作,就是密切注意这些比率,以发现是否有比例失去控制。当一项费用对销售额比率失去控制时,必须认真查找问题的原因。

(四) 财务分析

市场营销管理人员应就不同的费用对销售额的比率和其他的比率进行全面的财务分析,以决定企业如何以及在何处展开活动,并获得盈利。尤其要利用财务分析来判别影响企业资本净值收益率的各种因素。

(五) 顾客态度追踪

市场营销的发展变化需要进行定性分析和描述,企业需要建立一套系统来追踪其顾客、经销商以及其他市场营销系统参与者的态度。如果发现顾客对本企业和产品的态度发生了变化,企业管理者就能较早地采取行动,争取主动。企业一般主要利用以下系统来追踪顾客的态度:

(1) 抱怨和建议系统。企业对顾客的书面的或口头抱怨应该进行记录、分析,并做出适当的反应。对不同的抱怨应该分析归类、做成卡片,较严重的和经常发生的抱怨应及早予以注意。企业应该鼓励顾客提出批评和建议,使顾客经常有机会发表意见,才有可能收集到顾客对其产品和服务反应的完整资料。

(2) 固定顾客样本。有些企业建立由有一定代表性的顾客组成的固定顾客样本,定期地由企业通过电话访问或邮寄问卷了解其态度。这种做法有时比抱怨和建议系统更能代表顾客态度的变化及其分布范围。

(3) 顾客调查。企业定期让一组随机顾客回答一组标准化的调查问卷,其中问题包括职员态度、服务质量等。通过对这些问卷的分析,企业可及时发现问题,并及时予以纠正。

通过上述分析,企业在发现实际绩效与年度计划发生较大偏差时,可考虑采取如下措施:削减产量,降低价格,对销售队伍施加更大的压力,削减杂项支出,裁减员工,调整企业簿记,削减投资,出售企业财产,出售整个企业。

二、盈利能力控制

(一) 市场营销成本

市场营销成本直接影响企业利润,它由以下项目构成:

(1) 直接推销费用。包括直销人员的工资、奖金、差旅费、培训费和交际费等。

(2) 促销费用。包括广告媒体成本、产品说明书印刷费用、赠奖费用、展览会费用、促销人员工资等。

(3) 仓储费用。包括租金、维护费、折旧、保险、包装费和存货成本等。

(4) 运输费用。包括托运费用等,如果是自有运输工具,则要计算折旧、维护费、燃料费、牌照税、保险费和司机工资等。

(5) 其他市场营销费用。包括市场营销管理人员工资和办公费用等。

上述成本连同企业的生产成本构成了企业总成本,直接影响到企业经济效益。其中,有些与销售额直接相关,称为直接费用;有些与销售额并无直接关系,称为间接费用。但有时二者很难划分。

(二) 盈利能力的考察指标

取得利润是企业最重要的目标之一。企业盈利能力历来被市场营销管理人员高度重视,因而盈利能力控制在市场营销管理中占有十分重要的地位。在对市场营销成本进行分析之后,我们提出如下盈利能力考察指标。

1. 销售利润率

一般地,企业将销售利润率作为评估企业获利能力的主要指标之一。销售利润率是指利润与销售额之间的比率,表示每销售 100 元使企业获得的利润,其计算公式为:

销售利润率＝本期利润 / 销售额 ×100％

但是,在同一行业各个企业间的负债比率往往大不相同,而对销售利润率的评价又常需通过与同行业平均水平对比来进行。所以,在评估企业获利能力时,最好能将利息支出加上税后利润,这样将能大体消除由于举债经营而支付的利息对利润水平产生的不同影响。因此,销售利润率的计算公式应改为:

销售利润率＝税后息前利润 / 销售额 ×100％

使用这样的计算方法,在同行业间衡量经营水平时才有可比性,才能比较正确地评价市场营销效率。

2. 资产收益率

资产收益率是指企业所创造的总利润与企业全部资产的比率。其计算公式为：

资产收益率＝本期利润／资产平均总额×100％

与使用销售利润率的理由一样，为了在同行业间有可比性，资产收益率可以用如下公式计算：

资产收益率＝税后息前利润／资产平均总额×100％

其分母之所以用资产平均总额，是因为年初和年末余额相差很大，如果仅用年末余额作为总额显然不合理。

3. 净资产收益率

净资产收益率指税后利润与净资产所得的比率。净资产是指总资产减去负债总额后的净值。这是衡量企业偿债后的剩余资产的收益率。其计算公式为：

净资产收益率＝税后利润／净资产平均余额×100％

其分子之所以不包含利息支出，是因为净资产已不包括负债。

4. 资产管理效率

资产管理效率可通过以下比率来分析：

(1) 资产周转率。该指标是指一个企业以资产平均总额去除产品销售收入净额而得出的全部资产周转率。其计算公式为：

资产周转率＝产品销售收入净额／资产平均占用额

该指标可以衡量企业全部投资的利用效率，资产周转率高说明投资的利用效率高。

(2) 存货周转率。该指标是指产品销售成本与存货(指产品)平均余额之比。其计算公式为：

存货周转率＝产品销售成本／存货平均余额

这项指标说明某一时期内存货周转的次数，从而考核存货的流动性。存货平均余额一般取年初和年末余额的平均数。一般地，存货周转率次数越高越好，说明存货水准较低、周转快、资金使用效率较高。

资产管理效率与获利能力密切相关。资产管理效率高，获利能力相应也较高。这可以从资产收益率与资产周转率及销售利润率的关系表现出来。资产收益率实际上是资产周转率和销售利润率的乘积，即

资产收益率＝产品销售收入净额／资产平均占用额

×税后息前利润／产品销售收入净额＝资产周转率×销售利润率

三、效率控制

(一) 销售人员效率

企业的各地区的销售经理要记录本地区内销售人员效率的几项主要指标，这些指标包括以下几个方面：

(1) 每个销售人员每天平均的销售访问次数。

(2) 每次会晤的平均访问时间。

(3) 每次销售访问的平均收益。

(4) 每次销售访问的平均成本。

(5) 每次访问的招待成本。

(6) 每百次销售访问中订购的百分比。

(7) 每期间的新顾客数。

(8) 每期间丧失的顾客数。

(9) 销售成本对总销售额的百分比。

(二) 广告效率

若想改进广告效率,企业至少应该做好以下统计:

(1) 每一媒体类型、每一媒体工具接触每千名购买者所花费的广告成本。

(2) 顾客对每一媒体工具注意、联想和阅读的百分比。

(3) 顾客对广告内容和效果的意见。

(4) 广告前后对产品态度的衡量。

(5) 受广告刺激而引起的询问次数。

企业高层管理可以采取若干步骤来改进广告效率,包括进行更加有效的产品定位、确定广告目标、利用计算机来指导广告媒体的选择、寻找更合适的媒体、进行广告后效果测定等。

(三) 促销效率

为了改善销售促进的效率,企业管理阶层应该对每一销售促进的成本和对销售影响作记录,注意做好以下统计:

(1) 由于优惠而销售的百分比。

(2) 每一销售额的陈列成本。

(3) 赠券收回的百分比。

(4) 因示范而引起询问的次数。

企业还应观察不同销售促进手段的效果,并使用最有效果的促销手段。

(四) 分销效率

分销效率主要是对企业存货水准、仓库位置及运输方式进行分析和改进,以达到最佳配置,并寻找最佳运输方式和途径。

效率控制的目的在于提高人员推销、广告、销售促进和分销等市场营销活动的效率,市场营销经理必须重视若干关键比率,这些比率表明上述市场营销组合因素的有效性以及应该如何改进执行情况。

四、战略控制

(一) 战略控制的概念和目的

战略控制是指由企业的高层管理人员专门负责,营销管理者通过采取一系列行动,使市场营销的实际工作与原战略规划尽可能保持一致,在控制中通过不断的评估和信息反馈,连续地对战略进行修正。与年度计划控制和盈利能力控制相比,市场营销战略控制显得更重要,因为企业战略是总体性的和全局性的。而且,战略控制更关注未来,战略控制要不断地根据最新的情况重新估价计划和进展,因此,战略控制也更难把握。

战略控制的目的是确保企业市场目标、政策、战略和措施与市场营销环境相适应，因为在复杂多变的市场环境中，原来指定的目标和战略往往很快就过时。公司必须注意那些可能形成的最大威胁的来源，特别是新技术的出现以及伴随而来的新进入者。公司要不断地对自己的总体战略进行检讨，像产品的生命周期一直在缩短一样，公司战略的周期也在缩短。

战略的控制需要注意以下方面：①以市场为导向、以客户为中心的营销观念的有效性；②公司营销战略和营销目标的实施；③营销组织的适宜性；④市场营销情报的质量；⑤工作效率。

在企业战略控制过程中，主要采用营销审计这一重要工具。每个企业都应利用市场营销审计等工具，批判性地定期重新评估企业的营销战略及其实施情况。

（二）战略控制工具——营销审计

营销审计是指对一个企业或一个业务单位的营销环境、目标、战略和活动所作的全面的、系统的、独立的和定期的检查，其目的在于决定问题的范围和机会，提出行动计划，以提高企业的营销业绩。营销审计可由企业内部人员来做，也可聘请外部专家进行。

营销审计是营销战略控制的主要工具。一次完整的营销审计活动的内容是十分丰富的，概括起来包括六个大的方面：

（1）营销环境审计。主要包括：宏观环境，如人口统计、经济、生态、技术、政治、文化；微观环境，如市场、顾客、竞争者、经销商、公众等。

（2）营销战略审计。包括企业使命、营销目标和目的、战略等。

（3）营销组织审计。包括组织结构、功能效率、部门间联系效率等。

（4）营销制度审计。包括营销信息系统、营销计划系统、营销控制系统、新产品开发系统。

（5）营销效率审计。包括盈利率分析、成本效率分析等。

（6）营销职能审计。对营销的各个因素如产品、定价、渠道和促销策略的检查评价。

企业管理者应通过定期进行审计，全面分析并及时发现企业营销中存在的问题，提出整改方案，为企业营销战略的制定和修改提供依据，促使企业不断提高营销水平。

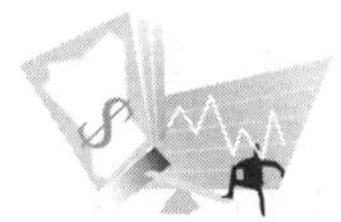

案例 12-4　伪造加盟协议，私吞加盟费

某企业审计部对下属公司例行审计，在对物流单据进行审阅的时候，发现有向该省某市一家手机售后服务店多次发运厂家提供的手机配件。按照公司规定，厂家提供的手机配件只能供应公司直营店和授权加盟商。

接下来审计人员检查从业务部门获取的加盟商清单，该店不在名单内。通过物流单据上的电话号码与收货人联系，对方回复于某年某月与我们省分公司经理某某签订了加盟协议，并交纳了加盟费、管理费等共计 X 万元。当即要求对方传真了银行转账单据和签订的协议，转账单据显示收款人为省公司经理，账户为其个人账户，协议签订人也为省公司经理。审计人员立即要求业务和财务部门调查，是否收到该店签订的加盟协议和加盟费等，业务和财务部门确认无该店加盟协议和未有该店加盟费等入账。

此时，审计人员拿着所有证据，与省公司经理对质，其不得不承认利用公司合同管控不严和掌握合同印章的权利，私自与该店签订加盟协议并私吞加盟费等的事实。后续从合同和印章管理完善相应的控制措施。

另一家商业地产的审计人员在对销售应收款进行审计时，发现个别商铺的款项是通过招商人员的个人账户打款给公司账户，款项达数万，就很奇怪。之后询问商铺何时付款，商铺答复数月前就交给招商人员。审计人员旁敲侧击其他招商人员，发现其最近有大量资金炒股，而且还将这个方法告诉了其他招商人员。

信用直接取现、转账或者信用卡还另外一张信用卡是要抽取手续费的。最后与招商人员了解到，他是这么处理的。直接拿租金炒股，然后办了1张信用卡，用信用卡打款给公司。然后信用卡有50多天的免息期，这样到期之后用新的租金款来偿还信用卡，然后再通过信用卡打款。这样他就不必支付手续费，等于其拿到了免息的一笔炒股资金。

从以上两案例可知，销售中的舞弊并不少，主要集中在业务员截留货款、窃取公司物资、另外一块是上市公司特有的虚构利润或者提前确认收入。

业务员截留货款往往是公司允许现金收款。当然有时也会有业务员称公司的收款账户存在问题，然后给了自己的个人账户之类的，要求客户打款到自己的私人账户。

业务员利用自己身份的便利，虚构供应商采购合同，之后长期挂账。而财务上的对账，则交给业务员自行处理。这个属于严重的内控缺失了。

对于内审来说，如果是管理层都知晓的，这一块其实并不严重。关键在于生产给客户的是否为定制化的产品。也有下属的分子公司的业务员虚构销售合同，导致总公司生产了大量的定制产品，结果是产品积压，业务员拿了年终奖离职走人。最后，定制产品的库存消化就是个头痛的问题。

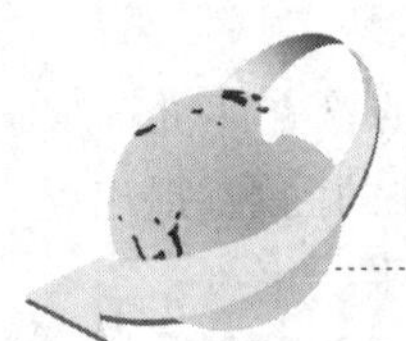

本章小结

1. 市场营销计划是指在研究目前市场营销状况，分析企业所面临的主要机会与威胁、优势与劣势以及存在问题的基础上，对财务目标与市场营销目标、市场营销战略、市场营销行动方案以及预计利润表的确定和控制。市场营销计划的内容和步骤一般包括：①执行纲领；②目前营销状况；③机会与风险分析；④拟订营销目标；⑤营销策略；⑥行动方案；⑦营销预算；⑧营销控制。

2. 市场营销组织是指企业内部涉及市场营销活动的各个职位及其结构。现代营销组织是经过长期演变而形成的。一般来讲，市场营销组织可以分为专业化组织与结构化组织两大形式。企业内部各职能部门应该密切配合以实现企业的整体目标。

3. 市场营销实施是指企业为实现战略营销目标而把营销计划转变为营销行动的过程。它包括制定行动方案、建立组织结构、设计决策和报酬制度、开发人力资源、建立企业文化和管理风格五个基本过程。

4. 市场营销控制是指企业的管理部门为确保营销活动按计划运行，用来跟踪企业营销活动各个环节的一套工作程序，是企业营销管理的一个重要职能，也是实施企业营销计划的一项必要措施。企业的营销控制主要有年度计划控制、盈利能力控制、效率控制和战略控制四种不同的方法。

关键概念

市场营销计划　市场营销组织　专业化营销组织　结构性营销组织　市场营销实施　市场营销控制

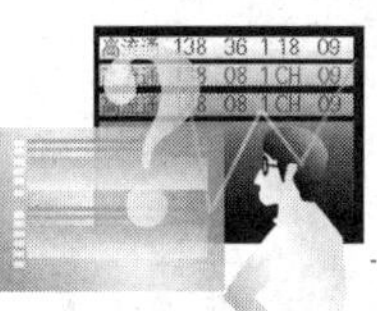

复习思考题

1. 简述市场营销计划的主要内容和步骤。
2. 企业市场营销部门的组织形式主要有哪几种?
3. 如何处理营销部门与其他职能部门的关系?
4. 企业市场营销实施过程包括哪些方面?
5. 企业市场营销控制主要有哪些方法?
6. 营销审计的内容有哪些?

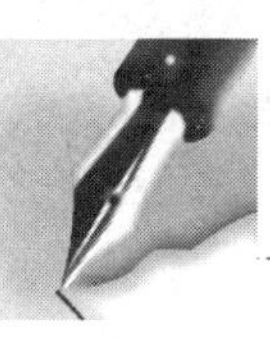

案例分析

宏远实业发展有限公司

宏远公司是一家民营企业,是改革开放的春风为宏远公司的建立和发展创造了条件。当初,顾氏三兄弟只身来到了工业重镇A市,当时他们口袋里只有父母给的全家的积蓄800元人民币,但顾氏三兄弟决心用这800元钱创一番事业。到了A市,顾氏三兄弟借了一处棚户房落脚,每天分头出去找营生,在一年时间里他们收过破烂,贩过水果,打过短工,但他们感到这都不是他们要干的。老大顾军经过观察和向人请教,发现A市的建筑业发展很快,城市要建设,老百姓要造房子,所以建筑公司任务不少,但当时由于种种原因,建筑材料却常常短缺,因而建筑公司也失去了很多工程。顾军得知,建筑材料中水泥、黄沙都很缺。他想到,在老家镇边上,他表舅开了家小水泥厂,生产出的水泥在当地还销不完,因而不得不减少生产。他与老二、老三一商量决定做水泥生意。他们在A市找需要水泥的建筑队,讲好价,然后到老家租船借车把水泥运出来,去掉成本每袋水泥能净得几块钱。利虽然不厚,但积少成多,一年下来他们挣了几万元。当时的中国"万元户"可是个令人羡慕的名称。当然这一年中,顾氏三兄弟也吃尽了苦,顾军一年里住了两次医院。虽然如此,看到一年下来的收获,顾氏三兄弟感到第一步走对了,决心继续走下去。他们又干了两年贩运水泥的活,那时他们已有一定的经济实力了,同时又认识了很多人,有了一张不错的关系网。顾军在贩运水泥中,看到A市建筑队的活忙得干不过来,他想家乡也有木工、泥瓦匠,何不把他们组织起来,建个工程队,到城里来闯天下呢?三兄弟一商量说干就干,没几个月一个工程队开进了城,当然水泥照样贩,这也算是两条腿走路了。

经过多年的发展,当初贩运水泥起家的顾氏三兄弟,已是拥有几千万资产的宏远公司的老板了。公司现有一家贸易分公司、建筑装饰公司和一家房地产公司,有员工近300人。老大顾军当公司总经理,老二、老三做副总经理,并分兼下属公司的经理。顾军老婆的叔叔任财务主管,他们表舅的大儿子任公司销售主管。总之,公司的主要职位都是家族里面的人担任,顾军具有绝对权威。

正是在顾军的带领下,宏远公司从无到有、从小到大。但顾军心里明白,公司这几年日子也不太好过。建筑公司任务还可以,但由于成本上升创利已不能与前几年同日而语了,只能是维持,略有盈余。况且建筑市场竞争日益加剧,公司的前景难以预料。贸易公司能勉强维持已是上上大吉了,今年做了两笔大生意,挣了点钱,其余的生意均没成功,况且仓库里还积压了不少货无法出手,贸易公司日子不好过。房地产公司更是一年不如一年,当初刚开办房地产公司时,由于时机抓准了,两个楼盘着实赚了一大笔,这为公司的发展立了大功。可是好景不长,房地产市场疲软,生意越来越难做。好在顾总当机立断,微利或持平把积压的房屋作为动迁房基本脱手了,要不后果真不堪设想,就是这样,现在还留着的几十套房子把公司压得喘不过气来。

面对这些困难,顾军一直在想如何摆脱现在这种状况,如何发展,发展的机会也不是没有。上个月在淮海大学听讲座时,顾军认识了A市的一家国有大公司的老总,交谈中顾总得知,这家公司正在寻找在非洲销售他们公司当家产品小型柴油机的代理商,据说这种产品在非洲很有市场。这家公司的老总很想与宏远公司合作,利用民营企业的优势,去抢占非洲市场。顾军深感这是个机会,但该如何把握呢?宏远公司的房地产公司已有一段时间没正常运作了,现在是不是该有变动了?总之,摆在宏远公司老板顾军面前的困难很多,但机会也不少,新的一年到底该干什么?怎么干?以后的5年、10年又该如何干?这些问题一直盘旋在顾总的脑海中。

思考题:

1. 你如何评价宏远公司?
2. 宏远公司是否应制订短、中、长期计划?为什么?
3. 如果你是顾军,你该如何编制公司发展计划?

第十三章 市场营销新发展

学习目标

1. 了解网络营销的概念及基本内容
2. 掌握新媒体营销的概念及基本内容
3. 了解计量营销的概念及基本内容
4. 了解大数据营销的概念及基本内容

引导案例

海尔—开创中国营销新模式

当今中国，互联网＋已经成为国家战略。海尔转型是“从组织、产品、营销到思维等多维度的革新与突破”，海尔在互联网＋时代正在展开一场规模空前的品牌年轻化运动。

海尔的战略转型从“分布式组织”展开，“以人为中心、以产品为中心、以用户为中心”的前端思维生态往前迈进。

针对互联网时代的消费特点与用户对品牌的认知特点，海尔在品牌营销上展开了深入探索。在移动互联网时代，信息进一步碎片化，消费者在渠道上面临移动端、PC端，以及线下渠道等多种选择；而消费者在选择家电产品的时候，更愿意选择一个与自己气质匹配、有影响力的产品，海尔的战略化转型中，品牌、产品年轻化是首要战略目标。基于“海尔年轻化战略，实现拥抱互联网＋时代”的实施方式，目前，海尔在市场中的表现与系列品牌营销动作，进一步印证海尔年轻化的转型路径。

大数据在具体行业的应用方面，中国家电在制造业具有家电企业角色的双重性。在智能制造业的过程当中，企业既充当了消费者的角色：企业要采购基础设备、建立生产线，从这个角度上来说它是智能装备的消费者；又是一个制造者：制造企业要向消费者提供智能产品。

2012年开始，在很多行业、很多企业不大关注数据和智能化的时候，海尔已经开始重视做大数据智能化。海尔基本打通了整个智能制造的各个环节，建立生态圈。在技术革新和新品研发方面，海尔都是通过大数据，在了解大众消费者的需求以后，再把它放到研发端进行研究。在“开始智能化的时间上”“智能化的实践和应用上”以及“和其他行业的融合以及合作应用上”这几个方面，海尔比其他制造企业都领先了一步。创新需要潜入森林，你就肯定会发现前所未见的东西。我们看到了一个更加年轻的海尔。

20世纪80年代以来，随着社会经济的发展，科学技术的进步，经济全球化的进程加快了，而进入21世纪信息社会，全球经济一体化和竞争国际化的新格局，引发了全球营销竞争环境的战略性重组。现代企业面临瞬息万变和日益个性化的市场，传统的标准化和大规模生产模式以及营销手段已很难奏效。随着营销进步与创新的速度的大大加快，一些跨世纪的新的营销方式应运而生，如网络营销、计量营销、大数据营销、绿色营销等，从而使营销理论和实践交互作用，共同发展。

第一节　网络营销

随着互联网技术的成熟、联网成本的降低、互联网的蓬勃发展及其影响力的不断扩大，企业的营销方法也在不断更新，作为传统营销的延伸，作为一种新的营销手段。网络营销(online marketing 或 e-marketing)具有高效、经济、时间跨度大、低损耗、理念新颖等诸多优势，使人们开始意识到网络营销的重要性和发展趋势。如今，网络营销不仅仅是一种营销手段，更是一种新文化，是引导企业进入的新模式。

网络营销是企业整体营销战略中的一个组成部分，是以现代营销理论为基础，利用网络、通信和数字媒体技术，最大程度地满足客户需求，以达到开拓市场、实现盈利目标的经营过程。随着互联网被广泛应用，网络营销的价值变得越来越明显。其中，可以采用多种手段，如邮件营销、博客和微博营销、网络广告营销、短视频营销、新媒体营销、社交营销、直播营销等。一般来说，以互联网或移动互联网为主要平台的各种营销活动都可以称为网络营销。

一、社交营销(social media marketing)

(一) 社交营销的概念

社群是指基于移动互联网和社交工具，拥有相同兴趣或价值观的人突破时间、空间限制聚合而成的能实时互动的群体。借助移动互联网的优势，社群成为连接企业与用户的最短路径和最经济的手段。社交媒体(social media)是消费者之间或消费者与公司之间分享文本、图片、音频、视频信息的一种方式。社交媒体是营销者，能够在网络上发布公共信息，并且还能够以低成本高效率的方式，加强其他传播活动的效果。社交媒体有及时性，因此他能够促使公司保持创新性与关联性。营销人员可以创建或利用在线社群邀请消费者加入，并以此来建立长期的营销资产。在社群中，一旦社交媒体账号在社交媒体上发布消息，社群内部就会产生相关话题，社群成员与账号主体的交流也会得到相应的解答或回复。

(二) 社交营销的发展模式：聚集—互动—运营—变现

社群在内部发展中有一套比较固定的模式，要经过成员聚集—活跃互动—合理运营—商业变现四个过程。经过这四个步骤的发展，社群也完成了从简单群组向品牌化、专业化发展的过程。

二次传播

1. 成员聚集

社群的规模及发展路径在一定程度上会受到社群成员数量的影响。社群一般通过活动推广、内容分享、成员福利活动等方式进行拉新，以壮大社群规模。

2. 活跃互动

社群成员之间的活跃互动与交流是社群保持持续发展的关键。在成立之初，社群成员的活跃度较高，要想让社群获得突破性的发展，就需要社群管理者对社群进行有效的维护与管理。

3. 合理运营

共鸣和信任更容易促使成员间传播网络的形成，从而形成社群的品牌与文化。因此，为了保持并提升社群成员对社群的情感依赖，社群管理者需要根据成员的需求和社群内容对社群进行合理的运营。运营手段包括信息共享、线上交流、线下活动等。

4. 商业变现

对于社群来说，如果一个社群拥有了社群品牌与文化，那么意味着该社群已经形成了较为成熟的管理与维护体系，此时也是进行商业化的有利时机。目前，社群商业化的方式较为单一，一般是以广告、电商为主，少量社群采取用户付费的方式。

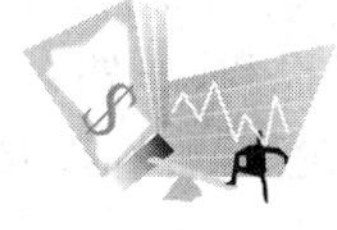

案例 13-1 瑞幸咖啡瑞幸小程序+社群运营成功的秘诀

瑞幸 2021 年 Q3 财报显示，Q3 季度瑞幸咖啡总净收入为 23.5 亿元，较 20 年同期增长 105.6%，其中，自营门店销售额增长 75.8%，联营门店较去年同期增长 355%，交易用户的大幅增加成营收增长的主要原因。这得益于瑞幸小程序+社群运营策略的成功，不仅提供了持续获客拉新的渠道来源，更重要的是实现了高频的用户留存和复购。那瑞幸咖啡是通过社群实现裂变的途径：

一、数字化解决方案——小程序

瑞幸较早就推出了自己的小程序，在运营过程中不断优化。现在的小程序功能日趋完善，除了基本的线上点单，还能实现商城、自由卡、营销区、好喝榜、会员中心等细分功能，形成了独具瑞幸风格的线上商城模式。小程序可以结合线上线下的消费场景，无论是线上点单—自取—外卖等多种配送方式，将线上流量引入线下门店；还是门店内扫码点单，简化门店服务流程，核心都是为门店吸引更多用户。小程序设有的营销功能，如高频率发放优惠券、邀请好友各得 20 元、充 4 增 3、拼单满减等，以及各类定制会员玩法，都主动提高了用户活跃度，促成在线拉新和转化。瑞幸在经营小程序的过程中发现，光有小程序还不够，如何才能持续发力，从“增量市场”走向“存量市场”，搭建起自己的私域流量池？至此，瑞幸开始大力开展社群运营，最终形成小程序+公众号+社群+视频号+企业微信的微信全场景营销模式。

二、私域运营解决方案——社群

瑞幸在营销策略上放弃了最初单一的疯狂发券轰炸方式，转而投入精细化营销，一方面利用数字资产进行资源扩张；另一方面凭借各种互联网花式玩法，打开年轻群体的精细化运营市场。通过搭建运营社群，打造一个品牌福利活动不断的信息共享群。持续激发用户的活跃度，操作形式上引导路径多一些，操作路径少一些，逐步培养用户定期消费的行为习惯，最终实现社群用户私域池。

三、互联网+微信生态助力营销

事实上，瑞幸已经打通了小程序、公众号、视频号、社群、朋友圈等微信生态之间的互通互联，比如公众号定期推送内容营销沉淀用户、视频号每周多次定期直播等，至此，瑞幸搭建形成了获客、交易、转化、留存的微信运营闭环。

二、新媒体营销(new media marketing)

(一) 新媒体营销的概念与渠道

新媒体营销是指利用新媒体平台进行营销的模式。在 WEB2.0 带来巨大革新的年代，营销思维也带来巨大改变，体验性(experience)、沟通性(communicate)、差异性(variation)、创造性(creativity)、关联性(relation)，互联网已经进入新媒体传播 2.0 时代。并且出现了网络杂志、博客、TAG、SNS、RSS、WIKI 等这些新兴的媒体。

新媒体是新的技术支撑体系下出现的媒体形态，如数字杂志、数字报纸、数字广播、手机短信、移动电视、网络、桌面视窗、数字电视、数字电影、触摸媒体等。相对于报刊、户外、广播、电视四大传统意义上的媒体，新媒体被形象地称为“第五媒体”概括来说就是：所有以有线或无线网络为载体的数据展示形式媒介通称为“新媒体”。

1. 新媒体的营销模式

新媒体的营销模式是将 propaganda 向 involvement(卷入度)改变。新媒体营销借助于新媒体中的受众广泛且深入的信息发布，达到让他们卷入具体的营销活动中。比如说，利用博客所完成的话题讨论，请博客作者们就某一个话题展开讨论，从而扩大商业公司想要推广的主题或品牌的影响范围。

新媒体营销是基于特定产品的概念诉求与问题分析，对消费者进行针对性心理引导的一种营销模式，从本质上来说，它是企业软性渗透的商业策略在新媒体形式上的实现，通常借助媒体表达与舆论传播使消费者认同某种概念、观点和分析思路，从而达到企业品牌宣传、产品销售的目的。

2. 新媒体营销的渠道

新媒体营销的渠道，或称新媒体营销的平台，主要包括但不限于：门户、搜索引擎、微博、SNS、博客、播客、BBS、RSS、WIKI、手机、移动设备、APP 等。新媒体营销并不是单一地通过上面的渠道中的一种进行营销，而是需要多种渠道整合营销，甚至在营销资金充裕的情况下，可以与传统媒介营销相结合，形成全方位立体式营销。

(二) 新媒体营销的内容

网络杂志和博客营销是 WEB2.0 下诞生的新媒体的代表，而以他们为代表的新媒体营销已经走出了商业化的步伐。他们所独具的营销模式，已经显露出来无限的商机。只是模式的不成熟让其尚无法实现更快的飞跃。而在新媒体的不断挖掘和完善下，新媒体营销模式一旦成熟，必然能够在互联网商业大潮中形成和构建属于自己的一片商业和营销空间。

1. 网络杂志

网络杂志在经过多年的沉浮，无论在技术上还是表现形式上均趋于成熟。寻找商机的企业通过与网络杂志平台合作，将自身及客户品牌、形象、产品和服务等进行全方位推广。而各个网络杂志平台也借此为各个企业提供了独具的营销推广服务，品牌企业专刊、杂志内页广告等是主要的形式。

一般来说网络杂志平台专门为企业制作的杂志，依托杂志平台的用户量和人气，通过发行下载的形式进行企业的宣传和推广。对于企业专刊，网络杂志平台都建立了专门的部门或小组，力求通过从策划、编辑到发行一站式的精心制作，为企业提供最具效果的营销服务。

通过在热门杂志中加入企业广告的形式，实现广告信息在杂志用户中的传播。除此之外，各个网络杂志平台仍然在不断对网络杂志进行挖掘，如 DIY 杂志、社区服务等，力求提供更多的营销服务，挖掘出网络杂志更大的营销价值。

2. 博客营销

博客，同样经过了多年的推广，在 WEB2.0 到来后也迅速升温，包括新浪等众多门户、专业网站都提供各具特色的博客服务系统，由此诞生了聚集了不少人气的个人博客网站，也引出了新的网络营销方式——博客营销。博客营销作为新的网络营销方式，所依托的依然是浏览量和人气指数。而博客营销不同的是，因为博客是用户自身主动的行为，博客群体在讨论一个话题时会吸引来其他博客的参与，信息会得到更加广泛的传播，另一方面，这种讨论又比较容易形成更加强大的影响力，使传播效果得到极大的提升。

除了个人用户之外，博客营销也逐渐被一些企业所采用，各企业通过公司博客传播公司公告，近况发展以及产品相关信息等。对于该企业有兴趣了解的用户可以通过更方便、更快捷、更直接的方式获取该企业的信息。

3. 网络营销策略制定

不同企业在市场中处在不同地位，在采取网络营销实现企业营销目标时，必须采取与企业相适应的营销策略，因为网络营销虽然是非常有效的营销工具，但企业实施网络营销时是需要进行投入的和有风险的。同时企业在制定网络营销策略时，还应该考虑到产品周期对网络营销策略制定的影响。

4. 网上产品和服务策略

网络作为信息有效的沟通渠道，它可以成为一些无形产品如软件和远程服务的载体，改变了传统产品的营销策略特别是渠道的选择。作为网上产品和服务营销，必须结合网络特点重新考虑产品的设计、开发、包装和品牌的传统产品策略。

5. 网上价格营销策略

网络作为信息交流和传播工具，从诞生开始实行的是自由、平等和信息免费的策略，因此网上市场的价格策略大多采取免费或者低价策略。因此，制定网上价格营销策略时，必须考虑到互联网对企业定价影响和互联网本身独特的免费思想。

6. 网上渠道选择与直销

基于互联网的网上直销模式，改变了传统渠道中的多层次的选择和管理与控制问题，最大限度降低渠道中的营销费用。

7. 网上促销与网络广告

互联网作为一种双向沟通渠道，最大优势是可以实现沟通双方突破时空限制直接进行交流，而且简单、高效和费用低廉。因此，在网上开展促销活动是最有效的沟通渠道，但网上促销活动开展必须遵循网上一些信息交流与沟通规则，特别是遵守一些虚拟社区的礼仪。网络广告作为最重要的促销工具，主要仰赖互联网的第四媒体的功能。网络广告作为在第四类媒体发布的广告，具有传统的报纸杂志、无线广播和电视等传统媒体发布广告无法比拟的优势，即网络广告具有交互性和直接性。

8. 网络营销管理与控制

网络营销作为在 Internet 上开展的营销活动，必将面临许多传统营销活动无法碰到的新问题，如网络产品质量保证问题、消费者隐私保护问题，以及信息安全与保护问题等。这些问题都是网络营销必须重视和进行有效控制的问题，否则网络营销效果会适得其反，甚至会产生很大的负面效应，这是由于网络信息传播速度非常快而且网民对反感问题反应比较强烈、迅速。

案例 13-2　江小白微博微信营销策略分析

现在的网络时代,我们都身处在大数据时代,要想把自己的产品推广出去,一定要借助新媒体作为媒介,而微博和微信营销则是其中最重要的营销推广方式,它们之间有着不同的优势,并且它们之间能够互补形成一个很好的黏合点。江小白基本没有传统的营销方式,利用得最多的是免费的社交媒体。对于利用互动性很强的社交媒体。

江小白的微博营销显示出几个鲜明的特点。首先,擅于文案植入,将有意思的话题与江小白的产品联系在一起。其次,对应自己的品牌形象,将微博的运营完全拟人化。在所有的热点事件时发声,表明自己的态度。最后利用微博互动作为线上工具,组织线下活动,并与线上形成互动,以增强粉丝黏性。在创立江小白之初有幸联系了重庆新浪微博,成为重庆新浪微博的战略合作伙伴,能够最大化发挥出微博 KOL 营销的功能,通过大 V 的名人边际效应放大江小白品牌裂变,沉淀下一批双一批铁粉,同时快速提升江小白的品牌力和影响力。

江小白的微信营销则更具有它的广泛性。江小白有意思的动漫图案,加上洋溢着青春气息的文艺范文字,将我们心底想表达的东西写出来,让人感动之余并且回忆满满。热度都已经刷爆了朋友圈,自然品牌的效应就确立了。另一方面,个人或者公司可以利用微信中的公众号平台进行推广,让企业的文化更加深入人心,对于品牌的推广也起到了巨大的促进作用。所以说,利用好微博和微信这两个互联网媒介平台,会使江小白的品牌更上一层楼。

三、直播营销(livestreaming marketing)

(一) 直播营销的概念与由来

直播营销是指在现场随着事件的发展进程同时制作和播出节目的营销方式。该营销活动以直播平台为载体,达到企业获得品牌的提升或是销量的增长的目的。

在传统媒体时代,就已经有基于电视或广播的现场直播形式,如晚会直播、访谈直播、体育比赛直播、新闻直播等。在互联网时代,智能手机的普及和移动互联网网速的提升,直播的概念有了新的延展,越来越多基于互联网的直播形式开始出现。自此以后,直播的含义,更倾向于“网络直播”。相对于过去静态的图文内容,如今的直播主要以视频的形式向用户传递信息,表现形式也更加立体化,且能实现实时互动,因而更容易吸引用户的注意力,继而得到了蓬勃的发展。

(二) 直播营销的价值

在直播迎来井喷式发展的最近几年中,诸多的直播平台相继涌现,许多行业积极涌入直播行业,将直播营销作为新时代营销战略之一。借助直播,企业/个人可以在呈现产品价值环节支付更低的营销成本、收获更快捷的营销覆盖;在价值交换环节实现更直接的营销效果、收到更有效的营销反馈。

直播的营销价值,主要体现在“人、货、场”三要素的有效重构,以及直播具备的独特营销优势。

1. 重构“人、货、场”三要素

营销的本质是连接商品和用户，而连接方式就是构建消费场景。商品简称为“货”，用户即“人”，场景是“场”。“人、货、场”，即构成了营销的三要素。直播营销，是一种基于直播媒体的新型营销方式，并没有脱离“人、货、场”三要素，而是有效重构了“人、货、场”三要素，更符合用户的购物体验，是一个更加高效的新商业模式。

(1)“人”。直播营销方式中的“人”有两个元素：用户和主播。直播营销，则是以“人”(用户和主播)为中心，围绕“人”(用户和主播)进行“货”和“场”的布局。用户是直播营销的基础元素，决定着一场直播的营销成果。而能不能吸引用户在直播间互动甚至产生购买行为的一个关键因素就是主播的营销能力。

(2)“货”。“货”指直播间销售的商品。直播带货的核心是“货”，好的货品是最关键的。直播营销需要主播先站在用户角度去“选货”(即“选品”)，再整合供应链及制订优惠的价格，最后通过主播在直播间对“货”的充分展示来引导用户产生购买行为。在直播营销中，选品的原则是选择低价、高频、刚需、展示性强、标准化高的商品。

直播间的选品策略有四种模式：

一是引流款，多是低价爆款，用来拉人气。(限时限量定价，买满 59 送 x，任意下单送 x)。

二是利润款，用来提转化。(直接单品定价，59/60/79/99 买一发二)。

三是搭配款，多是量大超值的划算套餐(如护肤套盒/服装三件套)。

四是形象款，相当于镇店之宝，用来价格对比。(可以选择孤品，或是限量款，提升店铺档次)而且，直播间的货品组合也很重要，一般货品组合思路是：引流款—利润款—引流款—利润款，可以根据直播间实时人气，如果变低就持续地上架引流款，高了之后可以转利润款，灵活应变。

(3)“场”。“场”主要是指消费场景，是为连接“人”和“货”而存在的。直播带货的前提是“场”，直播间的背景布置与准备。直播间能为消费者营造舒适的消费环境和超前的使用场景。在直播营销中，“场”的意义在于，主播通过实时互动，搭建消费场景，引发用户的消费欲望，促使用户产生消费行为。

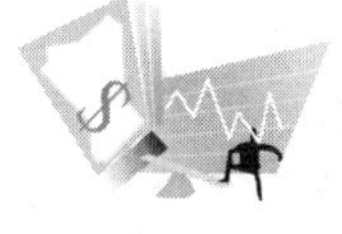

案例 13-3 单场带货千万、三天涨粉过百万：新东方的直播神话

From hill to hill no bird in flight，(千山鸟飞绝)From pash to pash no man in sight.(万径人踪灭)A lonely fisherman afloat，(孤舟蓑笠翁)Is fishing snow in lonely boat.(独钓寒江雪)

这首别具韵味的英文版《江雪》，最近在东方甄选的直播间内广为流传。

2022 年 6 月 9 日清晨，曾经的新东方名师董宇辉走入东方甄选直播间，重新开始了自己的“传道授业”之路，也就此开启了“文化带货”的直播新纪元。当天，东方甄选的人气峰值达到 1.3W，预估销售额超过 350W，是直播间日常数据的 3 到 4 倍。

这位自黑是“兵马俑”的带货主播，在直播间全程中英文结合来介绍产品，期间还会穿插一些段子、故事，整个直播间充满了浓郁的文化气息，就此吸引了很多用户的喜爱，同时也加速了直播间的“出圈”。

东方甄选几乎每场直播带货同时在线人数超10万，主播介绍一种产品，常常话还没说完，产品就被抢购一空。可以说是达到了现象级的火爆。

第二节　计量营销

市场营销是一项复杂、系统的经济活动。从市场营销的内容可知，离不开数据、离不开计量和运算等事项，可以说，市场营销活动也是一项计量活动。因此，可将计量营销定义为将计量理论和方法应用到市场营销的具体活动当中的活动。

一、计量营销的内容

计量营销也被称为营销计量，是市场营销和计量结合的产物，计量营销将计量应用到市场营销活动当中，以市场营销活动中的统计数据、统计数据为依据，结合数学、统计学的方法及计算机技术，通过建立相关的计量营销模型，对市场营销活动中各要素之间关系进行定量分析。由此可见，计量营销是计量与市场营销的有机结合，而不是两者简单相加。

计量营销贯穿于营销活动的整个过程。例如，关于营销的绩效分析和评价：在营销管理过程中，需要同一个时间内对不同的一组计量数据进行分析，以便做出正确的决策。

营销活动中一些项目的计量对于营销人员来说具有一定的难度。特别是在数据快速积累的今天，分析手段不断丰富，许多原来无法进行分析的营销活动均可以进行分析，但复杂性较高，需要进行特殊的处理和分析。因此，营销人员应运用多种营销计量项目和方法，才能更好地制定营销战略，并且借助计量工具解决营销活动中存在的问题。

案例 13-4

品牌资产指数

某特种饮料“以利”，主要在成都区域市场和重庆区域市场两大地域市场。在重庆区域市场以利产品市场份额为40%，占以利公司市场销售额70%，而在成都区域市场以利产品市场份额为50%，占以利公司市场销售额30%。市场上该类饮料均价为3.00元/单位，而某特种产品售价为3.60元/单位，显然某特种产品享有溢价地位。公司营销部门调查显示，约有一半在今年购买某特种产品顾客会在下一年继续购买，故公司顾客保有率为50%。计算以利产品的有效份额、相对价格和品牌资产指数。

有效市场份额＝(40%×70%)＋(50%×30%)＝43%

相对价格＝3.60/3.00＝1.2

品牌资产指数＝有效市场份额×相对价格×顾客保有率＝43%×1.2×50%＝0.258。

二、计量营销的重要性与学习方法

（一）计量营销的重要性

美国西北大学凯洛格（KELLOGG）管理学院市级讲师马克·杰佛瑞（Mark Jeffery）于2008—2009年对252家企业进行调查研究。252家企业每年的营销预算达520亿美元，但营销管理人员却对营销绩效测定所知甚少，55%的人承认，他们的营销人员不懂得使用计量技术，没有应用数据库进行营销活动，53%的企业没有采用营销投资回报、净现值、顾客终身价值等重要的营销计量；57%的企业没有使用中央数据进行记录和分析他们的营销活动；82%的企业没有使用过营销资源管理软件来记录和监测其营销活动及其创造的价值。通过对比分析发现那些善于应用计量分析的企业一般都有较好的经营效益，在营销投资预算上也与那些不善于应用计量分析的企业有很大的不同。

在一项关于美国1990—1991年的经济衰退期企业经营状况的研究中，学者们发现那些在市场上处于领导地位的企业，的确在经济衰退期间积极加强对市场营销的投资。经营效果比较理想的企业善于将其经营重点集中在好的营销项目上，从而使得其能够巩固顾客基础，将经营不善的竞争对手的市场份额转移到自己手中，为经济复苏时期的发展奠定了基础。这些在经营上表现优秀的企业，之所以敢于在别人消减营销投资的经济衰退时期采用逆向思维，加大对市场营销投资的力度，从而在经济恢复时期取得经营的大发展，很大程度上在于其营销人员能够善于应用计量营销理论与方法，向公司决策层展示加强对市场营销的投资力度能够给企业带来巨大的投资回报。可见，计量营销理论和方法完全可以被营销人员用来开拓市场的新天地。

如果说市场营销是以满足需要为宗旨，引导企业树立正确的营销观念，面向市场组织生产过程和流通过程，不断从根本上解决企业成长中的关键问题的话，那么计量营销则为企业成长提供具体详尽的计量分析，为企业战略管理原则、竞争策略，以及组织管理和营销计划执行与控制方法提供决策依据，指引企业创造竞争优势，力求处于不败之地。

计量营销为企业战略管理原则、竞争策略，以及组织管理和营销计划执行与控制方法提供决策依据，指引企业创造竞争优势。

（二）计量营销的学习方法

市场营销是一项复杂的经济社会系统工程，涉及企业经营的各个方面，可供计量的内容和对象繁多复杂，往往令人无从下手。因此要从最关键、最重要的计量内容和对象入手，确保解决市场营销中所必须解决的首要问题。然而，确定应该对哪些数据进行细致的研究，需要一定的时间来学习才能掌握这种知识和技能。为此，营销管理人员和其他营销人员必须不断地实践计量的应用，并善于总结经验、吸取教训，在实践过程中不断提高自己的知识和技能。

(1) 必须认真学习有关市场营销的基本理论和原则，从本质上理解和体会市场营销的内容、范畴、方法和特点。计量营销是从市场营销发展到一定阶段而形成的，计量营销是对市场营销中的重要理论和原则的具体化和量化。例如，营销投资回报率就是对传统营销中有关衡量市场营销活动绩效的理论和原理的高度量化后而形成的。因此努力学好并熟练掌握传统营销的理论和原则，是学习和掌握计量营销的基础。

(2) 必须努力学习和掌握计量学的有关概念、原理和方法。计量营销是计量学科在营销实践中的应用，是科学性和技术性都很强的方法，精确严密、逻辑性强是计量营销的最大特点。在学习计量营销过程中，努力培养自己的耐性，对每一个计量内容都要严肃、认真地琢磨，做到精确、精确、再精确，绝对不能粗心大意，即使对一些目前还暂时不能准确计量的内容，也不可以用想当然的方式来捏造并处理数据，而是要根据以往的经验和相关的计量内容做出理性的判断提出自己的假设。营销人员必须懂得，商场就是战场，一个小小的失误就有可能给企业带来巨大的无可挽回的损失。因此，学习和掌握计量营销的基本理论和方法是学习计量营销的关键。

(3) 必须将学习的重点放在实践与应用方面。计量营销涉及许多数学和统计学的方法，有些数学公式的推导比较抽象复杂。营销人员不必像数学和统计学专业人员那样，对每个公式都能熟练地加推导，并能说出其所以然来。

(4) 必须努力学习和掌握计算机技术、熟练应用数学和统计分析软件。计量营销涉及许多具体运算问题，一些比较简单的运算可以用手工操作解决，但也有许多比较复杂的运算必须借助计算机技术和软件。目前，市场上比较流行统计分析和数学计算软件比较多，如Matlab、SPSS、SAS、R、Python 等。

(5) 遵循学以致用的原则。用所学知识为企业进行计量营销方面的咨询，用计量方法和手段帮助企业解决营销中存在的问题，或者帮助企业做市场预测分析等。通过参与企业具体的营销活动，发现问题并用所学知识和技能帮助解决所发现的问题，是最好的学习计量营销的方法，应大力鼓励这种理论与实践相结合的学习方法。

三、计量营销分析模型

(一) 计量营销分析模型的概念与特征

市场营销的整个过程都伴随着计量，运用计量方法对其整个过程中的活动进行分析是计量营销的主要内容。那么什么是计量营销模型呢？

计量营销分析模型是对营销现实问题的程式化表述，融合了对目的、假设、变量及其关系的解析。对此，需要明确以下几个特征：

(1) 抽象化。模型是对现实世界中各种现象和整个系统的简单化描述或类比，它并不是完整地反映客观现实而仅仅专注于其中的某一个或者几个方面。

(2) 表述。模型只是对现实中一些物理特征的简单类比，大多数营销分析模型使用文字、图形和数学公式来进行描述，通常是一系列逻辑关系条件下的数学方程式。

(3) 目标。计量营销分析模型的目标是理解和反映市场中的某些行为，既表明了建模的理由也限定了模型的适用范围。

(4) 假设。为模型提供基本逻辑关系或应用框架背景。

(5) 变量。营销过程中的不确定因素。在市场经济中，许多因素都是变化的和不确定的，如企业的销售量、顾客选择产品的可能性、销售人员的促销方式、市场的竞争程度等。一般认为存在三种类型的变量：①可控变量，是指那些企业能够左右的营销组合工具等，如广告宣传力度和新产品的特性设计等；②不可控变量，是指那些由市场中的竞争者和供应商控制的变量等，尽管企业会努力影响这些不可控变量，但是这种影响只是间接的；③环境变量，是指不受市场系统中任何一个活动主体所控制的变量，这类变量反映了一般趋势，如人口老化、新的市场规则和行业饱和度等。所有三种变量统称为自变量或输入变量，与此相对应的是因变量或输出变量，它们的值由一组自变量决定。

变量之间的关系反映了一个变量的变化如何影响另一个变量，这种关系是建立在营销管理理论和社会知识等基础上的。例如，假设包装的变化会增加顾客在购物时对该产品的注意。多数营销分析模型使用数学函数来反映自变量(如广告费)对因变量(如销售量)的影响。

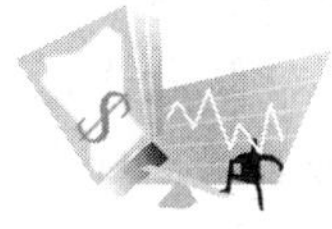

案例 13-5 维护老顾客比开发新顾客更重要？

某区域性控制害虫服务公司去年花费 280 万元获得 70 000 名新顾客，其中 160 000 名顾客在年初就存在，尽管在一年中公司花费了 70 万元旨在保留 160 000 名顾客，而实际上只有 70 000 名顾客在年底时依然保留着。

顾客平均获取成本：2 800 000÷70 000＝40 元/人

顾客平均保留成本：700 000÷70 000＝10 元/人

结论：该公司获得一个新顾客的成本是保留一个现存顾客的 4 倍。

(二) 计量营销分析模型的类型

计量营销分析模型按不同的分类方法可以有不同的类型。可以按照模型的结构特征将其分为文字模型、图形模型和数学模型，也可以按照模型所涉及的管理问题的种类将其划分为描述性模型和标准化模型。

(1) 文字模型。文字模型就是用语言文字来定性描述现象的模型，如运用较为普遍的广告推动模型，如图 13-1 所示。

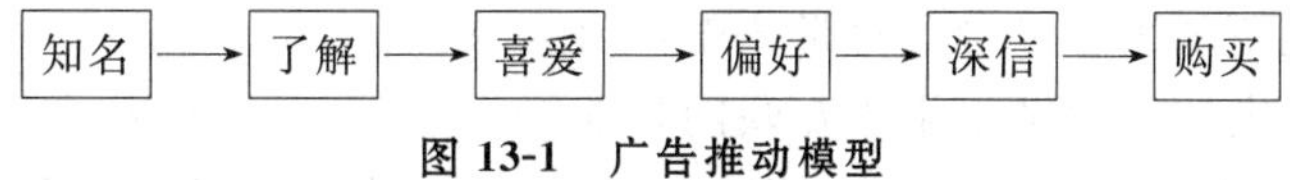

图 13-1 广告推动模型

该模型反映了广告影响变量的影响顺序以及广告费增加能带来的好处。文字模型的优点是直观、容易解释、易于理解、它是所有模型的基础。文字模型的主要缺陷是定量化的缺失。

(2) 图形模型。图形模型是用图表或图形来表示的模型。地图、组织结构图和流程图等都是典型的图形模型。该类模型主要用于描述一类现象的本质，以便观察者能够抓住整体特征并选择一些特定关系做进一步的研究。相对于文字模型而言，图形模型能更为清楚地描述变量之间的关系。同时，图形模型在文字模型和更精确模型之间架起了一座沟通的桥梁。

(3) 数学模型。数学模型是一种用定量化的、数学化的方法来分析现象和解决问题的模型。在数学模型中，变量之间关系的性质和大小都明确表示出来，这有助于人员探索自变量的变化程度如何影响模型中因变量变化的方向和程度。

(4) 描述性模型。描述性(或预测性)模型解决“假如我做了 X，将会发生什么”的问题。例如，管理者需要对是否引入一种新产品进行决策，这可能取决于引入该产品会对整个产品线的潜在销量带来什么变化；又如，决定是否继续实行“买一送一”的促销活动，这取决于该促销活动带来的利润增长。通过描述性模型，营销人员可以通过模拟来评估营销活动的后果。

（5）标准化模型。标准化模型主要解决“在给定条件下最好的实施方案是什么”的问题。例如，管理者想确定一家新商店的最佳位置或确定某种产品的最佳广告预算。这类营销问题可以转化为一定约束条件下的优化模型，用目标函数来衡量某决策对企业的价值，用各种约束条件对决策选择允许变化的范围进行限制。但管理者只有很少的决策选择项时，采用描述性模型进行模拟就可以了；当管理者面临很多选择时，则需要利用数学优化来识别出最优决策方案，如销售资源分配、店铺选址和零售货架空间设计等问题都适合采用标准化模型。

第三节 大数据营销

一、大数据营销的概念

营销是企业以顾客需要为出发点，根据经验获得顾客需求量以及购买力信息的期望值，有计划地组织各项经营活动，通过相互协调一致的产品策略、价格策略、渠道策略和促销策略，为顾客提供满意的商品和衍生服务而实现企业目标的过程。通过对营销策略的研究和分析，有利于把握当前的市场形态，为公司的发展提供合理化的建议和指导。

大数据营销是伴随着大数据出现而产生的，它是将大数据的基本技术应用于营销领域的一种手段。大数据营销指通过大数据的搜集、管理、挖掘、分析而获得的有效信息，在此基础上鼓励消费者参与、互动、优化营销和产品形式的过程。大数据的数据来源于市场相关调查和网络渠道的相关信息，通过大数据行业或者公司内部的数据了解市场动态，为企业的营销提供必要的咨询和指导，从而提升营销部门的效率以及公司的总体效益。

大数据营销是指基于多平台的海量数据，依托大数据技术的基础上，应用于互联网广告行业的营销方式。大数据营销衍生于互联网行业，又作用于互联网行业。依托多平台的大数据采集，以及大数据技术的分析与预测能力，能够使广告更加精准有效，给品牌企业带来更高的投资回报率。

大数据营销的核心在于让网络广告在合适的时间，通过合适的载体，以合适的方式，投给合适的人。

例如：淘宝推送是根据用户日常的浏览行为数据，综合分析以后，来进行推荐的。比如日常搜索的关键词，收藏和加购的商品，已经关注的店铺，还有购买记录等，综合判断后给用户推送可能感兴趣的商品。

大数据的应用带来了营销方式的革命性转变，通过监测手段实现消费者的互联网轨迹追踪，就可以很好地理解消费者行为，对其实现精准营销，故大数据营销是基于多平台的海量数据，在依托大数据技术的基础上，应用于互联网广告行业的营销方式。

二、大数据营销发展历程

（一）萌芽时期（20世纪90年代至21世纪初）

这一阶段可以看作是大数据发展的萌芽时期，在当时大数据还只是作为一种构想或者假设被极少数的学者进行研究和讨论，其含义也仅限于数据量的巨大，并没有更进一步地探索有关数据的收集、处理和存储等问题。

(二) 发展时期(21 世纪初至 2010 年)

21 世纪的前十年,互联网行业迎来了飞速发展的时期,IT 技术不断地推陈出新,大数据最先在互联网行业得到重视。这一阶段被看作是大数据的发展时期,大数据作为一个新兴名词开始被理论界所关注,其概念和特点得到进一步的丰富,相关的数据处理技术相继出现,大数据开始展现活力。

(三) 兴盛时期(2011 年至今)

2011 年,IBM 公司研制出了沃森超级计算机,以每秒扫描并分析 4 TB 的数据量打破世界纪录,大数据计算迈向了一个新的高度。

三、大数据营销面临的机遇与挑战

(一) 大数据营销带来的机遇

1. 有助于扩大市场

大数据营销十分重视二次销售,需要加强市场开发,充分挖掘客户需求,尽量使客户成为“回头客”“忠实客户”。实际营销工作中,采用传统营销思路与方法,难以了解客户需求,难以进一步开发市场,往往一次销售占绝对比例,二次销售很难达成,进而对企业发展产生影响,已经日益难以适应时代。基于大数据技术,可以通过交叉销售的方式开展营销活动,能够通过对用户在网络上的行为、习惯信息进行分析,推送相应产品、服务,提供针对性服务,有助于开拓市场,提升客户满意度与企业效益。

2. 有助于提高营销决策的科学性

通过大数据收集市场信息,之后进行整理、分析,可以从中筛选出有价值的信息,为营销决策提供有益参考。当今,电子商务快速发展,电商平台有海量的客户消费信息被储存。这些数据可以帮助商家了解用户需求以及市场情况,进而提高产品与服务质量,针对性地制定营销策略、升级营销手段。因此,大数据可以提高营销决策科学性,实现精准营销。

3. 有助于提供人性化服务

在传统营销中,需要通过前期大量调研工作推断出消费者实际需求以及购物偏好,根据调查结果进行决策,制定营销战略。在大数据背景下,无须再完全依靠实际地理区域的实地调查获取消费者信息,借助大数据技术,可以在网络上和消费者直接交流,借助大数据技术,也可以取得消费者消费行为等相关数据,通过科学分析,可以先去了解消费者,进而提供针对性的、人性化的服务。

4. 有助于与客户长期保持良好关系

时代在发展,市场环境也在不断变化。当前,市场销售的产品有明显的同质化问题,这一情况对销售产生了一定负面影响,提高了竞争压力。在这一形势下,要想长远、稳定发展,就必须给客户提供更符合需求的服务,并且要尽量与客户建立长期关系,让客户认可本企业的服务与产品。利用大数据,企业可以了解客户需求,根据市场需求开展产品研发、销售、服务,提升产品研发科学性,满足市场需求,让客户满意;根据客户反馈,也可以提供更优质的售后服务,进而赢得客户信任,建立长期关系。

(二) 大数据营销面临的挑战

1. 推送信息质量不足,消费疲劳

当前,网络上充斥着各种信息,要借助大数据实现精准营销,尚需要大数据技术的有效支持,如何在众多信息中获取有效信息是当前的技术难点。在大数据环境下,很多企业通过各种手段收集潜在客户信息并推荐各种产品、服务，由于筛选质量不足，给客户推送大量垃圾信息，也造成了客户信息浏览疲劳，甚至产生抵触情绪。

2. 需要营销人员有更高的能力、素质

以往营销学上的经验已经日益与当前时代脱轨，营销方式、理念、市场环境在这几年发生极大变化并且依然在快速发展中。在这一形势下，营销人才毕业后不久就需要更新知识方可跟上时代。这一发展形势对营销人员的能力和素质提出了更高要求。

3. 数据信息有安全风险

现如今网络对生活的影响不断加深，人们已经习惯了网络生活，普遍有浏览网页、网上交流的习惯。互联网让各种数据信息共享，也成为重要的信息传输媒介，但由于开放性网络自身特点带来信息安全问题。当前客户隐私泄露问题十分严重，互联网诈骗频现，这是在应用大数据时必须考虑到的问题。

四、大数据营销特征

（一）营销的样本全覆盖

由于受到时间成本和经济成本的双重制约，传统营销往往在一定的理论指导下对研究对象取样或者调研，并且试图通过全方位的研究设计保证调查对象的精确性。然而，由于样本数据的局限性，不能准确恰当地反映市场的真实情形。大数据分析使这一问题的解决成为可能，当全面数据可以获取，高效分析方法得以应用使得数据取样的意义逐步弱化，消费者通过终端感应器、移动应用、网站点击等形式为商家提供全方位的大数据分析基础。

（二）营销对象的多元化

营销对象由消费者向生活者的扩展是大数据营销的重要诉求。即营销对象应不仅仅考虑消费者经济层面的购物，更应该关注消费者的社会心理和生活情感，将营销作为与消费者的互动，而不仅仅是一种商业模式。大数据营销就是在全面关注消费者情感的基础上，掌握其本质和内涵，实现有效关联和互动，与消费者建立长期关系。基于大数据对消费者生活行为数据的搜集，准确定位消费对象，确定购买周期，预测消费行为，使得营销信息的推送更加有效，成功营销的概率大大增强。

（三）营销主体的归一化

大数据的发展使得营销主体不仅仅依赖于商家，用户也参与到营销的主体之中，并且这种作用具有逐步扩大的趋势。与商家的自主营销相比，客户参与营销可以大幅增加企业声誉，但是也可能产生相反的作用。尤其是伴随着信息技术的发展，广告信息媒介已经不再局限于电视、海报等，而是一个用户选择媒介、用户创造媒介的过程，微博、微信、论坛等社交软件使用者的口碑宣传成为可能，消费者可以在短时期内创造一个品牌甚至颠覆一个品牌。

（四）营销策略精准化

互联网的便捷性使得企业可以获得与用户有关的大数据，包括顾客的消费记录、消费倾向、消费周期等，然后通过技术处理，可以具有针对性地制定相应的营销策略。首先，企业通过大数据的挖掘，寻找潜在消费者，把握消费者购买某种产品的概率，然后以信息为导向，反过来对产品进行精确改善，进行行之有效的推广。其次，对于既有消费者，可以根据以往购买记录，对其实行一对一的商品推送。同时，企业还可以通过不同任务特性对消费者深层细分：对于价格敏感型顾客，可以从性价比设计商品，并且对其进行打折促销；对于性能敏感型，则注重商品的技术投入。此外，大数据营销还有利于客户关系的处理，商家可以通过顾客的购物记录,对其进行相应的售后服务等。

五、大数据营销的应用价值

大数据营销是传统营销在大数据背景下的发展和延伸,旨在理解顾客意图(而不是仅仅理解顾客行为),最终高效完成营销过程。大数据营销的产生有着强烈的时代背景,也必然彰显其深层的价值。

(一) 提高营销效率

大数据的发展打破了原有的营销渠道,消费者可通过互联网移动化数据获取商品或服务信息,反过来,消费者对信息获取的同时又留下了自身的信息,商家可通过消费者信息进行营销渠道的优化,针对不同类型的顾客采用多种方式的营销渠道。另一方面,大数据营销保证了商品推荐的精准化,线上购物行为被互联网准确记录,客户信息得以汇聚,而线下的购买行为则被会员卡、POS 机等渠道搜集,也就是说,大数据可以通过各个方位记载消费者行为。

传统营销方式以产品促进消费,产品的生产要先于用户的追求,而大数据营销则以顾客为导向,以为顾客推荐合适的产品为根本原则。更重要的是,大数据营销大大提高了决策的准确度,通过更为广泛的数据获取,市场信息得以准确把握,这比传统的以问卷调查或抽查调研等形式获取的数据要全面得多,进而保障企业的决策效果。

(二) 增强客户体验

工业化进程的加速和科学技术的日新月异导致了商品的爆发式增长,琳琅满目的商品给消费者的购物行为产生巨大的冲击。当具有某种需求时,类似商品的巨大供给带来了选择的困难,特别是考虑到价格、性能、外观、品牌等众多参数时,往往需要较大的时间成本和精力投入。然而,大数据营销可以让消费者轻松摆脱这一困境,企业通过对特定用户全方位分析,为其推送适合自身特性的商品,大大缩小了客户的选择范围,增强了用户的购物体验。消费者通过产品体验,又可以把商品使用情况恰当及时地反映给商家,从而实现产品的有效改进和升级。

(三) 融合营销平台

互联网的发展使其承载着消费者越来越多的信息,人们已经把自身的日常生活融入互联网,通过社交平台交流、第三方软件记录运动、分享自己的行迹等。大数据营销就是把人们这些碎片化的信息进行重组,得到消费者的整体镜像,然后对其精准营销。所以说大数据营销实际上是对各大网络平台的融合,实现营销的互通。在网络平台融合的同时,大数据又促进了线上线下平台的统一,使电视、海报、报纸以及互联网得到有效结合,并通过营销平台的整合使营销效果显著增强。

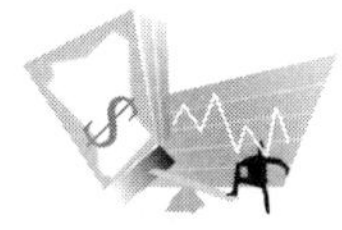

案例 13-6

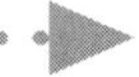

小熊电器“小而美”

小熊在经营上选择的是营销为王的道路,不断创新产品的同时,营销上的创新和升级自然成了小熊的重中之重。营销创新方面,小熊还是和产品创新保持方向一致,追求创意、炫动、激情和心动,大玩特玩粉丝经济,微电影、开直播等营销方式轮番上阵,最终取得了粉丝裂变的好成绩。细数一下小熊这些让人眼花缭乱的营销手段,《爱不停炖》微电影刚推出,就与网综联手打造《穿越吧厨房》，还与娱乐明星和体育明星跨界玩转粉丝经济，让小熊得到了飞速发展，创造了小熊速度。2015 年小熊电器的营收为 7.25 亿元，线上销售收入为 6.4 亿元，占主营收入的 88.61%；2016 年营收为 10.54 亿元，线上销售收入为 9.6 亿元，占主营收入的 91.60%；2017 年营收为 16.47 亿元，线上销售收入为 15.1 亿元，占主营收入的 91.93%；2018 年营收为 20.41 亿元，线上销售收入为 18.3 亿元，占主营收入的 90.41%。

小熊电器看到了大数据营销的这些特性，才将自己的市场营销紧紧与互联网和大数据捆绑在一起。一是注重客户行为与需求的分析，掌握意向消费群体的喜好和习惯，基本上做到了“比用户更了解用户自己”。二是在精准营销的基础上，通过粉丝营销活动投其所好，激发消费者的潜在消费欲望，促成消费行为。三是通过大数据提高用户体验度，这个过程简单来说就是用户使用产品的跟踪过程，对其使用中存在的问题及时作出提醒，这就像汽车的预警系统，每当汽车某个关键零部件存在隐患时，就会向车主发出提示信息或者向 4S 点预警反馈。四是通过大数据手段不断完善会员、客服、增值服务等体系，同时优化客户体验，进而增强消费者黏性，增进与消费者的互动，使之成为品牌的忠实粉丝。

思考题

大数据营销的作用有哪些？

小资料

精准营销(precision marketing)是指在精准定位的基础上，依托现代信息技术手段建立个性化的顾客沟通服务体系，实现企业可度量的低成本扩张之路，是有态度的网络营销理念中的核心观点之一。其有三个层面的含义：第一，精准的营销思想，营销的终极追求就是无营销的营销，达到终极思想的过渡就是逐步精准。第二，是实施精准的体系保证和手段，而这种手段是可衡量的。第三，是达到低成本可持续发展的企业目标。

精准营销是当今时代企业营销的关键，如何做到精准，这是系统化流程，有的企业会通过营销做好相应企业营销分析，市场营销状况分析，人群定位分析，最主要的是需要充分挖掘企业产品所具有的诉求点，实现真正意义上的精准营销。精准营销，是时下非常时髦的一个营销术语。大致意思就是充分利用各种新式媒体，将营销信息推送到比较准确的受众群体中，从而既节省营销成本，又能起到最大化的营销效果。这里的新式媒体，一般是指除报纸、杂志、广播、电视之外的媒体。

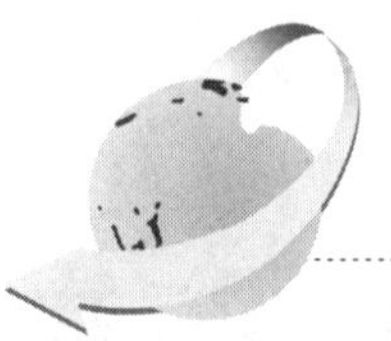

本章小结

1. 网络营销是企业整体营销战略中的一个组成部分，是以现代营销理论为基础，利用网络、通信和数字媒体技术，最大程度地满足客户需求，以达到开拓市场、实现盈利目标的经营过程。

2. 计量营销也被称为营销计量，是市场营销和计量结合的产物，将计量应用到市场营销活动当中，以市场营销活动中的统计数据、统计数据为依据，结合数学、统计学的方法及计算机技术，通过建立相关的计量营销模型，对市场营销活动中各要素之间关系进行定量分析。

3. 计量营销分析模型是对营销现实问题的程式化表述，融合了对目的、假设、变量及其关系的解析。具有五个特征。

4. 大数据营销指通过大数据的搜集、管理、挖掘、分析而获得的有效信息，在此基础上鼓励消费者参与、互动、优化营销和产品形式的过程。

关键概念

网络营销　计量营销　大数据营销

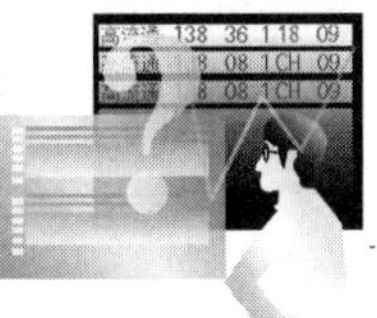

复习思考题

1. 什么是网络营销？网络营销怎样运作？网络营销有什么形式？
2. 什么是计量营销？计量营销分析模型的类型有哪些？
3. 什么是大数据营销？怎样面对大数据营销的机遇和挑战？

案例分析

网易云：大数据为我们又推荐了哪些好款？

说到大数据应用到互联网广告行业的营销，其核心就是在于让广告在合适的时间通过合适的时间、合适的载体、以合适的方式投给合适的人。近年来，流行的年度账单和年度歌曲列表可以在年底为用户生成专属的个人报表，显示一年内该用户在应用程序上的各种使用行为。这种精细化的个人报表实际上也使用了大数据技术，利用大数据技术收集用户的个人行为数据，并通过分类和计算获得。

比较典型的有网易云的年度歌曲清单，就是使用大量数据来收集用户的收听信息和数据。每个用户听到最多的歌曲、发送的评论、收听时间、收听习惯等都将显示在这个专属的歌曲清单中。它非常清楚地列出每个用户的收听喜好并分析用户的心情、个性等，制定一个大概的标签，增加更多的个人情感内容，并让用户体验定制化。播放列表细致周到，用户对其印象深刻并被进一步转发和共享，以实现散布和刷新屏幕的最终效果。

其中，大数据起着非常基础但也至关重要的技术作用。正是由于大数据，网易云与用户才能形成深度的创意互动，并实时生成独家歌曲列表。然后从情感视角，走心的内容所引起的情感和共鸣，可以与每个用户建立情感联系，从而增强用户对网易云音乐的信任和依赖性。从网易云年度歌曲列表刷屏的案例中不难发现，最受欢迎和最受公众关注的是年度歌曲列表的特殊性，在使用年度歌曲的同时给用户带来独特的优越感。歌曲列表回顾过去一年的心情也触动了许多用户的情感点。简而言之，在大数据的影响下，可以实现诸如年度个人播放列表之类的交互形式，并且实现精细化营销的目的。

思考题：

1. 大数据营销包括哪些内容？
2. 本案例在哪些地方运用了大数据营销？
3. 本案例产品营销成功之处体现在哪里？

参 考 文 献

[1] 吴健安，聂元昆.市场营销学[M]. 6 版.北京：高等教育出版社，2017.
[2] 郭国庆，陈凯.市场营销学[M]. 6 版.北京：中国人民大学出版社，2019.
[3] 科特勒. 营销管理[M]. 14 版.王永贵，等，译.北京：中国人民大学出版社，2012.
[4] 科特勒，阿姆斯特朗.市场营销：原理与实践[M].17 版.楼尊，译.北京：中国人民大学出版社，2020.
[5] 张洁梅. 市场营销学[M].2 版.北京：高等教育出版社，2021.
[6] 郝文艺，于兰婷.市场营销学[M].北京：高等教育出版社，2020.
[7] 甘碧群，曾伏娥.国际市场营销学[M].4 版.北京：高等教育出版社，2021.

教师教学资源服务指南

关注微信公众号“**高教财经教学研究**”，可浏览云书展了解最新经管教材信息、申请样书、下载课件、下载试卷、观看师资培训课程和直播录像等。

课件及资源下载

电脑端进入公众号点击导航栏中的“教学服务”，点击子菜单中的“资源下载”，或浏览器输入网址链接http://101.35.126.6/，注册登录后可搜索相应资源并下载。

样书申请及培训课程

点击导航栏中的“教学服务”，点击子菜单中的“云书展”，了解最新教材信息及申请样书。

点击导航栏中的“教师培训”，点击子菜单中的“培训课程”即可观看教师培训课程和“名师谈教学与科研直播讲堂”的录像。

联系我们

联系电话：（021）56718921

高教社管理类教师交流QQ群群号：248192102